Studien zu Staat, Recht und Verwaltung

Herausgegeben von
Prof. Dr. Gunnar Folke Schuppert
Prof. Dr. Wolfgang Hoffmann-Riem
Prof. Dr. Jens-Peter Schneider

Band 1

Gunnar Folke Schuppert/Christian Bumke (Hrsg.)

Bundesverfassungsgericht und gesellschaftlicher Grundkonsens

NOMOS Verlagsgesellschaft
Baden-Baden

Die Deutsche Bibliothek – CIP-Einheitsaufnahme

Ein Titeldatensatz für diese Publikation ist bei der Deutschen Bibliothek erhältlich. (http://www.ddb.de)

ISBN 3-7890-6536-6

1. Auflage 2000

Inhaltsverzeichnis

I. Einführung

In der jüngsten Vergangenheit sind viele der rechtlich oder gesellschaftspolitisch bedeutsamen Entscheidungen des Bundesverfassungsgerichts[1] Gegenstand einer zum Teil scharfen öffentlichen Auseinandersetzung geworden.[2] Und obwohl es im Verlauf der bundesrepublikanischen Geschichte immer wieder zu heftigen Konflikten zwischen politischer Führung und dem Bundesverfassungsgericht gekommen ist,[3] scheint die neuste Welle der Kritik eine neue Qualität zu besitzen. In den Auseinandersetzungen wurden nicht nur, wie früher, der verfassungsgerichtliche »Aktivismus« gegenüber Regierung und Parlament kritisiert und die Gefahren eines verfassungsgerichtlichen Jurisdiktionsstaates beschworen, sondern auch die Stellung des Gerichts in der bundesrepublikanischen Gesellschaftsordnung und damit sein Selbstverständnis in Frage gestellt. Dem Gericht wurde vorgeworfen, es habe sich zu weit von den gesellschaftlichen Grundüberzeugungen und -werten entfernt.[4] Eng damit verknüpft mehren sich die Anzeichen dafür, daß die Entscheidungen des Gerichts nicht länger widerspruchslos als streitbeendend akzeptiert werden. So sieht sich das Gericht in einer bislang unbekannten Weise gezwungen, sich an der öffentlichen Diskussion über seine Tätigkeit zu beteiligen.

Schwieriger als das Verzeichnen dieser oder weiterer Eigenheiten der aktuellen Diskussion ist ihre Bewertung: Wird durch die Kritik die Autorität des Gerichts untergraben oder kann sie als Zeichen der demokratischen Normalisierung gelesen werden?[5] Zeigt sich darin, daß das Gericht den Nimbus einer dem gesellschaftlichen Interessengezänk entrückten verfassungsgesetzlich bestimmten Neutralität verloren hat oder droht die Verfassung zum Spielball

1 Siehe die Nachw. bei H. Schulze-Fielitz, Das Bundesverfassungsgericht in der Krise des Zeitgeists, AöR 122 (1997), S. 1, 2, Fn. 7 ff., 11 f., Fn. 53 ff.

2 Siehe R. Lamprecht, Zur Demontage des Bundesverfassungsgerichts, Baden-Baden 1996. H. Schulze-Fielitz, (Anm. 1); R. Wahl, Quo Vadis – Bundesverfassungsgericht? Zur Lage von Verfassungsgerichtsbarkeit, Verfassung und Staatsdenken, in: B. Guggenberger/ T. Würtenberger (Hrsg.), Hüter der Verfassung oder Lenker der Politik?, Das Bundesverfassungsgericht im Widerstreit, Baden-Baden 1998, S. 81 ff.

3 Eine prägnante Übersicht findet sich bei R. Häußler, Konflikt zwischen Bundesverfassungsgericht und politischer Führung, Berlin 1994.

4 R. Scholz, Karlsruhe im Zwielicht – Anmerkungen zu wachsenden Zweifeln am BVerfG. In: J. Burmeister (Hrsg.), Verfassungsstaatlichkeit, FS-K. Stern, München 1997, S. 1201 ff.

5 Gegensätzliche Bewertungen finden sich bei R. Lamprecht, (Anm. 2.), S. 13 ff.; J. Limbach, Mißbraucht die Politik das Bundesverfassungsgericht?, 1997; H. Schulze-Fielitz, (Anm. 1), S. 25 f.

der politischen Akteure zu werden? Wo auch immer zwischen diesen beiden Extremen die Antwort liegt, die Auseinandersetzungen um das Bundesverfassungsgericht geben Anlaß zu der Frage, *ob, auf welche Weise und in welchem Umfang das Gericht fähig ist, durch seine Tätigkeit widerstreitende politische Überzeugungen und unterschiedlichste gesellschaftliche Werthaltungen so zu integrieren, daß die politische Einheit erhalten bleibt. In welchem Maße*, so kann man weiterfragen, *gelingt es dem Gericht, die Grenzen, innerhalb derer Minderheitspositionen unberücksichtigt bleiben, so zu umreißen, daß die Mehrheitsentscheidungen erträglich erscheinen?* Es geht also um die Leistungen, die eine rechtliche Institution für die Herstellung und Bewahrung des gesellschaftlichen Grundkonsenses zu erbringen vermag.

Mit dieser Fragestellung sind *Vorannahmen* verknüpft, deren wichtigste eine *akteursbezogene* im Gegensatz zu einer systemtheoretischen Herangehensweise ist. Daneben ist für den Zugang der Gedanke entscheidend, daß mit der Kategorie des *»Grundkonsenses«* ein sinnvoller Bezugspunkt gewählt wird, um Aufgabe und Leistung einer Institution zu analysieren. Diese zugegebenermaßen inhaltlich schillernde Kategorie engt den Kreis anschlußfähiger Gesellschafts- oder genauer Demokratietheorien ein. Doch dürfte mit den unterschiedlichen Spielarten pluralistischer, liberaler, vertragstheoretischer, diskursiver oder deliberativer Konzeptionen ein ausreichend breites Spektrum eröffnet werden, um zu diskutablen Aussagen und Hypothesen zu gelangen.

Die Überlegung, das Bundesverfassungsgericht in den Mittelpunkt zu stellen, rechtfertigt sich aber nicht allein aus der aktuellen öffentlichen Auseinandersetzung. Wichtiger als diese ist, daß das Gericht einen bestimmten Typus staatlicher Organisation repräsentiert, der gerade in einem demokratischen Verfassungsstaat von erheblicher Bedeutung ist. Über die Institution der Verfassungsgerichtsbarkeit werden nicht nur politische Konflikte in den Bahnen der rechtlichen Auseinandersetzung bewältigt, sondern auch das staatliche Selbstbild und Selbstverständnis mitgeschaffen und dargestellt. Deshalb läßt sich am Bundesverfassungsgericht stellvertretend für andere staatliche Institutionen zum einen ablesen, wie der Staat auf die zunehmende Differenzierung der Gesellschaft und vor allem auf die durch die Wiedervereinigung der beiden deutschen Staaten geschaffene besondere Situation einer gesellschaftlichen Zweiteilung reagiert, zum anderen lassen sich aber auch die spezifischen Leistungen studieren, die rechtliche Institutionen für Gesellschaft und Staat erbringen können. Von Interesse ist das Bundesverfassungsgericht schließlich auch, weil diese rechtliche Institution zugleich die Rolle eines der zentralen politischen Akteure im Staat einnimmt.

Obwohl demnach das Thema »Grundkonsens und Bundesverfassungsgericht« einen guten Einblick in die Bedeutung von Recht und rechtlichen Institutionen für eine Gesellschaft zu bieten scheint, ist es bislang nur selten dezidierter *Gegenstand wissenschaftlicher Forschung* gewesen. Die rechtswissenschaftliche Diskussion hat sich bislang auf die Stellung des Gerichts in der grundgesetzlichen Funktionenordnung konzentriert. Ein wichtiger Ausschnitt aus der Gesamtthematik wird in der Habilitationsschrift von Ingwer Ebsen abgehandelt, in der aufgezeigt wird, wie gut man die Stellung des Bundesverfassungsgerichts und seine Entscheidungstätigkeit erklären kann, wenn man die Aufgabe des Gerichts darin sieht, politischen Konsens herzustellen und partikulare Interessen zu integrieren.[6] In engem Zusammenhang damit steht die von Peter Häberle geprägte Vorstellung vom Bundesverfassungsgericht als »gesellschaftlichem Gericht eigener Art«[7]. Einzelne Überlegungen zum Thema finden sich unter anderem in den Arbeiten von Ulrich Scheuner[8] und Ernst-Wolfgang Böckenförde[9]. Doch handelt es sich dabei nie um den Versuch einer systematischen Erfassung des Themas[10]. Da außerhalb der Rechtswissenschaft bereits die Institution des Bundesverfassungsgerichts nur selten in den Blick gerät[11], sind Beiträge zur hier gewählten Fragestellung nur insoweit zu vermerken, als man dort auf Gedanken über die Bedeutung von Konsens, gemeinsamen Wertvorstellungen und Akzeptanz für den Bestand einer demokratischen Gesellschaftsordnung stößt.[12] Unter dem Schlagwort des »Kommunitarimus« finden sich zu diesen Aspekten freilich eine Fülle gesellschaftsphilosophischer Überlegungen[13].

6 I. Ebsen, Das Bundesverfassungsgericht als Element gesellschaftlicher Selbstregulierung, Berlin 1985, Kap. 8, 12.

7 P. Häberle, Verfassungsgerichtsbarkeit als politische Kraft, in: ders., Kommentierte Verfassungsrechtsprechung, Königstein/Ts. 1978, S. 425, 436 ff. Zur Bedeutung des Verfassungsgerichts für den politischen Konsens siehe auch A. v. Brünneck, Verfassungsgerichtsbarkeit in den westlichen Demokratien, Baden-Baden 1994, S. 144 ff.

8 U. Scheuner, Konsens und Pluralismus als verfassungsrechtliches Problem (1976), in: ders., Staatstheorie und Staatsrecht, Berlin 1978, S. 135 ff.

9 E.-W. Böckenförde, Demokratie als Verfassungsprinzip. In: ders., Staat, Verfassung, Demokratie, Frankfurt a.M. 1991, S. 289, 344 ff.

10 Einiges aber findet sich dazu bei M. Thelen, Demokratie, Grundkonsens und politischer Pluralismus, Mainz 1997; U. R. Haltern, Verfassungsgerichtsbarkeit, Demokratie und Mißtrauen, Das Bundesverfassungsgericht zwischen Populismus und Progressivismus, Berlin 1998; A. Randelzhofer/W. Süß (Hrsg.), Konsens und Konflikt, Berlin 1986.

11 Siehe etwa die Arbeiten von G. Biehler, Sozialliberale Reformgesetzgebung und Bundesverfassungsgericht, Baden-Baden 1990; C. Landfried, Bundesverfassungsgericht und Gesetzgeber, Baden-Baden 1984; und die wohlüberlegte Darstellung bei K. v. Beyme, Der Gesetzgeber, S. 300 ff.; J. J. Hesse/T. Ellwein, Das Regierungssystem der Bundesrepublik Deutschland, Bd. 1, 8. Aufl., Opladen 1997, S. 410 ff.

12 Einiges hierzu findet sich in den beiden von W. Heitmeyer hrsg. Bänden: Was hält eine Gesellschaft zusammen? Was treibt die Gesellschaft auseinander?, Frankfurt a.M. 1997. H. J. Giegel (Hrsg.), Konflikt in modernen Gesellschaften, Frankfurt a.M. 1998.

13 Aus der Überfülle an Lit. siehe A. Honneth (Hrsg.), Kommunitarismus. Eine Debatte über die moralischen Grundlagen moderner Gesellschaften, Frankfurt a.M. 1993. Übersichten

Beides, die aktuelle, nunmehr wieder abgeflaute Diskussion um das Bundesverfassungsgericht und der derzeitige Stand der Forschung ließen es reizvoll erscheinen, dem Thema »Grundkonsens und Bundesverfassungsgericht« eine Tagung im November 1998 am Europäischen Zentrum für Staatswissenschaften und Staatspraxis zu widmen. Ohne die großzügige finanzielle Unterstützung durch die Volkswagen-Stiftung hätte diese nicht durchgeführt werden können. Für diese Hilfe möchten wir uns nochmals nachdrücklich bedanken.

Der Tagungsband ist in vier Abschnitte geteilt. Im ersten werden aus sozialwissenschaftlicher Perspektive die Kategorie des Grundkonsenses und die Bedeutung des Verfassungsrechts für die Integration einer Gesellschaft untersucht. *Friedhelm Neidhardt* analysiert in seinem Beitrag »Formen und Funktionen gesellschaftlichen Grundkonsenses« die Bedeutung von Konsens im Prozeß der gesellschaftlichen Selbstverständigung. Anschließend geht *Günter Frankenberg* unter dem Titel »Tocquevilles Frage« der Rolle der Verfassung im Prozeß gesellschaftlicher Integration nach. Dabei zeigt er auf, welche unterschiedlichen Vorstellungen über die Integrationsformen und –wirkungen des Verfassungsrechts bestehen. Im Mittelpunkt des zweiten Abschnitts steht die Institution des Bundesverfassungsgerichts. Anhand dreier Bereiche wird aufgezeigt, ob überhaupt, in welchen Formen, auf welchen Wegen und mit welchen Wirkungen das Verfassungsgericht durch seine Entscheidungspraxis auf den gesellschaftlichen Grundkonsens einwirkt. Als möglichst aussagekräftige Bereiche für die Beantwortung dieser Fragen wurden neben den »gesellschaftlichen Werten« und dem »politischen Grundkonsens« die Sphäre der »öffentlichen Meinungsbildung« ausgewählt. In allen drei Bereichen hat das Bundesverfassungsgericht prägende Kraft entfaltet oder zu entfalten versucht. *Friedhelm Hufen* hebt in seinem Beitrag »Die Bewahrung gesellschaftlicher Werte durch das Bundesverfassungsgericht« die Aufgabe des Gerichts hervor, den prozeduralen Rahmen für die Auseinandersetzungen um Wertvorstellungen in Gesellschaft und Staat zu gewährleisten statt sich innerhalb der Auseinandersetzungen zu positionieren. Die erhebliche praktische Bedeutung des Bundesverfassungsgerichts für die Begründung und den Erhalt des politischen Grundkonsenses wird von *Ingwer Ebsen* unter dem Titel »Der Beitrag des Bundesverfassungsgerichts zum politischen Grundkonsens« anschaulich nachgezeichnet, wobei er die integrierende, auf Ausgleich und Vermittlung der politischen Positionen bedachte Entscheidungspraxis hervorhebt. Schließlich werden das Bundesverfassungsgericht als aktiver Faktor der öffentlichen Meinungsbildung wie auch der Einfluß dieser Meinungsbildung auf seine

zum Diskussionsstand finden sich bei W. Reese-Schäfer, Grenzgötter der Moral, Frankfurt a.M. 1997, S. 362 ff. und G. Nunner-Winkler, Zurück zu Durkheim? In: W. Heitmeyer (Hrsg.), Was hält eine Gesellschaft zusammen?, Frankfurt a.M. 1997, S. 360 ff.

Tätigkeit von *Helmuth Schulze-Fielitz* einer genauen Untersuchung unterzogen. Einen Schwerpunkt seiner Überlegungen bilden die eingangs angesprochenen Auseinandersetzungen um die Stellung des Bundesverfassungsgerichts. Hierbei sieht er die Gefahr, daß die Entscheidungskritik in eine grundsätzliche Kritik an der bestehenden Verfassungsordnung abgleitet. Der dritte Abschnitt gilt dem generalisierenden Blick auf die gesellschaftliche Integrationfunktion des Bundesverfassungsgerichts. Es werden in unterschiedlicher Perspektive Überlegungen des ersten und zweiten Abschnitts miteinander verklammert. Unter dem Gesichtspunkt des Ein- bzw. Ausschlusses von Personen in eine Gesellschaft untersucht *Alexander Blankenagel* in seinem Beitrag »Ihr müßt draußen bleiben – Gesellschaftliche Grenzziehung durch Verfassungsgerichte als Aspekt gesellschaftlicher Integration« die Spruchtätigkeit des Bundesverfassungsgerichts in den 50er und 90er Jahren und kontrastiert diese mit der Praxis des russischen Verfassungsgerichts. *Helge Rossen-Stadtfeld* zeigt unter dem Titel »Verfassungsgericht und gesellschaftliche Integration« zunächst auf, daß dem Bundesverfassungsgericht durch das Verfassungsrecht die Aufgabe gesellschaftlicher Integration überantwortet ist. In dem vom Gericht hochgehaltenen Leitbild eines vernünftigen Bürgers sieht er trotz der Unzeitgemäßheit dieses Bildes eine Chance, Integrationspotentiale in einer Gesellschaft zu erhalten, die immer mehr vom Kosten-Nutzen-Kalkül beherrscht wird. In seinem Beitrag »Der gesellschaftliche Grundkonsens im Spiegel der Rechtsprechung des Bundesverfassungsgerichts« unternimmt schließlich *Christian Bumke* den Versuch, aufzuzeigen, daß der Spruchtätigkeit des Gerichts unterschiedliche Idealvorstellungen eines gesellschaftlichen Grundkonsenses zugrunde liegen. Der letzte Abschnitt des Tagungsbandes dient vor allem der thematischen Abrundung: In einem weit ausgreifenden Vergleich verschiedener Verfassungsgerichtshöfe zeichnet *Christian Starck* in seinem Beitrag »Nationaler Grundkonsens und Verfassungsgerichte« die unterschiedlichen Formen auf, in denen diese Gerichte integrierend und konsensbildend in der Gesellschaft tätig wurden. Abschließend geht *Armin von Bogdandy* unter dem Titel »Europäisierung der nationalstaatlichen Verfassung: Erosion des gesellschaftlichen Grundkonsenses? der Frage nach, wie sich die ausgreifende Europäisierung der nationalen Rechtsordnung und damit verbunden die immer weiter ausgreifende Tätigkeit des Europäischen Gerichtshofs auf die Integrationsaufgabe des Bundesverfassungsgerichts auswirkt. Er hebt hervor, daß der nationale Grundkonsens aufgrund der geringen Substantialität eines europäischen Konsenses weiterhin von erheblicher Bedeutung und damit auch dem Bundesverfassungsgericht seine Aufgabe erhalten bleibe.

II. Grundkonsens und gesellschaftliche Integration durch Verfassungsrecht

Friedhelm Neidhardt

Formen und Funktionen gesellschaftlichen Grundkonsenses

Klaus von Beyme zum 65. Geburtstag gewidmet

In den Verfassungsdiskussionen, die in den letzten Jahren vor allem in der Folge strittiger Urteile des Bundesverfassungsgerichts neu entbrannten, versteifte sich die Kontroverse in einem erheblichen Maße auf den Zusammenhang von konstitutionellen Normen und gesellschaftlichem Konsens. Dabei drängte sie in zwei Richtungen mit entgegengesetzten Folgen für die Einschätzung der Funktion von Verfassungen und des Status von Verfassungsgerichten. Einerseits wird die Abhängigkeit der Verfassungsgeltung von bestehenden und sich im kulturellen Wandel verändernden Grundorientierungen der Bürger betont. Diese Akzentsetzung, wenn radikalisiert, bindet Verfassungsgerichte weniger an die heiligen Texte von Grundgesetzen als an eine sich im fortwährenden Diskurs vollziehende öffentliche Meinungsbildung.[1] Ihre eigenständige Bedeutung wird derart doppelt eingeschränkt. Andererseits ergibt sich ein erheblicher Statusgewinn von Verfassungsgerichten aus der anders gerichteten Annahme, daß ihre Auslegung allgemeiner Werte und Normen die innere Bindung der Bürger an diese Werte und Normen verstärke, den gesellschaftlichen Konsens also erhöhe. Dies nicht nur kraft überzeugender Argumentationen in den Urteilsbegründungen des Hohen Gerichts, sondern auch angesichts der anhaltend starken Reputation dieser Institution, die sich oberhalb eines als verdrießlich wahrgenommenen Parteienstreits immer wieder erneuert.

Wie so oft wird bei genauerer Betrachtung auch im vorliegenden Falle richtig sein, daß widersprüchlich erscheinende Annahmen sich empirisch keineswegs ausschließen und daß es von zusätzlichen Randbedingungen abhängt, welche Bedeutung ihnen jeweils zukommt. Unabhängig davon entsteht allerdings die Frage, ob der Konsensdimension in den laufenden Diskussionen der Juristen nicht eine überhöhte Bedeutung und dem Konsensbegriff ein übermäßig diffuser Inhalt zugerechnet wird. Was heißt Konsens? Wie viel und

1 *H.J. Lietzmann*, »Reflexiver Konstitutionalismus« und Demokratie. Die moderne Gesellschaft überholt die Verfassungsrechtsprechung, in: B. Guggenberger/T. Würtenberger, Hg., Hüter der Verfassung oder Lenker der Politik? Baden-Baden 1998, S. 233-261.

was braucht man von ihm nicht nur für das Funktionieren von Gesellschaft im allgemeinen, sondern auch für die Geltung von Werten und Normen speziell?

1. Konsensnachfrage – Konsensbestände

Die Sehnsucht nach Konsens ist offensichtlich allgemein. Mit ihm verbinden sich gemütliche Vorstellungen. Im Einverständnis findet man sich selber im Anderen wieder, man kann sich entspannen, muß nicht mehr so aufpassen. Die Wahrnehmung von Konsens beruhigt angesichts der Chance, nicht nur die eigenen Überzeugungen und Gefühle bestätigt, sondern auch die eigenen Interessen berücksichtigt zu finden. Weil das so ist, gibt es *eine große soziale Nachfrage nach Konsens*. Das trifft nicht nur für die kleine Gemeinschaft der Familie und ihren sehr breiten Abstimmungsbedarf zu. Auch für die große Politik gilt, daß die an Umfragen teilnehmenden Bürger ihre Erwartung an »Volksvertreter« und Regierungen nach dem klassischen Postulat ausrichten, Demokratie sei »government by consent«[2].

Demgegenüber belegt nun aber die sozialwissenschaftlichen Erfahrung, daß Gesellschaften zur Regulierung sowohl ihres kleinen als auch ihres großen Verkehrs nur auf ein bescheidenes Ausmaß an Konsens tatsächlich angewiesen sind.[3] Die Konsensnachfrage ist offenbar erheblich größer als der Konsensbedarf, der für das Funktionieren sozialer Systeme unerläßlich ist. Ich nenne drei Beispiele.

Erstens: In Befragungen von insgesamt 300 Ehepaaren, bei denen im Abstand von jeweils zwei Jahren Ehemänner und Ehefrauen jeweils getrennt interviewt wurden, fand *A.Hahn* nicht nur die durchweg verbreitete »Meinung, daß Konsens hohen Ausmaßes für ihre Ehe wichtig ist«[4]. Er fand ebenso, daß dieser Konsens, zum Beispiel im Hinblick auf Kindererziehung und die Berufstätigkeit der Frau, also in zentralen Familienangelegenheiten, in vielen Fällen »faktisch nicht besteht«[5], mehr noch: daß er sich im Untersuchungszeitraum von sechs Jahren bei den befragten Ehepaaren auch nicht nennenswert entwickelt hat.

2 *G. Sartori*, The theory of democracy revisited. Chatham, N.J., 1987.

3 *A. Etzioni*, Elemente einer Makrosoziologie, in: W. Zapf, Hg., Theorien des sozialen Wandels. Köln/Berlin 1969, 147-176; *N. Luhmann*, Funktionen und Folgen formaler Organisation. Berlin 1964.

4 *A. Hahn*, Konsensfiktionen in Kleingruppen, dargestellt am Beispiel junger Ehen, in: F. Neidhardt, Hg., Gruppensoziologie. Opladen 1993, S. 215.

5 *A. Hahn*, a.a.O. (Fn.4), S.221.

Ein zweites Beispiel: Seit längerem gibt es eine amerikanische Forschung über »Opinion-Policy-Nexus«. Deren Ziel ist zu ermitteln, ob und in welchem Maße politische Systeme der in der politikwissenschaftlichen Theorie verbreiteten Vorstellung eines »ideal democratic government« genügen, der Vorstellung nämlich, daß politische Entscheidungen »in accordance with the people's preferences«[6] zu treffen seien. *J. Brooks* hat für die Bundesrepublik der Jahre 1977 bis 1987 146 bundespolitische Entscheidungen mit Meinungsumfragen verglichen, die jeweils den Themenbereich dieser Entscheidungen betrafen. Nur in 42 Prozent der 146 Fälle gab es eine Übereinstimmung zwischen den politischen Entscheidungsinhalten und den mehrheitlich vertretenen Bevölkerungspräferenzen.[7] Dies entspricht vergleichbaren Befunden für die USA, Frankreich und Großbritannien. In keinem Falle wurde für eine Übereinstimmung zwischen Legislative und Bürgerschaft die Mehrheitsschwelle von 50 Prozent erreicht oder gar übertroffen. In Umkehrung einer bekannten politikwissenschaftlichen Beschreibungsformel könnte man folgern, daß sich funktionierende Demokratien zumindest auf der Ebene ihrer legislativen Praxis weitgehend als »Dissensdemokratien« stabilisiert haben.

Daß das Vorherrschen von Dissens – drittens – auch für den Bereich der öffentlicher Meinungsbildung zutrifft, mag weniger überraschen, verdient aber festgehalten zu werden. In einer Studie des Berliner Wissenschaftszentrums über »Öffentliche Diskussion und politische Entscheidung« am Beispiel des deutschen Abtreibungskonflikts der Jahre 1970 bis 1994 ergab sich, daß in allen Phasen des öffentlichen Meinungsstreits sowohl liberale als auch konservative Positionen von den sich öffentlich äußernden Akteuren weit überwiegend abgelehnt wurden. Zu keinem Zeitpunkt gab es in diesem fundamentalen Wertekonflikt für irgendeine der ins Spiel gebrachten gesetzgeberischen Optionen in der massenmedial vermittelten Öffentlichkeit mehrheitliche Zustimmung.[8] Umso interessanter ist dann – das zeigen andere Daten der WZB-Studie –, daß gleichwohl die (mit kräftiger Nachhilfe des Bundesverfassungsgerichts) verabschiedeten Gesetze zum § 218 sowohl 1976 als auch 1995 weitgehend akzeptiert wurden, also friedenstiftend wirkten.[9] Akzeptanz setzt nicht unbedingt Zustimmung voraus. Da beides in der vor-

6 *A. Lijpart*, Democracies: patterns of majoritarian and consensus government in twenty-one countries. New Haven 1984.

7 *J.E. Brooks*, The opinion-policy nexus in Germany, Public Opinion Quarterly 54 (1990), S. 514.

8 *F. Neidhardt*, Öffentliche Diskussion und politische Entscheidung. Der deutsche Abtreibungskonflikt 1970-1994, in: W. van den Daele/F. Neidhardt, Hg., Kommunikation und Entscheidung. Politische Funktionen öffentlicher Meinungsbildung und diskursiver Verfahren. WZB-Jahrbuch 1996, Berlin 1996, S.60-65.

9 *J.Gerhards/F.Neidhardt/D.Rucht,* Zwischen Palaver und Diskurs. Strukturen öffentlicher Meinungsbildung am Beispiel der deutschen Diskussion zur Abtreibung, Opladen 1998.

herrschenden Kompromißpraxis moderner Gesellschaften immer wieder auseinanderfällt, läßt sich von einem erheblichen Ausmaß an Dissenstoleranz ausgehen.

2. Konsensäquivalente

Vergegenwärtigt man sich mit solchen Befunden das an elementaren Konsensbedürfnissen bestimmbare Ausmaß an *Konsensdefiziten* moderner Gesellschaften, dann entsteht sogleich die Frage nach den Mechanismen, mit denen diese Defizite bei der Regulation des sozialen Verkehrs faktisch kompensiert werden. Diese Frage führt in einem ersten Schritt zur Wahrnehmung von Regulationsformen, die als *funktionale Äquivalente* von Konsens überall beobachtbar und in mehreren theoretischen Ansätzen[10] beschrieben worden sind. Versteht man unter *Integration* die Herstellung der Komplementarität von Erwartungen, so lassen sich jenseits von Konsens drei weitere Integrationsmedien feststellen.

Erstens: Auch in liberaldemokratischen Gesellschaften ist der Einsatz von *Zwangsmitteln* natürlich nicht vermeidbar. Fortwährend und in wohl allen sozialen Bereichen fallen Entscheidungen auch gegen die originären Wünsche einer Vielzahl von betroffenen Akteuren – in der Kindererziehung, in allen Vorgesetztenbeziehungen von Organisationen, besonders auffällig natürlich im Wirkungsbereich des Polizei- und Gerichtswesens. Zwang setzt nicht auf die Zustimmung zu den Inhalten einer Handlungszumutung, sondern auf *Fügsamkeit* und *Gehorsam*. Daß diese Handlungsmotive in den Selbstbeschreibungsformeln moderner Gesellschaften kaum eine Rolle spielen, ist ideologisch motiviert, empirisch aber nicht haltbar.

Zweitens: Mit der Institutionalisierung von Marktwirtschaften haben moderne Demokratien auch über den Bereich ihrer Ökonomie hinaus die Geltung eines *Austauschprinzips* betrieben, bei dessen Anwendung es nicht auf die wechselseitige Zustimmung der Akteure zu ihren je besonderen Interessen ankommt, sondern auf die Vereinbarung divergierender Interessen und auf die *Akzeptanz von Kompromissen,* bei denen alle beteiligten Parteien einige Vorteile austauschen, um andere zu erhalten. Kompromisse, nach *G. Simmel* »eine der größten Erfindungen der Menschheit«[11], leben von der Ausschaltung von Konsenserwartungen; sie leben von dem, was *N. Luhmann* »bezahlte Indiffe-

10 Systematisch zum Beispiel bei *T. Parsons*, Zur Theorie der sozialen Interaktionsmedien, Opladen 1980, S. 57ff.

11 *G. Simmel*, Soziologie. Untersuchungen über die Formen der Vergesellschaftung, 5. Aufl., Berlin 1968, S.250.

renz«[12] genannt hat. Die Einstellungen und Motive des Tauschpartners werden uninteressant, wenn er mir gibt, was ich brauche.

Drittens: Akteure operieren nicht nur als eine Summe von Einzelgängern, sondern auch als Mitglieder von Gruppen und Organisationen, deren kollektive Interessen in einem mehr oder weniger ausgeprägten Ausmaß individuelle Selbstverpflichtungen auslösen. Was auf unteren Ebenen zum Beispiel als Familienbindung gegenüber Ehepartnern und Kindern funktioniert, wird auf anderen Ebenen – moderne Manager haben das gerade wieder als Ressource entdeckt – als Unternehmenstreue oder aber auch als Vereinsanhänglichkeit, als Professionsverpflichtung und auf nationaler Ebene als Patriotismus mobilisierbar. *Gemeinschaftsbindungen* dieser Art mögen im Zuge laufender Individualisierungsprozesse als Handlungsmotive schwächer geworden sein[13]; aber sie sind nicht verschwunden[14]. Und insoweit sie existieren, geht es nicht um Zustimmung zu allem, was Kollektive, in denen ein einzelner Mitglied ist, wollen und von ihm erwarten, sondern es geht um *Loyalität.* Loyalität ist im Prinzip als konsensunabhängige Bindung an Gemeinschaftsinteresse verfügbar. »Right or wrong – my country.«

Diese Beschreibungen können genügen, um festzustellen, daß mit Zwangselementen, Austauschformen und Gemeinschaftsbindungen in allen Gesellschaften jenseits von Konsensdruck und Wertbindungen mehrere Integrationsmedien gesellschaftlichen Verkehrs in Gebrauch sind. Es läßt sich hinzufügen, daß diese sich in einem gewissen Umfang substituieren können.[15] Wo viel Konsens ist, genügt wenig Zwang. Wo Austauschprozesse funktionieren, ist der Bedarf an Loyalität relativ gering. Wo Loyalität stark ausgeprägt ist, genügt ein geringer Aufwand an Konfessionalisierung, um ein notwendiges Maß an Konsens zu erreichen. Alle Steuerungselemente erscheinen als diskrete Variablen, die sich – je nach den obwaltenden Umständen – in unterschiedlichen Mischungsverhältnissen teils ersetzen, teils ergänzen. Ein auch hier geltendes Gesetz steigender Grenzkosten läuft darauf hinaus, daß Steuerungsaufgaben nicht durch Maximierung einzelner Steuerungsmechanismen, sondern durch Optimierung ihrer Kombinationen gelöst werden können.

Für den hier interessierenden Bedarf an Konsens bedeutet dieses zweierlei. Zum einen lassen sich Konsensansprüche nur in einem begrenzten Rahmen

12 *N. Luhmann*, Funktionen und Folgen, a.a.O. (Fn.3), S.96.
13 *W. Streeck*, Vielfalt und Interdependenz: Überlegungen zur Rolle von intermediären Organisationen in sich verändernden Umwelten, Kölner Zeitschrift für Soziologie und Sozialpsychologie 39 (1987), S. 471-495.
14 *B. Weßels*, Organizing capacity of society and modernity, in: J. van Deth, Hg., Private groups and public life. London/New York 1997, 198-219.
15 *A. Etzioni*, Elemente einer Makrosoziologie, a.a.O. (Fn. 3), S. 166.

steigern. Ihre Einlösbarkeit hängt von einem Grad an kultureller Homogenität ab, der bei sich nach innen differenzierenden und nach außen öffnenden Gesellschaften strukturell immer weniger wahrscheinlich ist. Gegen mannigfach bedingte Individualisierungsprozesse Konsensansprüche zu überziehen, läuft entweder auf nie zuende kommende Entscheidungsprozesse, also auf einen perennierenden Stillstand, oder aber mit starkem Bedarf an Zwangselementen auf einen Gesinnungsterrorismus und dann auf einen Typus opportunistischer Einverständnisse hinaus, dessen Motivationsbasis äußerst labil und leistungsschwach ist. Als sie es konnten, sind die DDR-Bürger ihrem Kommunismus weggelaufen. Und bevor sie es konnten, hat ihre große Mehrheit bloß ritualistisch, also ohne den Elan inneren Engagements, irgendwie nur mitgemacht.

3. Funktionen und Inhalte von Basiskonsens

Ruiniert sich also der Versuch, Konsensansprüche zu maximieren, so sind andererseits aber auch die kollektiven Probleme offenkundig, wenn man sich das verfügbare Maß an Konsens gegen Null denkt. Wo die Durchsetzung von Zwang ausschließlich auf Angsterzeugung beruht, wo Austausch von allen Seiten mit ungebremstem Ausbeutungswillen betrieben wird, wo Mitgliedschaftsbindung auf bewußtlose Konformität setzt, da entstehen Spannungen und Ungleichgewichte daraus, daß diese Steuerungsmittel mit den kulturellen Selbstverständnissen der Betroffenen nicht hinreichend vermittelt sind. Will man das Funktionieren zwanghafter, marktförmiger und gemeinschaftlicher Regulationsmechanismen auf Dauer stellen und ihre Akzeptanz sichern, dann entsteht ein Bedarf an *Legitimierung* von Zwangseingriffen, Marktverhältnissen und Gemeinschaftsverpflichtungen, um mit diesen nicht nur gelegentlichen Erfolg erzielen, sondern auch eine dauerhafte gesellschaftliche Ordnung erreichen zu können.

Im Hinblick auf diesen Legitimitätsbedarf läßt sich nunmehr der Begriff von *Grundkonsens* definieren. Grundkonsens läßt sich als Einverständnis über die prinzipiellen Voraussetzungen, Funktionsbedingungen und Grenzen von Zwangseingriffen, Marktverhältnissen und Loyalitätsbindungen verstehen. Er erscheint als deren »functional prerequisite«, wenn es darum geht, ihr Funktionieren langfristig zu sichern. Seine Funktion besteht in der Kultivierung gesellschaftlicher Regulationen, anders formuliert: in der Vereinbarung von Grundformen gesellschaftlicher Praxis mit den in einer Gesellschaft vorhandenen Wertorientierungen, also mit gesellschaftlicher Kultur.

Was das im einzelnen heißt, soll im folgenden nicht mehr abstrakt beschrieben, sondern auf unsere eigene Gesellschaft bezogen und damit empirisch verhandelt werden. Dabei gehe ich davon aus, daß die Bundesrepublik den interessanten Fall einer Gesellschaft darstellt, die sich im Schatten einer »staatsfundierenden Katastrophe«[16] neu zu konstituieren hatte. Sie bildete Einverständnisse als Reaktion auf das Fiasko des Dritten Reichs, schrieb einen Teil ihrer Prinzipien in eine weithin anerkannte Verfassung, band darüberhinaus andere in ein nichtkodifiziertes kollektives Selbstverständnis und erlebt nun am Ende einer fünfzigjährigen Geschichte Herausforderungen, deren kulturelle und strukturelle Verarbeitung noch offen ist. Es geht vom Beginn ihrer Nachkriegsgeschichte an um die Legitimation von staatlicher Herrschaft und deren Gewaltmonopol, um die Gerechtigkeit der sich etablierenden Marktwirtschaft und ihrer Tauschverhältnisse sowie um die Begründung und Zivilisierung von Gemeinschaftsbindung und Nationalgefühl.

3.1 *Legitimation von Zwang*: Der Einsatz von Zwangsmitteln widerstrebt einem kulturellen Selbstverständnis, das sich in der Bundesrepublik nach den Erfahrungen des Nationalsozialismus von Anfang an auf den unbedingten Schutz von Würde und Freiheit aller Bürger, also auf humanitäre Liberalität, verpflichtet hat. Das Grundgesetz hat diese Entscheidung und die sie flankierenden Grundsätze festgeschrieben, und es genießt ebenso wie der Hüter der Verfassung, also das Bundesverfassungsgericht, ein Ausmaß an Wertschätzung, das trotz aller Kontroversen über einige seiner Urteile – so zeigen wiederholte Umfragen – unter allen gesellschaftlichen Einrichtungen unübertroffen und im internationalen Vergleich überdurchschnittlich ausgeprägt ist.[17] Dem entspricht, daß neben dem Inzesttabu das *Gewalttabu* das einzige unbedingte Meidungsgebot darstellt, das in der Bevölkerung auf allseitige und geradezu instinkthafte Anerkennung rechnen kann.[18] Dieses Tabu ist so fraglos anerkannt, daß sich rund um den Gewaltbegriff dauerhaft semantische Manöver eingestellt haben mit dem Ziel, durch eine Begriffsausdehnung eine Serie weiterer Tatbestände nicht nur strafrechtlicher Verfolgung, sondern auch moralischer Ächtung auszusetzen, sie also dem Nimbus des absolut Unanständigen einzuverleiben, das dem Gewaltbegriff anhaftet.[19]

16 *F.X. Kaufmann*, Normative Konflikte in Deutschland: Basiskonsens, Wertewandel und soziale Bewegungen, in: P.L. Berger, Hg., Die Grenzen der Gemeinschaft. Gütersloh 1997, S.188.

17 *H.-U. Derlien*, Elitezirkulation und Institutionenvertrauen, Berliner Journal für Soziologie 7 (1997), S. 553; *O. Listhaug/M. Wiberg*, Confidence in political and private institutions, in: H.-D. Klingemann/D. Fuchs, Hg., Citizens and the state. Oxford 1995, S. 304f.

18 *M. Kaase/F. Neidhardt,* Politische Gewalt und Repression. Bd. 4 der Reihe »Ursachen, Prävention und Kontrolle der Gewalt«, hg. von H.-D. Schwind/J. Baumann. Berlin 1990.

19 *F. Neidhardt*, Gewalt. Soziale Bedeutungen und sozialwissenschaftlichen Bestimmungen des Begriffs, in. V. Krey/F. Neidhardt, Was ist Gewalt? Wiesbaden 1986, S. 109-147.

Aus der Geltung des Gewalttabus ergeben sich nun aber auch Probleme zwar nicht für das Prinzip, wohl aber für die praktische Inanspruchnahme des *staatlichen Gewaltmonopols*. Das spüren vor allem die staatlichen Zwangsmittelapparate der Polizei und der Bundeswehr. Zwar erscheinen beide Institutionen im Rahmen der verfassungsmäßig verfügten Eingrenzung staatlicher Kompetenzen durchaus hinreichend, im Falle der Polizei sogar überdurchschnittlich anerkannt; auch das zeigen vorliegende Umfragen[20]. Aber es bleibt regelmäßig kontrovers, ob ihr Zwangsmitteleinsatz im einzelnen tatsächlich verhältnismäßig und rechtens sei. Hier begegnet einer durchaus verbreiteten »Law-and-Order«-Stimmung ein öffentlich wirksamer liberaler Zweifel, der dazu neigt, das Gewalttabu in dem Sinne zu radikalisieren, daß ihm auch die legitimen Akteure des staatlichen Gewaltmonopols unterworfen werden; dies mit Folgen, die ihren Ordnungsfunktionen nicht nur zugute kommen.

Alles in allem läßt sich für die Bundesrepublik konstatieren, daß ein liberales Grundverständnis von legitimer Herrschaft den Zwangsmitteleinsatz zwar nicht ausschließt, aber unter das Obligo verschärfter Legitimitätskriterien gestellt hat. Der in der Verfassung fixierte Grundkonsens unseres Gemeinwesens setzt auf die Legitimität des Meinungsstreits und die Rechtmäßigkeit ständiger Machtkonkurrenzen unter der Bedingung eines weitgehenden Ausschlusses von Zwangsmitteleinsatz. Er genügt insofern im Prinzip den Postulaten liberaler Gesellschaftstheorie, die die Freiheit zum Konflikt auf die Verpflichtung zu »gegenseitigem Respekt« verpflichtet.[21]

3.2 *Die Gerechtigkeit des Austauschs*: Die liberale Substanz des im Grundgesetz ausformulierten Basiskonsenses sichert dem freien Spiel gesellschaftlicher und politischer Kräfte die Entscheidung über die praktische Regulation sozialer Verhältnisse. Die Verfassung überläßt es den geistigen Auseinandersetzungen und dem politischen Wettbewerb, einen auf Zeit geltenden und immer wieder neu herzustellenden Kompromiß zwischen widerstreitenden Ansichten und Interessen herzustellen. Sie sorgt dafür, daß sich dieser Wettbewerb offen und frei vollziehen kann. Daß sich aus ihm dann tatsächlich Kompromisse ergeben, setzt allerdings Bedingungen voraus, die zusätzlich einzuführen sind. Soziologische Austauschtheorien, die Mechanismen sozialen Verkehrs weit über ökonomische Belange hinaus zu bestimmen suchen, weisen zum Beispiel darauf hin, daß die Akzeptanz solcher Kompromisse nicht nur die Abwesenheit von Zwängen und die Geltung eines Gewalttabus, son-

20 *H.-U. Derlien*, Elitezirkulation . . ., a.a.O. (Fn.17), S. 553.
21 *C. Larmore*, Politischer Liberalismus, in: A. Honneth, Hg., Kommunitarismus. Frankfurt a.M. 1993, S.143f.; *H. Dubiel*, Unversöhnlichkeit und Demokratie, in: W. Heitmeyer, Hg., Was hält die Gesellschaft zusammen? Frankfurt a.M. 1997, S. 438f.

dern auch einen Basiskonsens über Prinzipien von »*fair exchange*« und von »*distributive justice*« voraussetzt.[22]

In dieser Hinsicht bleibt das Grundgesetz mit den sehr offenen Bestimmungen der Artikel 14, 20 und 74 außerordentlich abstrakt und bietet für unterschiedliche Modelle der Wirtschafts- und Sozialordnung einen freien Gestaltungsraum. Im Hinblick darauf hat sich aber in den Nachkriegsjahren gegen sowohl liberalistische als auch sozialistische Radikalisierungen ein sozialliberales Prinzip durchgesetzt, das mit dem Konzept der »*Sozialen Marktwirtschaft*« den Rang eines Basiskonsenses erreichte. Dessen Geltung erscheint, wiewohl auf Verfassungsebene kaum kodifiziert, auch zwischen den sogen. Volksparteien im Grundsatz unumstritten.[23] Es sorgte mit Mitbestimmungsgesetzen und den Rahmenbedingungen für Tarifautonomie für Möglichkeiten eines Klassenkompromisses zwischen Kapital und Arbeit und begründete darüberhinaus den Ausbau eines umfassenden Versicherungssystems, das den sozialen Ungleichgewichten, die rein marktförmige Austauschsysteme erzeugen, durch redistributive Leistungen großen Umfangs gegensteuerte.

Solange die Ökonomie für kräftig steigende Volkseinkommen sorgte, konnten die im Begriff der »Sozialen Marktwirtschaft« angelegten Spannungen zwischen Marktwirtschaft und Sozialstaat zwar nicht konfliktfrei, aber immer wieder mit bemerkenswerter Friedlichkeit austariert werden. Erst die mit der deutschen Vereinigung anfallenden Transferkosten und eine mit ökonomischen Globalisierungstendenzen einhergehende Verschärfung des internationalen Wettbewerbs erzeugten Bedingungen, die die Geltung des Basiskonsenses zu strapazieren begannen.[24] Die sozialstaatlichen Elemente der »Sozialen Marktwirtschaft« sind in die Defensive geraten – und dies zu einem Zeitpunkt, zu dem über die Erwartungshaltungen der Ex-DDR-Bevölkerung der Neuen Bundesländer die sozialmoralischen Ansprüche auf sozialstaatliche Versorgung in der Bevölkerung insgesamt eher gestiegen sind.[25] Unter diesen Bedingungen sind verschärfte Verteilungskonflikte zu erwarten. Es wird vor allem von dem Geschick und dem Augenmaß der Parteien und Interessenverbände abhängen, ob es zu einer Fundamentalisierung dieser Konflikte und damit zu einer Erosion des Konsensprinzips der »Sozialen Marktwirtschaft« kommen wird. Gegenwärtig deutet alles darauf hin, daß es eher zu Einschrän-

22 *P.M. Blau*, Exchange and power in social life, New York/London/Sidney 1964, S. 143ff.; *G.C. Homans*, Social behavior. Ist elementary forms, New York 196, S. 74ff.

23 *H.-H. Hartwich,* Die Europäisierung des deutschen Wirtschaftssystems, Opladen 1998, S. 33-126; *F.X. Kaufmann*, Normative Konflikte, a.a.O. (Fn.16), S.166-176.

24 *C. Offe* Der deutsche Wohlfahrtsstaat: Prinzipien, Leistungen, Zukunftsaussichten, Berliner Journal für Soziologie 8 (1998), S. 359-381.

25 *D. Fuchs*, Wohin geht der Wandel der demokratischen Institutionen in Deutschland, WZB-Discussion-Paper FS III 96-207, Berlin 1996, S. 19ff.

kungen und Umdefinitionen als zu einem Zusammenbruch dieses Basiskonsenses kommen wird.

3.3 *Begründung und Zivilisierung von Gemeinschaftsbindungen*: Der Ausbau des Sozialstaats hat nicht nur Standards von »fair exchange«, sondern darüberhinaus auch das Fürsorgeprinzip der Sozialhilfe zugunsten derer durchgesetzt, die aus den Austauschsystemen der Ökonomie ausgeschlossen sind, weil sie langfristig beschäftigungsunfähig, auf jeden Fall arbeitslos und deshalb von Armut bedroht sind. Die Gesellschaft der Bundesrepublik hat sich auf diese Weise institutionell zu einer außerordentlich leistungsfähigen Solidargemeinschaft entwickelt, ohne daß den dafür in Anspruch genommenen Bürgern mehr als eine enorm wachsende Steuerbelastung bewußt geworden wäre. Es handelt sich um eine institutionalisierte Solidargemeinschaft mit nur knapp und abstrakt entwickeltem Solidarbewußtsein.

Ein kollektives Solidarbewußtsein hätte sich als Motivationsbasis für die erheblichen Transferleistungen nach dem historischen Muster von Nationalbewußtsein entwickeln können. Für Patriotismus boten den Deutschen aber weder die Geschichte noch der Zustand einer geteilten und auch heute noch nicht zusammengewachsenen Nation starke Gründe. Es kann deshalb auch nicht überraschen, daß in den 95er- bis 97er-Umfragen des World Value Survey unter 25 Nationen die Deutschen an letzter Stelle lagen, wenn die Ausprägung von Nationalgefühl bestimmt wurde. Gefragt, ob sie auf ihre nationale Gemeinschaft sehr stolz seien, bejahten zum Beispiel 79,4 Prozent der Amerikaner, aber nur 15,8 Prozent der Ostdeutschen und 13,5 Prozent der Westdeutschen.[26]

Es ist schwierig, solche Daten valide zu interpretieren, wenn man gleichzeitig aus Umfragen weiß, daß die innere Bindung sowohl der West- als auch der Ostdeutschen an die demokratische Qualität ihres politischen Systems im internationalen Vergleich überdurchschnittlich entwickelt ist.[27] Auf der einen Seite mangelt es der Bundesrepublik offensichtlich an jener Ressource, die z.B. von »republikanischen« Gesellschaftstheorien als Patriotismus reklamiert wird.[28] Bedenkt man allerdings, daß Patriotismus »ein moralisch gefährliches Phänomen«[29] darstellt, daß er in dem Maße, in dem er »nicht nach Recht oder Unrecht, sondern nur nach Gruppenzugehörigkeit fragt«, nach-

26 *D. Fuchs/H.-D. Klingemann*, National community, political culture and support for democracy in Central and East Europe, Mskr. WZB 1998, S. 26.
27 *D. Fuchs/H.-D. Klingemann*, National community . . ., a.a.O. (Fn. 26), S. 29.
28 *C. Taylor*, Aneinander vorbei: Die Debatte zwischen Liberalismus und Kommunitarismus, in: A. Honneth, Hg., Kommunitarismus, a.a.O. (Fn.21), S. 111ff.
29 *A. McIntyre*, Ist Patriotismus eine Tugend?, in: A. Honneth, Hg., Kommunitarismus, a.a.O. (Fn.21), S.98.

gerade als »Untugend«[30] erscheint, dann könnte es eine kollektive Tugend darstellen, wenn eine relativ ausgeprägte Demokratiebindung der Deutschen als Ausdrucksform dessen interpretiert werden könnte, was *D. Sternberger* »*Verfassungspatriotismus*« genannt und als »Anhänglichkeit oder Loyalität« gegenüber jener »freiheitlich demokratischen Grundordnung« begriffen hat, die sich die Bundesrepublik mit ihrem Grundgesetz gegeben hat.[31] Es handelt sich um einen Patriotismus, »der sich nicht mehr auf das konkrete Ganze einer Nation, sondern auf abstrakte Verfahren und Prinzipien bezieht«[32], auf solche nämlich, die die Idee einer Nation auf die universalistischen Werte bezieht, denen sie sich verpflichtet. In diesem Sinne konnte Sternberger »die Verschwörer des 20. Juli« für »Patrioten im eigentlichen Sinne«[33] halten – nicht die Richter, die das Gesetz des Dritten Reiches gegen sie wendeten.

Es erscheint mir als zu despektierlich, daß *A. O. Hirschman* diesen Verfassungspatriotismus als eine »minimalistische Art von Patriotismus«[34] bezeichnet. Es handelt sich um eine ganz andere Art von Patriotismus, die nicht zum Verschwinden, sondern zur Zivilisierung von Loyalität führt. Verfassungspatriotismus bedeutet eine außerordentliche, aber bedingte Treue zur eigenen Nation, eine kritisch bleibende Bindung an die Aufgabenstellung eines »gemeinsamen Projekts«, das die individuelle Verknüpfung mit einer »gemeinsamen Geschichte«[35] aufnimmt und zu einer Idee von kollektiven Aufgaben sowohl nach innen als auch nach außen formt. Nation als kulturell legitimierbare Arbeitsgemeinschaft – in dieser Facon stellt sich ein partikularistisch gebundener Verfassungspatriotismus im Dienste universalistischer Zwecke dar. Er macht nicht, wie *J. Isensee* meint, »blind gegenüber der Realität der Nation«[36]; er bewahrt Patriotismus aber gegen blinden Gehorsam, wenn dieser schlimmen Zwecken dient. Es wäre, denke ich, wenig dagegen zu sagen, wenn die Bindung der Deutschen an ihre Demokratie für einen solchen Verfassungspatriotismus stände.

30 *G. Nunner-Winkler*, Zurück zu Durkheim? Geteilte Werte als Basis gesellschaftlichen Zusammenhalts, in: W. Heitmeyer, Hg., a.a.O. (Fn.21), S. 386f.
31 *D. Sternberger,* Verfassungspatriotismus. Schriften X, Frankfurt a.M. 1990, S. 13-38, S. 24.
32 *J. Habermas*, Eine Art Schadensabwicklung. Kleine politische Schriften VI, Frankfurt a.M. 1987, S. 173.
33 *D. Sternberger*, Verfassungspatriotismus, a.a.O. (Fn. 31), S. 19.
34 *A. O. Hirschman*, Wieviel Gemeinsinn braucht die liberale Gesellschaft?, Leviathan 22, S. 294.
35 *C. Taylor*, Aneinander vorbei, a.a.O. (Fn.28), S. 111.; vgl. *A. McIntyre*, Patriotismus, a.a.O. (Fn.29), S.96.
36 *J. Isensee*, Solidarität und Konkurrenz als Kategorien des Verfassungsstaats, in: Dieter-Fritz Assmus (Hg.): Wirtschaftsgesellschaft und Kultur. Gottfried Eisermann zum 80. Geburtstag, Bern/Stuttgart/Wien 1998, S.32.

4. Konsens und Konsensfiktionen

Basiskonsens hat als Voraussetzung zur Stabilisierung gesellschaftlicher Regulationsprinzipien für die Kultivierung notwendiger Zwangseingriffe, laufender Austauschprozesse und hinreichender Gemeinschaftsbindungen zu sorgen und für nicht-konsensuale Verkehrsformen Akzeptanz zu erzeugen. Er hat sich in der Bundesrepublik in der Institutionalisierung liberaler Grundrechte, in dem Selbstverständnis einer sozialen Marktwirtschaft und in Ansätzen dessen ausgeprägt, was sich als Verfassungspatriotismus begreifen läßt. Die Frage kommt auf, ob das wirklich in einem hinreichenden Maße geschehen ist.

Bedenkt man diese Frage, so ist vorab zu klären, welcher Maßstab für die Bestimmung des »hinreichenden« angesetzt werden soll. Empirisch ist die Höhenlage solcher Maßstäbe abhängig davon, was sich eine Gesellschaft vornimmt zu tun. Ein Gemeinwesen, das *A. Etzioni* »aktive Gesellschaft«[37] nennen würde, braucht einen kräftigeren Basiskonsens für die ehrgeizigen Aufgaben, die es sich stellt, als ein Gemeinwesen, dessen Selbstverständnis sich mit dem funktionalistisch minimalisierten Anspruchsniveau begnügt, stabil oder unter stark wechselnden Umständen sogar ultrastabil, also bloß unsterblich zu sein. Sicher kann man der Bundesrepublik attestieren, sich von einem katastrophischen Anfang her mit einem bemerkenswerten Ausmaß an Friedlichkeit demokratisch und wohlfahrtsstaatlich stabilisiert zu haben; ihr Basiskonsens hat dazu offensichtlich ausgereicht. Am Ende ihrer 50jährigen Geschichte ist allerdings zu fragen, ob der vorhandene Basiskonsens dazu ausreichen wird, sich neuen Herausforderungen sowohl nach innen als auch nach außen nicht nur irgendwie anzupassen, sondern auch die Chancen zu nutzen, die mit ihnen verbunden sind. Ich denke an die unerledigten Aufgaben deutscher Vereinigung, an unseren gestörten Umgang mit den sogen. Ausländern, an die unausweichlichen Konflikte beim Umbau unseres Sozialsystems, nicht zuletzt an die internationalen Pflichten der Deutschen in der Welt allgemein und in Europa speziell. Wenn sich Nation als eine »Arbeitsgemeinschaft« begreifen will, dann muß sie sich mehr vornehmen, als bloß zu überleben und nicht unterzugehen.

Bevor man sich in dieser Hinsicht blanken Zweifeln an dem Bestand deutscher Möglichkeiten überläßt, erscheint es nützlich, die sozialen Funktionsbedingungen von Konsens im allgemeinen und von Basiskonsens im besonderen zu klären. Man stößt dann auf die empirische Beobachtung, daß sich Konsens

37 *A. Etzioni*, Makrosoziologie, a.a.O. (Fn.3).

in einem erstaunlichen Maße durch den bloßen *Glauben an Konsens* ersetzen läßt. Zur Erläuterung zwei Beispiele.

In den anfangs schon zitierten Ehestudien von *A. Hahn* fiel nicht nur die erhebliche Diskrepanz zwischen wechselseitigen Konsensnachfragen der Ehepartner und dem tatsächlichem ehelichen Konsensbestand, sondern auch die über Jahre hin sehr stabile Wirksamkeit von »*Konsensfiktionen*« auf.[38] Selbst in diesen dichten Gemeinschaften weiß man nicht, wie wenig man auch in zentralen Interaktionsbereichen tatsächlich übereinstimmt. Aber das muß nicht störend sein. »Die Konsensunterstellung«, so *A. Hahn*, »ersetzt den realen Konsens.«[39] Auf allgemeinerer Ebene kommt die Forschung über »pluralistic ignorance« zu einem ähnlichen Ergebnis.[40] Studiert man mit den Mitteln der Demoskopie »public beliefs about the beliefs of the public«, dann stößt man auf »the strong overall tendency to perceive agreement with others«, ohne daß die Daten über deren Einstellungen tatsächliche Übereinstimmung belegen würden.[41] In der Forschung wird dieser Befund mit dem Begriff *»looking-glass perceptions«* ausgewiesen. Die Normalerwartung des Bürgers ist, daß die anderen im wesentlichen denken wie er selbst.

Dies gilt freilich nicht unter allen Umständen. Fragt man nach den Voraussetzungen systematischer Konsensüberschätzungen, so stößt man auf die Existenz allgemein verbreiteter Wertorientierungen, die einerseits verbindlich genug sind, um Übereinstimmungserfahrungen auszulösen, andererseits aber auch so abstrakt, daß sie den Dissens verbergen, der bei ihrer Auslegung und Anwendung in konkreten Fällen entstehen würde. Der Dissens bleibt latent, solange der Gehalt abstrakter Konsensformeln nicht getestet werden muß.

Es wird immer wieder mit Recht angemerkt, daß die Geltung des in Verfassungen formulierten Basiskonsenses nicht zuletzt von der »Unbestimmtheit« von Verfassungsbegriffen abhängt.[42] Auch das Grundgesetz ist durch »oft prinzipienhaft unscharfe Formulierungen«[43] gekennzeichnet. In seiner Abhandlung »Über logische Struktur und gesellschaftliche Funktionen von Leerformeln« bindet *G. Degenkolbe* die »integrative Wirkung« des Grundgesetzes

38 *A. Hahn*, Konsensfiktionen, a.a.O. (Fn.4), S. 223ff.
39 *A. Hahn*, Konsensfiktionen, a.a.O. (Fn.4), S. 224.
40 *T. Scheff*, Toward a sociological model of consensus, American Sociological Review 32 (1976), S. 32-46.
41 *J.M. Fields/H. Schuman*, Public beliefs about the beliefs of the public, Public Opinion Quarterly 40 (1976), 438.
42 Siehe z.B. *E.-W. Böckenförde*, Demokratie als Verfassungsprinzip, in: J. Isensee/P. Kirchhoff, Hg., Handbuch des Staatsrechts der Bundesrepublik Deutschland, Bd. I, 2. Aufl., Heidelberg 1995, S. 49ff.
43 *D. Grimm*, Die Zukunft der Verfassung, 2. Aufl., Frankfurt a.M. 1994, S. 30.

ausdrücklich an den relativ geringen Informationsgehalt seiner zentralen Begriffe.[44] Ein Basiskonsens funktioniert gewissermaßen geräuschlos, solange er nicht zu sehr herausgefordert wird, sich selber zu erklären. Konsensfiktionen bewahren uns vor dem Dilemma, uns unserer Widersprüche bewußt zu werden. Nur in fundamentalisierten Wertkonflikten finden dann und wann peinlichere Konsensproben statt. Und auch in diesen Fällen, das zeigt etwa der Abtreibungskonflikt, existieren Chancen auf Kompromißbildungen, die nicht auf Zustimmung, sondern auf Akzeptanz setzen. Insofern geht die kollektive Handlungsfähigkeit der Bundesrepublik weit über das Maß der Einverständnisse ihrer Bürger hinaus, ohne daß dies mit Konformitätsproblemen verbunden sein muß.

5. Einige verfassungsrechtliche Folgerungen

Was diese Zusammenhänge für verfassungsrechtliche Überlegungen zu Konsensproblemen moderner Gesellschaften bedeuten, kann in einer soziologischen Analyse nicht systematisch bestimmt werden. Aber einige allgemein gehaltene Überlegungen lassen sich der bisherigen Analyse anschließen.

Gesellschaften brauchen weniger Konsens, als sie selber meinen zu benötigen; der Bedarf ist geringer als die Nachfrage. Es gibt zur Steuerung gesellschaftlicher Prozesse »funktionale Äquivalente« zu Konsens, und dort, wo Konsens als Basiskonsens unerläßlich erscheint, funktionieren in einem überraschenden Maße bloße Konsensfiktionen. Andererseits brauchen Gesellschaften sicher mehr Konsens, als sie in ihre Verfassungen hineinschreiben sollten. Wenn es nämlich richtig ist, daß Konsens in modernen Gesellschaften nur auf sehr abstrakter Ebene und unter starker Verwendung von Leerformeln überhaupt herstellbar ist, dann ist es sicher weise, daß sich Verfassungsgeber sowohl hinsichtlich der Gegenstände ihrer Kodifizierung von Konsensnormen als auch hinsichtlich der normativen Eindeutigkeit solcher Kodifizierungen sehr zurückhalten. Verfassungen bedeuten nämlich mehr als eine bloße Ver-

44 *G.Degenkolbe*, Über logische Struktur und gesellschaftliche Funktionen von Leerformeln, in: Kölner Zeitschrift für Soziologie und Sozialpsychologie 7 (1965), S. 335.– Daß umgekehrt Konsens erst durch eine Entleerung des Informationsgehalts strittiger Wertformeln hergestellt wird, konnte *B. Franz* mit dem WZB-Material über die Entwicklung des Abtreibungskonflikts in der Bundesrepublik für die Jahre 1970 bis 1994 zeigen (dies., Öffentlichkeitsrhetorik. Der Bedeutungswandel von Selbstbestimmung im massenmedialen Diskurs um § 218. Diss. FU Berlin 1999). Die Formel von der »Selbstbestimmung der Frau«, die anfangs von liberalen und feministischen Gegnern des alten § 218 zur Begründung ihrer Reformansprüche eingeführt wurde, wurde in den nachfolgenden Auseinandersetzungen zunehmend auch von den konservativen Anhängern restriktiver Gesetzesregelungen benutzt – allerdings in einem anderen Sinne und mit abweichenden Auslegungen. Die Preis für die Karriere dieses Konzepts bestand in dem Verlust eindeutiger normativer Gehalte.

textlichung jeweils begrenzt vorhandener und ständigem Wandel unterliegender kultureller Einverständnisse. Mit deren Kodifizierung transformieren sie Konsensbestände in *Konsenszwänge*, und es ist davon auszugehen, daß diese normativ umsetzbar sind nur in dem Maße, in dem sie einen relativ großen Spielraum für unterschiedliche und überdies revidierbare Interpretationen lassen.

Das Grundgesetz begrenzt seine Kodifizierungen nun in der Tat insofern, als es den für das Funktionieren unserer Gesellschaft erforderlichen Basiskonsens nur teilweise zu bestimmen sucht. Es sichert vornehmlich die Freiheitsbelange der Bürger gegenüber dem Staat und setzt dessen Gewaltmonopol deutliche Grenzen. Demgegenüber bleibt es im Hinblick sowohl auf die Prinzipien »sozialer Marktwirtschaft« als auch die Regeln der Gemeinschaftsbindung der Bürger und die Begründung der damit verbundenen Pflichten sehr zurückhaltend. Mit ihren Sicherungen für Freiheit öffnet unsere Verfassung dem freien Spiel der Meinungen sowohl über Gerechtigkeitsfragen als auch über Gemeinschaftsansprüche einen großen Spielraum. Seine Kodifizierungen beschränken sich im wesentlichen darauf, gesellschaftlichen Konsensbildungsversuchen freien Lauf zu geben.

Das Bundesverfassungsgericht entspricht mit seiner Tätigkeit dieser Zurückhaltung insoweit, als es den normativen Gehalt des Grundgesetzes im *Luhmann*schen Sinne »opportunistisch«[45], nämlich nur bei angemeldetem Bedarf und fallweise expliziert und sich im übrigen nicht beauftragt weiß, mit dem Anspruch auf Verbindlichkeit eine systematische Theorie über Verfassungsgehalte und deren normative Rangreihe zu schreiben. Die Kritik am Bundesverfassungsgericht richtet sich aber gerade in jüngster Zeit verstärkt darauf, daß es mit einer exzessiv werdenden Spruchpraxis jene Maxime von »judicial self-restraint« zu überziehen neigt, die auch zur Stabilisierung seiner eigenen Dignität auf Dauer erforderlich erscheint[46].

Erscheint dies in der Tat als problematisch, so wäre es andererseits kurzschlüssig, aus dem Gebot von »judicial self-restraint« das Postulat abzuleiten, das Verfassungsgericht auf eine Nullnummer zu reduzieren. Für die Bundesrepublik entstände die Frage nach institutionalisierbaren »funktionalen Äquivalenten«, zu der es derzeit keine überzeugenden Vorstellungen gibt. »Eine ›politische Gesellschaft‹ wie die gegenwärtigen deutsche« benötige, so *H. J. Lietzmann*, »eher eine auf den verständigungsorientierten Diskurs orientierte

45 *N. Luhmann*, Die Knappheit der Zeit und die Vordringlichkeit des Befristeten, in: ders., Politische Planung, Oplanden 1971, S. 153ff.

46 *T. Würtenberger*, Zur Legitimität des Verfassungsrichterrechts, in: B. Guggenberger/ T. Würtenberger, Hg., Hüter der Verfassung, a.a.O. (Fn.1), S. 59ff.

Institution als ein Verfassungsgericht«[47] – ohne zu erklären, wo Ansätze für eine solche Institution außerhalb des Verfassungsgerichts erkennbar wären. Denkt man im Sinne von *J. Habermas* an öffentliche Meinungsbildung oder auch an eine kleinere Formen diskursiv gedachter Verfahren, so beschädigt man nicht deren wachsende Bedeutung, wenn man aufgrund der vorliegenden empirischen Befunde über solche Foren festhält, daß nicht nur ihre Konsens-, sondern auch ihre Kompromißfähigkeit zu gering ist, um mit hinreichender Regelmäßigkeit akzeptierbare Entscheidungen zu erzeugen und Konflikte wenn nicht zu lösen, so doch stillzustellen.[48] Es ist hierzulande keine Institution in Sicht, die die Akzeptanzleistungen des Bundesverfassungsgerichts auch dort, wo seine Entscheidungen Kontroversen auslösen, Konsens also nicht hergestellt wird, übertreffen könnte. »Judicial self-restraint« ist eine Formel, die diese Institution reputierlich halten, nicht aber abschaffen soll.

47 *H.J. Lietzmann*, »Reflexiver Konstitutionalismus« und Demokratie. Die moderne Gesellschaft überholt die Verfassungsrechtsprechung, in: B. Guggenberger/T. Würtenberger, Hüter der Verfassung, a.a.O. (Fn. 1), S.259.

48 Befunde in: W.van den Daele/F. Neidhardt, Hg., Kommunikation und Entscheidung, a.a.O. (Fn.8).

Günter Frankenberg

Tocquevilles Frage
Zur Rolle der Verfassung im Prozeß der Integration

I. Welche Frage?

»Wie könnte die Gesellschaft dem Untergang entrinnen, wenn sich das sittliche Band nicht festigt, derweil das politische sich lockert?«[1] Diese Frage kam Alexis de Tocqueville angesichts Amerikas in den Sinn, wo »die Gleichheit die Menschen nebeneinander (stellt), ohne daß ein gemeinsames Band sie zusammenhält«[2]. Aktualisiert und leicht variiert, erlebt Tocquevilles Frage dieser Tage eine erstaunliche Renaissance: Was treibt die Gesellschaft auseinander? Was hält sie (noch) zusammen? – Mit bisweilen apokalyptischem Unterton werden uns antworthalber Hinweise gegeben auf fortschreitende/radikale/hochgradige Individualisierungs-, Pluralisierungs- und Entsolidarisierungs-prozesse, auf die »Fragmentierung des Sozialen« und die »Auflösung des Nationalen« (in der supranationalen/globalen Umwelt), auf das »Ausfransen des Gewaltmonopols« (in Deutschlands Osten) und das Abschmelzen politischer Loyalitäten (überall), auf die Pluralisierung der persönlichen Lebensstile und die Steigerung der ethnisch-kulturellen Vielfalt, schließlich, fast rituell, auf den Verfall und/oder Verlust gemeinsamer Werte.[3]

Wer zum Alarmismus und selbst zur nüchternen Rede von einer »Krise« als Entscheidungsprozeß unter Zeitdruck[4] Distanz halten möchte, kann sich mit der Einsicht beruhigen, bereits bei den schottischen Moralphilosophen, jedenfalls seit den Klassikern der Soziologie im 19. Jahrhundert sei die Integrationsproblematik, gleichsam als Begleitungewißheit der Moderne, immer wieder Thema gewesen. Freilich muß heute zur Kenntnis genommen werden, daß

1 De Tocqueville, Über die Demokratie in Amerika, 2Bde., 1987, I, 444.
2 De Tocqueville, Über die Demokratie in Amerika II, 153.
3 Vgl. nur Beck/Beck-Gernsheim (Hg.), Riskante Freiheiten, 1994; Heitmeyer (Hg.), Was treibt die Gesellschaft auseinander? und ders. (Hg.), Was hält die Gesellschaft zusammen?, 1997; Heitmeyer/Dollase (Hg.), Die bedrängte Toleranz, 1996; Menzel, Globalisierung vs. Fragmentierung, 1998; Münch, Soziale Integration als dynamischer Prozeß, in: Giegel (Hg.), Konflikt in modernen Gesellschaften, 1998, 190ff.; Krause, Divisions of Labor. A Political Perspective, 1982.
4 Deutsch, in: Jänicke (Hg.), Herrschaft und Krise, 1973, 91.

sich die hergebrachten »Ambivalenzen der sozialen Modernisierung« allem Anschein nach mit politischen Spannungs- und Desintegrationstendenzen, einer brisanten kulturellen Re-Ethnisierung und einer rasanten »ökonomischen Globalisierung« verbündet haben.[5] Die Folgeprobleme der nationalen Einigung plus europäischen Integration plus Multikulturalisierung durch Einwanderung aktualisieren Tocquevilles Frage nicht nur im deutschen Kontext.

Verfassungs- und Rechtstheorie sind nicht die primären Antwortgeber in Sachen »Integration«, müssen jedoch ihren Aufmerksamkeitshorizont für die anderswo, d.h. in anderen Disziplinen gegebenen Antworten öffnen und sich angemessen für die Anschlußfragestellung informieren lassen, welche Rolle Recht und Verfassung bei der »Integration« spielen.

II. Integration und Verfassung: Vorklärungen

»Verfassung« und »Integration« verstehen sich als Begriffe nicht von selbst, insbesondere entziehen sie sich dem umgangssprachlichen Zugriff. Immerhin 121 Seiten widmete Carl Schmitt, rituell gepriesen für seine präganten Begriffsanalysen, allein dem »Begriff der Verfassung«.[6] In der einschlägigen Literatur tauchen mannigfaltige Konnotationen von »Verfassung« auf: faktischer Zustand, Lebensordnung, Konvention, (Sozial-) Kontrakt, Text, Rechtsquelle, Normkomplex, ideale/positive Rechtsordnung, Organisationsstatut etc. Für die folgenden Überlegungen wird der Verfassungsbegriff eingeschränkt auf die *normative Verfassung als verbindlich gesetztes Daseinsprogramm in Gesellschaft lebender Menschen zur Organisation ihres sozialen Verbandes (Selbstregierung) und zur Koordination sozialen Handelns und sozialer Handlungsfolgen.*[7] Oder in Anspielung an eine allerdings systemtheoretisch-ironisch-etatistische Verkürzung: »Vertextung der Gesellschaft«[8]. Dieses normative Programm zur *Selbsteinwirkung einer Gesellschaft* auf sich selbst wird typischer-, aber nicht notwendigerweise durch einen schriftlich fixierten, mit einem besonderen Rang[9] ausgestatteten Komplex von Normen

5 Heitmeyer, Was hält die Gesellschaft zusammen?, Einl.,9.

6 Schmitt, Verfassungslehre, 1928; vgl. auch Hesse, Grundzüge des Verfassungsrechts der Bundesrepublik Deutschland, 19.Aufl. 1993, Rn. 16ff.

7 Ausführlicher dazu und zum folgenden Frankenberg, Die Verfassung der Republik 1996, Kap. II.

8 Von der »Vertextung des Staates« spricht Luhmann, Metamorphosen des Staates, in: ders. Gesellschaftsstruktur und Semantik IV, 1995, 101ff./104.

9 Zur Problematisierung der Hierarchie von Rechtsquellen unter dem Aspekt der Selbstreferenz Teubner, Recht als autopoietisches System, 1989.

repräsentiert (Grund- oder Verfassungsgesetz) und von juridischen und nichtjuridischen Konkretisierungs- und Revisionsdiskursen begleitet. In den Institutionen und auf den Foren von Häberles »offener Gesellschaft der Verfassungsinterpreten«[10] – ein Ensemble, das Forsthoffs Schreckbild einer »Demokratisierung der Verfassungsinterpretation«[11] entsprechen dürfte.

Die Literatur zum Begriff der »Integration« ist ebenso faszinierend wie schwer überschaubar.[12] Mit der Definition »Herstellung einer sozialen Einheit oder Ordnung« ist außer einem Mißverständis, daß nämlich Einheit gleich Ordnung sei, wenig gewonnen. Zunächst bleibt festzuhalten, daß Integration sowohl ein *Prozeß,* nämlich das Stiften von Zusammenhalt, als auch ein Resultat (Zusammenhalt, Einheit, gelungene Vergesellschaftung, Gemeinschaft[13]) bezeichnet. Sodann ist zu klären, worauf sich Integration bezieht. Allein im juristischen Diskurs lassen sich drei Bezugsebenen unterscheiden:[14]

(a) *Soziale Integration* bezeichnet einen spezifischen innergesellschaftlichen Prozeß (Vergesellschaftung) und Aggregatzustand des Verhältnisses Individuum/Gesellschaft (Gemeinschaft). Soziale Integration wird nicht immer deutlich unterschieden und ist vielleicht auch nicht trennscharf unterscheidbar von der *politischen Integration,* die die Beziehung der Staatsbürger zu Staat/Nation anspricht. Vom BVerfG unübertroffen vorrepublikanisch ins Bild gesetzt als beamtliches »Sich-in-diesem-Staat-zu-Hause-Fühlen«.[15] Mit Solidaritätsverhältnissen als Nachweis ein sozial integrierten Gesellschaft (Gesellschaft als »Gemeinschaft«) und Loyalitätsbindungen als Nachweis eines politisch integrierten Gemeinwesens (Gesellschaft als »Nation«, »république indivisible« oder »Volk«, »einig in seinen Stämmen«[16]) ließe sich

10 Häberle, JZ 1975, 297ff.

11 Forsthoff, Der Staat der Industriegesellschaft, 2.Aufl. 1971, 69.

12 Instruktiv aus soziologischer Sicht Peters, Die Integration moderner Gesellschaften, 1993; aus politikwissenschaftlicher Sicht Gebhardt/Schmalz-Bruns (Hg.), Demokratie, Verfassung und Nation. Die politische Integration moderner Gesellschaften, 1994; und aus philosophischer Perspektive Kymlicka, Community, in: Goodin/Pettit (Hg.), A Companion to Contemporary Political Philosophy, 1993, 366ff.

13 Vgl. Riedel, Art. Gesellschaft, Gemeinschaft, in: Brunner et al. (Hg.), Geschichtliche Grundbegriffe. Historisches Lexikon zur politisch-sozialen Sprache in Deutschland II, 1975, 801ff.

14 Vgl. Mols, Art. Integration, in: Staatslexikon III, hrsg.v.d. Görres-Gesellschaft, 7.Aufl. 1987, S.111ff.; Smend, Verfassung und Verfassungsrecht, in: ders., Staatsrechtliche Abhandlungen und andere Aufsätze, 3.Aufl. 1994, 119ff.; Korioth, Integration und Bundesstaat, 1990; Oeter, Integration und Subsidiarität im deutschen Bundesstaatsrecht, 1998; Behrens/Noack, Theorien der internationalen Politik, 1984; Stichweh, Differenz und Integration in der Weltgesellschaft, in: Giegel (Hg.), Konflikt in modernen Gesellschaften, 1998, 173ff.

15 BVerfGE 39, 334ff./349; zur Kritik der Haus-Metapher vgl. Seifert, Haus oder Forum. Wertsystem oder offene Verfassungsordnung, in: Habermas (Hg.), Stichworte zur »Geistigen Situation der Zeit« I: Nation und Republik, 1974, 321ff.

16 Vgl. Art. 2 der Franz.Verf. v. 28.9.1958 und die Präambel der WRV von 1919.

wohl eine analytische Trennung vornehmen. In der einschlägigen Literatur wird diese, vor allem von Ordnungs- und Konsenstheorien, die bei der Beschäftigung mit Staat und Verfassung überwiegen, nicht durchgehalten.[17]

(b) Mit *staatsorganisatorischer Integration* läßt sich die gelungene funktionelle und kompetenzielle Verschränkung der staatlichen Organe in einem gewaltenteiligen System – entweder horizontal (checks and balances; gegenseitige Organtreue) oder vertikal (Föderalismus/Unitarismus; Bundestreue) bezeichnen.

(c) Auf der zwischenstaatlichen Ebene beschäftigt sich eine stetig anwachsende Literatur mit der *supranationalen* bzw. der *internationalen Integration* (Europäische Gemeinschaft/Union, »Westintegration«, »family of nations«, Weltstaat).[18]

Auf allen drei Ebenen erfaßt Integration eine Struktur der *Wechselseitigkeit* in einem Kontext der *Zugehörigkeit.*

Die Frage nach dem Verhältnis von Verfassung und Integration, wenn sie die Selbsteinwirkungsmöglichkeiten einer Gesellschaft vor Augen hat, zielt auf die soziale/politische Integration und differenziert zwischen einem *normativen,* d.h. normvermittelten, und einem *funktionellen,* d.h. durch Arbeits- und Aufgabenteilung vermittelten Zusammenhalt. Als Komplementärprinzipien fungieren: für normative Integration *Differenz* und für funktionelle Integration *Subsidiarität.*

Aufregend unterschiedlich sind die theoretischen Aussagen darüber, wie eine Gesellschaft sich sozial/politisch integriert bzw. sozial/politisch integriert wird.[19] In den beiden großtheoretischen Widerlagern von System- und Handlungstheorie werden die grundlegenden Differenzen verwaltet und wird, damit korrespondierend, sorgsam unterschieden zwischen Vorstellungen funktionaler oder systemischer Integration »hinter dem Rücken« der Akteure

17 Nach Bruggers Klassifizierung sind diese dem »konservativen Kommunitarismus« zuzuordnen, vgl. Brugger, Kommunitarismus als Verfassungstheorie, AöR 123 (1998), 337ff. E.g. Isensee, Staat und Verfassung, in: Isensee/Kirchhof (Hg.), HdbStR I 1987, § 13, Rn. 115f.; H. Krüger, Allg. Staatslehre, 1964, 232ff.; ders., Die Verfassung als Programm der nationalen Integration, s.u. Anm. 20; Maunz/Zippelius, Deutsches Staatsrecht, 30.Aufl. 1998, § 5; Stern, Das Staatsrecht der Bundesrepublik Deutschland I, 1977, 64ff.

18 Vgl. nur Delbrück, Die Konstitution des Friedens als Rechtsordnung, 1996; Grimm, Braucht Europa eine Verfassung?, JZ 1995, 581ff.; Hobe, Der kooperationsoffene Verfassungsstaat (im Erscheinen); Schuppert, Zur Staatswerdung Europas, Staatswiss. u. Staatspraxis, 1994, 35ff. Ausführlich dazu der Beitrag von v. Bogdandy in diesem Band.

19 Dazu Peters, Integration der Gesellschaft, 11ff. und die Beiträge in Gebhardt/Schmalz-Bruns, Demokratie, Verfassung und Nation, aaO.

bzw. Mitglieder eines Sozialverbandes einerseits und normativer, motivationaler oder intentionaler Integration andererseits. Die Entscheidung für den Verfassungsbegriff als *Daseinsprogramm mit aktivistischer Zumutung* präjudiziert zwangsläufig eine Blickverengung auf die handlungstheoretischen Aspekte eines durch Normen oder Institutionen vermittelten Zusammenhalts. Das Verhältnis von Verfassung und Integration bezeichnet folglich die Problematik gesellschaftlicher Selbsteinwirkung. Diese betrifft allgemein die soziale und politische Integration der Mitglieder einer nationalstaatlich organisierten und politisch verfaßten Gesellschaft. Beide – soziale und politische – Integration betreffen komplementär das Problem, wie sich in einer säkularisierten Gesellschaft zwischen deren Mitgliedern ein symbolisches Band herstellen läßt, das für alle einen Rahmen der Zugehörigkeit (*cadre d'appartenance* bzw. *sense of belonging)* konstitutiert, der sowohl ihren mitgliedschaftlichen Status verortet wie auch ihre grundlegenden wechselseitigen Rechte und Pflichten bestimmt.

Wer diese perspektivische Engführung als überholt, da alteuropäisch zurückweist, dürfte gleichwohl bereit sein einzuräumen, daß sie den Blick schärft für eine immer noch eindrucksvolle Vielfalt bis dato angebotener Lösungen der Integrationsproblematik. Als »Agenten« der sozialen/politischen Integration kommen – unter anderen – ins Bild: göttliche Vorsehung, List der Vernunft, Logik eigendynamischer Prozesse, Evolution, Codes, Grundnorm, souveräne Dezision, Konventionen, soziale Praxis, Kontrakt/Übereinkunft, individuelle (Weber) oder potentielle (Castoriadis) Potenzen, Netzwerke, Diskursformationen, Dispositive (Foucault), Sprachspiele, Semantiken oder Grammatiken.

Sortiert nach ihrer Relevanz für die Verfassungstheorie, ergeben sich hieraus, abgesehen von dem in einer säkularen Umwelt regressiven Rekurs auf sakrale, religiöse oder traditionale Agenturen der Integration, folgende Lösungsvorschläge:

(a) *Einheitstheoretische Modelle,* in denen die Verfassung als Integrationsordnung firmiert (Ordnung/Einheit durch Vertrag, Grundkonsens, Wertordnung oder Dezision, als normlogischer Stufenaufbau oder Gleichgewichtssystem), dominieren eindeutig, allerdings nicht immer theoretisch schlüssig die juridische Integrationsdiskussion und enthüllen eine kaum überraschende Vorliebe für Kooperation und Konsens gegenüber Konflikt.[20] Ein »Smend-

20 Diese nicht unangefochten herrschende Auffassung prägt die juridische Konzeption des Verhältnisses von Verfassung und Integration: G. Jellinek, Allgemeine Staatslehre, 3.Aufl. 1914; Kelsen, Reine Rechtslehre u. ders. Allg. Staatslehre, 1925; C. Schmitt, Verfassungslehre, aaO. u. ders. Über die drei Arten rechtswissenschaftlichen Denkens, 1934; Smend, aaO.; Kägi, Die Verfassung als rechtliche Grundordnung des Staates, 1945; Hesse, Grund-

Effekt« begünstigt ein Verständnis von Integration als eines quasi-automatischen, »aufgegebenen« Vorgangs der Einheitsbildung.[21]

(b) *Differenztheoretische Modelle* ordnen Integration dem (freien) Spiel der Differenzen nach oder betonen die Anerkennung von Differenz gegenüber der Herstellung von Konsens/Kooperation. Die neuere Luhmannsche Systemtheorie reformuliert den Gegensatz von Integration/Einheit und Desintegration/Differenz und ordnet Integration der Differenz von Kooperation und Konflikt über.[22] Ihre Affinität zum Ordnungsdenken (etwa: Ordnung/Einheit durch funktionale Differenzierung) offenbaren Differenztheorien bisweilen auf den zweiten Blick, zum Beispiel über die Argumentationsfigur der Entlastung oder Reduktion von Komplexität.[23]

(c) Ihrem Anspruch nach (mehr oder weniger *dialektische) Spannungs- oder Konflikttheorien* unternehmen den Versuch, das Integrationsproblem weder zum Einheitspol noch zum Differenzpol hin aufzulösen, sondern »spannend« zu halten. Folglich geben sie der Verfassung beides auf bzw. schreiben der Verfassung beides zu: Einheitsbildung wie auch Einhegung (=Anerkennung und Bewahrung) von konflikthafter Differenz.[24]

züge, Rn.16ff.; Maunz/Zippelius, Deutsches Staatsrecht, 30.Aufl. 1998, §§ 17ff.; Forsthoff, Der Staat der Industriegesellschaft, 2.Aufl. 1971, 11ff./25; Dürig, AöR 81 (1956), 117ff. Krit. dazu Göldner, Integration und Pluralismus im demokratischen Verfassungsstaat, 1977; H. Krüger, Die Verfassung als Programm der nationalen Integration, FS E.R.Huber, 1973, 95; Denninger, Staatsrecht 1, 1973, 12/26f.

21 Smend, Verfassung und Verfassungsrecht, 138/139: »Wenn alles geistige Leben Selbstgestaltung des Einzelnen und zugleich der Gemeinschaft ist . . .« – »Der Staat ist nur, weil und sofern er sich dauernd integriert, in und aus den Einzelnen aufbaut – dieser dauernde Vorgang ist sein Wesen als geistig-soziale Wirklichkeit.« – »Wenn das überempirisch aufgegebene Wesen des Staates sein Charakter als souveräner Willensverband und seine dauernde Integration zur Wirklichkeit als solcher ist, so ist es Sache empirischer Beobachtung, die Faktoren dieser Verwirklichung aufzuzeigen.« Vgl. auch den an sich Smend-kritischen Ansatz von H.Krüger, Die Verfassung als Programm der nationalen Integration, in: FS Berber, 1973, 247ff.

22 Luhmann, Die Gesellschaft der Gesellschaft II, 604.

23 Jedenfalls der frühe Luhmann definiert die Aufgabe der Verfassung als »Konvergenz von Negationsleistungen« und schreibt ihr die Reduktion von Komplexität zu; vgl. ders., Der Staat 12 (1973)ff. und dazu Göldner, 70ff. Zum ordnungstheoretischen Gehalt der Systemtheorie Rödel/Dubiel/Frankenberg, Die demokratische Frage 1989, Kap.V und Frankenberg, Unordnung kann sein, in: Honneth et al. (Hg.), Zwischenbetrachtungen. Im Prozeß der Aufklärung, 1989, 690ff. Dagen freilich Luhmann, Die Gesellschaft der Gesellschaft 2Bde., 1997, 604: Integration als »ein Aspekt des Umgangs mit – oder der Nutzung von – internen Unbestimmtheiten auf der Ebene des Gesamtsystems wie auf der Ebene der Teilsysteme«. Integration kann als Verhältnis der Teilsysteme zueinander sowohl in der Kooperation wie im Konflikt liegen.

24 Göldner spricht, wohl unfreiwillig ironisch, von »systemtragender Divergenzpflege« (aaO., 68). Zum Versuch einer konflikttheoretischen Integrationsperspektive vgl. Frankenberg, Die Verfassung der Republik, bes. Kap. IV, VI und VII.

III. Verfassungstheorie im Geiste des Polizeirechts: Vom Konsens zur Wertordnung

1. Zur Unbestimmtheit der Konsenstheorien

Tocquevilles Frage und ihre Reformulierungen führen in den Diskursen der Politikwissenschaft, Staatslehre und Verfassungstheorie meist zu der Antwort: Zusammenhalt wird gestiftet durch die Her- oder Bereitstellung von Konsens.[25] Durch Übereinstimmung soll also in der »Gleichheitsgesellschaft« atomisierter Individuen wie auch der »multi-ethnischen Gesellschaft« auf kulturelle Autonomie pochender Gruppen jenes symbolische Band geschmiedet werden, das Zugehörigkeit und Wechselseitigkeit sinnlich und praktisch erfahrbar macht. Freilich geben uns diese Lehren Rätsel auf. Denn unentschieden bleibt, ob dieser Konsens oder Grundkonsens als ein Minimal- oder Maximalkonsens, ein Mehrheitskonsens oder ein »consensus omnium« (Fraenkel), ein »overlapping« (Rawls) oder »underlying consensus« (Dahl), ein substantieller oder prozeduraler Konsens gemeint ist. Unklar bleibt auch, ob dieser Konsens präskriptiv postuliert oder deskriptiv eingeführt wird.[26]

Von der Einsicht, daß bereits in einer nicht-antagonistisch konflikthaften, gemäßigt pluralistischen Gesellschaft und erst recht in dem eingangs erwähnten Szenario einer fragmentierten, atomisierten, multi-ethnischen Gesellschaft, die in globaler Umwelt aus dem Ruder zentraler politischer Steuerung läuft, die Herstellung von Konsens an eher unwahrscheinliche Bedingungen geknüpft ist, haben sich Wissenschaft und (Rechtsprechungs-)Praxis nicht zu einer Klärung des Konsensprimats provozieren lassen. Dringend klärungsbedürftig wäre jedoch: Wie – auf welche Weise und in welchen Verfahren – kann sich Konsens einstellen oder herstellen lassen? Kann Konsens autoritativ gesetzt werden (etwa von der Verfassung, dem Verfassungsgericht, den staatlichen Organen)? Oder bildet er sich gleichsam naturwüchsig auf demokratisch-republikanische Weise in den öffentlichen Arenen heraus? Worauf erstreckt sich der Konsens? Auf bestimmte prozedurale Spielregeln, auf rationale

25 Vgl. dazu und zum folgenden Vorländer, Verfassung und Konsens, aaO., 106ff., 156ff., 275ff.; Randelzhofer/Süß (Hg.), Konsens und Konflikt. 35 Jahre Grundgesetz, 1984.

26 Göldner, Integration und Pluralismus, aaO.; Haltern, Integration als Mythos, JöR 45 (1997), 31ff.; Scheuner, Konsens und Pluralismus, in: G. Jakobs (Hg.), Rechtsgeltung und Konsens, 1976; Schuppert, Rigidität und Flexibilität von Verfassungsrecht. Überlegungen zur Steuerungsfunktion von Verfassungsrecht in normalen wie in »schwierigen Zeiten«, AöR 120 (1995), 32ff.; Thelen, Demokratie, Grundkonsens und politischer Pluralismus, 1997 und aus der philosophischen Diskussion Rawls, Die Idee des politischen Liberalismus, 1992, 293ff. u. 333ff.; Forst, Kontexte der Gerechtigkeit, 1994, 143ff. Vgl. auch Scharpf, Demokratietheorie zwischen Utopie und Anpassung, 1970.

Motive im Sinne einer durch Gründe generierten Zustimmung) oder auf bestimmte Inhalte/Werte? Welche Reichweite hat der angenommene (Grund-) Konsens? Ist von einer »broad area of agreement« oder nur von einem Minimalkonsens auszugehen? Wie läßt sich Konsens feststellen? – Da die Quelle der Offenbarung versiegt ist, kommen immerhin noch in Betracht: Evidenzen, empirisch aufweisbares Verhalten, plausible Konsensunterstellungen oder normative Setzung. Und schließlich: Wie offen, flexibel ist ein solcher Konsens in die Zeit und Gesellschaft hinein? Wie wird ein einmal hergestellter Konsens stabilisiert, gegen Dissens verteidigt und/oder revidiert und dynamisiert?

Auf diese Fragen, die insgesamt auf die Koexistenzbedingungen einer »posttraditionalen Gemeinschaft«[27] abzielen, fehlen schlüssige Antworten von Staats- und Verfassungslehre sowie von Verfassungstheorie und -dogmatik. Wo das Rätsel herrscht, verwaltet der Glaube:[28] Sollen wir glauben, daß die Annahme eines allgemeinen integrativen Grundkonsenses, wenn schon nicht trivial, so doch für die Sphäre des Konstitutionellen als »*Verfassungskonsens*« evident oder unausweichlich sei? Dafür spricht, daß die bundesrepublikanische Bürgerschaft hinsichtlich des Grundgesetzes von der »Exit-Option«[29] durchweg keinen Gebrauch macht, sich weitgehend verfassungskonform verhält[30] und mit der »Voice-Option«, sprich: sich durch die tätige Berufung auf grundrechtlich verbürgte Freiheit und Gleichheit, durch Annahme der »aktivistischen Zumutung«[31] oder durch Selbstverstrickung[32] in die verfassungsrechtlichen Prozeduren – von der Meinungsäußerung und Demonstration über die regelmäßige Teilnahme an Wahlen bis zur Verfassungsbeschwerde – ihre (nicht immer ungeteilte) Übereinstimmung mit der Verfassung zum Ausdruck bringt. Skepsis bleibt angebracht. Zunächst betreffen die an den allgemeinen Grundkonsens gerichteten Fragen bezüglich seines Zustandekommens und Inhalts, seiner Reichweite und Flexibilität auch einen spezifischen Verfassungskonsens. Zweitens wäre das Verhältnis zwischen Verfassungskonsens

27 Honneth, Posttraditionale Gemeinschaften, in: Brumlik/Brunkhorst (Hg.), Gemeinschaft und Gerechtigkeit, 1993, 260ff.

28 Schneider, Es genügt nicht, Menschenfleisch herzustellen. Ein Protrait des Rechtshistorikers und Psychoanalytikers Pierre Legendre, Frankf. Rundschau v. 2./3.10.1998, S. 3.

29 Grundsätzlich dazu Hirschman, Abwanderung und Widerspruch, 1974.

30 Als nicht unproblematische Indizien dafür könnten die wenigen Verfahren gemäß Art. 18 GG (Grundrechtsverwirkung) und Art. 21 II GG (Parteiverbot) sowie die mittlerweile auf Einzelfälle beschränkte Berufsverbotspraxis (polit. Treuepflicht) angesehen werden. Bei den Organisationsverboten gemäß Art. 9 II GG ergibt sich freilich ein anderes Bild. Vgl. nur Leggewie/Meier, Republikschutz, 1995; Denninger (Hg.), Freiheitliche demokratische Grundordnung 2 Bde. (1977).

31 Frankenberg, Die Verfassung der Republik, 27ff. u. 64ff.

32 Dazu noch immer instruktiv Luhmann, Legitimation durch Verfahren, 2.Aufl. 1975 und Röhl, Rechtssoziologie, 1987, 409ff. Kritisch dazu Esser, Vorverständnis und Methodenwahl in der Rechtsfindung, 1972.

und Integrationsproblematik zu klären, wenn man sich nicht mit der vagen Behauptung begnügen will, eine Gesellschaft werde integriert bzw. integriere sich *irgendwie* durch Konsens, der *irgendwie* von der Verfassung bereitgestellt oder eingehegt werde.[33]

Bezüglich *Inhalt und Reichweite eines möglichen Verfassungskonsenses* gehen die Meinungen auseinander. In das Grundgesetz eingelassene Spannungen und Widersprüche, jedenfalls nicht leicht harmonisierbare Prinzipien[34] stehen quer zur »Sehnsucht nach Synthese«[35]: Mehrheitsregel vs. Minderheitenschutz, Besitzindividualismus/Egoismus (Art. 14 I GG) vs. Altruismus (Sozialbindung gem. Art. 14 II GG), Autonomie vs. Paternalismus (Sozialstaatsprinzip); demokratische Republik (Freiheitlichkeit) vs. »abwehrbereite Demokratie«, Grundrechtsgebrauch vs. Grundrechtsmißbrauch (Art. 18 GG), Volkssouveränität vs. Menschenrechte (vgl. Art.20 II GG und Art. 1, 79 III GG), Freiheitsrechte vs. Schutzpflichten usw. Worauf genau sollte sich der Verfassungskonsens erstrecken? Auf alle genannten Ideen, Werte, Prinzipien und Rechte? Oder auf die Menschenwürde oder Demokratie oder soziale Gerechtigkeit als Fundamentalprinzip? Das Grundgesetz und seine Exegeten, soweit sie dazu nicht schweigen, geben keine befriedigende Auskunft.

Vielleicht aus kluger Zurückhaltung. Denn selbst wenn man von Widersprüchen nicht reden mag: Für ein eindeutig *übergeordnetes verfassungsrechtliches Solidaritätsprinzip* oder die eindeutige Selbstverpflichtung der souveränen Rechts- und Verfassungsgenossen zur Herstellung solidarischer Verhältnisse läßt sich im Grundgesetz keine sichere Grundlage finden. Von einem in der Verfassung verankerten, substantiellen *positiven Wertekonsens* oder Wertekodex kann nach Auffassung der Grundgesetzeltern und der heutigen Interpreten ebenfalls schwerlich die Rede sein. Dem Mangel ist begegnet worden mit der Unterstellung eines negativen Wertekonsenses im Sinne der »gemeinsamen Wertvorstellungen darüber, wie eine Rechtsordnung nicht aussehen darf«.[36] Allein damit ist ein substantieller Verfassungskern als Bezugspunkt sozialer Integration kaum zu konturieren. Mit »Unrechtsabwehr« läßt sich mangels inhaltlicher Bestimmtheit und angesicht der zwangsläufig auftretetenden Kontroversen über die Frage, was als »Unrecht« gelten soll, jedenfalls im nachtotalitären Zeitalter nicht jene »broad area of agreement« markieren, die eine »Gemeinschaft« herstellen und tragen könnte. Auch ein

33 Vgl. etwa v. Gierke, Das Wesen der menschlichen Verbände, 1902 (Nachdr. 1954), 27, der davon spricht, daß der staatlichen Rechtsordnung die Aufgabe zufällt, »die für das äußere und innere Verbandsleben geltenden Rechtssätze als Ausdruck der leiblich-geistigen Lebenseinheit des gesellschaftlichen Organismus zu begreifen, zu ordnen und zu entfalten«.
34 Ähnlich Stern, Staatsrecht I, 109f.; Göldner, Integration und Pluralismus, passim.
35 Dahrendorf, Gesellschaft und Demokratie in Deutschland, 1965, 161ff./174.
36 Dürig in MDH, GG, Art.20, Rn.73.

anderer Ausweichschritt greift zu kurz: Die Tocqueville'sche Frage, mit der sich radikal pluralistische, multiethnische Gesellschaften konfrontiert sehen, läßt sich nicht in einer *»Wertegemeinschaft«* Smendscher Provenienz samt den ihr vorausliegenden, von der Smend-Rezeption[37] nicht einmal anreflektierten Homogenitätsunterstellungen aufheben.

2. Wert- und andere Ordnungen

Also bleibt es bei dem Problem, daß reale Vielfalt die »Herstellung politischer Einheit« erforderlich macht.[38] Dieses sollte jedoch nicht, wie es häufig geschieht, mit seiner Lösung verwechselt werden. Den Schwierigkeiten, das Verhältnis von Verfassung und Integration theoretisch zu durchdringen, sind Verfassungslehre und -dogmatik auf verschiedene Weise begegnet oder ausgewichen:

(a) *Problemleugnung* und *Kapitulation* sind ebenso verbreitete wie schwer nachweisbare Reaktionsmuster.[39] Selten wird so deutlich wie von Forsthoff gesagt: »Die Verfassung hat aufgehört, ein Instrument der Einigung zu sein.«[40] Häufiger wird die integrative Rolle von Verfassungen mit vornehmem Schweigen übergangen. Das mag daran liegen, daß sich im juridischen Diskurs hinsichtlich des Integrationsproblems Beruhigung ausbreitet, wenn nur die ordnungsbildende Funktion der Verfassung abgehandelt wurde. Ordnung und Zusammenhalt sind jedoch ebenso wenig identisch wie die Zwangsneurose der Ordnung und der Fetisch der Einmütigkeit.

(b) Leichter erkennbar, nicht jedoch leichter durchschaubar sind Versuche, den Komplex »Integration durch Verfassung?« aus dem rechtsnormativen Bereich *auszulagern* in die Sphäre *vorrechtlicher Voraussetzungen.* Den Status eines »Renners« nimmt die häufig zitierte Böckenförde-These ein, daß der freiheitliche Staat von Voraussetzungen lebe, die er selbst nicht garantieren könne.[41] Böckenförde spricht hier vorsichtig von den »inneren Regulierungs-

37 Informativ dazu Korioth, 280ff.

38 So in Anlehnung an Smend Hesse, Grundzüge, aaO. und Kägi, FS E.R.Huber 1961, 163f. und Bäumlin ZBJV 101 (1965), 94ff.

39 Erfreulich offen daher Bruggers Eingeständnis (Radikaler und geläuterter Pluralismus, Der Staat 29/1990, 497ff./507): »Wieviel genau an Konsens und Dissens in welchen Bereichen zur Aufrechterhaltung einer funktionierenden Ordnung notwendig ist, vermag der geläuterte Pluralismus über einige grundsätzliche Erwägungen hinaus nicht zu sagen – das bedarf näherer Unrersuchung.«

40 Forsthoff, Der Staat der Industriegesellschaft, 72.

41 Böckenförde, Die Entstehung des Staates als Vorgang der Säkularisation, in: ders., Staat Gesellschaft Freiheit, 1976, 42ff. Diese These wurde von Böckenförde in einem späteren Aufsatz leicht modifiziert (Erfolge und Grenzen der Aufklärung. Acht Thesen, universitas 50/1995, 720ff.).

kräften der Freiheit«. Ein wenig versteckt und variiert findet sich diese These auch in der Maastricht-Entscheidung, in der das BVerfG davon spricht: »Demokratie ... ist vom Vorhandensein bestimmter *vorrechtlicher Voraussetzungen* abhängig, wie einer ständigen freien Auseinandersetzung zwischen sich begegnenden sozialen Kräften, Interessen und Ideen, in der sich auch politische Ziele klären und wandeln ... und aus der heraus eine öffentliche Meinung den politischen Willen verformt.«[42] Demzufolge wäre Integration kein genuines Problem von Verfassungstheorie und -lehre.[43]

(c) Neuere Beiträge zu einer demokratisch-pluralistischen Verfassungstheorie verlagern den endlosen (und nicht beendbaren) Streit um den Verfassungskonsens auf die Ebene der *Verfassungsinterpretation.* Damit wird der Verfassungsgerichtsbarkeit eine zentrale Rolle zugespielt – eine angesichts der »inhaltlichen Weite und Unbestimmtheit« sowie der Offenheit der Verfassung in die Zeit und Gesellschaft hinein nicht leichte Aufgabe.[44] Ob das Gericht diese Aufgabe einer »Integration durch Interpretation« mit Erfolg erledigen kann, ist hier nicht zu beantworten. In Zeiten pluralistischer Interessenkonflikte und Werteheterogenität sind die Aussichten, auch abgesehen von dem fröhlichen Methodenpluralismus, der in den verfassungsgerichtlichen Sprüchen waltet,[45] nicht günstig zu beurteilen.

(d) Nach dem Vorgang von Philosophie und Politikwissenschaft nicht überraschend kommen Versuche, einen »Bereich des Unabstimmbaren«, einen »nichtkontroversen Sektor« oder »indiskutablen Grundbestand« oder »*Grundwerte*« auszuzeichnen[46] und den Interpretationskämpfen der »offenen Gesellschaft« wie auch den unberechenbaren verfassungsrichterlichen Vorverständnissen zu entziehen. Mit der Kritik an der Konsens-Debatte, siehe oben, ist an sich alles Wesentliche über die ohnehin politisch instrumentalisierte Grundwerte-Debatte gesagt.[47] Immerhin könnte Art. 79 III GG einen positiven Anhaltspunkt für die Auszeichnung eines grundgesetzlich vorgegebenen Minimalkonsenses geben. Allerdings wäre er gesetzt und nicht paktiert. Dazu gleich mehr.

42 BVerfGE 89, 155/185 (Hervorh. nicht im Orig.).
43 Was erklärt, daß Isensee in seinen nicht eben knappen Ausführungen zu »Staat und Verfassung« gerade eine halbe Seite dem Thema »Integration« widmet (aaO. Rn. 115-116).
44 Als besonders einflussreich haben sich die Ansätze von Hesse, Kriele, F. Müller und Häberle erwiesen. Nachw. bei Vorländer, aaO., 317ff.
45 Für viele kritische Stimmen vgl. nur Hesse, Grundzüge, Rn.53ff. mit Nachw. aus der Rsp. des BVerfG.
46 Vgl. Fraenkel, Deutschland und die westlichen Demokratien, 1991, 232ff, 246ff.
47 Siehe dazu Vorländer, aaO. mit zahlr.Nachw.

(e) Das BVerfG hat sich frühzeitig diesen Kontroversen durch die Option für eine *objektive Wertordnung* entzogen. Diese verdient deshalb eine etwas ausführlichere Würdigung, weil sie sowohl einem spezifischen Verfassungsverständnis als auch einem spezifischen Grundrechtsverständnis den lange Zeit kaum angreifbaren Status einer »herrschenden Meinung« verliehen hat. Vorbereitet wurde die Option in den Parteiverbotsurteilen, die aus Anlaß der Definition einer »freiheitlichen demokratischen Grundordnung« apodiktisch feststellten, »daß das Grundgesetz ... keine *wertneutrale Ordnung* sein will.«[48] Im Elfes-Urteil ging das Gericht einen Schritt weiter und sprach bereits vom Grundgesetz als einer *»wertgebundenen Ordnung«,* die allerdings »die öffentliche Gewalt begrenzt«[49]. Im Lüth-Urteil wird der Übergang von der wertneutralen Ordnung zur *»objektiven Wertordnung«* vollzogen, die das Gericht »im Grundrechtsabschnitt ... aufgerichtet« sieht und im nächsten Satz als »Wertsystem« bezeichnet, »das seinen Mittelpunkt in der innerhalb der sozialen Gemeinschaft sich frei entfaltenden menschlichen Persönlichkeit und ihrer Würde findet«.[50] Die »Eingriffsabwehr« öffnet sich damit zur »Drittwirkung« der Grundrechte. In Gestalt einer souveränen Dezision, ohne ein Wort der Begründung, greift das BVerfG mit *Lüth* in die Kontroverse zwischen Nipperdey (Menschenwürde als subjektives Recht) und Dürig (Menschenwürde als objektiver sittlicher Wert) ein.[51] Und folgt bedenkenlos Dürigs »Erkenntnis, daß die Verbindlichkeit und verpflichtende Kraft auch einer Verfassung letztlich nur in objektiven Werten begründet sein kann«, und bestätigt damit, wenngleich nicht verbatim, die »axiomatische Ewigkeitsentscheidung (des Grundgesetzes) zu Gunsten des der Verfassung *vorgegebenen* Wertgehalts der Grundrechte«[52].

Die *kommunitaristische Wende* des BVerfG setzt frühzeitig mit dem Bild der »gemeinschaftsbezogenen und gemeinschaftsgebundenen« Person[53] sowie paradoxerweise mit einer Entscheidung ein, die seitdem wegen ihrer emphatischen Ausführungen zur demokratiekonstitutiven Funktion der Meinungsfreiheit Furore machen sollte, aber in jenen zwei Sätzen eine Wertordnungsjudikatur ankündigt, die folgerichtig[54] zunächst auf das strafrechtlich bewehrte

48 BVerfGE 2, 1/12 (SRP-Urteil); 5, 85/134ff., 197ff. (KPD-Urteil).
49 BVerfGE 6, 32/40 (Elfes-Urteil).
50 BVerfGE 7, 198/205 (Lüth-Urteil, stRsp.).
51 Vgl. Nipperdey, in: Die Grundrechte, hrsg. v. Neumann/Nipperdey/Scheuner, II, 1954, 11ff. und Dürig, Der Grundrechtssatz von der Menschenwürde, AöR 81 (1956), 117ff.
52 Dürig, aaO., 117/119/121 (Hervorh. nicht im Orig.).
53 BVerfGE 4, 7/15f. st.Rsp.
54 Bei Dürig finden sich bereits die Argumente gegen das »vom Staat geduldete oder gar legalisierte Töten des Kindes im Mutterleib« oder die heterologe Insemination oder die »Transplantation tierischer Geschlechtsteile auf Menschen« (aaO., 126/130/131), allerdings auch für die Garantie eines Existenzminimums (S.132).

Verbot, später die Rechtswidrigkeit der Abtreibung[55] zuläuft und in eine beachtliche Inpflichtnahme der Bürger[56] und der öffentlichen Gewalten[57] zu Lasten der grundrechtlichen Freiheiten mündet. Alle Kritik[58] wie auch Rationalisierungsversuche[59] sind lange Zeit an der Wertordnungszitadelle abgeprallt. Einmal aufgerichtet, konnte nunmehr vom alleinigen Baumeister, dem BVerfG, hinter jedem beliebigen Grundrecht ein weiterer Wert-Baustein entdeckt und in das Verfassungshaus eingebaut werden.

Bezüglich der Frage Tocquevilles sind einige Anmerkungen geboten. Zunächst: der interpretatorische Oktroi einer Wertordnung durch eine Elite von Verfassungsrichtern und -lehrern, verträgt sich nicht mit den Bedingungen sozialer und politischer Integration in einer demokratischen Republik. Zweifel sind angebracht, ob das BVerfG ernsthaft ein Integrationsprogramm vor Augen hatte oder hat.[60] Die notwendige Selbstverständigung einer Bürgerschaft über die verbindlichen Grundlagen ihres Gemeinwesens[61] in Gestalt eines immer wieder zu erneuernden Paktes[62] oder einer revisiblen praktischen Konvention[63] wird verdrängt durch die autoritativ-autoritär *gesetzte Verfassungswertordnung*. Die eigentümliche Arbeitsteilung zwischen dem »Souverän auf der Nebenbühne«[64], der »offenen Gesellschaft der Verfassungsinterpreten« bzw. der Zivilgesellschaft einerseits und dem Hüter des Definitionsmonopols auf der Hauptbühne andererseits kommt einem spezifisch deut-

55 BVerfGE 39,1 (Fristenlösung); 88, 203 (Schwangerschaftsabbruch).

56 Beispiele für die Einschränkung von Grundrechten durch Rechtsgüter der Wertordnung: BVerfGE 28,243/261ff., 48, 127/159ff. und 69, 1/21 (Art.4 III GG vs.funktionsfähige Landesverteidigung); 39, 334/346ff. (Art. 5 GG vs.funktionsfähige Verwaltung); (funktionsfähige Strafrechtspflege). Zur Kritik: Denninger, Freiheitsordnung – Wertordnung – Pflichtordnung, JZ 1975, 545 ff.

57 Grundsätzlich zur Schutzpflichtenproblematik Hermes, Das Grundrecht auf Schutz von Leben und Gesundheit (1987).

58 Vgl. etwa Denninger, aaO.; Goerlich, Wertordnung und Grundgesetz, 1973; Preuß, Legalität und Pluralismus, 1973; ders., Die Internalisierung des Subjekts, 1979, 151ff.; Böckenförde, Grundrechtstheorie und Grundrechtsinterpretation, NJW 1974, 1529ff.; Frankenberg, Angst im Rechtsstaat, KJ 1977, 353ff.

59 Vgl. Podlech, Wertungen und Werte im Recht, AöR 95 (1970), 185ff.; Alexy, Theorie der Grundrechte, 1986, 125ff.

60 Sonst hätte sich der Zweite Senat kaum zu dem kommunikativen Beitrag verstanden, daß »ein allgemeiner Wandel der hierüber (d.h. über den Umfang des Schutzes ungeborenen Lebens, G.F.) in der Bevölkerung herrschenden Vorstellungen« an der »Unüberwindlichkeit« der Schranken der Wertordnung nichts ändert (BVerfGE 39, 1/67).

61 Ausführlich hierzu Vorländer, Verfassung und Konsens, passim und die Beiträge in Gebhardt/Schmalz-Bruns, Demokratie, Verfassung und Nation, aaO.

62 Vgl. Morlok, Was heißt und zu welchem Ende studiert man Verfassungstheorie?, 1988, 97f., 170.

63 Vgl. Frankenberg, Die Verfassung der Republik, 105ff. und Lhotta, Verfassungsreform und Verfassungstheorie: Ein Diskurs unter Abwesenden?, ZParlReform, 1/1998, 159ff.

64 Guggenberger/Meier (Hg.), Der Souverän auf der Nebenbühne. Essays und Zwischenrufe zur Deutschen Verfassungsdiskussion, 1994; vgl. auch Preuß, Zu einem neuen Verfassungsverständnis, in: Guggenberger/Stein (Hg.), Die Verfassungsdiskussion im Jahr der deutschen Einheit, 1991, 38ff.

schen Verfassungs-, Staats- und Integrationsverständnis entgegen. Dieses begreift den Staat als ideelle, wenn nicht präkonstitutionelle Einheit und Schicksalsgemeinschaft[65], die ihre Integration auf eine unterstellte und eingeforderte Homogenität[66] gründet und folglich mit dem Republikprinzip ebensowenig anzufangen weiß wie mit dem aktivbürgerlichen status constituens.[67]

Also wäre die Wertordnungslehre, die heute gegenüber der Vorstellung von Grundsatznormen und Schutzpflichten auf dem Rückzug ist, wie schon die Grundkonsens- oder Grundwerte-Debatte, ein Reflex jener durchaus modernen Suche nach Einheit in einer heillos uneinigen Welt, weniger metaphorisch: in konflikthaften Gesellschaften.[68] Deutlicher noch: ein weiteres Beispiel für die seit den kontraktualistischen Gründungsmythen typisch moderne Magie, die Eintracht und Ordnung heilig spricht, um die Gefahren der aus Uneinigkeit entspringenden Konflikte zu bannen. Gefahrenprävention durch Gesellschaftsvertrag, Konsens- oder Wertordnung, eben das besagt »Verfassungstheorie im Geiste des Polizeirechts«.

IV. Rehabilitierung des Konflikts im Geiste der republikanischen Demokratie

Der Konflikt muß für Zwecke der Verfassungstheorie nicht erst entdeckt, wohl aber rehabilitiert werden. Das juridische Einheits- und Ordnungsdenken kreist, wie oben ausgeführt, um den »Fetisch der Einmütigkeit« und Mythen von kollektiver Eintracht wie »Nation«, »Volk«, »Schicksalsgemeinschaft«

65 Scheuner, Art. Staat, in: ders., Staatstheorie und Staatsrecht GS, 1978, 19ff. (Staat als ideelle Einheit); Isensee, Staat und Verfassung, in: Isensee/Kirchhof (Hg.), HdbStR I, 1987, 591ff. Kritisch dazu Schuppert, Rigidität und Flexibilität, aaO., 32ff./42; Lhotta, Verfassungsreform, aaO., 164. Besonders instruktiv ist die Kontroverse zum (kommunalen) Wahlrecht für Ausländer: Isensee, Die staatsrechtliche Stellung der Auslän der in der Bundesrepublik Deutschland, VVDStRL 39 (1974); Bryde, Ausländerwahlrecht und grundgesetzliche Demokratie, JZ 1989, 257ff.; ders., Die bundesrepublikanische Volksdemokratie als Irrweg der Demokratietheorie, Staatswiss. u. Straatspraxis, 1994, 305ff.; Frankenberg, Zur Alchimie von Recht und Fremdheit, in: Balke et al. (Hg.), Schwierige Fremdheit. Über Integration und Ausgrenzung in Einwanderungsländern, 1993, 41ff. sowie BVerfGE 83, 37 u. 60.

66 Dazu Schmitt, Verfassungslehre, aaO., 228f.; Smend, Verfassung und Verfassungsrecht, aaO.; BVerfGE 89, 155/181ff.,186, krit. dazu Pernice MAASTRICHT, der Staat und die Demokratie, Die Verwaltung 1993, 449 ff.

67 Vgl. Isensee, Republik – Sinnpotential eines Begriffs, JZ 1981, 1ff. Zur Kritik vgl. Denninger, Staatsrecht 1, 1979, 83 u. 157; ders., Menschenrechte und Grundgesetz, 1994; ders. Nachwort, in: Bizer/Koch (Hg.), Sicherheit, Vielfalt, Solidarität. Ein neues Paradigma des Verfassungsrechts?, 1998, 137ff.; Frankenberg, Die Verfassung der Republik, Kap. IV.

68 Hierzu Frankenberg, Die Verfassung der Republik, Kap. III. und vorher schon Rödel/Frankenberg/Dubiel, Die demokratische Frage, Kap. IV. im Anschluß an Cornelius Castoriadis, Marcel Gauchet und Claude Lefort; vgl. deren Beiträge in Rödel (Hg.), Autonome Gesellschaft und libertäre Demokratie, 1990.

oder »Staat« oder um den Primat des sozialen Friedens.[69] Es negiert beharrlich eine reichhaltige Literatur des Konflikts in den Wissenschaften von der Gesellschaft.[70] Die Rehabilitierung folgt nicht dem Pfad der allzu schlicht gestrickten Logik vom Konflikt als »Vater aller Dinge«. Ausgangspunkt ist vielmehr der Epochenbruch zwischen traditionaler (»geschlossener«) und säkularisierter (»offener«) Gesellschaft, der eine neue politische Imagination freisetzt: die »sich selbst instituierende autonome Gesellschaft«.[71] Oder kurz: die republikanisch-demokratische Gesellschaft.

1. Die Gesellschaft als Konfliktgesellschaft und der Konflikt als Integrationsfaktor

Mit der Ablösung transzendent begründeter Herrschaft und der Auflösung ständischer Hierarchien und elitärer Vorrechte wird »Gesellschaft« erstmals *vorstellbar* als horizontaler Verband in gleicher Weise berechtigter und verpflichteter Mitglieder. »Während die hierarchische Gesellschaft sorgfältig zwischen Rängen unterscheidet und, von unserem Standpunkt aus betrachtet, mit den unzähligen Ungleichheiten auch ebensoviele Reibungspunkte schafft, läßt sie im Prinzip der Offenbarung eines *Konfliktes, der die Definition der Gesellschaftsordnung selbst betrifft,* keinen Raum.«[72] Demgegenüber machen sich moderne Gesellschaften permanent selbst zum Thema. Mangels eines vorgebenen göttlichen Heilsplans oder einer traditionalen Ordnung institutionalisieren sie die Dauerreflexion darüber, wie eine wohlgeordnete und gerechte Gesellschaft, erstens, aussehen und, zweitens, realisiert werden könnte.

Diese Dauerreflexion vollzieht sich in der Sphäre des *Politisch-Öffentlichen,* die im Prozeß der Dekorporation herrschaftlicher Macht entsteht. Erst mit der Erosion der symbolischen Einheit von Macht und Gesellschaft im sakralen Körper des Herrschers (»body politic«) oder später im absolutistischen Staat

69 Zur Kritik: Gauchet, Tocqueville, Amerika und wir, in: Rödel (Hg.), Autonome Gesellschaft und libertäre Demokratie, 123ff./145. U.a. Gauchets Tocqueville-Interpretation hat bereits »Die demokratische Frage« (aaO.) wie auch die folgenden Überlegungen inspiriert.

70 Vgl. nur Simmel, Soziologie, 1908; Coser, Theorie sozialer Konflikte, 1972; Dahrendorf, Soziale Klassen und Klassenkonflikt in der industriellen Gesellschaft, 1957; Putnam, Making Democracy Work: Civic Traditions in Modern Italy, 1993; Giegel (Hg.), Konflikt in modernen Gesellschaften, 1998 und aus juridischer Perspektive Ihering, Der Kampf ums Recht, 1872; Luhmann, Ausdifferenzierung des Rechts, 1981, 92ff.; Gessner, Recht und Konflikt, 1976; Röhl, Rechtssoziologie, 1987, Kap. 11.

71 Castoriadis, Das Gebot der Revolution und ders., Die griechische *polis* und die Schaffung der Demokratie, in Rödel, aaO., 54ff. u. 298ff. Diese Imagination läßt sich systemtheoretisch, unter Ausschaltung der handlungstheoretischen Prämissen und der politischen Implikationen, in die Gesellschaft als »selbstreferentielles System« übersetzen.

72 Gauchet, Tocqueville, Amerika und wir, 193 (Hervorh. nicht im Orig.).

durch die schrittweise Säkularisierung der Legitimitätsgrundlagen treten diese auseinander. Nunmehr kann einerseits der Ort der Macht als körperlich und personell leere Stelle *symbolisch* repräsentiert und immer wieder nach Maßgabe demokratisch-republikanischer Legitimität neu besetzt werden. Andererseits kann sich die Gesellschaft erstmals als autonome *civil society* ins Bild setzen, die sich – mit allen damit verbundenen Risiken und Regressionen – selbst regiert.[73] Daß es sich hierbei um eine geschichtsmächtige Selbstbeschreibung handelt und kein bloßes theoretisches Hirngespinst, beglaubigt die Ausbreitung des »symbolischen Dispositivs«[74] einer demokratischen Republik und vor allem der Umstand, daß es totalitärer Systeme bedurfte, um dieses über mehrere Dekaden, aber gleichwohl *temporär* zu unterdrücken.

Die »Gleichheitsgesellschaft« (Tocqueville) oder genauer: die sich republikanisch-demokratisch verfassende Gesellschaft verstetigt mit ihrer Selbstthematisierung, ihrer theoretisch unbegrenzten Macht, sich in Frage zu stellen und mit höchst unterschiedlichen Regierungsformen zu experimentieren, den Grundsatzkonflikt ebenso wie eine unbegrenzte Vielzahl von Kontroversen. Das macht sie zu einem »unerschöpflichen Ferment der Uneinigkeit«[75]. Wie kann dies zu Einheit führen? Gauchets Interpretation von und Kritik an Tocqueville gibt Aufschluß über den ersten Teil einer Antwort: Gleich ob assoziiert oder organisiert oder beides nicht, treten die Mitglieder einer Gesellschaft in diesen Kontroversen als Individuen unvermittelt und frontal in Gegensatz zueinander. Indem sie um ihren Platz in der Gesellschaft, um die Durchsetzung ihrer konträren Vorstellungen eines »guten Lebens in Gesellschaft« und eine legitime Herrschaft kämpfen, werden sie an die Grundsatzfrage nach der etablierten Ordnung des Ganzen angeschlossen. Der frontale Gegensatz wird zum Spiegel, in dem sie ihre Ähnlichkeit und Differenz erkennen können. Was Gauchet als Entdeckung des »Geheimnisses« ihrer Identität der Zugehörigkeit feiert,[76] läßt sich auch als Moment der wechselseitigen

73 Diese Imagination ist von der nachabsolutistischen Staatslehre mit der Vorstellung eines der bürgerlichen Gesellschaft gegenüberliegenden Staates als juristischer Person und Willenseinheit gerade in Deutschland lange Zeit in Schach gehalten worden. Ob und inwieweit die dadurch bedingte Entpolitisierung der »Privatrechtsgesellschaft« der Inthronisierung des totalen Staates Vorschub geleistet hat, ist hier nicht zu klären.

74 »Dispositiv«, ein von Michel Foucault, eingeführter Begriff, verknüpft die unterschiedlichen Diskurse (Ideen, Ideologien, Strategien, Techniken, Selbstbeschreibungen, Darstellungen, Institutionen) der Macht, um deren Verfügbarkeit zu betonen. Das »symbolische Dispositiv« der demokratischen Republik umfaßt die Selbst-Instituierung einer sich als autonom begreifenden Zivilgesellschaft, die Sphäre der politischen Öffentlichkeit, die symbolisch leere Stelle der Macht sowie die Disjunktion von Macht, Recht und Wissen. Dieses Dispositiv soll die Gründung und Neugründung von Gesellschaften (ihre Ver-Fassung) als riskantes historisches Projekt charakterisieren. Vgl. Rödel/Frankenberg/Dubiel, Die demokratische Frage, 90.

75 Gauchet, Tocqueville, Amerika und wir, 134; vgl. auch Rödel/Frankenberg/Dubiel, Die demokratische Frage, Kap. IV (Konfliktizität der Gesellschaft).

76 Gauchet, Tocqueville, Amerika und wir, 174 u. 197.

Anerkennung »unter dem Zeichen der Ähnlichkeit« interpretieren.[77] Gauchet entwirft also das faszinierende Bild einer Gesellschaft, die sich paradoxerweise dadurch integriert, daß ihre Mitglieder zum Traum von der Einheit des gesellschaftlichen Körpers Distanz halten, sich in Gleichheitsbeziehungen gerade »durch ihren Gegensatz hindurch« in eine grenzenlose Infragestellung »einbinden« und die Konflikthaftigkeit der Gesellschaft gleichsam als gemeinsames Lebensschicksal akzeptieren.[78]

Zu den Integrations«faktoren« Gleichheit der Kontrahenten, frontaler Gegensatz im Streit und Anschluß an die gesellschaftliche Grundsatzdebatte treten als weitere integrative Elemente die spezifische Abbildung der gesellschaftlichen Tiefenstruktur auf der Bühne der politischen Macht und die Ver-rückung und Zivilisierung der gesellschaftlichen Kontroversen durch politische Repräsentation hinzu. Den repräsentativen Verfahren weist Gauchet »nicht mehr nur die Rolle (zu), einen Regierungswillen nach dem idealen Kriterium der Einstimmigkeit freizusetzen«, vielmehr erhalten sie »nun den Stellenwert eines Mittels der symbolischen Anerkennung der Spaltung, die die gesellschaftlichen Akteure trennt.«[79]

Hier ist nicht der Ort, die Theorie Gauchets in aller Breite darzustellen und zu würdigen. Nur so viel: Die These vom Konflikt als wesentlichem Vergesellschaftungsfaktor überzeugt, solange sie Abstand hält zur Idealisierung und Ontologisierung des Konflikts, was Gauchet in seinem brillianten Aufsatz nicht immer gelingt. Insbesondere seine zentrale, die Marx'sche Lehre vom Klassenwiderspruch umwidmende Annahme, daß niemand *mehr* als gleich empfunden wird als eben der, der absolut gegensätzlich denkt, die seine Theorie der »Integration durch Spaltung« pointiert, nimmt seinem Ansatz – ohne Not – viel von seiner theoretischen Wucht und empirischen Plausibilität. Weder antagonistische Klassenkonflikte noch gar »fundamentalistische«[80], ethnisch oder religiöse aufgeladene Frontalkontroversen beglaubigen eine bessere Wiedererkennung im Anderen. In diesem Punkt – allerdings nur in diesem – kontert Gauchet Tocquevilles Rückgriff auf einen durch gemein-

77 Grundsätzlich dazu Honneth, Kampf um Anerkennung, 1993. Zur Gauchet'schen Anerkennungstheorie: »Wer die Übereinstimmung der gegenwärtigen Gesellschaft mit der wahren Grundlage der Gesellschaften [d.h. des Konflikts – G.F.], gleichgültig in welchem Sinne diskutiert (anstatt lediglich zu versuchen, die vorhandene Ordnung durch Vernunftgründe zu rechtfertigen), setzt die Begegnung mit einem anderen voraus, der ihm zumindest *idealiter* gleichgestellt ist und in seiner vollständig entwickelten Gestalt nur der auf der ganzen Linie Widersprechende sein kann«(aaO., S.193).

78 Gauchet, aaO., 194.

79 Gauchet, aaO., 192.

80 Zu dem auf eine beliebig einsetzbare Kampfformel heruntergekommenen Begriff des »Fundamentalismus« vgl. Dubiel, Ungewißheit und Politik, 208ff. und Meyer (Hg.), Fundamentalismus in der modernen Welt, 1989.

same »*habits of the heart and of the mind*« und kollektive Glaubenslehren unterfütterten demokratischen Konsens[81] wie auch den »Fetisch der Eintracht« der Einheits- und Ordnungsdenker mit dem Mythos des produktiv-integrativen antagonistischen Konflikts. Auf der Strecke bleibt die in puncto Integration ambivalente Struktur und Dynamik sozialer Auseinandersetzungen.

2. Konflikttypologie in verfassungstheoretischer Absicht

Wer also der integrativen Wirkung absoluter Gegensätze – möglicherweise gemäßigt durch eine »natürliche Schwerkraft« der Beziehungen unter Gleichen oder in der Demokratie[82] – aus guten Gründen nicht traut, kommt nicht umhin, den Konflikt als Modus der Integration genauer zu untersuchen. Die Konfliktstruktur moderner Gesellschaften, geprägt durch Interessengegensätze, Werteheteronomie und ein Pluriversum von Lebensentwürfen,[83] wie auch die Konfliktpraxis legen nahe, an der Möglichkeit einer Integration durch Konflikt festzuhalten, aber auch zu unterscheiden zwischen *integrativen und desintegrativen Konflikten.*

Zur Entradikalisierung der Pointe, daß gesellschaftliche Auseinandersetzungen per se integrativ wirken, liegen zahlreiche Angebote vor.[84] Bereits Gauchet hat in seine These, ein wenig versteckt, die Überlegung eingebaut, daß die eigentlich integrative Wirkung letztlich von der repräsentativen Darstellung und distanzierten Austragung auf der Bühne der Politik ausgehen könnte. Dahinter verbirgt sich die Unterscheidung zwischen *repräsentativ übersetzbaren* und *nicht übersetzbaren* gesellschaftlichen Konfrontationen, die Gauchet freilich aufgrund der von ihm verdrängten Ambivalenz von Konflikten weder thematisiert noch gar entfaltet. Theorien der Zivilgesellschaft haben

81 »Gesellschaft gibt es einzig dann, wenn die Menschen eine Menge Dinge in gleicher Weise einschätzen; wenn sie über eine große Zahl von Gegenständen gleiche Meinungen haben; und endlich, wenn die gleichen Tatsachen in ihnen die gleichen Eindrücke und Gedanken auslösen.« Und weiter: »Nun läßt sich leicht erkennen, daß keine Gesellschaft ohne gleiche Glaubenslehren gedeihen kann . . .« (De Tocqueville, Über die Demokratie in Amerika I, 555 und II, 18).

82 Gauchet, aaO., 141.

83 Damit werden kommunitaristische Vorschläge (»shared values«, Tugenden, Gemeinsinn) zunächst einmal zurückgestellt. Ausführlich dazu Honneth, Grenzen des Liberalismus, in: Philos. Rundschau, 39 (1992), 1ff.; ders. (Hg.) Kommunitarismus. Eine Debatte über die moralischen Grundlagen moderner Gesellschaften, 1992; Zahlmann (Hg.), Kommunitarismus in der Diskussion, 1992; Brumlik/Brunkhorst (Hg.), Gemeinschaft und Gerechtigkeit, 1995 und Frankenberg (Hg.), Auf der Suche nach der gerechten Gesellschaft, 1993.

84 Vgl. nur die Beiträge in: Heitmeyer, Was hält die Gesellschaft zusammen?, aaO. und insbes. Dubiel, Ungewißheit und Politik, 1994 (Metamorphosen der Zivilgesellschaft II: Das ethische Minimum der Demokratie«), 106ff.; ders., Unversöhnlichkeit und Demokratie, in: Heitmeyer, Was hält die Gesellschaft zusammen?, 425ff.; Hirschman, Wieviel Gemeinsinn braucht die liberale Gesellschaft?, in: Leviathan, 2 (1994), 293ff.

am Beispiel des zivilen Ungehorsams die Idee der normativen *Selbstbindung* und *Selbstbeschränkung* im Konflikt unter rechtlich Gleichen aktualisiert, die in diesen Protestformen zutage tritt.[85] Die Differenzierung zwischen *zivilisierten* und *nicht zivilisierten* Auseinandersetzungen liegt auch den Vorstellungen *»gehegter«*[86] oder *»teilbarer«*[87] Konflikte zugrunde. Gemeinsam ist diesen Ansätzen, daß sie die integrative Überwindung ökonomischer, sozialer oder kultureller Gegensätze auf die Einhaltung von Regeln (*minima legalia*) des Streits gründen, in der Sphäre des Politisch-Öffentlichen (parlamentarische Repräsentation, Zivilgesellschaft, Verhandlungssysteme) lokalisieren und/oder an der spezifischen Struktur von Konflikten (insbesondere strategische oder Verteilungskonflikte vs. Identitätskonflikte) festmachen. Gemeinsam ist diesen Ansätzen ferner, daß sie auf keine positive Anthropologie (der Mensch, das imgrunde friedliche, einsichtige Wesen) rekurrieren, damit also das Risiko desintegrativer Konfrontationen gerade nicht ausschließen.

In verfassungstheoretischer Absicht sollen diese Ansätze nun zu einer Typologie von Konflikten zusammengeführt werden, die nach Maßgabe des Streitgegenstandes, der Streitmethoden und des Streitverhältnisses zwischen den Parteien zwischen integrativen und desintegrativen Kontroversen differenziert. Diese Differenzierungen sind den gesellschaftlichen Auseinandersetzungen nicht als »kategorischer Imperativ« einer republikanisch-demokratischen Streitkultur oder als normative Versicherung einer Gesellschaft gegen die desintegrativen Konfliktrisiken vorgegeben, sondern sind *reflexiv* wiederum auf diese zu beziehen. Das heißt, sie bleiben umstritten und erhalten in den Kontroversen ihre immer nur vorläufige, wenngleich verbindliche Gestalt.

(a) Hinsichtlich des *Streitgegenstandes* bzw. der Höhe des jeweiligen Einsatzes lassen sich unterscheiden: Konflikte, die *ums Ganze* gehen, von solchen, die Kompromissen, Vergleichen und Verhandlungslösungen zugänglich sind. Absolute Ansprüche auf Wahrheit, Authentizität, Integrität oder Identität konstituieren regelmäßig eine antagonistische Konfliktkonstellation des Alles-oder-Nichts mit potentiell desintegrativer Dynamik. Solche Absolutheit im Grundsätzlichen illustriert etwa die Abtreibungsproblematik mit der Ausgangslage »Mein Bauch gehört mir« versus »unbedingter Schutz des werdenden Lebens« oder auch der Streit um das Kruzifix in Klassenzimmern

85 Frankenberg, Ziviler Ungehorsam in der rechtsstaatlichen Demokratie, JZ 1984, 266ff.; ders., Der zivile Ungehorsam auf dem Rechtsweg, in: Roth/Rucht (Hg.), Neue soziale Bewegungen in der Bundesrepublik Deutschland, 2.Aufl., 1991, 524ff.; Rödel/Frankenberg/Dubiel, Die demokratische Frage, Kap. II.
86 Dubiel, Ungewißheit und Politik, aaO.
87 Hirschman, Wieviel Gemeinsinn braucht die liberale Gesellschaft, aaO.

oder Gerichtssälen[88]. Um ein Entweder-Oder geht es regelmäßig bei Streitfragen mit hohem Symbolwert, die den geglaubten oder zugewiesenen Status wie auch die zugewiesene oder geglaubte Zugehörigkeit von Individuen und Gruppen betreffen. Um ein Entweder-Oder geht es ferner, wenn die Wahrheit verteidigt und damit jeder Dissident zwangsläufig als Ketzer, Hetzer oder Verleumder gebrandmarkt wird.[89] Zu Disruption und Desintegration führen die vornehmlich auf den Kampffeldern der Religion, Ethnie oder Kultur formulierten Forderungen, wenn sie im Medium der Politik mit Ansprüchen auf unbedingte Gefolgschaft oder Exklusivität auftreten, die dann etwa in einer Staatsreligion, einem Regime ethnischer Reinheit oder einer Einheitskultur zur Geltung gelangen.

Allerdings können auch an sich unteilbare Streitgegenstände integratives soziales Kapital bilden. Bedingung dafür ist, daß die Protagonisten ihre die horizontale Ebene einer Bürgergesellschaft verlassende und insofern *transzendente Zieldefinition* zurückstellen und sich auf die dilatorische oder räumlich begrenzte Erfüllung ihrer Forderungen nach pluralistischen Mustern (Toleranz, religiöse Parität oder Multi-Ethnizität) einlassen. Mit einem derartigen Verzicht auf uneingeschränkte Geltung in einem Sozialverband und auf Ausschließung der Anderen bewegen sich unteilbare auf teilbare Konflikte zu, von denen Pluralismus-Theorien ihre Plausibilität beziehen. Solche *Verteilungskonflikte* lassen sich aufgrund der Struktur ihres Gegenstandes und des niedrigeren Einsatzes vergleichsweise problemlos regeln, schlichten und zivilisieren. Forderungen nach einem Mehr-oder-Weniger an Wohlstand, Lohn/Gehalt, Steuerlast, Arbeitszeit, Bildung, politischem Einfluß etc. stehen grundsätzlich Verhandlungs- und Kompromißlösungen offen. Es handelt sich hierbei um *strategische* Auseinandersetzungen, die über Verteilungsagenturen wie Markt, Wahlsystem, Bürokratie oder letztlich auch die Gerichte abgewickelt werden können.

(b) Die Art und Weise, wie Interessen oder Rechte eingefordert und durchgesetzt werden, legt eine weitere Differenzierung nahe: zwischen *Streitmethoden,* die *aufs Ganze* gehen, also keine Selbstbeschränkung auf zivile Streitformen und -mittel kennen, und solchen, die sich durch Verfahren und Regeln zügeln lassen. Wo jedes Mittel recht ist, werden sich integrative Effekte kaum einstellen. Das gilt für alle gewaltförmigen Auseinandersetzungen, die im Einzelfall vielleicht produktiv sein mögen, in aller Regel jedoch das Gewebe

88 BVerfGE 35, 36 (Kreuz im Gerichtssaal) und 93, 1 (Kruzifixe in staatl. Pflichtschulen).

89 Auf die Problematik der Auschwitz-Leugnung und des § 130 III StGB kann hier nur verwiesen werden. Ausführlich und nach wie dazu überzeugend dazu Cobler, Das Gesetz gegen die »Auschwitz-Lüge«, KJ 1985, 159ff. Vgl. auch BVerfGE 94, 1 (Schuldfrage des Zweiten Weltkrieges) und Schulze-Fielitz, in: Dreier GG I, Art. 5 I, II Rn. 108.

sozialer Beziehungen zerstören. Ihr desintegratives Moment liegt darin, daß sich der Gewalttätige ein Vorrecht anmaßt und damit die Ebene einer Beziehung unter Gleichen verläßt. Ob die Rechtfertigung dafür in einer besonderen Mission oder Situation, in einem überlegenen Wissen und daraus abgeleiteten Machtanspruch oder einem Naturrecht auf Alles, dem Hobbes'schen *ius ad omnium*, gesucht wird, spielt letztlich keine Rolle. Der Richter in eigener Sache wirkt stets als desintegrativer Stachel im Fleische der »Gleichheits-« oder Bürgergesellschaft. Alle zivilen, d.h. die Gleichheit der Mitglieder einer Bürgerschaft anerkennenden Streitformen, die der Maxime gehorchen »gleiches Streitrecht für alle, keine Gewaltbefugnis für niemand«, haben dagegen die Vermutung für sich, integrativ zu wirken. Die Reflexivität des Kriteriums Gewalt tritt in den Definitionskämpfen zwischen den Repräsentanten der Mehrheitskultur und den Potagonisten von Minderheitspositionen deutlich zutage.[90]

(c) In Hinsicht auf das *Streitverhältnis,* d.h. die Einstellung der Streitparteien zueinander, bietet sich eine Unterscheidung an zwischen Konfliktkonstellationen, in denen der Gegner zum Feind erklärt wird, und solchen, in denen er als Anderer »unter dem Zeichen der Ähnlichkeit« bleibt, ungeachtet aller Aversionen oder sachlichen Differenzen. Eine Feinderklärung vollzieht den Übergang von der Gleichwertigkeit, wohlgemerkt: nicht Gleichartigkeit, zur *substantiellen Heterogenisierung* des Anderen, aus der eine fast zwangsläufig eine *normative Inferiorisierung* folgt.[91] Sie zerreißt die Beziehung der Gleichheit und kündigt jegliche Wechselseitigkeit von Rechten und Pflichten, mithin auch den Gewaltverzicht auf. Als Feind hat der Andere keinen erkennbaren und anerkennbaren Anteil an meiner Existenz: »(B)ereits die bloße Vorstellung, sich selbst in diesem substantiell heterogenen Anderen wiederzufinden, (erscheint) von vorne herein sinnlos«.[92] Folglich wird diesem auch das Existenzrecht im öffentlichen Raum abgesprochen. Das Modell der Ausschließung verdrängt das Modell der Konkurrenz. Die De-facto-Ausbürgerung im Streit wirkt damit per definitionem desintegrativ. Nur bei zynischer Betrachtung läßt sich eine derartige Spaltung mit Gauchets These versöhnen, wenn diese Spaltung gerade zur Ab-Spaltung des Anderen führt – durchweg

90 Besonders reiches Anschauungsmaterial bietet die Kontroverse um die Aktionen zivilen Ungehorsams und dazu die Auslegung der Gewaltnötigung gemäß § 240 StGB. Vgl. dazu nur Brink/Keller, Politische Freiheit und strafrechtlicher Gewaltbegriff, KJ 1983, 107ff.; Frankenberg, Ziviler Ungehorsam in der rechtsstaatlichen Demokratie, aaO.; ders., Passive Resistenz ist keine Nötigung, KJ 1985, 301ff.; Glotz (Hg.), Ziviler Ungehorsam im Rechtsstaat, 1983 einerseits und Scholz, Rechtsfrieden im Rechtsstaat, NJW 1983, 705ff.; Isensee, Die Friedenspflicht der Bürger und das Gewaltmonopol des Staates, FS Eichenberger, 1982, 23ff.; Karpen, »Ziviler Ungehorsam« im demokratischen Rechtsstaat, JZ 6 (1984), 249ff. andererseits, sowie BGHSt 23, 46 (Laepple); BVerfGE 69,315/344ff.(Brokdorf); 73, 206 und 92, 1 (Sitzblockaden).

91 Klassisch C. Schmitt, Der Begriff des Politischen, 3.Aufl. 1991, 26ff./33.

92 Gauchet, Tocqueville, Amerika und wir, 176.

motiviert durch militante Träume von Homogenität und Eintracht, die in der Streitpraxis absolute Geltungs- und Durchsetzungsansprüche unteilbarer Streitgegenstände generieren.

Plausibel bleibt die These einer Integration durch Konflikt also nur unter den Bedingungen eines zivilgesellschaftlichen Verzichts auf Gewalt und auf Feinderklärungen, bei Mäßigung der (transzendenten) Zieldefinitionen und einer minimalen Anerkennung des Anderen. Diese Bedingungen markieren weder die Konturen einer Schönwettergesellschaft, die hinsichtlich der Grundsatzfrage nach der gerechten Ordnung eines Sinnes ist und in allen übrigen Kontroversen in friedlicher Koexistenz lebt, noch das Bild eines von Interessenantagonismen gereinigten Sozialverbandes im Sinne des Neo-Pluralismus. Denn auch einigermaßen konsolidierte demokratische Gesellschaften haben das heikle Programm »Anerkennung des Anderen als eines differenten Gleichen« keineswegs erfüllt und sind gegen die alltägliche Desintegration durch Gewaltausbrüche ebensowenig immun wie gegen die überschießende, desintegrative Innentendenz von fundamentalistischen, in jüngerer Zeit vor allem ethnisch oder religiös motivierten Konfrontationen.

3. Integrationsangebote statt Integrationsmanagement durch Verfassung

Sinn dieser Konflikttypologie ist, die Frage nach einer möglichen »Integration durch Verfassung« empirisch genauer zu informieren, die Risiken der reflexiven Bildung sozialen Kapitals im Blick zu behalten und die klassischen Antworten, soweit nötig, zu korrigieren. Am Anfang steht Thomas Hobbes, der unfreiwillige Ahnvater des modernen Integrationsprojekts. Bekanntlich führte ihn die seiner negativen Anthropologie entspringende Überzeugung von der Schlechtigkeit der Motive hab- und ehrgieriger, potentiell gewalttätiger Egoisten dazu, das Integrationsproblem zu *externalisieren,* d.h. in die Hände der Friedensmaschine des »Leviathan« zu legen.[93] In dieser Tradition stehen, bewußt oder nicht, *alle* Lehren, die das Heil einer zerrissenen, fragmentierten Gesellschaft bei einer äußeren Zwangsgewalt (Staat, Recht), in der souveränen Dezision, im Oktroi einer Verfassung als Friedensordnung oder eines autoritativ-autoritär *gesetzten* Wertekonsenses suchen, also Integration aufdrängen oder *hoheitliches Integrationsmanagement* betreiben.[94]

93 Daß diese Lösung den seinerzeit nicht unbeträchtlichen Vorzug hatte, dem absolutistischen Souverän eine neue Legitimation zu verschaffen, kann hier außer Acht bleiben. Vgl. Hobbes, Leviathan, 1651.

94 Grundsätzlich zur Problematik interner und externer Repression im Prozeß der Gemeinschaftsbildung M.Gruter/M.Rehbinder (Hg.), Ablehnung, Meidung, Ausschluß, 1986 und Nisbet, Community and Power, 1962.

In deutlicher Distanz von autoritären Integrationslehren versuchen die unterschiedlichen Spielarten des demokratischen oder republikanischen Kommunitarismus, das Integrationsproblem zu *internalisieren,* indem sie auf die einigende Kraft der Selbst-Zivilisierung einer Bürgerschaft durch verinnerlichte Tugenden, »*habits of the heart*«, gemeinsame (Wert-)Erfahrungen, (verfassungs)patriotische Einstellungen, zivilreligiöse Bindungen oder aber »entgegenkommende Verhältnisse«, wohl: »in der politischen Kultur verankerte Solidaritätsgefühle« (Habermas) ähnlich den »*sentiments de sociabilité*« (Rousseau), vertrauen.[95] Hannah Arendt, Herzens- und Vernunftrepublikanerin, betont ebenfalls die inhärente und notwendige Unbegrenztheit des Handelns im öffentlichen Raum. Ungeachtet ihrer positiven Anthropologie sieht sie jedoch die Gefahr überschießender, aus dem System wechselseitig anerkannter Freiheit ausbrechender Initiativen – wir könnten sagen: die Gefahren der Desintegration – und versucht diese dadurch zu bannen, daß sie die »Erfahrung öffentlichen Glücks« auf den politischen Gründungsdiskurs einschränkt, also ökonomische und soziale Konflikte vorab dem System der Interessenrepräsentation überantwortet.[96]

Externalisierungen lassen sich als Strategien interpretieren, die hier skizzierte (oder eine ähnliche) Konflikttypologie in der Gestalt starker, sanktionsbewehrter Handlungsgebote oder -verbote zwangsrechtlich zu verankern. *Internalisierungen* setzen demgegenüber auf Selbstzwang oder die disziplinierende Kraft gemeinsinniger Motive. Beide Varianten unterdrücken die notwendige Reflexivität der Kriterien integrativer Konflikte.

Ich habe an anderer Stelle versucht, eine Perspektive zu entwickeln, die die Dynamik und Risiken gesellschaftlicher Konfrontationen, d.h. auch den Streit um die Bedingungen einer zivilen Streitkultur nicht ausblendet.[97] Der *empowerment*-Ansatz, kaum nachvollziehbar als »paternalistisch« kritisiert,[98] beruht, kurz gesagt, auf der von einer zivilgesellschaftlichen Protestpraxis und

95 Vgl. hierzu Bellah, Civil Religion in America, Daedalus, 1967, 96ff.; Bellah et al., Habits of the Heart. Individualism and Commitment in American Life, 1985; Gebhardt, Verfassungspatriotismus als Identitätskonzept der Nation, in: APuZ, Beil.z.Zeitschr. Das Parlament B 14/93, 29ff.; Habermas, Geschichtsbewußtsein und posttraditionale Identität, in: ders., Eine Art Schadensabwicklung. Kleine Politische Schriften VI, 1987; ders., Faktizität und Geltung, 1992, 632ff.; Lübbe, Staat und Zivilreligion, ARSP Beih. 15, 1981; MacIntyre, After Virtue, 1981; Sternberger, Verfassungspatriotismus, 1990 sowie Dubiel, Ungewißheit und Politik, 151ff. (Zivilreligion in der Massendemokratie?); Frankenberg, Die Verfassung der Republik, 146f. und Kleger/Müller (Hg.), Religion des Bürgers. Zivilreligion in Amerika und Europa, 1986.

96 Arendt, Über die Revolution, 1963; aufschlußreich dazu dies., Vita activa – Vom tätigen Leben, 1960.

97 Frankenberg, Die Verfassung der Republik, bes. Kap.V; ders., Why Care? – The Trouble With Social Rights, Cardozo Law Review 17 (1996), 1365ff.

98 Habermas, Die postnationale Konstellation, aaO.

Anerkennungstheorien informierten Idee, daß die Mitglieder einer Staatsbürgergesellschaft, *wenn* sie sich reziprok die gleiche Freiheit zur Bewältigung des einzelnen Lebensschicksals wie auch zur Teilnahme an den »gemeinsamen Geschäften der Gesellschaft« ermöglichen, in ihrer sozialen Praxis jenen sozialen Zusammenhalt herstellen *können,* der sie dann ihre Zugehörigkeit zu einer politisch verfaßten Gemeinschaft erfahren läßt. Damit ist eine notwendige Bedingung formuliert, nicht mehr und nicht weniger. Wird diese Bedingung nicht erfüllt, dann kann von einer Zivilgesellschaft ebensowenig die Rede sein wie von einer Integration durch Konflikt. Das Restrisiko der Desintegration soll also gerade nicht dadurch ausgeschlossen werden, daß fundamentalistische Konfrontationen, gewaltförmige Auseinandersetzungen oder Feinderklärungen in der Doppelrolle aller Mitglieder einer Gesellschaft als Gläubiger und Schuldner von einem Minimum an Solidarität und Anerkennung theoretisch zum Verschwinden gebracht werden.

Was folgt aus alledem für die Rolle von Verfassungen im riskanten Prozeß der Integration? – Wir können uns auf republikanisch-demokratische Verfassungen konzentrieren. Nur diese lassen sich beim Wort nehmen, indem sie die permanente Selbstthematisierung eröffnen und damit die »Legitimität des Diskurses über die Legitimität«[99] jeglicher gesellschaftlichen Ordnung anerkennen. Sie unterliegen hinsichtlich der Herstellung sozialer Einheit einer Selbstbindung durch die selbsterklärten Prinzipien »Republik« und »Demokratie«. Das festzustellen, ist trivial. Nicht trivial ist die Konsequenz: der Ausschluß jeder Form eines hoheitlichen *Integrationsmanagements,* das die demokratische Gesellschaft, gleichsam »wider ihre Natur«, buchstäblich als Körper für ethische Steuerungsinterventionen behandelt.

Zwar ist den Anhängern der Externalisierung zuzugeben, daß Einheitsbildung durch autoritär-staatliche Intervention oder durch einen elitär gesetzten Wertekodex wohl *denkbar* ist. Abgesehen von der Frage, ob sich auf diese Weise »die Kohärenz des Gemeinwesens dauerhaft sinnlich wahrnehmbar« darstellen läßt,[100] erhebt sich jedoch der Einwand, daß jede *aufgedrängte Integration* die Gesellschaft nötigt, auf der Ebene der Verfassung ihre fundamental deklarierten Prinzipien gesellschaftlicher Selbsteinwirkung zu kompromittieren, wenn nicht als Ideologie zu denunzieren. Die hoheitliche Integrationsstrategie gibt zwangsläufig Werte vor, die nach ihrer zwanghaften Verteidigung rufen. Dieser Einwand läßt sich nicht mit einem »ethisch-weltanschaulichen Über-

99 Vgl. Lefort/Gauchet, Über die Demokratie: Das Politische und die Instituierung des Gesellschaftlichen, in: Rödel, Autonome Gesellschaft und libertäre Demokratie, 89ff.
100 Gauchet, Tocqueville, Amerika und wir, 188.

maßverbot«[101] oder einem an die Verfassungseliten adressierten Gebot des Self-restraints bei Konsensdefinitionen ausräumen. Zumal hoheitliches Integrationsmanagement, ausweislich seiner Rechtfertigung, dazu neigt, die Staatsbürger als Gefahrenpotential wahrzunehmen, und darauf angelegt ist, durch möglichst präventive Ausschaltung gefährlicher Personen oder Gruppen (ethische oder schlimmer noch: sozialhygienische) Risikovorsorge zu betreiben.[102]

Den Strategien der *Internalisierung* ist zuzugeben, daß Tugenden wie insbesondere Gemeinsinn, positive soziale Einstellungen, ein nüchterner Verfassungspatriotismus oder »entgegenkommende (außerrechtliche) Verhältnisse« ohne Zweifel der Schaffung eines *cadre d'appartenance* zuträglich sind. Freilich laufen sie Gefahr, die Rolle von Verfassungen im Prozeß der Integration entweder auszublenden (insoweit wären sie verfassungstheoretisch belanglos) oder aber hinterrücks umzuwidmen (was die Verfassungstheorie interessieren muß).

Mit der republikanisch-demokratischen Selbstinstituierung bringt eine Gesellschaft symbolisch und institutionell zum Ausdruck, daß alle Beteiligten sich als *Staatsbürger* und *Rechtspersonen*[103] wechselseitig ernst nehmen. Ernstnehmen heißt im rechtlichen Kontext: berechtigen und verpflichten. Die Berechtigung bezieht sich auf die privatautonome Lebensgestaltung wie auf die aktive Partizipation an den gemeinsamen Geschäften der Gesellschaft (politische Autonomie). Letztere schließt vor allem die Teilnahme an den Verfahren der Rechtssetzung und deliberativen Prozessen ein. Die *Verpflichtung* konzentriert sich auf den Gehorsam gegenüber allen verfassungsgemäß beschlossenen Rechtsnormen. Sie beruht in einer demokratischen Republik darauf, daß öffentliche Meinungs- und Willensbildungsprozesse institutionalisiert sind, die den Staatsbürgern *tatsächlich* zur Mitwirkung offen stehen. Tatsächlichkeit setzt unter Umständen Ermöglichung *(empowerment)* voraus. Es kommt nicht darauf an, ob die Staatsbürger von ihren Möglichkeiten Gebrauch machen oder nicht: Allein mit der (nicht nur virtuellen) Möglichkeit *staatsbürgerlicher* Teilnahme und Kritik entsteht die Verpflichtung der *Rechtsperson* zum Rechtsgehorsam. Sie kann sich zur Abwendung der Rechtsfolgen nicht darauf berufen, als Staatsbürger überstimmt worden zu sein. Umgekehrt können die Staatsbürger (vermittels der dazu berufenen Institutionen) den Rechtspersonen, die eine Rechtsnorm verletzen, nur den

101 Vgl. dazu Oberreuther, Konflikt und Konsens im politischen System der Bundesrepublik, in: Randelzhofer/Süß, Konsens und Konflikt, 214ff./226.

102 Reichlich Anschauungsmaterial präsentiert Denninger, Der Präventionsstaat, 1990.

103 Grundlegend dazu K. Günther, Welchen Personenbegriff braucht die Diskurstheorie des Rechts?

Bruch ihrer Selbstverpflichtung vorhalten, nicht jedoch ihnen vorwerfen, »schlechte Bürger einer Tugendrepublik« oder nur noch »gefährliche Elemente« zu sein, die ihren Doppelstatus als Staatsbürger und Rechtsperson verwirkt haben.

Dies ist jedoch die Nagelprobe einer republikanisch-demokratischen Konstitution: der angemessene, d.h. nicht selbst-widersprüchliche Umgang mit denjenigen, die nach Maßgabe der oben skizzierten, nicht normativ fixierten Konflikttypologie in ihrer Streitpraxis jeweils den desintegrativen Pol besetzen, sich also gerade nicht wie mustergültige Staatsbürger verhalten. Eine Verfassung kann, in dieser Hinsicht problemlos, *Integrationsangebote* machen oder an den Gemeinsinn appellieren. Was aber, wenn diese nicht verfangen? Können die Kriterien integrativer Konfliktaustragung verfassungsrechtlich verankert und bewehrt werden? Nach dem Legitimationsmuster: Mehrheit entscheidet (z.B. daß eine »abwehrbereite Demokratie« zu installieren sei), Minderheit kann ggf. die Entscheidung (hin zu einer libertären Demokratie) revidieren? Das Muster ist bekannt und wird weithin praktiziert, widerspricht jedoch der republikanisch-demokratischen Selbsterklärung und unterläuft die Reflexivität der Kriterien einer republikanisch-demokratischen Streitpraxis. Zur Begründung:

Gegenüber allen Individuen, auch solchen mit transzendenten Zielsetzungen bzw. unteilbaren Streitgegenständen, gilt in einer demokratischen Gesellschaft heterogener Werthaltungen das Prinzip der *Nichtidentifikation.* Die Verfassung, soll sie nicht die Ebene der Horizontalität verlassen, steht einer den Staatsbürgern vor-gesetzten oder übergeordneten Werteverteidigung nicht ohne Selbstwiderspruch zur Verfügung. Das schließt nicht aus, daß sie versucht, unterschiedliche Positionen zu kompatibilisieren. Nach dem Muster praktischer Konkordanz oder nicht-repressiver Toleranz.

Republikanisch-demokratische Verfassungen lassen ebensowenig eine Privilegierung »politischer« Forderungen gegenüber nicht-politischen, ökonomischen, sozialen Interessen zu, wie sie Hannah Arendt vorschwebte. Längst haben vor allem die Kämpfe um die Lösungen der »Sozialen Frage«, um Gleichheit und Differenz im Geschlechterverhältnis und um den Schutz der natürlichen Lebensgrundlagen diese Immunisierung öffentlicher Freiheit ad absurdum geführt. Sie illustrieren die republikanisch-demokratische Dynamik wie auch die nicht vorderhand ausschließbaren Risiken der unbegrenzten Selbstthematisierung und Politisierung in Gleichheits- oder besser: Bürgergesellschaften.

Die Reflexivität der Kriterien einer integrativen Streitkultur schließt auch die Streit*formen* ein. Hier spielen Verfassungen nicht nur jene marginale Rolle, die ihnen häufig im Kontext der Internalisierung von Integrationsrisiken, im Sinne einer außerechtlichen, »sanften Konflikthege« zugewiesen wird. Ohne ihren Charakter als »paktierte Verfassung« oder praktizierte »grundlegende Konvention« zu kompromittieren, können sie auch in dieser Hinsicht flexible, mit dem Änderungsrisiko belastete Integrationsangebote als *minima legalia* des Streits unterbreiten. Zu diesen Angeboten gehören insbesondere die Institutionalisierung von Prozeduren, Arenen und Agenturen für das Aushandeln von Konflikten sowie die immer vorläufige Formulierung von Kriterien für die gerechte Verteilung umstrittener Güter.

Instruktiv für die vom Kampf um die Anerkennung von Protestformen geprägte Flexibilität und deren verfassungsrechtliche Wahr-nehmung ist die Entwicklung der Rechtsprechung des BVerfG zu den Konnexgarantien politischer Kommunikation. Seit der *Lüth*-Entscheidung ist das Gericht, gewiß behutsam und keinesweg geradlinig, aus dem Schatten der »abwehrbereiten Demokratie« wie auch einem engen liberalistischen Streitverständnis herausgetreten. In der *Brokdorf*-Entscheidung entfernt es sich vom liberalen Modell eines rein geistigen Wettbewerbs der Meinungen/Argumente mit der Legitimierung »nötigender Einwirkungen«.[104] In den *Sitzblockade*-Entscheidungen differenziert es zwischen unfriedlichen Aktionen im Sinne von Art. 8 I GG und strafrechtswidrigen Protesten und tritt einer tatbestandlichen Ergänzung und Ausweitung der Gewaltnötigung (§ 240 StGB) entgegen.[105] Diese Entscheidungen lassen sich als Ansätze interpretieren, das Gewaltverbot seinerseits nicht zu substantialisieren, sondern – in den Grenzen von Republik, Demokratie und Rechtsstaatlichkeit – reflexiv zu halten. Damit wird das bei den Trägern öffentlicher Gewalt konzentrierte Monopol legitimer Gewaltsamkeit keineswegs gebrochen, sondern zivilisiert, d.h. angeschlossen an die Macht einer demokratischen Gesellschaft, sich selbst in Frage zu stellen und mit unterschiedlichen Regierungsformen zu experimentieren.

Die Zivilisierung des staatlichen Gewaltmonopols folgt nicht einer positiven Anthropologie oder einem harmonistischen Bild des Lebens in Gemeinschaft, sondern auch hinsichtlich der Streitformen und Streitverhältnisse dem Prinzip der Nichtidentifikation und der Anerkennung der Doppelrolle von Staatsbürger und Rechtsperson. Nichtidentifikation besagt hier, daß auch die Protagonisten nicht nur mißliebiger, sondern aller Wahrscheinlichkeit nach desinte-

104 Vgl. BVerfGE 7, 198 (Lüth); 69, 315/343 (Brokdorf).
105 BVerfGE 73, 206/248 (Mutlangen) und 92, 1/16ff. (Sitzblockade).

grativer Positionen in ihrer Rolle als Staatsbürger ernst zu nehmen sind, selbst wenn sie ihre Rolle als Rechtspersonen grob verletzen. Mit der Folge, daß sich auch ihre definitive hoheitliche Ausbürgerung aus der politischen Öffentlichkeit als »Verfassungsfeinde« durch das Institut der Verwirkung von Grundrechten (Art. 18 GG) oder durch offizielle Verrufserklärungen namens einer werthaft-wehrhaften Demokratie ebenso verbietet wie etwa die Aberkennung des politischen Wahlrechts für Straftäter. Umgekehrt sind den Verwaltern des Gewaltmonopols nicht die Hände gebunden, gegen diejenigen einzuschreiten, die durch (Straf-)Taten die Beziehungen der Gleichheit verletzen. Insbesondere können sich diejenigen, denen *lege artis* schwere Verstöße gegen ihre Pflichten als Rechtspersonen zurechenbar sind, außerhalb der gesetzlichen Regelungen[106] nicht mit der Berufung auf ein vermeintliches Sonderrecht zur (politischen) Selbsthilfe entlasten.

Ein solches Minimalprogramm der Integration kann diejenigen nicht befriedigen, die von einer »gesetzten Verfassung« und einem vorgegebenen Wertekonsens bzw. einer Wertordnung aus Gründen der Sicherheit nicht abgehen möchten. Wer freilich an einem substantiellen Wertekonsens in wertheterogener Umwelt und der hoheitlichen Integration einer demokratischen Gesellschaft festhält, muß sich fragen lassen, ob nicht er es ist, der insgeheim den Traum einer durch imputierten Konsens und aufgedrängte Integration herstellbaren »Schönwettergesellschaft« träumt und wider alle historische Erfahrung hofft, die Risiken einer Bürgergesellschaft durch hoheitliches Integrationsmanagement zu entsorgen. Und zwar auf der Linie von Tocquevilles Antwort: demokratischer Konsens plus gemeinsame Glaubens- oder Werthaltung (plus Staat). Im Unterschied dazu wird hier angeregt, das integrative Kapital, das sich im Zulassen und Durchstehen einigermaßen zivilisierter Kontroversen bilden kann, nicht vorab theoretisch zu verschleudern, und die Verfassung einer demokratischen Republik nicht unter Wert zu verkaufen.

106 Vgl. etwa §§ 32ff. StGB, 227ff. u. 856, 860 BGB.

III. Felder bundesverfassungsgerichtlicher Rechtsprechung

Friedhelm Hufen

Die Bewahrung gesellschaftlicher Werte durch das Bundesverfassungsgericht

I. Einführung/Problemstellung

Die Verkündung des Urteils des Bundesverfassungsgerichts zum bayerischen »Sonderweg« in Sachen Abtreibung[1] war noch nicht zu Ende, da war für die bayerische Sozialministerin im Fernsehen schon alles klar: Das Urteil sei Zeichen eines zunehmenden Werteverfalls in unserer Gesellschaft. Das Urteil des gleichen Senats des Bundesverfassungsgerichts, das Eltern Schadensersatzansprüche nach ärztlichen Behandlungsfehlern bei Sterilisation und legaler Abtreibung zusprach – bezeichnenderweise mit »Kind als Schaden« tituliert[2] – rief noch harschere Reaktionen hervor: So schlug etwa Amtsrichter *Coeppicus* aus Oberhausen vor, solchen Eltern im Wege der allgemeinen Schadensminderungspflicht die Zwangsadoption aufzuerlegen[3]. Auf den Kruzifix-Beschluß des Bundesverfassungsgerichts[4] wiederum berief sich ein Sachse an der bayerisch-tschechischen Grenze, als er sich gegenüber einem verdutzten bayerischen Grenzbeamten das freundliche »Grüß Gott« verbat[5]. Vier Episoden nur – gewiß. Doch sie zeigen, wie schwierig unser Thema, »Bundesverfassungsgericht und gesellschaftliche Werte«, ist. Gibt es einen festen Bestand gesellschaftlicher Werte, die das Bundesverfassungsgericht wahren könnte, oder ist es nicht schon längst selbst Objekt in den Wertedebatten einer immer mehr werteantagonistischen Gesellschaft?

Es spricht viel für das letztere: Angesichts der Entwicklung von Technik und Kommunikation, der interkulturellen und internationalen Öffnung, der gleichfalls offenkundig fortschreitenden Säkularisation unserer Gesellschaft und der fortbestehenden mentalen Ost-West-Gegensätze scheint es in hohem Maße fraglich, ob es – abgesehen von wenigen Grundsätzen des positiven Verfassungsrechts – in der Bundesrepublik Deutschland einen festen Bestand allseits

1 BVerfG, Neue Juristische Wochenschrift 1999, S. 841 ff.
2 BVerfGE 96, S. 375 (399 – 405); zuvor bereits BGHZ 124, 128.
3 Neue Juristische Wochenschrift, Heft 14/1998, S. XXII (*Echo*).
4 BVerfGE 93, 1 (15 ff.).
5 Frankfurter Allgemeine Zeitung vom 20.6.1998.

akzeptierter gesellschaftlicher Werte gibt, die irgendeine staatliche Institution – das Bundesverfassungsgericht eingeschlossen – zu wahren im Stande wäre. Umstritten ist zumindest der Rang der Werte[6]. Der Grundkonsens über Werte – wenn je vorhanden – scheint verloren. Kirchen, Kunst und Wissenschaft, als vielzitierte »Wertschöpfer« gefordert, sind offenbar viel zu sehr mit eigenen Wertkrisen befaßt, um die Gesellschaft langfristig mit zu Bewahrendem zu beliefern.

Paradoxerweise scheint es aber auch nicht fraglich, daß gerade der geschilderte Zustand eine große Sehnsucht nach solchen allgemein akzeptierten Werten produziert und daß das Bundesverfassungsgericht bei aller Kritik zu denjenigen Institutionen gehört, denen die Klärung und Wahrung solcher Werte zugetraut wird. Mitten in der Wertewüste rufen die Deutschen nach Vater Staat und Mutter Verfassung, ist die Rede von verfassungsgerichtlichem Paternalismus[7], wird wie selbstverständlich der Verfassung und der Verfassungsgerichtsbarkeit zuverlässige Auskunft über den Wertevorrat der Gesellschaft zugetraut. Gelingt solche Herkulesarbeit immer weniger – und ich meine, es ist zwangsläufig, daß sie in der wertepluralistischen Gesellschaft immer weniger gelingt –, dann ist die Enttäuschung entsprechend groß und der Vorwurf rasch erhoben, Entscheidungen des Gerichts seien selbst Symptome des Wertverfalls. Kein Wunder auch, daß die jeweils Unterlegenen zu solchen Vorwürfen neigen und die moralische Qualität von Judikaten des Gerichts anzweifeln[8]. Deshalb kann es auch nicht verwundern, daß etwa zu Zeiten der sozialliberalen Koalition die Vorwürfe gegen die seinerzeit manche

6 Einführend *C. Leggewie*, Ethnische Spannungen in demokratischen Gesellschaften, in: W. Heitmeyer (Hrsg.), Was hält die Gesellschaft zusammen?, 1997, S. 233 ff.; *H. Schulze-Fielitz*, Das Bundesverfassungsgericht in der Krise des Zeitgeists, Archiv des öffentlichen Rechts 122 (1997), S. 1 (23); *U. R. Haltern,* Integration als Mythos. Zur Überforderung des Bundesverfassungsgerichts, Jahrbuch des Öffentlichen Rechts, Neue Folge 45 (1997), S. 32 (46).

7 *M. Schulte,* Zur Lage und Entwicklung der Verfassungsgerichtsbarkeit, Deutsches Verwaltungsblatt 1996, S. 1009 (1014); *R. Lamprecht*, Zur Demontage des Bundesverfassungsgerichts (1996), S. 149 und 155; *P. Kirchhof,* Die Aufgaben des Bundesverfassungsgerichts in Zeiten des Umbruchs, Neue Juristische Wochenschrift 1996, S. 1497 (1499).

8 In diesem Sinne eindeutig *R. Scholz*, Karlsruhe im Zwielicht. Anmerkungen zu den wachsenden Zweifeln am Bundesverfassungsgericht, in: J. Burmeister (Hrsg.), Verfassungsstaatlichkeit. Festschrift für Klaus Stern zum 65. Geburtstag, 1997, S. 1201 (1202); speziell zur angeblichen Vernachlässigung des Wertes »Ehre« *M. Kriele,* Ehrenschutz und Meinungsfreiheit, Neue Juristische Wochenschrift 1994, 1897 (1905); *W. Schmitt Glaeser*, Meinungsfreiheit, Ehrenschutz und Toleranzgebot, Neue Juristische Wochenschrift 1996, S. 873 (874); *R. Scholz/K. Konrad*, Meinungsfreiheit und allgemeines Persönlichkeitsrecht, Archiv des öffentlichen Rechts 123 (1998), S. 60 (67); *J. Isensee,* Grundrecht auf Ehre, in: B. Ziemske u. a. (Hrsg.), Staatsphilosophie und Rechtspolitik. Festschrift für Martin Kriele zum 65. Geburtstag, 1997, S. 5 ff.; *P. J. Tettinger*, Die Ehre – ein ungeschütztes Verfassungsgut (1995); differenzierend *U. Mager,* Meinungsfreiheit und Ehrenschutz von Soldaten, Jura 1996, 405 ff.; *R. Stark,* Die Ehre – das ungeschützte Verfassungsgut, in: B. Ziemske u. a. (Hrsg.), Staatsphilosophie und Rechtspolitik. Festschrift für Martin Kriele zum 65. Geburtstag, 1997, S. 235 ff.

Reform korrigierenden Karlsruher Richter nicht weniger vehement waren als heute[9]. Auch die berufenen Hüter selbst – die Richter des Bundesverfassungsgerichts – sind sich gelegentlich offenbar uneins über das, was sie hüten sollen. Die Sondervoten in den zitierten Grundsatzentscheidungen zu den Themen Abtreibung und Kruzifix sowie der Streit der Senate im Fall »Kind als Schaden« zeigen es.[10] Der dramatische Ruf: »Bundesverfassungsgericht quo vadis?«[11] oder die nur nüchterner klingende Feststellung »Karlsruhe im Zwielicht«[12] sind die Folge.

Vor dem geschilderten Hintergrund ist die Ausgangsfrage wie folgt zu konkretisieren:

- Welche Werte kann das Bundesverfassungsgericht wahren?
- Was kann das Gericht tun, damit Wertfindung und Orientierung in der Gesellschaft stattfinden können?
- Wie kann das Gericht einen Beitrag zur Integration einer werte-antagonistischen Gesellschaft leisten?[13]

Diesen Fragen wird in der Folge in drei Schritten nachgegangen. In einer Bestandsaufnahme sollen zunächst verfassungs- und verfassungsgerichtsrelevante Aspekte der Wertedebatte benannt und der gegenwärtigen Rolle der Verfassung und des Verfassungsgerichts nachgegangen werden (II). Den zweiten Hauptteil bilden naturgemäß die Konsequenzen, die aus diesem Befund zu ziehen sind (III) und die abschließend auf den Prüfstand aktueller Fälle, nämlich Präimplantationsdiagnostik, Kölner Behindertenurteil und das Kopftuch der muslimischen Lehrerin (IV), gestellt werden sollen. »Testgebiete« für die genannten Fragen sind im übrigen – um unnötige Abstraktheit zu vermeiden – das Recht auf Leben (ein Thema, das sich bei weitem nicht auf die Abtreibungsdebatte reduzieren läßt[14]), Freiheit und Solidarität (für manche auch Freiheit und Sicherheit) sowie das Zusammenleben von Kulturen

9 Dazu *R. Häußler*, Der Konflikt zwischen Bundesverfassungsgericht und politischer Führung (1994).

10 BVerfGE 88, 203 (338 ff.); 93, 1 (25 ff.); 96, 375 (403 ff.) und 96, 409 ff.

11 *J. Isensee*, Bundesverfassungsgericht – quo vadis?, in: W. Fikentscher u. a., Wertewandel – Rechtswandel. Perspektiven auf die gefährdeten Voraussetzungen unserer Demokratie (1997), S. 93 (93).

12 *R. Scholz* (Fn. 8), S. 1201.

13 *W. Heitmayer*, Einleitung: Sind individualisierte und ethnisch-kulturell vielfältige Gesellschaften noch integrierbar?, in: ders. (Hrsg.), Was hält die Gesellschaft zusammen? (1997), S. 9 ff.; *U. R. Haltern* (Fn. 6), S. 67 ff.; zur Integration durch Schulerziehung *E. G. Mahrenholz,* Darf die Schulverwaltung einer Schülerin das Tragen eines Schleiers in der Schule verbieten?, Recht der Jugend und des Bildungswesens 1998, S. 287 (295).

14 *J. Laber*, Der Schutz des Lebens im Strafrecht (1997); präzise *A. Scherzberg,* Wertkonflikte vor dem Bundesverfassungsgericht, Deutsches Verwaltungsblatt 1999, S. 356 (357 – 360).

unter dem Grundgesetz – eine Fragestellung, die sich wiederum nicht auf das Lieblingsthema pseudointellektueller Gruselrunden, »Abendland und Islam«, beschränken läßt.

II. Bestandsaufnahme

1. Der soziokulturelle Befund

Zur empirischen Seite der Bestandsaufnahme haben – auch auf dieser Tagung – Berufenere vor mir gesprochen. Ich möchte Ihre Aufmerksamkeit nur auf drei Phänomene richten, die ich für die verfassungsrechtliche und verfassungsgerichtliche Seite der Debatte für nicht unerheblich halte. Da ist zunächst das eigentümliche Auseinanderfallen der von mir leicht komprimierten Definition des »Wertes« als *von der Mehrheit der Gesellschaft akzeptierter und internalisierter Vorstellung von gesellschaftlichen Normen und Verhaltenserwartungen*[15] einerseits, der bundesrepublikanischen Realität bestehender Wertantagonismen andererseits[16]. Setzt nicht der Begriff schon selbst eine Idylle gesellschaftlichen Konsenses voraus, der schlicht nicht mehr existiert?

Dafür gibt es um so lautstärkere Gruppen und auch Individuen, die sich im Besitz eben dieses Wertkonsenses wähnen. Gerade im Umfeld von Kruzifix-, »Soldaten-sind-Mörder«-, Sitzblockade- und »Kind-als-Schaden«-Entscheidungen verschaffen sich zum Beispiel auf der einen Seite Vertreter einer »wertkonservativen« Haltung Gehör, die – Schiller und Herder, Hegel und die Bibel zitierend – gegen einen als bedrohlich empfundenen Zeitgeist und den allgegenwärtigen Hedonismus bei gleichzeitiger Staatsverneinung zu Felde ziehen und sich dabei durchaus nicht nur auf die Verfassung berufen, sondern gerade auf die Verteidigung überverfassungsrechtlicher Werte abzielen. Die Lieblings-Denkfiguren der idealistischen Wertphilosophie, »über-

15 *Ch. Starck,* Zur Notwendigkeit einer Wertbegründung des Rechts, in: J. Faller/P. Kirchhof/E. Träger (Hrsg.), Verantwortung und Freiheit. Die Verfassung als wertbestimmte Ordnung, Festschrift für Willi Geiger zum 80. Geburtstag, 1989, S. 40 (46); *G. Maag,* Gesellschaftliche Werte (1991), S. 21; *H. Schlosser*, Wert und Wertung als Problem der juristischen Methode der Gesetzesanwendung, in: Universität Augsburg (Hrsg.), Wertpluralismus und Wertewandel heute (1982), S. 147 ff.

16 *G. Bierbrauer,* Legitimität und Verfahrensgerechtigkeit in ethnopluralen Gesellschaften, in: *O. Steinworth* (Hrsg.), Die offene Gesellschaft und ihre Fremden (1998), S. 175 ff.; *H. Klages*, Die Realität des Wertewandels, in: Ansgar Klein (Hrsg.), Grundwerte in der Demokratie (1995), S. 81 ff.

zeitlicher Weltgeist« versus »Beliebigkeit des Zeitgeists«, »Zeitlosigkeit des Heils« versus »Heillosigkeit der Zeit« (*J. B. Metz*), »Pflicht« und »Sittlichkeit« gegenüber »zügellosem Hedonismus« und »narzißtischer Ichbezogenheit«: Sie alle sind vorhanden und bündeln sich in der Kritik an den vermeintlich dem Zeitgeist anheimgefallenen Urteilen des Bundesverfassungsgerichts[17]. Wer sich auf diesen Höhen bewegt, den schert die Empirie nicht. Weder die Behauptung, man gehöre zur »schweigenden Mehrheit« noch die Behauptung, die – grotesk als »Kulturrevolution« überzeichnete – »68er-Zeit« sei an allem Negativen schuld, werden je belegt oder in Frage gestellt: Man weiß es eben[18]. Nicht zufällig werden durch Vertreter dieser Auffassung auch der Verfahrensgedanke und die Legitimation durch Verfahren als moderne Variante eines seelenlosen Funktionalismus und blanker Soziotechnik entlarvt, soweit sie sich nicht auf das (natürlich »verfahrenslos« vorausgesetzte) eigene Werteethos beziehen[19].
Auf der anderen Seite sind nicht minder selbstgewisse und lautstarke »neue Wertbesitzer« aus dem Umfeld der Verantwortungsethik zu beobachten, deren Sicherheit vor allem aus der Gewißheit des bevorstehenden ökologischen Zusammenbruchs der Welt und den festgefügten Kausalketten zwischen diesem Zusammenbruch einerseits und bestimmten Verhaltensweisen der Industriegesellschaft andererseits herrührt. Ihr Thema – aller Ehren wert – ist die Bewahrung der Natur, sind Nachhaltigkeit, Tierschutz und der Appell an die menschliche Vernunft und die menschliche Solidarität.

Insofern liegt hier ein wichtiger Beitrag zur Wertdebatte vor; interessant in unserem Zusammenhang scheint indes nur, daß die alten und die neuen »Wertkonservativen« von ihrer Denkstruktur und auch von ihrer Offenheit gegenüber dem nun einmal nicht in gleicher Weise deterministisch denkenden und handelnden Kräften der pluralistischen Gesellschaft her gesehen viel weniger auseinander sind, als es den Anschein hat. Lauten die gemeinsamen Gegner doch: »Unkontrollierte Technologie und Kommunikation«, »soziale Kälte«, »unbeschränkte Selbstentfaltung« usw. Gemeinsam ist auch der Treibsatz »Angst« und eine eigentümliche Paradiessehnsucht: nach wohlgeordneter und sicherer Staatlichkeit einerseits, nach vorstaatlicher Naturgegebenheit andererseits. Relevant sind beide Denkmuster für uns, weil »freie

17 *J. Isensee*, Rechtsbewußtsein im Rechtsstaat, in: W. Fikentscher u. a. (Fn. 11), S. 17 (31); zur Gefahr der Ablösung individueller Freiheit durch Behauptung vorgefaßter Werte auch *M. Trapp*, Naturrecht – Wertordnung – Vernunft, in: Archiv für Rechts- und Sozialphilosophie 1986, S. 153 (172).

18 *T. Würtenberger*, in: B. Guggenberger/T. Würtenberger (Hrsg.), Hüter der Verfassung oder Lenker der Politik? Das Bundesverfassungsgericht im Widerstreit (1998), S. 57 (66); *J. Isensee* (Fn. 17), S. 17.

19 Exemplarisch *R. Scholz*, Deutschland in guter Verfassung?, in: W. Fikentscher u. a. (Fn. 11), S. 51 (60).

Entfaltung«, »Wissenschaft«, »Mobilität« usw. durchaus ihrerseits verfassungsrechtliche Werte sind, die in die Debatte einzuführen und gleichfalls zu wahren sind. Wer sich aber im Besitz der Wahrheit wähnt, wird – so oder so – Entfaltungs- und Freiheitswerte des jeweils anderen als Wertverfall abtun: Da aber wird es aus verfassungsrechtlicher Sicht gefährlich.

Eine in ihrer freiheitsgefährdenden Konsequenz bedenkliche – und wie es scheint, diesmal nicht nur »typisch deutsche« – Erscheinung in der öffentlichen Diskussion des vergangenen Jahrzehnts ist auch die anscheinend zunehmend beliebte »Externalisierung des Gewissens«. Forderte *Immanuel Kant* den Einzelnen auf, so zu handeln, daß die Maxime seines Tuns als allgemeines Gesetz in Frage kommt, so ist es hierzulande anscheinend Mode geworden, der Allgemeinheit verpflichtend aufzuerlegen, was man selbst als Maxime für richtig hält. Das Ergebnis ist eine durchaus sanktionsbewehrte »ethical correctness«. Dieses Thema hat *Martin Walser* in seiner Friedenspreis-Rede auf den Punkt gebracht, und die Reaktion war entsprechend[20]. Er hat es gewagt, an die Individualität des Gewissens zu erinnern und die in Deutschland allgegenwärtigen Verwalter des Kollektivgewissens als »Meinungs-Soldaten« bezeichnet. Als er als Beispiel dann auch noch den Streit um das Holocaust-Mahnmal anführte und vor der Instrumentalisierung des Gewissens warnte, war er reif für Vortragsstörungen, Markierung als geistiger Brandstifter[21] und Reden unter Polizeischutz.

Über den Einzelfall hinaus wird hier ein Phänomen der Wertedebatte deutlich, das zeigt, wie schnell das Verfassungsrecht möglicherweise und immer wieder gefordert ist, wenn es darum geht, traditionsreiche Grundrechte wie die Meinungsfreiheit und andere Rechte auf Individualität zu wahren. Das alles ist um so bedenklicher, als die aktuellen Themen – medienbedingt und medienwirksam – mit einer für ihren Gegenstand überraschend hohen Umsatzgeschwindigkeit wechseln. Wer sich zu freundlich oder zu unfreundlich über den Islam äußert, wer nicht Auschwitz selbst, aber den Umgang mit Auschwitz zur Debatte stellt, wer – noch weit vor Peter Singer haltmachend – auf den Zusammenhang von Empfindenkönnen und menschlicher Personalität auch nur hinweist, kann das sehr rasch zu spüren bekommen[22].

20 Frankfurter Allgemeine Zeitung vom 12.10.1998.

21 Vgl. *I. Bubis,* Wer von der Schande spricht, Frankfurter Allgemeine Zeitung vom 10.11.1998, S. 47.

22 Vgl. *N. Hoerster*, Die unbegründete Unverfügbarkeit ungeborenen menschlichen Lebens, Juristenzeitung 1991, S. 503 ff. einerseits und die Reaktionen von *R. Stürner,* ebd., S. 505 ff. sowie *J. Hruschka*, ebd., S. 507 ff. andererseits.

2. Die Verfassung

Wer über die Funktion der Verfassungsgerichtsbarkeit reflektiert, muß mit der Verfassung beginnen. Hier muß ich mich auf wenige Kernsätze beschränken: Das Grundgesetz – so viel scheint unzweifelhaft – stellt zwar nach wie vor die wichtigste Basis des gesellschaftlichen und politischen Konsenses und einen beachtlichen »Wertespeicher« dar. Die Hoffnung auf eine geschlossene meta- oder paraverfassungsrechtliche »Wertordnung« aber hat getrogen[23]. Das folgt schon daraus, daß in »wertgetränkten« Konfliktfällen sich in aller Regel mehrere Seiten trefflich auf die Grundwerte berufen können, die in der oder hinter der Verfassung stehen[24]. So bleibt ein gemeinsames Minimum aus Werten wie Menschenwürde, Gleichheit, Demokratie und Friedensgebot. Insofern führen zwar weiterhin alle Legitimationswege auf die Verfassung[25], aber die Rückwege zum konkreten Problem sind keinesfalls immer einheitlich.

Die hierarchische Ordnung oder die systematische Einheit der Werte, die Einigkeit über letzte Begründungen des menschlichen Seins und des menschlichen Sollens sind auch im Text der Verfassung und von der Kunst der Verfassungsinterpretation nicht zu erwarten. Das liegt nicht nur an der werteantagonistischen Gesellschaft, sondern schlicht an der Struktur der Konflikte. Natürliches Elternrecht und Kindeswohl, Privatsphäre und Behindertenartikulation, Lebensrecht des Embryos und das Elternrecht auf Selbstbestimmung, Kruzifix und Kopftuch: In allen diesen Fällen ist der Stellenwert der zugrundeliegenden Werte unbestreitbar, aber das Problem liegt in hochkomplexen, menschlich wie ethisch schwierigen Grenzziehungen und Abwägungen. Auch das ist verfassungshistorisch und methodisch alles andere als neu. Fundamentalistische Allgemeinverbindlicherklärungen waren es schließlich, die zur bislang größten Kulturkatastrophe auf europäischem Boden, den Konfessionskriegen, und zu der Erkenntnis führten, daß es nicht Sache irdischer Ordnung ist, letzte Wahrheiten zu definieren und durchzusetzen. Den frühen Religionsfrieden und Toleranzedikten, dem Westfälischen Frieden und letztlich auch den frühen Aufklärungsverfassungen lag die gemeinsame Erkenntnis zugrunde, daß der Frieden einer weltlichen Ordnung nur zu sichern war, wenn der Staat weniger die Werte selbst als vielmehr die Verfahren zu deren Bestimmung schützte. Insofern sind die »Entfundamentalisierung« und der Ver-

23 *H. Goerlich*, Wertordnung und Grundgesetz (1973), S. 59 ff. und 64 ff.; krit. auch *K. Hesse*, Grundzüge des Verfassungsrechts der Bundesrepublik Deutschland, 20. Aufl. (1995), Rdnr. 299.

24 *U. R. Haltern* (Fn. 6), S. 71.

25 *J. Isensee*, Verfassungsgarantie ethischer Grundwerte und gesellschaftlicher Konsens, Neue Juristische Wochenschrift 1977, S. 545 (546 f.); ders. (Fn. 17), S. 26.

zicht auf Letztbegründungen das zentrale Element der friedensstiftenden Funktion westlicher Verfassungen[26].

In relativ wertehomogenen und monokulturellen Gesellschaften mag das in Vergessenheit geraten sein. Auch die bundesrepublikanische Kultur der 50er und frühen 60er Jahre mag diese historische Erinnerung angesichts der einheitsstiftenden Absage an rechte wie linke Diktaturen und unter erheblichem »Außendruck« nicht nötig gehabt haben. Brechen die Wertkonflikte im Innern aber aus, dann wird diese friedensstiftende Funktion der Verfassung um so wichtiger, und jede materiale Verfassungstheorie gerät in einen anscheinend unauflöslichen Widerspruch: Betont sie nur die verfahrensmäßigen Voraussetzungen der Grundwerte, gerät sie rasch in die Gefahr eines gesellschaftssprengenden Wertrelativismus. Betont sie dagegen einen wie auch immer gearteten inhaltlichen Katalog gemeinsamer Grundwerte der »Dazugehörigen«[27], dann schließt sie schon im Ansatz diejenigen aus, die aus kulturellen, religiösen oder anderen Gründen die vorgegebenen Grundwerte nicht bejahen. Die Verfassung, als konstituierendes Element einer »Wertegemeinschaft« verstanden – schafft also stets einen Kreis der »eigentlich« nicht Dazugehörenden.

3. Das Bundesverfassungsgericht

Wie nicht anders zu erwarten, spiegelt das Bundesverfassungsgericht in der Wertedebatte deren allgemeinen Verlauf. In der Phase naturrechtlich verorteter Stabilität der Wertordnung, verläßlicher »Feindbilder« im Nationalsozialismus einerseits, im Kommunismus andererseits, bei vergleichsweise geringfügigen Wertedifferenzen im Inneren und anderen Sorgen im Äußeren konnte auch das Bundesverfassungsgericht zum allseits anerkannten Hüter nicht nur der Verfassung,[28] sondern auch der der Verfassung vorausliegenden Wertordnung aufsteigen. Alle Untersuchungen zur hohen gesellschaftlichen Anerkennung, alle Metaphern vom Hüter und vom Hirten der Verfassung haben letztlich mit diesem Befund zu tun; da stört auch kaum, daß sich der Blick auf die Argumentationsfigur der »Wertordnung« heute eher als methodischer Trick

26 Dazu *F. Hufen*, Fundamentalismus als Herausforderung des Verfassungsrechts und der Rechtsphilosophie, Staatswissenschaften und Staatspraxis 1992, S. 455 (478); ders., Die kulturintegrative Kraft der Verfassung, in: Herta Däubler-Gmelin u. a., Gegenrede. Festschrift für Ernst Gottfried Mahrenholz zum 65. Geburtstag, 1994, S. 115 ff.; *M. Winkler*, Toleranz als Verfassungsprinzip?, in: I. Erberich u. a. (Hrsg.), Frieden und Recht, 1998, S. 53 (60).

27 *P. Kirchhof,* in: J. Isensee/P. Kirchhof, Handbuch des Staatsrechts der Bundesrepublik Deutschland, Band 9 (1997), § 221.

28 Grundlagen bei *K. Hesse* (Fn. 23), Rdnr. 239 ff.

erweist, mit dem das Bundesverfassungsgericht die Selbstverständlichkeit der Wechselwirkung von Verfassungsrecht und einfachem Recht zu begründen wußte[29].

Wie aber gleichfalls nicht anders zu erwarten, spiegeln das Bundesverfassungsgericht und die Auseinandersetzung um dessen umstrittene Entscheidungen auch den Verlust der früheren »Wertestabilität« und die unvermeidliche Tatsache wider, daß das Gericht – da schon personell aus unterschiedlichen »Werthintergründen« besetzt – mit seinen Entscheidungen mitten hinein in die Wertkonflikte der Gesellschaft gerät. Konflikte, die sich weit über die markanten dissenting opinions hinaus z.B. in scheinbar geringfügigen Argumentationsunterschieden zwischen Erstem und Zweitem Senat, aber auch in den Begründungen (scheinbar) einstimmiger Entscheidungen nachweisen lassen[30]. Das führt naturgemäß zu Theorien über den politischen »Hintergrund« und Mutmaßungen über den Parteieinfluß auf das Gericht, die ihrerseits seinem Ansehen in der Öffentlichkeit nicht förderlich sind.[31] Daß die internen Konflikte freilich früher auch nicht weniger brisant waren[32], belegen Exempel wie das erste Abtreibungsurteil,[33] die Entscheidungen zur Treuepflicht der Beamten[34], zur Wehrdienstverweigerung[35] und zur Handwerksordnung[36].

Es ist hier nicht Zeit und Raum, nochmals die größtenteils überhitzte Debatte um »Soldaten sind Mörder«[37], »Kind als Schaden«[38], Sitzblockaden[39], Haschisch-Genuß[40] und Kruzifix[41] nachzuzeichnen. Hellhörig sollte man nur insofern sein, als Plakate wie »Abtreibungsurteil«, »Mörderurteil«, »Kind als Schaden« immer bereits bestimmte inhaltliche Vorwürfe transportieren. Stattdessen möchte ich hier einem Phänomen nachgehen, das mir über die ge-

29 *F. Hufen,* Entstehung und Entwicklung der Grundrechte, Neue Juristische Wochenschrift 1999, S. 1504 (1507).
30 Dazu *H. H. Klein,* Gedanken zur Verfassungsgerichtsbarkeit, in: J. Burmeister (Hrsg.), Verfassungsstaatlichkeit. Festschrift für Klaus Stern zum 65. Geburtstag, S. 1135.
31 *U. R. Haltern* (Fn. 6), S. 68.
32 Dazu *G. F. Schuppert,* Funktionelle Grenzen der Verfassungsinterpretation (1980), S. 29 ff.; *Ch. Landfried,* Bundesverfassungsgericht und Gesetzgeber (1984), S. 9 ff.
33 BVerfGE 39, 1 ff.
34 BVerfGE 39, 334 (355).
35 BVerfGE 48, 127 (169); 69, 1 ff.
36 BVerfGE 13, 97 ff. Dieses Urteil ist wohl zu recht als Abkehr vom freiheitlichen Elan der Entstehungszeit des Grundgesetzes und Zeichen der Rückkehr zum autoritär-obrigkeitlichen Denken gekennzeichnet worden: *H. H. Rupp*, Das Grundrecht der Berufsfreiheit. Kritik an der Rechtsprechung des Bundesverfassungsgerichts, Neue Juristische Wochenschrift 1965, S. 993.
37 BVerfGE 93, 266 (290). Dazu *J. Isensee* (Fn. 11), S. 107; *R. Scholz/K. Konrad* (Fn. 8), S. 71; *M. Kiesel,* Die Liquidierung des Ehrenschutzes durch das BVerfG, Neue Zeitschrift für Verwaltungsrecht 1992, S. 1129 ff.
38 BVerfGE 96, 375 (399 ff.).
39 BVerfGE 91, 1 ff. (18).
40 BVerfGE 90, 145 (185 – 190; abweichende Meinung: 199 ff.).
41 BVerfGE 93, S. 1 (15 ff.).

nannte inhaltliche Auseinandersetzung hinaus interessant zu sein scheint: Auffällig ist nämlich, daß der Vorwurf des Wertverfalls gerade dann besonders laut wird, wenn sich das Gericht gerade nicht auf eine Seite ziehen läßt, wenn es sich nicht wertbezogen äußert, sondern die klassischen Entlastungswege der fehlenden Entscheidungsrelevanz, der Kompetenzordnung, des Verfahrens und der Schrankensystematik der Grundrechte einschlägt. So sehr das Bundesverfassungsgericht zu strikter Verfassungsinterpretation, zum judicial self-restraint und dazu aufgefordert wird, nicht alle Konflikte dieser Gesellschaft wie Atlas auf den Schultern zu tragen[42], so wird es ihm andererseits besonders verübelt, wenn es sich an solche Ratschläge hält.

Weigert sich das Gericht, aus der Verfassung abzuleiten, ob »Schiffahrt« mit drei F oder »daß« mit zwei S zu schreiben sei[43], so wird das als besonders ärgerliche Form der Parteinahme bezeichnet[44]. Hält es in seiner Begründung zum »bayerischen Sonderweg« den Fall im Bereich der Auslegung der konkurrierenden Gesetzgebungszuständigkeit[45], so wird das als »Werteverfall« gebrandmarkt. Die Grundfesten des Gewaltmonopols und damit des Staates scheinen für manchen bereits tangiert, wenn der Nötigungstatbestand des § 240 StGB am Maßstab des rechtsstaatlichen Bestimmtheitsgebots gemessen wird[46]. Daß die »Soldaten-Urteile« keineswegs einzelne Soldaten zur Beleidigung freigeben, sondern eigentlich nur die Gerichte auffordern, den Stellenwert bestimmter Äußerungen als Satire, politischer Meinungskampf usw. zu beachten und mit der Beleidigungsfähigkeit von Institutionen mit gebotener Vorsicht umzugehen[47], stört die Kritiker ebensowenig wie die Tatsache, daß

42 So der Vorwurf von *J. Isensee* (Fn. 11), S. 109; ähnlich *W. Knies*, Auf dem Weg in den verfassungsgerichtlichen Jurisdiktionsstaat?, in: J. Burmeister (Hrsg.), Verfassungsstaatlichkeit. Festschrift für Klaus Stern zum 65. Geburtstag, S. 1155; *H. Tröndle,* Das Bundesverfassungsgericht und sein Umgang mit dem »einfachen« Recht, in: R. Böttcher u. a. (Hrsg.), Festschrift für Walter Odersky zum 65. Geburtstag (1996), S. 259 (274 ff.); *K. von Beyme,* Der Gesetzgeber (1997), S. 312; ironisch zur »Götterdämmerung« des BVerfG *B. Großfeld,* Götterdämmerung? Zur Stellung des Bundesverfassungsgerichts, Neue Juristische Wochenschrift 1995, S. 1719; sachlich dagegen *A. Scherzberg* (Fn. 14), S. 361 – 363; instruktiv zur Geschichte der Kritik an der Verfassungsgerichtsbarkeit allgemein *C. Fricke*, Zur Kritik an der Staats- und Verfassungsgerichtsbarkeit im Verfassungsstaat (1996); systemtheoretisch *F.-W. Dopatka,* Das Bundesverfassungsgericht und seine Umwelt (1982).

43 BVerfG, Neue Juristische Wochenschrift 1998, S. 215 ff.

44 Übersicht zu den Reaktionen bei *F. Hufen*, Recht der Jugend und des Bildungswesens 1998, S. 472 ff.

45 BVerfG, Neue Juristische Wochenschrift 1999, S. 841 ff.

46 BVerfGE 92, 1 (18); drastische Kritik etwa bei *F.-Ch. Schroeder*, Die Grundstruktur der Nötigung und die Möglichkeiten zur Beseitigung ihrer durch das BVerfG geschaffenen Lücken, Neue Juristische Wochenschrift 1996, S. 2627 (2628); *H. Tröndle* (Fn. 42), S. 284; Darstellung des Konflikts bei *R. Lamprecht* (Fn. 7), 31 ff.

47 Ausführlich *F. Hufen*, in: Hill/Hufen/Müller/Ullmann, Meinungsfreiheit (1997), 1 ff.; differenzierend *T. Vesting*, Soziale Geltungsansprüche in fragmentierten Öffentlichkeiten, Archiv des öffentlichen Rechts 122 (1997), S. 337 ff.; *D. Grimm*, Die Meinungsfreiheit in der Rechtsprechung des Bundesverfassungsgerichts, Neue Juristische Wochenschrift 1995, S. 1967 ff.

die angeblich überfahrenen Instanzgerichte mit dem hier gebotenen Methodenarsenal inzwischen reibungslos umzugehen gelernt haben[48]. Selbst die Ablehnung einer Verfassungsbeschwerde wegen des nicht erschöpften Rechtswegs oder fehlender unmittelbarer Grundrechtsbetroffenheit des Beschwerdeführers wird in der Tagespresse – wie jüngst im »Kölner Behindertenfall« – als Flucht aus der Verantwortung gegenüber behinderten Mitmenschen getadelt[49]. Man kann es pointiert formulieren: Gerade wenn das Gericht *nicht* polarisiert, wird ihm Polarisation vorgeworfen. Das Plakat »Kind als Schaden« taugt für moralische Aufschreie eben viel besser als die vorsichtigen Differenzierungen des Urteils und die Frage, warum ausgerechnet im Falle von Sterilisation und Abtreibung ärztliche Kunstfehler eher folgenlos bleiben sollen als bei anderen medizinischen Eingriffen.[50]

III. Konsequenzen für die Ausgangsfragen: Bundesverfassungsgericht und gesellschaftliche Grundwerte

Wenden wir uns vor diesem Hintergrund nun der Behandlung der Ausgangsfragen zu und fragen wir wieder zunächst nach der Verfassung und dann nach dem Bundesverfassungsgericht. Beide – Verfassung und Gericht – erreichen wohl ihre wesentliche Integrationsleistung, wenn sie neben der Wahrung des geschilderten normativen Minimalkonsenses vor allem auf die Gewährleistung offener und chancengleicher Verfahren zur Definition von Werten – nicht auf eine Gewährleistung der Werte selbst – abzielen. Das Hineinziehen in die zentralen Wertungskonflikte der Vergangenheit war schon bedenklich genug; die sich abzeichnenden Wertkonflikte der Zukunft – insbesondere im Hinblick auf individuelle Entfaltung und Solidarität, auf die Inanspruchnahme und den Schutz von Ressourcen vor dem Hintergrund des »ökologischen Verfassungsstaats« (Steinberg)[51] – würden vermutlich unerträglich, wenn die »Verfassung als Gewissen der Nation« immer auf beiden Seiten dieser Konflikte mit Absolutheitsanspruch gehandelt würde. Das überfordert die Verfas-

48 *G. Müller*, in Hill/Hufen/Müller/Ullmann, Meinungsfreiheit (1997), S. 43 ff.; ähnlich *G. Gounalakis*, »Soldaten sind Mörder«, Neue Juristische Wochenschrift 1996, S. 481 (486 f.); *Ch. Zacker*, Die Meinungsfreiheit zwischen den Mühlsteinen der Ehrabschneider und der Menschenwürde, Die öffentliche Verwaltung 1997, S. 238 ff.

49 BVerfG (Kammerentscheidung), Neue Juristische Wochenschrift 1998, S. 263.

50 BVerfGE 96, S. 375 (399); Übersicht über die kritischen Stimmen bei *A. Laufs*, Schädliche Geburten und kein Ende, Neue Juristische Wochenschrift 1998, S. 796 (797).

51 *R. Steinberg*, Der ökologische Verfassungsstaat (1998), zu den Wertungskonflikten dort insbesondere S. 53 ff., 140, 185 ff.

sung, und es überfordert selbstverständlich auch das Gewissen der Verfassungsinterpreten.

Es klingt banal, aber es ist doch so wichtig: Auch die Rolle des Bundesverfassungsgerichts bezieht und beschränkt sich in wertbezogenen Grundsatzfragen auf die Interpretation der Verfassung einschließlich der vorsichtigen Umsetzung gesellschaftlicher und technischer Entwicklungen in die Normprogramme des Verfassungsrechts, nicht auf »Wertschöpfung« und »Wertwahrung«. Dabei möchte ich nicht mißverstanden werden: Die naive Vorstellung, Verfassungsentscheidungen seien »wertfrei« oder das Gericht könne sich aus allen Wertkonflikten »heraushalten«, sind weltfremd. Es gibt auch keine grundsätzliche »ethical questions-Doktrin«, mit dessen Hilfe sich das Bundesverfassungsgericht Aussagen zu ethischen Grundsatzproblemen wie Schwangerschaftsabbruch, Sterbehilfe oder Genomanalyse ersparen könnte. Umgekehrt zeigt sich aber auch, daß das Bundesverfassungsgericht schlicht überfordert ist, wenn es zum ethischen Obergutachter der Gesellschaft gemacht wird.

Vollends einseitig und letztlich grundrechtsgefährdend würde die Rolle des Gerichts, machte es sich einseitig zum Gralshüter überkommener oder für überkommen erklärter Werte der »Werteliten«. Das belegt nicht zuletzt der Niedergang des amerikanischen Supreme-Court der sich selbst von einer handgreiflichen Verletzung der Menschenrechte wie der Todesstrafe für Jugendliche und Behinderte nicht mehr aus seiner Rolle als Sprachrohr der schweigenden und vor allem sicherheitsbedürftigen Mehrheit herauslocken läßt. Wie glatt im übrigen das Eis moralisierender Rechtsprechung ist, belegen fachgerichtliche Urteile und Widersprüchlichkeiten zu Themen wie »Peepshow«[52], »Dirnenlohn«[53] und »Telefonsex«[54], aber auch die Probleme der Gerichte im Themenumfeld »menschenwürdiges Sterben«[55]. Andererseits

52 BVerwGE 84, 314 ff. und zuletzt BVerwG, Neue Juristische Wochenschrift 1996, S. 1423; w. Nachw. bei *J. Martens*, Die Rechtsprechung zum Verwaltungsverfahrensrecht, Neue Zeitschrift für Verwaltungsrecht 1990, S. 624 (627); interessant insoweit auch die Auseinandersetzung von *J. Würkner*, Prostitution und Menschenwürdeprinzip – Reflexionen über die Ethisierung des Rechts am Beispiel des gewerblichen Ordnungsrechts, Neue Zeitschrift für Verwaltungsrecht 1988, S. 600 ff. und *L. Schittek*, Prostitution als Selbstverwirklichung?, Neue Zeitschrift für Verwaltungsrecht 1988, S. 804 ff.

53 BGH, Neue Zeitschrift für Strafrecht 1987, S. 407.

54 BGH, Neue Juristische Wochenschrift 1998, S. 2895; vgl. zuvor AG Garmisch-Partenkirchen, Neue Juristische Wochenschrift 1990, S. 1856 einerseits und AG Düsseldorf, Monatsschrift für deutsches Recht 1990, S. 338 andererseits.

55 Zuletzt BGH, Neue Juristische Wochenschrift 1991, S. 2357; BGH, Neue Juristische Wochenschrift 1995, S. 204; BGH, Neue Juristische Wochenschrift 1997, S. 807; zum Problem schmerzlindernder, aber lebensverkürzender Maßnahmen s. z. B. *R. D. Herzberg*, Sterbehilfe als gerechtfertigte Tötung auf Verlangen?, Neue Juristische Wochenschrift 1996, S. 3043 ff.

kann es nicht darum gehen, das Bundesverfassungsgericht aus den Wertkonflikten grundsätzlich herauszuhalten. Wenn es um Grundwerte der Menschenwürde und des menschlichen Lebens, um Freiheit und Gerechtigkeit gegenüber benachteiligten, weil »lobby-losen« Minderheiten geht, ist das Gericht durchaus gefragt: »Bringing the court back in« bleibt hier durchaus das Gebot der Stunde.

Aber: Welche Werte kann und muß das Bundesverfassungsgericht wahren? Wichtig ist zunächst seine *pragmatische* Funktion: Das Bundesverfassungsgericht muß zusammen mit der Fachgerichtsbarkeit garantieren, daß der Diskurs über Werte in der Gesellschaft offen bleibt[56]. Das schließt ein eisernes Eintreten für das Friedensgebot einerseits und die Freiheit der geistigen Auseinandersetzung andererseits ein, auch wenn dies die Hüter der political correctness und die Empfindlichkeiten der Wertebewahrer stört. Herausfordernde Positionen, harte Bandagen im politischen Meinungskampf, Satire usw. – all dies muß möglich sein, solange die unverzichtbaren Verbotsschwellen des Angriffs auf die Menschenwürde und die freiheitlich-demokratische Grundordnung nicht überschritten werden – auch und gerade wenn es buchstäblich um die empfindlichsten Werte geht. Abgesehen von jenem (in sich auch nicht konfliktfreien) »Minimum« darf das Gericht sich aber nicht »wertmäßig« auf nur eine Seite schlagen. Der gutgemeinte Rat eines Konservativen, die Richter möchten zum dienenden Ethos zurückkehren[57], läßt sich eben nur mit der Gegenfrage beantworten: »Einverstanden, aber *wem* dient dieses Ethos?« Nicht durch einseitige Stellungnahme im Kampf der Werte und Kulturen wird das Bundesverfassungsgericht die sich abzeichnenden Herausforderungen bestehen. Oder anders: Das Gericht ist für die Einhaltung der Spielregeln zuständig, und deshalb darf es sich um so weniger einseitig auf die Seite einer Mannschaft schlagen.

Damit sind wir bei der adäquaten Lösung solcher Verfassungskonflikte, bei denen sich jeweils mehrere Beteiligte auf die Grundrechte oder sogar auf übergeordnete naturrechtliche Positionen berufen. Hier kann die Hoffnung nur in die Irre führen, das Gericht könne die Grundwerte der Gesellschaft so unanfechtbar neu erfinden oder wenigstens reformulieren, daß neuerlich Unbestreitbares und im besten Sinne Fundamentales herauskommt. Die Hoffnung der 50er und frühen 60er auf eine feste Wertordnung und durch das oberste Gericht herausgemeißelte Wertsysteme hat uns notwendigerweise

56 Exemplarisch etwa BVerfGE 85, 1 (22); *D. Grimm*, Das Grundgesetz in der deutschen Verfassungstradition, Aus Politik und Zeitgeschichte Nr. 16-17/1989, S. 3 ff.; ähnlich *I. Ebsen*, Das Bundesverfassungsgericht als Element gesellschaftlicher Selbstregulierung (1985), S. 320.

57 *J. Isensee* (Fn. 17), S. 116 f.

verlassen; Trost kann uns hier nur zuteil werden durch adäquate Verfahren und eine möglichst wenig angreifbare Methodik, die Einseitigkeiten vermeidet und unter Stichworten wie Verhältnismäßigkeit und »praktische Konkordanz«[58] dafür sorgt, daß sich möglichst beide Seiten in den Grundentscheidungen des Gerichts wiederfinden. Anders ist – um zu den Ausgangsbeispielen zurückzukehren – die Spannung von naturrechtlich konzipiertem Lebensrecht und persönlicher Selbstentfaltung, von Individuum und Solidarität, von Kultur und Gegenkultur verfassungsrechtlich und verfassungsgerichtlich nicht auszuhalten. Überkommene Lösungsmodelle eignen sich nur dann, wenn es gelingt, sie stets auf die neuen Herausforderungen zu beziehen. So gilt auch hier: Das Gericht wahrt im eigentlichen Sinne nicht »Werte«; es ist aber auch wertvoll, wenn es fortlaufend gelingt, durch Abwägung und Kompromiß zu verhindern, daß die jeweiligen Werteträger mehr als nur mit Argumenten aufeinander einschlagen.

Zu den offenzuhaltenden »Kanälen« der Meinungsbildung gehört – wie könnte es anders sein – auch die öffentliche Meinung über das Bundesverfassungsgericht selbst und über dessen Funktion. Intern wie extern gehört Kritik zur demokratischen und rechtsstaatlichen Normalität[59]. Die Freundlichkeit und Souveränität, mit der sich die Präsidentin des Bundesverfassungsgerichts dem allgemeinen »Dampfablassen« auf dem Karlsruher Juristentag stellte, haben das Gericht wohl mehr aus der Schußlinie gebracht, als es wohlgemeinte Tabuisierung und elektrisch geladene Schutzzäune könnten. Wie bei jeder anderen Institution sind schädlich nur Angriffe auf die institutionelle Unabhängigkeit des Gerichts und Zweifel an der persönlichen Integrität der Richter[60]. Das Gericht muß sich der Kritik stellen, sollte aber davon absehen, einzelne Entscheidungen im nachhinein zu kommentieren[61]. Das bedenkliche »Nachverfahren« im Kruzifixstreit ist – wie manches gerade an dieser Entscheidung – ein Beispiel, wie man es *nicht* machen sollte. Im übrigen ist es legitim, daß auch das Gericht im Wertestreit auf seinen begrenzten Auftrag hinweist und klarstellt, wofür es kompetent und wofür es nicht kompetent ist.

58 *K. Hesse* (Fn. 23), Rdnr. 72 ff.; *U. R. Haltern* (Fn. 6), S. 48; *D. Grimm*, Zur Entlastungsfunktion der Verfassung, in: ders. (Hrsg.), Die Zukunft der Verfassung (1991), S. 397 ff.

59 So auch *J. Limbach*, Mißbraucht die Politik das Bundesverfassungsgericht?, Rhein-Neckar-Journal April 1998, S. 16 f.

60 *H. Schulze-Fielitz* (Fn. 6), S. 25 ff.; ähnlich *M. Schulte* (Fn. 7), S. 1009 ff.; beschämend der Kommentar des Mainzer Richters *Fischer*, Frankfurter Rundschau vom 8.1.1996; kritisch zur Kritik auch *H. Sendler*, Blüten richterlicher Unabhängigkeit und Verfassungsgerichtsschelte, Neue Juristische Wochenschrift 1996, S. 825.

61 Insoweit zu Recht kritisch *Rupert Scholz* (Fn. 8), S. 1203.

IV. Präsumtive Anwendungsfälle

Lassen Sie mich abschließend das Gesagte an drei Anwendungsfällen verdeutlichen, die für die eingangs genannten Querschnittsprobleme Lebensschutz, Freiheit und Solidarität sowie Zusammenleben der Kulturen stehen. Ich habe bewußt davon abgesehen, bereits entschiedene und entsprechend häufig kommentierte und kritisierte Beispiele zu wählen, gehe aber davon aus, daß meine Beispiele über kurz oder lang Gegenstand einer ebenso heftig ausgetragenen Debatte darüber sein werden, ob das Bundesverfassungsgericht wieder einmal die richtigen gesellschaftlichen Werte richtig gewahrt hat.

Erstes Beispiel »Präimplantationsdiagnostik«: Hier geht es darum, im Vorgang der künstlichen Insemination einen menschlichen Embryo im Vierzellstadium vor der Implantation auf das Risiko schwerer genetisch bedingter Krankheiten zu untersuchen. Die ethische Aufregung entzündet sich hier, nachdem der Verdacht des Klonens (Abspaltung einer totipotenten Zelle) ausgeräumt ist, naturgemäß am Ziel, nämlich der Entscheidung über Implantation oder »Verwerfung«. Auch Mißbrauchsprobleme – wie stets – stellen sich: Herstellung von Embryonen als genereller Test für die Vermeidung von Erbkrankheiten, embryonenverbrauchende Forschung, »Verwerfung« wegen eines nicht erwünschten Geschlechts usw. Der Vorwurf der eugenischen Selektion ließ naturgemäß nicht lang auf sich warten[62]. Und doch: Würden Verfassungsrecht und Verfassungsgericht sich hier einseitig für den Lebensschutz im Vierzellstadium aussprechen, so blieben damit andere Werte, nämlich Elternrecht, Gesundheit und Menschenwürde der Frau sowie die Entscheidungsfreiheit eines jeden Menschen darüber, welches Risiko er im Hinblick auf seine Nachkommen einzugehen bereit ist, auf der Strecke. Auch die Verhältnismäßigkeit wäre im Grunde genommen nicht gewahrt, denn im Vergleich zu späteren (und zweifelsfrei erlaubten) Formen der Pränataldiagnostik stellt die Präimplantationsdiagnostik eine vorzugswürdige Konfliktlösung zwischen den genannten Rechtsgütern dar. Die risikobedingte Nichtimplantation ist ohnehin unter allen denkbaren Gesichtspunkten einer Abtreibung vorzuziehen. Die auch gegen die Pränataldiagnostik vorgebrachten Vorwürfe, diese Methode vermindere die Akzeptanz behinderter Mitmenschen, können nicht durch ein Verbot beantwortet werden: Hier bedarf es anderer Argumente auf anderen Ebenen. Deshalb wird auch der Schutzbereich der Rechte Dritter nicht berührt[63].

62 *A. Laufs*, Arzt und Recht – Fortschritte und Aufgaben, Neue Juristische Wochenschrift 1998, S. 1750 (1753).

63 So im Ergebnis jetzt das Votum der Bioethikkommission des Landes Rheinland-Pfalz, Ministerium der Justiz (1999).

Besonders heikel, weil mit verfehlten Vokabeln behaftet, ist auch das zweite Beispiel: der »Kölner Behindertenstreit«[64]. In der Abgrenzung der Rechtssphären der Nachbarn, im Entfaltungs- und Solidaritätsanspruch des einen und der Wahrung der Rechte des anderen ist dieser Konflikt durchaus nicht ungewöhnlich. Ungewöhnlich ist allerdings die Gereiztheit des Umgangs nicht nur der Parteien, sondern auch der öffentlichen Meinungsträger mit diesem Urteil[65]. Dabei belegt gerade dieser Fall, wie segensreich und konflikt«entladend« adäquate Methodik sein kann, ohne daß es auf den Rückgriff auf die »Wertebene« ankäme[66]. Die Schutzbereiche der Meinungsfreiheit und des Rechts auf Persönlichkeitsentfaltung der behinderten Bewohner einerseits und der persönlichen Ruhezone, letztlich also Art. 2 Abs. 2 GG andererseits, sind hier völlig klar. Der Kompromiß liegt exakt bei dem durch das Oberlandesgericht Köln gefundenen Ergebnis: Es ist auch einem behinderten Menschen zumutbar, sich für bestimmte Zeiten nicht in einem Bereich aufzuhalten, in dem ein Nachbar in seinen gleichfalls geschützten Ansprüchen beeinträchtigt wird. Wird ein solches Ergebnis unter Vermeidung von stigmatisierenden und kränkenden Bezeichnungen wie »Lästigkeitsschwelle« usw. erreicht, dann ist es als Ergebnis eines im Lichte der beiderseitigen Grundrechtspositionen ausgelegten Nachbarrechts durchaus begründbar.

Drittes Beispiel: Das »Kopftuch der Lehrerin«. Der Fall steht hier als Exempel für das Problemfeld des Zusammenlebens der Kulturen und ihrer Grundwerte. Auch hier schien es zunächst, als gebe es zwischen den Ewiggestrigen (gegen das Kopftuch der Lehrerin) und den Toleranten und Zukunftsgerichteten (für das Kopftuch) keine Lösung. Entsprechend heftig waren und sind die Reaktionen der Öffentlichkeit. Kaum hinzunehmen wäre es hier in der Tat, wenn sich das Bundesverfassungsgericht z. B. bei der Interpretation der Religionsfreiheit einseitig dazu verstehen würde, der Schutzbereich dieses Grundrechts schütze eine bestimmte ernsthafte religiöse Werthaltung und als deren äußeres Zeichen eine Bekleidungsvorschrift *nicht*. Auch wenn sich ein bestimmter Prozentsatz von muslimischen Frauen an solche Vorstellungen nicht hält, ändert das nichts an der Ernsthaftigkeit und Religionsbedingtheit des Verhaltens anderer Frauen. Bleibt das schlichte Schrankenproblem: Kann der staatliche Erziehungsauftrag, können das Elternrecht und die Erziehungsziele

64 OLG Köln, Neue Juristische Wochenschrift 1998, S. 764; zur Heftigkeit der Auseinandersetzung darum *R. Wassermann*, Nicht das Urteil ist ein Skandal, sondern der Aufruf zum Widerstand, Neue Juristische Wochenschrift 1998, S. 730; in diesem Sinne etwa *R. Witschke*, Frankfurter Allgemeine Zeitung vom 16.1.1998: »absoluter Widerstand« gegen die Geisteshaltung des Urteils.

65 Auch der Nichtannahmebeschluß der Kammer des BVerfG wegen fehlender Rechtswegerschöpfung (Neue Juristische Wochenschrift 1998, S. 2663) wurde entsprechend angegriffen.

66 Ähnlich *K. Hesse* (Fn. 23), Rdnr. 299.

der Gleichberechtigung, Persönlichkeitsentfaltung usw. Schaden nehmen, wenn eine beamtete Lehrerin, die zugleich Vorbild für die ihr anvertrauten Kinder ist, ihre eigenen Werthaltungen und religiösen Motive in der Schule entfaltet? Auch die Integrationswünsche der Gesellschaft und die Auswirkung auf muslimische Ausländerkinder der dritten und vierten Generation können – zusammen mit der durchaus feststellbaren Einflußnahme radikaler islamischer Organisationen auf solche Symbole – zu der Entscheidung führen, daß eine auf dieser Form der Religionsausübung beharrende Lehrerin als Vermittlerin der Erziehungsziele dieser Verfassung nicht in Betracht kommt. Anderes könnte nur gelten, wenn sich ein entsprechender Einfluß auf die Kinder nicht nachweisen ließe.

Zum Schluß zurück zur Grundfrage: Kann das Bundesverfassungsgericht gesellschaftliche Werte wahren?

Hier sind nur Teilantworten möglich, diese aber immerhin: Wenn es um den Kernbestand des wirklich und nötig außer Streit Stehenden geht, um Menschenwürde, Gewaltmonopol, Gleichheit und Demokratie, dann können und müssen Entscheidungen des Gerichts jedenfalls auch dann klärend wirken, wenn sich beide Seiten auf die jeweilige Position berufen. In jedem Fall kann und muß das Gericht dazu beitragen, daß die Kanäle der Wertediskussion offengehalten werden. Diese Offenheit des Vorgangs der Wahrheits*findung* ist selbst ein Verfassungswert von hohem Rang – und daß besonders dann, wenn die Wahrheit selbst umstritten ist. Das gilt auch gegenüber den Empfindlichkeiten der selbsternannten Hüter des Kollektivgewissens. Im eigentlichen Wertkonflikt muß das Gericht eine Konkordanz der Werte versuchen. Das schließt es aus, daß es zum willfährigen Instrument einer Gruppe wird. Weder die Wertkonservativen noch die Verantwortungsethiker können das Gericht hier als natürlichen Verbündeten für sich beanspruchen. Das Bundesverfassungsgericht ist weder »Vater« noch »Mutter« der Nation, noch Lordsiegelbewahrer von deren Wertevorrat im ganzen. Es hat im Rahmen seiner Verfahren den unbestreitbaren Kernbestand der vor allem in den Grundrechten und Verfassungsprinzipien niedergelegten Werte zu sichern und für einen schonenden Ausgleich konfligierender Werte zu sorgen. Alles andere ist Ergebnis und zugleich Voraussetzung einer erwachsenen und selbstbewußten Demokratie.

Zusammenfassende Thesen

I. Einführung und Problemstellung

1. Angesichts der Entwicklung von Technik und Kommunikation, interkultureller und internationaler Öffnung, fortschreitender Säkularisation und fortbestehender mentaler Ost-West-Gegensätze ist es in hohem Maße fraglich, ob es in der Bundesrepublik Deutschland gegenwärtig – abgesehen vom positiven Verfassungsrecht – einen festen Bestand allseits akzeptierter gesellschaftlicher Werte gibt, die irgendeine staatliche Institution zu wahren imstande wäre. Umstritten ist zumindest der Rang der Werte.

2. Es ist aber nicht fraglich, daß es eine große Sehnsucht nach solchen allseits akzeptierten Werten gibt und daß das Bundesverfassungsgericht zu denjenigen Institutionen gehört, denen die Klärung und Wahrung solcher Werte zugetraut wird. Gelingt das zwangsläufig immer weniger, ist die Enttäuschung entsprechend groß und der Vorwurf rasch erhoben, Entscheidungen des Gerichts seien selbst Symptome des Wertverfalls. Zu diesem Vorwurf neigen insbesondere die jeweils Unterlegenen.

3. Vor dem geschilderten Hintergrund ist die Ausgangsfrage wie folgt zu konkretisieren:

- Welche Werte kann das Bundesverfassungsgericht wahren?
- Was kann das Gericht tun, damit Wertfindung und Orientierung in der Gesellschaft stattfinden können?
- Wie kann es einen Beitrag zur Integration einer werteantagonistischen Gesellschaft leisten?

Testgebiete für diese Fragen sind: Recht auf Leben, Freiheit und Solidarität, Zusammenleben von Kulturen unter dem Grundgesetz.

II. Bestandsaufnahme

4. Definiert man »Wert« als von der Mehrheit der Gesellschaft akzeptierte und internalisierte Vorstellung von gesellschaftlichen Normen und Verhaltenserwartungen, so zeigt der soziokulturelle Befund, daß es zwar keinen allgemeinen Wertkonsens, aber sehr wohl Gruppen gibt, die sich im Besitz desselben wähnen. Das gilt besonders für »wertkonservative« Haltungen, die vorgeblich überzeitliche Positionen gegen einen als bedrohlich empfundenen

Zeitgeist, gegen allgegenwärtigen Hedonismus und Staatsverneinung zu verteidigen trachten. Zu beobachten sind andererseits »neue Wertbesitzer« aus dem Umfeld der Verantwortungsethik, die vor allem auf die Bewahrung der Natur und den Schutz des Menschen vor technischen und ökonomischen Bedrohungen abstellen.

5. »Alte« und »neue« Wertkonservative sind weniger weit auseinander, als es den Anschein hat. Die gemeinsamen Gegner heißen »unkontrollierte Technologie und Kommunikation«, »soziale Kälte« und »unbeschränkte Selbstentfaltung«. Wesentliche Verstärker sind Zukunftsangst und Paradiessehnsucht.

6. Eine in ihrer freiheitsgefährdenden Konsequenz bedenkliche Erscheinung in der öffentlichen Diskussion ist auch die anscheinend zunehmend beliebte »Externalisierung des Gewissens« zu einer durchaus sanktionsbewehrten »ethical correctness«. Die aktuellen Themen wechseln – medienbedingt und medienwirksam – mit einer für ihren Gegenstand überraschend hohen Umsatzgeschwindigkeit.

7. Die Erörterung der Funktionen des Bundesverfassungsgerichts in der Wertedebatte setzt die Erörterung der Funktionen der Verfassung als solcher voraus. Diese stellt zwar nach wie vor die wichtigste Basis des gesellschaftlichen und politischen Konsenses und einen beachtlichen »Wertespeicher« dar. Abgesehen von einem »gemeinsamen Minimum« aus Werten wie Menschenwürde, Gleichheit, Demokratie, Friedensgebot usw. hat sich die Hoffnung auf eine geschlossene und metaverfassungsrechtliche »Wertordnung« aber als trügerisch erwiesen.

8. Gerade in wertgetränkten Konfliktfällen zeigt sich, daß sich in der Regel mehrere Seiten auf Grundwerte in der oder hinter der Verfassung berufen können. Das verschärft die Konflikte und lenkt den Blick auf die traditionelle, durch »Entfundamentalisierung« und den Verzicht auf Letztbegründungen friedensstiftende Funktion westlicher Verfassungen.

9. Wie nicht anders zu erwarten, spiegelt das Bundesverfassungsgericht in der Wertedebatte deren allgemeinen Verlauf. In einer Phase naturrechtlich verorteter Stabilität der Wertordnung, verläßlicher »Feindbilder« und vergleichsweise geringfügiger Herausforderungen von außen konnte auch das Bundesverfassungsgericht zum allseits anerkannten Hüter nicht nur der Verfassung, sondern auch einer der Verfassung vorausliegenden Wertordnung aufsteigen.

10. Wie gleichfalls nicht anders zu erwarten, spiegelt das Bundesverfassungsgericht auch den Verlust der früheren »Wertestabilität« und gerät mit wichtigen Entscheidungen mitten hinein in die Wertkonflikte, die zwangsläufig auch das Gericht selbst spalten.

11. Auffällig ist aber auch, daß der Vorwurf des Wertverfalls gerade dann besonders laut wird, wenn sich das Gericht nicht wertbezogen äußert, sondern die klassischen Entlastungswege der Entscheidungsrelevanz, der Kompetenzordnung, des Verfahrens und der Schrankensystematik der Grundrechte einschlägt. Der Verzicht des Gerichts auf Parteinahme wird in aller Regel als besonders ärgerliche Form derselben ausgelegt.

III. Konsequenzen

12. Ihre wesentliche Integrationsleistung erreicht die Verfassung durch die Definition eines normativen Minimalkonsenses, die Wahrung der Legitimationsbedingungen der freiheitlichen demokratischen Grundordnung und durch die Gewährleistung offener und chancengleicher Verfahren zur Definition von Werten – nicht der Werte selbst. Die Vorstellung der »Verfassung als Gewissen der Nation« überfordert die Verfassung und das Gewissen der Verfassungsinterpreten.

13. Die Rolle des Bundesverfassungsgerichts bezieht und beschränkt sich auch in wertbezogenen Grundsatzfragen auf die Interpretation der Verfassung einschließlich der vorsichtigen Umsetzung gesellschaftlicher und technischer Entwicklungen in die Normprogramme des Verfassungsrechts. Das Bundesverfassungsgericht ist nicht der moralische Obergutachter der Gesellschaft oder der Gralshüter überkommener oder für überkommen deklarierter Werte. Ein »ethical activism« bekäme ihm schlecht. Andererseits gibt es auch keine »ethical question-Doktrin«, die dem Gericht die Entscheidung schwieriger Wertkonflikte ersparen könnte.

14. Wichtig ist die pragmatische Funktion des Bundesverfassungsgerichts: Es muß garantieren, daß der Diskurs über Werte in der Gesellschaft offen bleibt. Das schließt ein eisernes Eintreten für das Friedensgebot einerseits und die Freiheit der geistigen Auseinandersetzung andererseits ein, auch wenn diese an die Grenzen der »political correctness« und Empfindlichkeiten der Wertebewahrer stößt. Es gibt auch kein Grundrecht darauf, nicht mit den Wertäußerungen anderer konfrontiert zu werden.

15. Inhaltlich muß es das Bundesverfassungsgericht vermeiden, sich in echten Wertkonflikten auf nur eine Seite zu schlagen. Das Gericht muß vielmehr nach Möglichkeit dafür sorgen, daß sich beide Seiten in den Grundentscheidungen wiederfinden. Dafür stehen methodische Hilfsmittel wie Verhältnismäßigkeit und praktische Konkordanz zur Verfügung, die dogmatisch fortzuentwickeln sind.

16. Bei umstrittenen Entscheidungen gehören interne und externe Kritik zur demokratischen und rechtsstaatlichen Normalität. Schädlich sind Angriffe auf die institutionelle Unabhängigkeit des Gerichts und Zweifel an der persönlichen Integrität der Richter. Das Gericht muß sich der Kritik stellen, sollte aber davon absehen, einzelne Entscheidungen im nachhinein zu kommentieren. Die beste »Selbstverteidigung« besteht in der Qualität der Entscheidungen und ihrer Begründungen.

IV. Präsumtive Anwendungsfälle

17. *Präimplantationsdiagnostik*: Die Feststellung genetisch bedingter Krankheiten und Risiken vor der Implantation von Embryonen im Vier-Zellen-Stadium ist im Vergleich zu späteren Formen der Pränataldiagnostik eine vorzugswürdige Konfliktlösung zwischen Elternrecht, Gesundheit und Menschenwürde der Frau einerseits und Lebensrecht des Embryos andererseits. Die risikobedingte Nichtimplantation ist unter allen denkbaren Gesichtspunkten einer Abtreibung vorzuziehen. Schutzbereiche von Grundrechten Dritter werden nicht berührt.

18. *Kölner Behindertenurteil:* Der Konflikt zwischen Äußerungsbedürfnissen Behinderter und Ruhebedürfnissen der Nachbarn ist im Lichte der beiderseitigen Grundrechtspositionen nachbarrechtlich lösbar. Die zeitweise Einschränkung des Aufenthaltsrechts und der Meinungsfreiheit ist – unter Vermeidung von stigmatisierenden und kränkenden Bezeichnungen wie »Lästigkeitsschwelle« – als Ergebnis praktischer Konkordanz begründbar.

19. *Kopftuch der Lehrerin:* Bei der Interpretation der Religionsfreiheit ist die Ausklammerung ernsthafter religiöser Werthaltungen und Bekleidungsvorschriften aus dem Schutzbereich des Grundrechts unzulässig. Als Grundrechtsschranken können aber sehr wohl der staatliche Erziehungsauftrag, das Elternrecht und die Werte der Gleichberechtigung, der Persönlichkeitsentfaltung sowie die Vorbildfunktion einer Lehrerin im Sinne der Erziehungsziele in Betracht kommen. Sie rechtfertigen ein Verbot plakativer – auch symbolhaft vorgetragener – entgegenstehender Werthaltungen im Unterricht.

Ingwer Ebsen

Der Beitrag des Bundesverfassungsgerichts zum politischen Grundkonsens

1. Politischer Grundkonsens

Wer vom Konsens redet und nicht ganz naiven Vorstellungen einer harmonischen Gesellschaft anhängt, knüpft wohl unweigerlich an die – Konflikt nicht leugnende – Pluralismustheorie an, wie sie von Ernst Fraenkel[1] ausgearbeitet worden ist. Und er bezieht sich auf die dortige Unterscheidung von Konsensbereich und Konfliktbereich.[2] Nach diesem Konzept, welches sowohl normativ ist – nämlich das Herrschaftsmodell »westliche Demokratie« rechtfertigend – als auch deskriptiv – nämlich den Anspruch erhebend, »realistisch« den politischen Prozeß als Interessenkampf zu würdigen –, stellt sich staatliche Politik als Kampffeld sozialer Interessen dar und sind die politischen Entscheidungen, insbesondere das nach dem demokratischen Mehrheitsprinzip gesetzte Recht, Ergebnis dieses Kampfes: Resultanten im Parallelogramm divergierender Kräfte. Damit dieser Kampf der Interessen nicht zur Desintegration der Gesellschaft führt, insbesondere damit die als Recht gesetzten Resultanten des Interessenkampfes auch von den politisch Unterlegenen als legitimes Recht anerkannt und im Prinzip freiwillig befolgt werden, bedarf es – gewissermaßen auf einer Metaebene zu derjenigen des Kampfes – eines hinreichenden Konsenses, welcher die Spielregeln des Kampfes, die wechselseitige Akzeptanz der im richtigen Verfahren zustandegekommenen »Resultanten« als Recht sowie gewisse materielle Werte umfaßt. Es geht um den Konsens zwischen gesellschaftlichen Akteuren, für welche wir vereinfachend an die Interessengruppen und die politischen Parteien denken können.

1 Zusammenfassend etwa Ernst Fraenkel, Der Pluralismus als Strukturelement der freiheitlich-rechtsstaatlichen Demokratie, in: Ders., Deutschland und die westlichen Demokratien, 6. Aufl. 1974, S. 197 ff.; aus der Vielzahl von Rekonstruktionen und Weiterentwicklungen im Detail siehe etwa Winfried Steffani, Pluralistische Demokratie. Studien zur Theorie und Praxis, 1980; Hans-Herbert v.Arnin, Gemeinwohl und Gruppeninteressen, 1977; Joachim Detjen, Neopluralismus und Naturrecht, 1988; Winfried Brugger, Radikaler und geläuterter Pluralismus, Der Staat 1990, 497 ff.; Ulrich Haltern, Verfassungsgerichtsbarkeit, Demokratie und Mißtrauen, 1998, S. 113 ff.

2 Zu diesem gesellschaftstheoretischen Hintergrund der weiteren Ausführungen siehe m.w.N. Ebsen, Das Bundesverfassungsgericht als Element gesellschaftlicher Selbstregulierung, 1985, S. 218 ff.

Der Konsens, um den es geht, ist derjenige über die Grundlagen für den Konfliktaustrag. Zu diesen Grundlagen gehört das System des demokratischen Verfassungsstaates. Bezogen auf dieses lassen sich Voraussetzungen dafür nennen, daß der Konfliktaustrag in legitimen, gemeinsam anerkannten Strukturen und Verfahren stattfindet. Diese Voraussetzungen betreffen sowohl die Strukturen und Verfahren der Interaktion als auch die Akteure selbst. Sehr verkürzend lassen sich diese Voraussetzungen in drei Hauptpunkte zusammenfassen, nämlich

- Indifferenz des Entscheidungssystems gegenüber den konfligierenden Interessen,
- reale Wahrung wesentlicher Interessen und
- Wahrung eines Freiheitsbereiches, der auch vor mehrheitslegitimierter Machtausübung sicher ist.

Indifferenz des Entscheidungssystems (der Mechanismen und Spielregeln der Entscheidungen) gegenüber den konfligierenden Interessen erfordert das Fehlen strukturell »eingebauter« Faktoren der Parteilichkeit (»bias«). Dieser Voraussetzung dienen insbesondere die Wahlgleichheit und die Freiheit und Offenheit der politischen Kommunikation.

Allerdings kann es auch Situationen geben, in denen eine derartige »formale« Indifferenz des Entscheidungssystems nicht genügt. Die beteiligten wesentlichen Interessen müssen auch real hinreichende Durchsetzungschancen haben. Dies mag unter den heutigen Gegebenheiten Deutschlands leicht in Vergessenheit geraten. Aber der Blick ins Ausland zeigt uns Beispiele, in denen sich innerstaatlich Gruppen in strukturell verfestigter Weise so gegenüberstehen, daß auch unter den Bedingungen formaler Gleichheit – insbesondere also Wahlgleichheit – Mehrheitsverhältnisse so zementiert sind, daß eine Minderheit keine Chance einer Durchsetzung ihrer wesentlichen Interessen im System legitimer politischer Auseinandersetzung sieht. Es dürfen also – bereits als Voraussetzung für ein Funktionieren des demokratischen Verfassungsstaates – keine strukturell verfestigten Dissense in wesentlichen, für systemtragende Gruppen schlechterdings unverzichtbaren Punkten bestehen.[3]

3 Siehe zu dieser Thematik etwa Helmut Dubiel, Unversöhnlichkeit und Konflikt, in: Wilhelm Heitmeyer (Hg.), Was hält die Gesellschaft zusammen? 1997, 425 ff.; insofern handelt – dies ist auch eine Antwort auf Haltern (Fn. 1), S. 237 ff. – pluralistische Gesellschafts- oder Verfassungstheorie als Theorie nicht vorrangig davon, *warum* Integration funktioniert, sondern eher davon, *welche Bedingungen* erfüllt sein müssen, damit Integration nicht scheitert, und als Praxislehre davon, wie solche Bedingungen gefördert werden können.

Da es hier natürlich graduelle Unterschiede gibt, kann diese Aussage auch komparativ gefaßt werden: Der Interessenaustrag in den formalen Strukturen des demokratischen Verfassungsstaates und dessen Resultate werden umso eher Akzeptanz als legitim finden können, je weniger aus der Sicht relevanter Interessengruppen damit zu rechnen ist, daß ihre wesentlichen Ziele oder Interessen auf Dauer nicht durchsetzbar sind. Insofern ist die historisch gegebene und sich im Verlaufe der Zeit verändernde reale Interessenstruktur einer Gesellschaft relevant für die Möglichkeit »pluralistischer« Gleichzeitigkeit von Konsens und Konflikt.

Während die Formation von Gruppen nach sozialer Schichtung oder »Klassenlage« ebenso in den meisten als demokratische Verfassungsstaaten verfaßten Gesellschaften ihre Dominanz verloren hat wie zuvor die Formation nach religiösem Bekenntnis, entstehen auch neue wesentliche Konfliktlinien, entlang welcher sich Menschen als Gruppen empfinden und formieren. Solche Veränderungen machen die Pluralismustheorie so lange nicht obsolet, als es an den Grund der Gesellschaft gehende Interessenkonflikte gibt, die sich auch in Organisationen widerspiegeln. Das reale Substrat pluralistischer Interaktion ist nicht beständig. Wie sich aus subjektiven Bedarfslagen und sozialen Rollen von Individuen Interessengruppen bilden, wie soziale Interessen durch Organisation auch abgekoppelt von Individuen wirksam werden und wie solche Organisationen einschließlich politischer Parteien auch wieder zum Kampffeld sozialer Interessen werden, ist historisch kontingent. In Deutschland ist in dieser Hinsicht etwa zu denken an den Zielkonflikt zwischen Ökonomie und Umweltschutz, die sich möglicherweise nicht so bald auflösende Identität als Ost- oder Westdeutscher oder den am Horizont als Folge demographischer Verwerfungen auftauchenden Interessengegensatz zwischen der großen »Baby-Boomer« Generation und der ihr nachfolgenden Generation im Hinblick auf die Aufteilung des von letzterer erwirtschafteten Sozialprodukts. Auch bezogen auf solche Gegensätze, von denen der letztgenannte durchaus soziale Sprengkraft gewinnen könnte, ist das pluralistische Konzept brauchbar, nach welchem, wenn die Dinge »gut laufen«, der Konflikt der Interessen überlagert und »umhegt« wird von einem Grundkonsens über die Art und Weise und die Grenzen legitimen Interessenaustrags.

Eng verknüpft mit der Erforderlichkeit von Grundkonsens ist ein Problem, welches bisweilen als Paradoxon des Pluralismuskonzepts bezeichnet wird, nämlich einerseits der Verzicht auf absolute, als »wahr« auch anderen aufzwingbare Werte, d.h. ein Wertrelativismus, welcher den partikularen Charakter der je eigenen Standpunkte akzeptiert, und andererseits die Ausgrenzung solcher Positionen aus dem Spektrum wechselseitiger Respektierung konträrer Werte und Ziele, die das pluralistische System selbst in Frage stellen. Der Konsensbereich als Voraussetzung der Möglichkeit pluralistischer Integration hat also auch die Funktion einer »Zivilreligion«[4], welche anerkennen muß, wer zum System wechselseitiger Anerkennung dazugehören will. Dieses »pluralistische Paradox«[5] mag das Pluralismuskonzept als normative Theorie mit universellem Anspruch untauglich machen. Auf religiöse Fundamentalismen gegründete Gegenkonzepte können durch die Pluralismustheorie ebenso wenig »widerlegt« werden wie sonstige einer zugleich einheitsstiftenden wie andere ausgrenzenden Gruppenideologie verpflichtete Programme. Als Anleitung zur Organisation des Modells »westliche Demokratie« und für die politische Praxis in einem solchen Gemeinwesen ist dieses Element des Pluralismuskonzepts nicht selbstwidersprüchlich. Das scheinbare theoretische Paradox löst sich auf in dem Unterschied von theoretischer Betrachtung und politischer Aktion.

Das Paradox kommt allerdings als praktisches Problem wieder und beschert uns ein klassisches Münchhausen-Dilemma. Welche Gegenstände konkret vom Grundkonsens umfaßt sind, ist nicht selbstverständlich. In historischer Perspektive wird eine Betrachtung von Gesellschaften Veränderungen bei den Positionen entdecken, die als gemeinsame Grundlage die Integration auch konfligierender Gruppen tatsächlich gefördert haben. Und für die normative, praktische Frage nach den Elementen, deren Akzeptanz als »Zivilreligion« Bedingung für die wechselseitige Anerkennung als dem legitimen Spektrum von Zielen und Handlungen zugehörig ist, folgt aus dieser historischen Bedingtheit des Grundkonsenses, daß auch er selbst Gegenstand des Interessenkampfes sein kann, ja sein muß, der insbesondere in den Medien, in den Bildungsinstitutionen und in den Zusammenhängen ausgetragen wird, in denen herrschende Vorstellungen über »korrektes« Denken und Handeln entstehen.

Damit droht der praktischen Möglichkeit eines integrierenden Grundkonsenses Gefahr. Wie soll etwas, so können wir fragen, das selbst Gegenstand des Interessenkampfes ist, integrierende Grundlage desselben sein können. Einen archimedischen Punkt außerhalb des Systems pluralistischen Partikularinteressen, von welchem aus angesetzt werden könnte, dieses so aus dem Sumpf der Beliebigkeit zu ziehen, daß legitime von nicht legitimen Positionen unterscheidbar werden gibt es nämlich nicht. Allerdings haben die demokratischen

4 Vgl. Hermann Lübbe, Staat und Zivilreligion. Ein Aspekt politischer Legitimität, in: Legitimation des modernen Staates (ARSP, Beiheft 15), 1981, 40 ff.; Stefan Smid, Pluralismus und Zivilreligion. Überlegungen zur Diskussion um die Methoden der Integration des Staates, Der Staat 24 (1985), 3 ff.; kritisch Helmut Dubiel, Zivilreligion in der Massendemokratie, SozWelt 1990, 125 ff.

5 Vgl. Huba, Zur Verfassung der Theorie des Pluralismus, Der Staat 1994, 581 ff. (583).

Verfassungsstaaten Institutionen hervorgebracht, welche sich als gut geeignet erwiesen haben, den erforderlichen Grundkonsens zu sichern und das »Paradox« in der Praxis aufzulösen.

2. Verfassung und politischer Grundkonsens

In den Staaten des Typs »westliche Demokratie« mit einer geschriebenen, dem einfachen Gesetz vorrangigen und nur unter erschwerten Bedingungen, nämlich vor allem qualifizierter Mehrheit, änderbaren Verfassung ist es die Funktion dieser Verfassung, die Konsensgrundlage für den Austrag von Konflikten als »Politik« zu bilden. Dies ist besonders sinnfällig im Bild von der Verfassung als »Gesellschaftsvertrag«[6]. Wenn eine dem Staat zuzurechnende Entscheidung oder eine Freiheitsbetätigung in materieller und formeller Hinsicht auf die Verfassung gestützt werden kann, ist sie legitim im Sinne des legitimitätsstiftenden Grundkonsenses. D.h. sie wird auch von denjenigen als derzeit gültig akzeptiert, deren Interessen negativ berührt sind. Umgekehrt ist – abgesehen von der Möglichkeit, die Verfassung in den dafür in ihr selbst geregelten Verfahren zu ändern – die Verfassung eine Grenze legitimer Interessenverfolgung. Was durch sie verboten ist, gehört nicht zum Spektrum legitimer Möglichkeiten, und durch sie geschützte Werte und Positionen sind dem Interessenkampf entzogen.

Umgekehrt ist die Verfassung sowohl bei ihrer Schaffung, aber gerade auch im Hinblick auf mögliche Änderungen Gegenstand von Politik, also auch des Konfliktes. Und selbst die Deutung der Verfassung, also im Pluralismuskonzept die Frage, was genau denn als Konsensgrundlage dem Konflikt entzogen sein soll, enthält Elemente von Interessenkonflikt, wie generell der »Kampf ums Recht« nicht nur um den Erlaß, sondern auch um die herrschende Interpretation von Recht geht.

Dennoch – und hier taucht das bereits behandelte »Paradox« wieder auf – muß die auch als Ergebnis von »Kampf« verstandene Verfassung bzw. müssen die in formell korrekter Weise auf die Verfassung gestützten Entscheidungen ihre Legitimation aus der Funktion der Verfassung als Konsensgrundlage herleiten können, damit die integrierende Wirkung möglich ist. Dieses scheinbare Para-

6 Peter Koller, Moderne Vertragstheorie und Grundgesetz, in: Brugger (Hg.), Legitimation des Grundgesetzes aus Sicht von Rechtsphilosophie und Gesellschaftstheorie, Baden-Baden 1996, 361 ff; Peter Häberle, Grundrechte in pluralistischen Gesellschaften – Die Verfassung des Pluralismus, Die Verwaltung 1993, 421 ff; Florian Wilkes, John Rawls, Theorie der Gerechtigkeit, und Ronald Dworkin, These der Rechte. Positionen neuer amerikanischer Rechtsphilosophie zwischen Liberalismus, Utilitarismus, Positivismus und Naturrecht, 1997.

dox, welches auch das Faszinosum am geradezu »ewigen« Thema des Verhältnisses von Recht und Politik ausmachen dürfte[7], führt uns zur Verfassungsgerichtsbarkeit als nicht der einzigen, aber einer besonders wichtigen Institution zur Auflösung des Paradoxon.

3. Verfassungsgerichtsbarkeit und politscher Grundkonsens

Soweit Gerichte Entscheidungsspielräume haben, ist der (Interessen-)Kampf um das Recht auch ein solcher um die gerichtlichen Entscheidungen und die hierdurch bewirkte Entwicklung des Rechts, wie es praktiziert wird (law in action). Soweit solcher Einfluß möglich und wirksam ist, haben auch Gerichtsentscheidungen Resultantencharakter im Parallelogramm der einwirkenden Kräfte. Hier verknüpft sich das Pluralismuskonzept mit den Ansätzen rechtsrealistischer Sicht der Justiz.[8]

In welchem Maße gerichtliche Entscheidungen wirklich in diesem Sinne »pluralistisch« erklärbar sind, hängt ebenso ab von der institutionellen Gestaltung einschließlich der Rekrutierungsmechanismen wie vom Ausmaß rechtlicher Determinierung durch das anzuwendende Recht. Letzteres verweist wiederum auf juristische Methodik und juristische Rollenverständnisse von Gerichten. Demgemäß kann gerade die Einbeziehung von Gerichten in pluralistische Erklärungs- und Rechtfertigungskonzepte für die Staatstätigkeit Überzeugungskraft nur für konkrete Systeme haben.

Für Deutschland, das deutsche politische System und auch das Bundesverfassungsgericht als Teil dieses politischen Systems ist das hier sehr knapp skizzierte pluralistische Paradigma der allein geeignete Rahmen für die Diskus-

7 Zu den bei Ebsen (Fn. 2) auf S. 106 zitierten Titeln, die sich auf das Verhältnis von Recht und Politik im Hinblick auf Verfassungsrechtsprechung beziehen, seien noch hinzugefügt: Walter Seuffert, Freiheit der Politik und Grenzen des Rechts, AöR 108 (1983), 403 ff.; Christoph Gusy, »Verfassungspolitik« zwischen Verfassungsinterpretation und Rechtspolitik, 1983; Willi Geiger, Das Bundesverfassungsgericht im Spannungsfeld zwischen Recht und Politik, EuGRZ 1985, 401 ff.; Gerd Roellecke, Verfassungsgerichtsbarkeit zwischen Recht und Politik in Spanien und der Bundesrepublik Deutschland, KritV 1991, 74 ff.; Dieter Grimm, Politik und Recht, in: Grundrechte, soziale Ordnung und Verfassungsgerichtsbarkeit. Festschrift für Ernst Benda zum 70. Geburtstag, 1995, 91 ff.; Michael Piazzolo, (Hg.), Das Bundesverfassungsgericht. Ein Gericht im Schnittpunkt von Recht und Politik, 1995, mit einschlägigen Beiträgen.

8 Dazu Heinrich Geddert, Zur Einführung – Der amerikanische Rechtsrealismus (legal realism), JuS 1979, 393 ff.; John A. G. Griffith, The Politics of the Judiciary, 2. Aufl. Manchester University Press 1981; Sigmund P. Martin, Ist das Recht mehr als eine bloße soziale Tatsache? Neuere Tendenzen in der anglo-amerikanischen Rechtstheorie, Rechtstheorie 1991, 525 ff.; Walter Ott, Der Rechtspositivismus. Kritische Würdigung auf der Grundlage eines juristischen Pragmatismus, 2. Aufl. 1992, S. 76 ff.; Ota Weinberger, Realismus und Systemtheorie in der Jurisprudenz, Rechtstheorie 1994, 1 ff.

sion sowohl der Faktoren, welche auf das Gericht einwirken, als auch der Funktionen (im Doppelsinne von Aufgaben und tatsächlichen Wirkungen) der Institution. Innerhalb dieses Paradigmas läßt sich aus den Wechselwirkungen zwischen dem Gericht und seiner »Umwelt« die konsensfördernde Wirkung plausibel machen, die von dieser Institution in ihrer bisherigen Geschichte auch tatsächlich ausgegangen ist. Diese These soll im folgenden etwas genauer ausgeführt werden.

4. Juristische Entscheidungsspielräume und Entscheidungsdeterminanten des Bundesverfassungsgerichts

Eines der Probleme mit der Verfassung als Dokument des politischen Grundkonsenses ist ihre Vagheit, soweit sie nicht Organisationsstatut für den Bund ist. Was genau als Elemente der Verfassung, als »Gesellschaftsvertrag« der alltäglichen, in einfache Gesetze mündenden politischen Auseinandersetzung entzogen ist, kann man weithin erst aufgrund der juristischen Praxis, insbesondere der Entscheidungen des Bundesverfassungsgerichts wissen. Zwar ist umstritten, in welchem Maße das Grundgesetz in Verbindung mit anerkannten Regeln der Auslegung in der Lage ist, die verfassungsgerichtlichen Entscheidungen zu determinieren, so daß sie als Anwendung vorgegebener Maßstäbe erklärt und gerechtfertigt werden können. Jedoch dürfte kaum noch umstritten sein, daß der Spielraum für juristisch vertretbare, also fehlerfrei begründbare Entscheidungen, die so oder auch anders ausfallen können, erheblich ist. Die Gründe hierfür sind an anderer Stelle detailliert ausgeführt worden.[9] Hier soll der Hinweis darauf genügen, daß gerade für die soziale Integration besonders wichtige Normen wie die Grundrechte und die Verfassungsprinzipien des Art. 20 GG der grammatischen, historischen und auch systematischen Auslegung in mancher Hinsicht kaum Anhaltspunkte bieten.[10]

Dasjenige, was hier eine stärkere Bindung im Sinne strukturierender Eingrenzung zulässiger Argumente leistet, ist in erster Linie die – vorrangig durch das

9 Ebsen (Fn 2), Kapitel 1 – 3.

10 Besonders deutlich Horst Sendler, Die Methoden der Verfassungsinterpretation – Rationalisierung der Entscheidungsfindung oder Camouflage der Dezision? Festschr. Kriele, 1997, 457 ff., dessen skeptische Einschätzung der Möglichkeit rechtlicher Determinierung nicht nur der Verfassungsgerichtsbarkeit ersichtlich erfahrungsgetränkt ist und der auch die Unwilligkeit der Juristenzunft zur Anerkennung dieses offenkundigen Sachverhalts als »frommen Selbstbetrug« versteht (S. 461). Siehe auch die m.E. zutreffende Einschätzung von Helmut Schulze-Fielitz, Das Bundesverfassungsgericht in der Krise des Zeitgeistes, AöR 122 (1997), 1 ff. (4), alle in jüngerer Zeit kontroversen Entscheidungen des BVerfG seien – ebenso wie die Gegenposition – juristisch korrekt begründbar oder begründet.

BVerfG selbst geprägte – Verfassungsdogmatik. D.h. unter der Prämisse, daß Kohärenz von Entscheidungen und die Vermeidung immanenter Widersprüche oder allzu häufiger Umbrüche in der Rechtsprechung sowohl ein juristisches Gebot als auch ein praktisch wirkender Imperativ ist, hat die inzwischen in fast 100 Bänden entfaltete und im verfassungsjuristischen Schrifttum ausgearbeitete Verfassungsdogmatik ein argumentatives Korsett geschaffen, welches durchaus einerseits bindend, ursprünglich einmal gegebene Spielräume einengend und andererseits stützend, getroffene Entscheidungen juristisch legitimierend wirkt. In diesem Sinne trifft der Satz von Rudolf Smend von 1962, daß das Grundgesetz praktisch so gelte wie das Bundesverfassungsgericht es auslege[11], heute noch mehr zu als vor knapp 40 Jahren. Allerdings ist eine Bindung, die letztlich auf Präjudizien beruht, auch überwindbar. Abgesehen vom im Einzelfall immer möglichen Bruch mit dem Präjudiz, steht die auf Präjudizien gegründete Dogmatik einer behutsamen Weiterentwicklung und damit auch langsamen Änderung ganz anders offen als ein in Tatbestand und Rechtsfolge präzise formuliertes Gesetz.

Hinzu kommt ein Spezifikum unserer Verfassungsjudikatur, welches gerade innerhalb der herrschenden Dogmatik erhebliche Spielräume im Einzelfall eröffnet. Es ist die Durchmischung der im Prinzip subsumtionsfähigen Verfassungskonkretisierungen mit vielfältigen Elementen, die eine Abwägung von Gesichtspunkten unter Berücksichtigung aller Umstände des Einzelfalles erfordern und darum prinzipiell nicht universell begründbar sind und auch nur in sehr geringem Maße für spätere Entscheidungen unter dem Vorzeichen der Kohärenz binden können. Insbesondere die Grundrechte, aber auch sonstige Verfassungsgrundsätze werden kaum je so ausgelegt, daß sie in abstracto sagen, unter welchen Voraussetzungen etwas erlaubt oder verboten ist. Statt dessen sind regelmäßig der Gemeinwohlnutzen einer Maßnahme gegen die Intensität eines Grundrechtseingriffs oder das jeweilige relative »Gewicht« von tendenziell miteinander konfligierenden Verfassungsgütern gegeneinander abzuwägen.

Aber auch sonstige dogmatische Figuren funktionieren nach diesem Muster. So ist die Kontrolldichte gegenüber gesetzgeberischen Prognosen und sonstigen Einschätzungen der Bestimmung unter Berücksichtigung der Umstände

11 Rudolf Smend, Das Bundesverfassungsgericht (1962), in: Staatsrechtliche Abhandlungen, 2. Aufl. 1968, 581 (582); damit hat er letztlich ein Bonmot aufgegriffen, welches bereits Charles E. Hughes, dem späteren Chief Justice, noch vor seiner Berufung als Mitglied des US Supreme Court zugeschrieben wird: »We are under a constitution, but the constitution is what the judges say it is.« (Vgl. Norbert Reich, Sociological Jurisprudence und Legal realism im Rechtsdenken Amerikas, 1967, 35); siehe auch Manfred Welan, Der Verfassungsgerichtshof, in: Pelinka/Welan (Hg.), Demokratie und Verfassung in Österreich, 1971, 211 ff. (225).

des Einzelfalles zugänglich. Innerhalb von Grundrechtsdogmatiken sind die Grenzen zwischen jeweiligen Bereichsstandards fließend.[12] Diese und weitere Argumentationsfiguren belassen dem Gericht Spielräume auch da, wo eine teilweise fein ausziselierte Bereichsdogmatik den Eindruck großer Technizität erweckt.

Hinzu kommen Spielräume hinsichtlich der konkret gesetzten Rechtsfolgen bei den Normenkontrollen, auf die hier mit den Stichworten Appellentscheidung, schlichte Feststellung der Verfassungswidrigkeit und verfassungskonforme Auslegung nur knapp hingewiesen sein soll, und Spielräume hinsichtlich der vom Gericht behandelten Verfassungsfragen, die sich insbesondere aus dem massenhaften »Reservoir« an Verfassungsbeschwerden und der Möglichkeit der Gegenstandsausweitung durch obiter dicta ergeben.

Dies alles gibt dem Bundesverfassungsgericht Steuerungsmöglichkeiten und damit auch Steuerungsverantwortung, die sonst so nicht bestünden, also auch Ergebnis seiner eigenen Rechtsprechung sind. In welchem Sinne diese Spielräume genutzt werden, ergibt sich aus dem Bisherigen noch nicht. Hierzu bedarf es der Betrachtung der Faktoren, die auf das Gericht einwirken.

5. Faktoren für eine konsensfördernde Praxis des Bundesverfassungsgerichts

Wenn es auch sehr große durch juristische Argumentationsregeln nicht einschränkbare Entscheidungsspielräume gerade für die Verfassungsjudikatur gibt, so ist doch das Bundesverfassungsgericht nicht in dem Sinne »frei«, daß die Ausfüllung dieser rechtlichen Spielräume dem subjektiven Belieben überlassen wäre. Im Gegenteil sorgen eine Reihe von Faktoren dafür, daß die Rechtsprechung um jene »Mitte« oszilliert, die sich auch in der Partei- und Verbandspolitik und ihrer Widerspiegelung in den Medien als Überschneidungsbereich des Spektrums möglicher Standpunkte herstellt, die von den dominanten Kräften des pluralistischen Prozesses als richtig und legitim angesehen werden.[13] Hierfür ist mit Abstand am wichtigsten die Art und Weise der Berufung der Verfassungsrichter. Aufgrund des Quorums von 2/3 des Wahlausschusses bzw. des Bundesrates für die Richterwahl nach §§ 6 und 7 BVerfGG bestand bisher und dürfte auf absehbare Zeit auch weiterbestehen

12 Beispiele sind etwa die »Stufen« der Eingriffsintensität bei Art. 12 Abs. 1 GG oder die Standards für die Rechtfertigung von Ungleichbehandlungen bei Art. 3 Abs. 1 GG.

13 Vgl. Ebsen (Fn. 2), S. 266; siehe auch Hans-Peter Schneider, Richter oder Schlichter? das Bundesverfassungsgericht als Integrationsfaktor, In: Festschrift für Wolfgang Zeidler Bd.1, 1987, 293 ff.

ein faktischer Einigungszwang zwischen SPD und CDU/CSU. Hierauf basierend hat sich ein informales Verfahren eingespielt, welches dazu führt, daß die jeweilige Seite Vorschlagsrechte für bestimmte Richterpositionen hat, die aber unter Veto-Vorbehalt der je anderen Seite stehen. Praktisch kann darum nur Verfassungsrichter werden, wer für beide Hauptkräfte unseres politischen Spektrums akzeptabel ist.[14]

Dieses System, welches in der Tat eine »unpolitische« Neutralität der Richter und der Institution in ihrer Gesamtheit ausschließt, bewirkt eine Rückbindung des Gerichts an das politische System. Zwar können die Richter nicht etwa als Repräsentanten der Parteien verstanden werden, welche sie vorgeschlagen haben. Dem steht die durch Selbstverständnis und Außenbeobachtung gesicherte soziale Rolle als Verfassungsrichter einigermaßen zuverlässig entgegen. Sie sind aber aufgrund ihrer für die Auswahl nicht irrelevanten normativen Grundpositionen und ihrer jeweiligen »Nähe« zu den vorschlagenden Parteien im pluralistischen Spektrum einzuordnen. Folglich kann – vielfältig gebrochen und relativiert – auch die gerichtsinterne Auseinandersetzung um Entscheidungen mit Bezug zu sozialen Interessen insofern noch als Fortsetzung des pluralistischen Interessenkampfes um staatliche Normsetzung verstanden werden.

Dies würde auf den ersten Blick allerdings gerade an der konsensfördernden Wirkung verfassungsgerichtlicher Entscheidung von Verfassungskontroversen zweifeln lassen, da insoweit ja die vordergründig »klassische« Rechtfertigung richterlicher Entscheidungen als korrekte Anwendung des Gesetzes (hier der Verfassung) in Frage gestellt ist.[15] Jedoch ist zu berücksichtigen, daß die gerichtliche und darüber hinaus die allgemein juristische Auseinandersetzung um die schließlich durchgesetzte Verfassungdeutung typischerweise auch da den Charakter eines diskursiven Ringens um die »richtigere« Lösung behält, wo juristische Argumentationsregeln keine rechtliche Determinierung bewirken können. Zum einen können Argumente auch in diesem Bereich juristisch besser oder schlechter vertretbar sein. Zum anderen müssen die sogenannten »objektiv-teleologischen«, d.h. an außerrechtlichen Werten oder Zweckmäßigkeitserwägungen orientierten Argumente zumindest den An-

14 Eine Übersicht zum Parteienproporz mit Bezug auf die Richterwahlen bis 1983 bei Christine Landfried, Bundesverfassungsgericht und Gesetzgeber, 1984, S. 20 ff.; siehe auch (mit einer bis 1988 reichenden Liste) Donald P. Kommers, The Constitutional Jurisprudence of the Federal Republic of Germany, 1989, S. 520 f.); zum skizzierten Verfahren kritisch Wilhelm Karl Geck, Wahl und Amtsrecht der Verfassungsrichter, 1986; siehe auch Rolf Lamprecht, »Bis zur Verachtung«. Verfassungsrichterwahlen am Rande der Legalität, NJW 1995, 2531 ff.; Karl August Bettermann, Opposition und Verfassungsrichterwahl, in: Festschrift für Konrad Zweigert, 1981, 723 ff.

15 Zum legitimatorischen Aspekt der Leugnung rechtlich nicht determinierter Verfassungsjudikatur siehe Ebsen (Fn. 2), Kapitel 4 und 5; siehe auch Sendler (Fn. 10), S. 461.

spruch erheben, wahrhaftig aus gemeinsam geteilten Wertungen hergeleitet zu sein.[16] Damit entsteht gerade für das rechtlich nicht determinierte Entscheidungsfeld die Chance, daß die gerichtsinterne und die zwischen dem Gericht und den am Ausgang interessierten gesellschaftlichen Akteuren stattfindende Auseinandersetzung auch den Charakter eines Diskurses um die »richtige« Fortentwicklung der Verfassung als Konsensgrundlage hat. Und in dem Maße, wie es dem Gericht gelingt, intern Konsens und von außen Zustimmung zu gewinnen, kann der Prozeß der Fortbildung der Verfassung auch verstanden werden als eine mittelbare Verständigung der wesentlichen gesellschaftlichen Kräfte über die Präzisierung und Fortbildung des »politischen Grundkonsenses«. Zusammenfassend läßt sich sagen, daß gerade die Gleichzeitigkeit von – durchaus unterschiedlich intensiver – richtungs- und interessenmäßiger Zuordnung der Verfassungsrichter einerseits und ehrlichem Ringen um die besseren Argumente die Möglichkeit schafft, Konflikte aus dem politischen Interessenkampf in die diskursive Auseinandersetzung um juristische und allgemein praktische »Richtigkeit« zu verlagern. In diesem Sinne kann Konsens im Gericht Konsens zwischen den Akteuren stiften.

Dies muß nicht konfliktfrei sein. So können sowohl offene Konflikte innerhalb des Gerichts als auch sich in heftigen Urteilsschelten ausdrückende gesellschaftliche und politische Kontroversen um verfassungsgerichtliche Entscheidungen Zwischenstationen zur Herausbildung der schließlich weitgehend akzeptierten neuen Standards sein. Ein Beispiel hierfür ist die 30jährige Kontroverse um die legale oder zumindest straffreie Abtreibung, die mit den beiden Entscheidungen des BVerfG[17] auf einer von dem möglichen Extrempositionen ungefähr gleich weit entfernten mittleren Linie in einen weitgehend akzeptierten modus vivendi gemündet ist.[18] Und sogar für die Phase des Konfliktaustrags kann durch überzeugende oder zumindest befriedende Lösungen in der Vergangenheit ein gewisser »Vorschuß« an Vertrauen darauf aufgebaut sein, daß auch der aktuelle Konflikt schließlich in einer für alle tragbaren Lösung enden werde.

6. Betrachtung der Praxis in den 90er Jahren im Hinblick auf den Beitrag des Bundesverfassungsgerichts zum politischen Grundkonsens

In der in Fn. 2 genannten Studie, die 1983 abgeschlossen wurde und die Rechtsprechung des Bundesverfassungsgerichts aus den 70er Jahren (ge-

16 Vgl. Ebsen (Fn. 2), S. 258 ff.
17 BVerfGE 39. 1; 88, 103.
18 Vgl. auch unten bei Fn. 69.

nauer: das Material der Bände 31-50) analysiert hat, habe ich den Versuch unternommen, bestimmte situationsspezifische Entscheidungstendenzen (Dispositionen) aus den auf den gerichtlichen Entscheidungsprozeß wirkenden Einflußstrukturen zu erklären, diese Erklärungen anhand des tatsächlichen Entscheidungsverhaltens zu überprüfen und die Dispositionen zu normativen Funktionen in Beziehung zu setzen.

Als aus den Einflußstrukturen plausibel zu machende Dispositionen des Bundesverfassungsgerichts habe ich seinerzeit angenommen, daß das Gericht in den Fällen eher »unpolitischer« Sicherung konsentierter Freiheitspositionen gegenüber gesetzgeberischen Fehlleistungen zu einer – auch von innergerichtlichem Konsens getragenen – recht genauen Sorgfalts- und Sensibilitätskontrolle bei Randkorrekturen tendieren dürfte und daß in solchen »unpolitischen« Konstellationen auch gegenüber der Justiz eine recht intensive Verfahrens- und Billigkeitskontrolle zu erwarten sei.[19] Eine ebenfalls eher »aktive« und konsensgetragene Rolle des Gerichts wurde bei der Konkretisierung der Verfassungsvorgaben für den politischen Machtprozeß als solchen angenommen, die tendenziell am Ziel der Offenheit und Chancengleichheit ausgerichtet sein werde.[20] Demgegenüber wurde angenommen, daß in Fällen tiefgehender Interessen- und Wertkonflikte zwischen relevanten gesellschaftlichen Kräften das Gericht zu Kompromiß und »mittleren Linien« und hierdurch und durch diskursiven Umgang mit den Problemen zur Förderung verfassungspolitischen Konsenses neigen werde.[21]

Diese Überlegungen sollen hier insofern fortgesetzt werden, als bestimmte Konflikte der 90er Jahre darauf hin betrachtet werden, ob die Muster beibehalten wurden oder sich geändert haben. Dabei muß das große Spektrum des »juristischen Alltags« und damit die Funktion der Detailkontrolle von Gesetzgebung und Justiz anhand konsentierter Maßstäbe ausgeblendet werden. Seine Behandlung würde den Rahmen sprengen. Immerhin sei darauf hingewiesen, daß das Bundesverfassungsgericht durch überzeugende Entscheidungen gerade in diesem Feld ein Kapital an Akzeptanz ansammeln kann, welches auch in den Konfliktbereichen die Annahmebereitschaft steigern kann.

a) Das Entscheidungsmaterial

Für die etwas eingehendere Betrachtung wird das Augenmerk auf den Bereich begrenzt, in welchem die Grenze zwischen Konflikt- und Konsensbereich und

19 Ebsen (Fn. 2) S. 325 ff.
20 Ebd. S. 340 ff.
21 Ebd. S. 346 ff.

damit die Funktion der Verfassung als Grundlage des sozialen und politischen Konfliktaustrags berührt ist. Dies sind hinsichtlich materieller Verfassungsfragen insbesondere solche Verfassungsprozesse, in denen verfassungspolitische »Lager« mit hinreichendem sozialen »Gewicht« und damit auch entsprechendem »Störpotential« um Verfassungspositionen ringen. Dabei geht es nicht nur um Verteilungskonflikte zwischen sozialen Interessen, sondern auch um Wertkonflikte zwischen Grundpositionen, die mit den Begriffen »konservativ« und »liberal« – oder auch »rechts« und »links«[22] – umschreibbar sind. Daneben sind auch die Verfahren relevant, in denen es um die Offenheit und Fairness des politischen Machtprozesses als solchen geht, da diese Offenheit und die mit ihr verknüpfte Chance der Durchsetzung aktueller Minderheitspositionen für die Legitimtät der Mehrheitsherrschaft essentiell ist. Die Auswahl ist unvermeidlich subjektiv, erfaßt aber jedenfalls die meisten Entscheidungen, die in der Literatur polemische Reaktionen[23] veranlaßt haben, ohne allerdings diese – selbst u.U. zum verfassungspolitischen Interessenkampf gehörenden – Reaktionen als Auswahlkriterium zu wählen. Dies wäre für den hier betrachteten Zeitraum problematisch, da im Gegensatz zu früheren konfliktreichen Zeiten, in denen bisweilen »wütende« Spontanreaktionen auf verfassungsgerichtliche Entscheidungen eine gewisse Häufung erreichten,[24] die Konzentration von recht massiven Reaktionen auf Judikate gerade des Ersten Senats des BVerfG den Eindruck nahelegen, es gehe nicht immer nur um die Kritik der einzelnen Entscheidung, sondern um das warnende Signalisieren schwindender gesellschaftlicher Akzeptanz.[25] Dieses Signal kann aber seinerseits nicht als Indiz für eine wirkliche Gefährdung von »Verfassungskonsens« relevanter Kräfte gewertet werden, da es ebensogut auch als schlichte Kampagne im alltäglichen verfassungspolitischen Interessenkampf deutbar ist.

Statt dessen werden, in der Annahme, hierfür eine vom Einzelfall losgelöste Plausibilität beanspruchen zu können, folgende vier Gruppen gebildet, die ihrerseits induktiv aus der Betrachtung des Fallmaterials gewonnen wurden:

(1) Die Entscheidungen zur Offenheit und Fairness des politischen Machtprozesses;

22 Vgl. Ralf Dreier, Bemerkungen zum rechts/links-Schema (1988), in: Ders., Recht-Staat-Vernunft: Studien zur Rechtstheorie 2, 1991, 199 ff.; siehe auch Ebsen (Fn. 2), S. 242 ff. Haltern (Fn. 1), S. 40 ff., verwendet in ähnlichem Kontext die aus der US-amerikanischen Geschichte entlehnten Begriffe »Populismus« und »Progressivismus«, um die verfassungstheoretische Argumentation – gewissermaßen spieltheoretisch – von konkreten historischen Gegebenheiten ablösen zu können.

23 Siehe etwa die Nachweise bei Schulze-Fielitz (Fn. 10); Rolf Lamprecht, Zur Demontage des Bundesverfassungsgerichts. Beweissicherung und Bestandsaufnahme, 1996.

24 Dazu m.w.N. Richard Häußler, Der Konflikt zwischen Bundesverfassungsgericht und politischer Führung, 1994, 22 ff.

25 Siehe die Sammlung bei Lamprecht (Fn 23).

(2) Verfassungsauseinandersetzung im Zusammenhang mit der deutschen Wiedervereinigung als Probe aufs Exempel einer neuen Integrationsaufgabe,
(3) Interessenkonflikte zwischen Arbeitgebern und Arbeitnehmern als »klassischer« Bereich sozialer Verteilungskonflikte und
(4) Konflikte, in denen es um identitätsbestimmende Strukturelemente des politischen Gemeinwesens geht, verknüpft mit einigen »symbolischen« Auseinandersetzungen, die eine gewisse Nähe zu den Frontlinien der ersteren haben.

In dieser Reihenfolge drückt sich eine gewisse Rangordnung des Integrations- oder Desintegrationspotentials aus, welches den jeweiligen Fallkonstellationen innewohnt. Während es typischerweise gerade die Besonderheit der Verfassungskonflikte um den politischen Machtprozeß ist, daß die jeweilige Rolle auch einmal wechseln kann und es zumeist ganz klar ist, welche Linie eher den in der Regel generell konsentierten Grundsätzen entspricht, betreffen die drei folgenden Gruppen echte Interessen- und Wertkonflikte, die nicht einfach mit jedermann überzeugenden Argumenten durch Rekurs auf geteilte Wertungen »gelöst« werden können. Dies ist noch nicht allzu stark ausgeprägt bei den Problemen der Integration von Ost- und Westdeutschland. Auch der verfassungspolitische Interessenaustrag in den Beziehungen von Arbeitgebern und Arbeitnehmern bzw. deren Organisationen ist ein altbekanntes und darum die Beteiligten nicht mehr allzusehr »aufregendes« Spiel, dessen Höhepunkt im Mitbestimmungsprozeß von 1979[26] gelegen haben dürfte. Demgegenüber ist es schon aufgrund der Auswahlkriterien klar, daß die vierte Gruppe die Fälle mit dem größten Desintegrationspotential und damit der größten Herausforderung an die Integrationsfunktion des Bundesverfassungsgerichts enthält.

(1) Entscheidungen zur Frage der *Offenheit und Fairness des politischen Machtprozesses* betreffen die Frage der Parteiengleichheit bei Politiker-Fernsehrunden vor Wahlen[27], die Chancengleichheit und »Staatsferne« politischer Parteien bei der staatlichen Parteifinanzierung[28], die Verfassungsmäßigkeit ausgleichsloser Überhangmandate[29] und der Grundmandatsklausel[30] nach dem BWahlG und die verfassungsrechtliche Mindeststellung einer Abgeordnetengruppe ohne Fraktionsstärke[31]. Judikate in der langen Reihe der »Rund-

26 BVerfGE 50, 290.
27 BVerfGE 82, 54.
28 BVerfGE 85, 264.
29 BVerfGE 95, 335.
30 BVerfGE 95, 408.
31 BVerfGE 96, 264.

funkurteile« wurden hier ausgeklammert, da insoweit die Schlachten geschlagen sind und es in den 90er Jahren nur um die – in Einzelpunkten durchaus wichtige – Ausgestaltung eines einigermaßen festgefügten Konzepts ging.[32]

(2) Für die Frage einer integrierenden (oder auch desintegrierenden) Wirkung der Verfassungsrechtsprechung relevant ist sicherlich auch die bundesverfassungsgerichtliche *Bewältigung von Problemen der deutschen Wiedervereinigung.* Mehr als wohl 1989/90 vermutet, können – hierfür wird Evidenz aufgrund alltäglicher Erfahrung beansprucht – West- und Ostdeutsche als Gruppen betrachtet werden, die auch »für sich«, also in der eigenen Wahrnehmung und im eigenen Selbstverständnis real sind und unterschiedliche Interessen artikulieren. Insofern können auch einige Entscheidungen des BVerfG als Konflikte um solche, zwar nicht notwendiger- aber doch typischerweise, ost- oder westdeutsche Interessen gesehen werden. Hierher zähle ich die Entscheidungen zur politischen Repräsentation der neuen Länder[33] einschließlich derjenigen zur Stellung der PDS als – jedenfalls noch – ostdeutsche Regionalpartei[34], die Auseinandersetzungen um »Abwicklungen« und sonstige arbeitsrechtliche Sonderregelungen[35], die mit der Anerkennung und Kompensation von Enteignungen in SBZ und DDR, der Bodenreform sowie weiteren Vermögensübertragungen zusammenhängenden Fragen[36], die Billigung der befristet weitergeltenden Mietpreisbindung in Ostdeutschland[37]; die prinzipelle

32 Siehe BVerfGE 83, 238 (WDRG und RundfunkG NW); BVerfGE 87, 181 (Hessischer Rundfunk, Werbeverbot); BVerfGE 90, 60 (Rundfunkgebührenfestsetzung); BVerfGE 91, 125 (Fernsehaufnahmen im Gerichtssaal); BVerfGE 95, 220 (Aufzeichnungspflicht von Sendezeitmitschnitten); BVerfGE 97, 228 (Kurzberichterstattung nach WDRG); BVerfGE 97, 298 (Rundfunkfreiheit privater Veranstalter in Bayern).

33 BVerfGE 82, 322 (Listenvereinigungen und regionalisierte Sperrklauseln); BVerfGE 82, 353 (einstw. AO: Erleichterungen bei Unterschriftenquoren für Wahlvorschläge).

34 BVerfGE 84, 290 (Verwaltung des Parteivermögens durch die Treuhandanstalt); BVerfGE 84, 304 (Gruppenstatus und dessen Ausgestaltung).

35 BVerfGE 84, 133 (Warteschleifenregelung); BVerfGE 85, 360 (»kleine Warteschleifen« bei Forschungseinrichtungen) mit Nebenverfahren BVerfGE 85, 167 (einstw. AO: Vollzugsstopp); BVerfGE 86, 81 (Parallelentscheidung); BVerfGE 96, 152; 96, 171 96, 189; 96, 205 (Sonderkündigungstatbestände für den öffentlichen Dienst).

36 BVerfGE 83, 162 (Enteigungen unter dem Besatzungsregime; Ablehnung einstw. AO); BVerfGE 84, 90 (keine Rückgängigmachung der Enteigungen unter Besatzungsregime; Verpflichtung zur Schaffung einer Ausgleichsregelung); BVerfGE 94, 12 (erneute Bestätigung des Restitutionsausschlusses); BVerfGE 94, 297 (keine Bevorzugung der Bodenrefomopfer bei der Verpachtung ehemals volkseigener Landwirtschaftsflächen); BVerfGE 95, 48 (Ausschluß von Rückübereignungsansprüchen nach DDR-Zivilrecht durch das VermG); BVerfGE 97, 89 (kein Rückenteignungsanspruch bei Enteignungen durch die DDR und Zweckverfehlung); BVerfGE 98, 280 (Sachenrechtsmoratorium; Unverhältnismäßigkeit des befristeten Ausschlusses von Nutzungsentgelten). Zwar ist es selbstverständlich nicht zwingend, daß die Enteignungsopfer bzw. ihre Erben heute Westdeutsche und die eventuell durch Rückübertragungen in ihren Interessen Verletzten Ostdeutsche sind; es spricht aber viel dafür, daß – gerade auch im Bewußtsein der Bevölkerung – diese Konstellation typisch ist.

37 BVerfGE 91, 294.

Billigung der Regelungen über Altschulden von LPGen[38] und die Entscheidungen zur Rentenüberleitung insbesondere der Zusatz- und Sonderversorgungssysteme der ehemaligen DDR[39]. Demgegenüber wurden die Judikate zur »Staatskriminalität« und zur Behandlung von Spionen der ehemaligen DDR nicht einbezogen. Sie dürften eher ein Thema gruppenunspezifischer Gerechtigkeitsvorstellungen ohne Relevanz für das Verhältnis von Ost- und Westdeutschen als Gruppen sein.[40]

(3) Ein wegen der beteiligten sozialen Interessen und der Nähe zum sozialen Verteilungskampf traditionell sensibles Feld sind die *Interessenkonflikte zwischen Arbeitnehmern und Arbeitgebern.* Hierher gehören neben kleineren Streitigkeiten[41] einige Gegenstände von prinzipiellerer Bedeutung, nämlich insbesondere die Legitimität des richterrechtlich geschaffenen Arbeitskampfrechts[42], der Streikeinsatz von Beamten[43], das Ruhen von Lohnersatzleistungen mittelbar von Arbeitskämpfen betroffener Arbeitnehmer gerade auch als »Test« für im übrigen weitgehend fehlende gesetzliche Arbeitskampfregelungen[44], die gesetzgeberischen Maßnahmen zur Erhaltung der – echt paritätischen – Montanmitbestimmung in Mischkonzernen[45] und die Frage der Vereinbarkeit von gesetzlichen Lohnabstandsklauseln bei Arbeitsbeschaffungsmaßnahmen mit der Tarifautonomie[46]. Es gibt sicherlich noch viele weitere Verfassungsstreitigkeiten, die sich als Verteilungskonflikte zwischen sozialen Gruppen deuten lassen. Hingewiesen seie auf die Judikate des Ersten Senats zur Abwägung zwischen den Interessen von Vermietern und Mietern von Wohnraum[47] oder dasjenige des Zweiten Senats zu den verfassungsrechtlichen Grenzen der Umverteilung durch Steuern[48] mit der »Erfindung« des sog. Halbteilungsgrundsatzes. Diese sollen hier aus schlichten Gründen der zeit- und platzbedingten Selektion außer Acht bleiben.

(4) Gerade einige besonders heftig geführte Auseinandersetzungen, die teilweise auch mit den Entscheidungen des Bundesverfassungsgerichts nicht en-

38 BVerfGE 95, 267.
39 BVerfG, NJW 1999, 2493; 2501; 2505; 2512.
40 Eine breitere Übersicht über verfassungsgerichtliche »Wiedervereinigungsfälle gibt Eckart Klein, Deutsche Einigung und Rechtsprechung des Bundesverfassungsgerichts, in: Jörn Ipsen u.a. (Hrsg.), Verfassungsrecht im Wandel-Festschrift für Heymanns Verlag, 1995, S. 91 ff.
41 BVerfGE 93, 352 (Mitgliederwerbung im Betrieb); BVerfGE 95, 28 (betriebsratskritische Äußerungen in der Werkszeitung).
42 BVerfGE 84, 212 (unverhältnismäßige Abwehraussperrung).
43 BVerfGE 88, 103.
44 BVerfGE 92, 365 (§ 116 AFG).
45 BVerfGE 99, 367.
46 BVerfG, NJW 1999, 3033.
47 BVerfGE 83, 82; 84, 192; 84, 197; 84, 366; 84, 382; 85, 214; 85, 219; 86, 59; 89, 1; 89, 237.
48 BVerfGE 93, 121 (vgl. LS 3).

deten, sondern das Gericht in den Konfliktaustrag hineinzogen, wurden um den *Ausgleich miteinander konfligierender materieller Rechte oder Werte* oder bestimmter *grundlegender Organisationskonzepte für die zum Staat verfaßte Gesellschaft* geführt. Sie können im Hinblick darauf, daß es auch um das Selbstverständnis des politischen Gemeinwesens geht, als *Identitätskonflikte* bezeichnet werden. Das gilt für das Verhältnis von Persönlichkeitsrecht und Lebensschutz im Zusammenhang mit der Regulierung von Abtreibung[49] und mit Ausstrahlung auf das Schadensersatzrecht bei mißlungener Geburtenkontrolle[50], das Verhältnis von negativer Religionsfreiheit zu mehrheitsgetragenem staatlichem Bekenntnis zum Christentum[51] und das Verhältnis von Meinungs- und Kunstfreiheit zum Schutz von Ehre und nationalen Symbolen[52]. Hinsichtlich des Symbolcharakters als ideologiegeladene Konflikte sind den genannten Auseinandersetzungen noch einige Konstellationen ähnlich, in denen es um die juristische Verarbeitung von Begleiterscheinungen »sozialer Bewegungen« ging, die ihrerseits in intensiven Konflikten standen. Dies betrifft etwa die nur mit Stimmengleichheit erfolgte Zurückweisung einer Verfassungsbeschwerde gegen ein sehr hartes Strafurteil im Zusammenhang mit dem Bau der Startbahn West auf dem Frankfurter Flughafen[53], die Beanstandung eines BAG-Urteils, welches negative arbeitsrechtliche Konsequenzen gebilligt hatte, die einen Auszubildenden trafen, der sich in einer Schülerzeitschrift unklar zur Legitimität gewaltsamer Aktionen gegen den Bau des Kernkraftwerks Brockdorf geäußert hatte[54], und die Beanstandung der weiten Auslegung des Gewaltbegriffs i.S.v. § 240 StGB im Zusammenhang mit den Mutlanger Sitzdemonstrationen[55]. Als entsprechende *verfassungsrechtliche Identitätskonflikte* können auch einige Auseindersetzungen um staatsorganisatorische Fragen angesehen werden. Dies dürfte insbesondere zutreffen für die Frage der Zulässigkeit der gesetzlichen Einführung von Ausländerwahlrecht[56], das Thema der sogenannten »out of area«-Einsätze der Bundeswehr[57]

49 BVerfGE 88, 203 (Urteil zum Schwangeren- und FamilienhilfeG v. 27.7.1992) mit Nebenverfahren BVerfGE 86, 390 (einstw. AO) und BVerfGE 88, 17 (Verneinung der Befangenheit des Richters Böckenförde); BVerfGE 98, 265 (Bayerisches Schwangerenhilfeergänzungsgesetz) mit Nebenverfahren BVerfGE 96, 120 (einstw. AO).

50 BVerfGE 96, 375 (grundsätzliche Anerkennung der Zivilrechtsprechung durch den 1. Senat) und BVerfGE 96, 409 (Appell des 2. Senats an den 1. Senat).

51 BVerfGE 93, 1 (Kreuze in bayerischen Schulen) mit dem Nebenverfahren BVerfGE 85, 94 (Ablehnung einer einstw. AO).

52 BVerfGE 81, 278 (Bundesflagge); BVerfGE 81, 298 (Nationalhymne); BVerfGE 93, 266 (Zitat »Soldaten sind Mörder«); dazu auch schon BVerfG (Kammer), NJW 1994, 2943.

53 BVerfGE 82, 236.

54 BVerfGE 86, 122.

55 BVerfGE 92, 1.

56 BVerfGE 83, 37 (kommunales Ausländerwahlrecht in Schleswig-Holstein) mit dem Nebenverfahren BVerfGE 81, 53 (einstw. AO); BVerfGE 83, 60 (Ausländerwahlrecht zu den Bezirksversammlungen in Hamburg).

57 BVerfGE 90, 286 (verbundene Verfahren zu mehreren Auslandseinsätzen) mit den Nebenverfahren BVerfGE 88, 38 (einstw. AO: Erfordernis eines sofortigen Bundestagsbeschlusses) und BVerfGE 88, 173 (Ablehnung einer einstw. AO).

und die Auseinandersetzung um die Verfassungsanforderungen hinsichtlich des Verhältnisses Deutschlands zur sich weiterentwickelnden Europäischen Union[58]. Selbstverständlich gibt es Grenzfragen. So wurden hier die Auseinandersetzungen um den Ehrenschutz für Politiker[59] ebenso wenig einbezogen wie der Streit um die Sprachreform[60]. Im ersten Fall ist der Gegenstand zu sehr historisch »zufällig«, im zweiten dürften die Kräfte, die in der Sprachfrage ein wirkliches Identitätsproblem im geschilderten Sinne sehen, nur marginal sein.

b) Betrachtung von Entscheidungstendenzen

Entscheidungstendenzen im oben[61] beschriebenen Sinne sind unterschiedlich deutlich.

(1) Einigermaßen leicht ist die Ermittlung einer generellen Tendenz bei den Entscheidungen zum politischen Machtprozeß. Auch die Fälle der 90er Jahre bestätigen die Annahme, das Bundesverfassungsgericht werde einigermaßen »aktiv« die Offenheit des politischen Systems auch für neue Kräfte fördern und akribisch auf Chancengleichheit achten. In vier der angeführten Fällen, nämlich zu der Fernsehrunde, in welche sich eine Grünen-Politikerin »hineinklagen« konnte, zur Parteifinanzierung, zur Relativierung der 5 %-Klausel durch die Grundmandate und zu den Rechten der PDS-Gruppe ohne Fraktionsstärke, hat das BVerfG tendenziell die Chancengleichheit politischer Kräfte gefördert. Lediglich bei der Billigung der ausgleichslosen Überhangmandate, die ersichtlich dem Prinzip gleichen Erfolgswerts der Stimmen zuwiderlaufen, ist dies nicht der Fall. Bezeichnenderweise ist dies auch eine im Gericht selbst kontroverse Entscheidung, die nur wegen Stimmengleichheit nicht zur Feststellung der Verfassungswidrigkeit kam.

(2) Die angeführten Fälle im Zusammenhang mit der Bewältigung der Wiedervereinigung berühren Interessen- und Wertungskonflikte, in denen ersichtlich typische »ostdeutsche« und »westdeutsche« Standpunkte möglich sind. Das gilt nicht nur für echte Interessengegensätze wie etwa denjenigen zwischen den Opfern von Enteignungen und Bodenreformmaßnahmen und den aktuellen Berechtigten an den betroffenen Grundstücken, sondern auch für die Frage, inwieweit ostdeutsche Betroffene des Übergangs- und Anpassungs-

58 BVerfGE 89, 155 (Vertrag von Maastricht); BVerfGE 92, 203 (Pflichten des Bundes hinsichtlich EG-Rechtssetzung im Länderkompetenzbereich); BVerfGE 97, 350 (Währungsunion).
59 BVerfGE 82, 43 (Anti-Strauß-Transparent); BVerfGE 82, 272 (»Zwangsdemokraten«).
60 BVerfGE 98, 218 (Rechtschreibreform).
61 Bei Fn. 19.

rechts Härten zu dulden haben. Dies ist vor dem Hintergrund zu würdigen, daß sowohl im Prozeß der Wiedervereinigung als auch danach die ostdeutsche Seite eher schwach war. Insofern läßt sich die Integrationsleistung hier daran messen, inwieweit es dem Gericht gelungen ist, erkennbar legitime »ostdeutsche« Interessen zu schützen. Das ist offensichtlich der Fall bei den vom BVerfG durchgesetzten Sonderregelungen für den politischen Prozeß unmittelbar nach der Wiedervereinigung. Weniger deutlich ist dies bei den materiell-rechtlichen Bestimmungen. Eine Betrachtung der Entscheidungen zeigt hier zwei Haupttendenzen, nämlich zum einen diejenige, die Grundlinien des »Wiedervereinigungsrechts«, wie es weitgehend im Einigungsvertrag und seinen Anlagen vorstrukturiert ist, anzuerkennen, zum anderen aber diejenige, recht detailliert durch Randkorrekturen Härten und Ungerechtigkeiten gerade gegenüber ostdeutschen Betroffenen zu beseitigen. Das gilt sowohl für die Detailkorrekturen an den Abwicklungs- und Warteschleifenregelungen als auch für die Beanstandungen an der Überleitung der Zusatz- und Sonderversorgungssysteme. Demgegenüber zeigen die Entscheidungen zur Situation von Alteigentümern nur ausnahmsweise ein einfühlsames Eingehen auf Detailgerechtigkeit.[62] Aber auch hier werden die im Prinzip »harten« Entscheidungen teilweise gemildert – etwa durch die Verpflichtung zu einem gewissen finanziellen Ausgleich auch bei dem generell aufrechterhaltenen Restitutionsausgleich von Enteignungen unter dem Besatzungsregime. Insgesamt wird man dem BVerfG attestieren können, bei der juristischen »Kleinarbeitung« der Verfassungsprobleme der Wiedervereinigung integrierend gewirkt zu haben.[63]

(3) In den angeführten Verfahren zu Konflikten der Arbeitswelt zeigt sich besonders deutlich die Tendenz zur Wahrung einer »mittleren«, die wesentlichen Interessen der beteiligte Akteure wahrenden Linie. Im Streit um die Abwehraussperrung[64] bestätigt das BVerfG die Linie des BAG, welches sowohl Streik als auch Aussperrung für prinzipiell zulässig hält, aber insbesondere die Aussperrung dem Grundsatz der Verhältnismäßigkeit unterworfen ansieht, und bezieht – soweit ersichtlich erstmals – jedenfalls die verhältnismäßige suspendierende Abwehraussperrung in den Schutzbereich des Art. 9 Abs. 3 GG ein. Zur Frage des Streikeinsatzes von Beamten[65] zieht sich das Gericht auf eine scheinbar formale Position zurück, indem in Anwendung der »Wesentlichkeitstheorie« hierfür eine gesetzliche Ermächtigung verlangt wird. Praktisch dürfte dies angesichts der notorischen gesetzgeberischen Zurück-

62 Beispielsweise BVerfGE 98, 280.
63 Siehe auch die vorläufige Bewertung durch Eckart Klein (Fn. 40), S. 103.
64 BVerfGE 84, 212.
65 BVerfGE 88, 103.

haltung im Arbeitskampfrecht auf absehbare Zeit zu einem Verbot dieses Instruments im Arbeitkampf führen. Umgekehrt wird gegenüber einer der wenigen dennoch bestehenden einschlägigen Regelungen, den materiellen und verfahrensrechtlichen Bestimmungen über das Ruhen von Lohnersatzleistungen mittelbar von Arbeitskämpfen betroffener Arbeitnehmer[66], richterliche Zurückhaltung geübt. Der Gesetzgeber habe bei der Ausgestaltung des Arbeitskampfrechts einen weiten Handlungsspielraum, solange er die ungefähre Parität der Tarifgegner wahre, für deren Einschätzung er wiederum einen Beurteilungsspielraum habe, der vorliegend nicht überschritten worden sei. Allerdings werden bestimmte Einzelregelungen verfassungskonform restriktiv interpretiert und wird dem Gesetzgeber eine Beobachtungs- und eventuelle Nachbesserungspflicht auferlegt. Im Fall der Montanmitbestimmung in Mischkonzernen wird einerseits die Zielsetzung der Beibehaltung des Mitbestimmungsstandards auch bei sehr weitgehender »Verdünnung« des Montan-Bezuges gebilligt, andererseits aber in Einzelpunkten eine recht genaue Prüfung am Maßstab des Art. 3 Abs. 1 GG vorgenommen, welcher das zur Prüfung gestellte Mitbestimmungsergänzungsgesetz nur teilweise standhielt.[67] In der Frage der Vereinbarkeit von gesetzlichen Lohnabstandsklauseln bei Arbeitsbeschaffungsmaßnahmen mit der Tarifautonomie[68] wird im Ergebnis die gesetzgeberische Regelung »gehalten«, wird aber ein Eingriff in die Tarifautonomie bejaht und die Prüfung der Rechtfertigung anhand eines eher strikten Maßstabes vorgenommen, der nur in der ganz atypischen Situation der Arbeitsbeschaffungsmaßnahmen erfüllt war. Insgesamt dürfte die Entscheidung daher auch als ein »Bollwerk« gegen Eingriffe in die Tarifautonomie zu deuten sein. In einer Gesamtbetrachtung dürfte das Urteil gerechtfertigt sein, daß es dem BVerfG gelungen ist, den hier miteinander konfligierenden Interessen so gerecht zu werden, daß keine Seite sich benachteiligt fühlen kann.

(4) Am schwierigsten ist sicherlich die Situation hinsichtlich der oben so genannten »Identitätskonflikte« zu beurteilen. Hier bedarf es einer sowohl das gesellschaftliche Umfeld als auch den rechtsdogmatischen Spielraum auslotenden Analyse der einzelnen Konfliktsituationen, um beurteilen zu können, inwieweit von »mittleren Linien« und von einer diskursiven Förderung von Verfassungskonsens die Rede sein kann. Das kann hier nur sehr kursorisch geleistet werden. Auch ist die Einschätzung des rechtsdogmatischen Spielraums und dessen, was insofern »juristisch« erwartbar war, unvermeidlich selbst ein Standpunkt im jeweiligen Verfassungskonflikt.

66 BVerfGE 92, 365.
67 BVerfGE 99, 367.
68 BVerfG, NJW 1999, 3033.

Die Abtreibungsentscheidung[69] des Zweiten Senats betrifft ein seit Jahrzehnten auch verfassungsrechtlich umkämpftes Thema von hoher Brisanz. Vor dem Hintergrund der ersten verfassungsgerichtlichen Runde[70] ging es um die verfassungsrechtliche Bewertung der seinerzeitigen Implementation durch den Gesetzgeber und deren Ergänzung durch das Schwangeren- und FamilienhilfeGesetz von 1992, welches auch der Rechtsvereinheitlichung zwischen Ost- und Westdeutschland diente. Die Brisanz zeigt sich auch an den Entscheidungen, die als »Begleitmusik« ergangen sind, nämlich der Frage einer eventuellen Befangenheit des Richters Böckenförde[71] und dem späteren Konflikt zwischen den Senaten des BVerfG um die »tragende« Qualität der Ausführungen zum Verbot, ein Kind rechtlich als Schaden zu werten.[72] Ähnlich wie schon im ersten Abtreibungsurteil setzte sich im Gericht eine Mehrheit gegen eine dissentierende Minderheit durch und gab es, wenn auch nicht in vollem Umfang, eine gewisse Korrelation zwischen den Meinungsgruppen im Senat und den parteipolitischen Zuordnungen aufgrund der Vorschläge, die zur Wahl der Richter geführt hatten. Aber ebenso wie zuvor zeichnet sich das Urteil doch dadurch aus, daß es im Kern das gesetzgeberische Konzept akzeptiert und faktisch eine – verfahrensmäßig mit der Beratungsobliegenheit ein wenig erschwerte – Fristenlösung durchgehen läßt. Dabei haben die »Feinheiten« wie das Gebot, bestimmte Fälle nicht strafbaren Schwangerschaftsabbruchs weiterhin als rechtswidrig zu qualifizieren, und die Pflicht zur Herausnahme derselben aus den Leistungen der gesetzlichen Krankenversicherung verbunden mit der Zulassung einer Abdeckung durch ein bedürftigkeitsabhängiges System keine allzu große praktische Bedeutung. Dennoch können sich die Kritiker des Gesetzes in ihren Ansichten jedenfalls teilweise bestätigt sehen. Praktisch ist es dem BVerfG insofern gelungen, einen ernsten gesellschaftlichen Konflikt so weitgehend aufzulösen, daß heute nur noch die Katholische Amtskirche beiseite steht. Was den innergerichtlichen Meinungsbildungsprozeß angeht, ist bemerkenswert, wie Mehrheit und Minderheit in ihren Voten vorsichtig und nicht verletzend argumentieren. Dazu paßt auch, daß eine Befangenheit des Richters Böckenförde wegen seiner Mitgliedschaft in der Juristenvereinigung Lebensrecht e.V. einstimmig abgelehnt wurde. Angesichts des Desintegrationspotentials dieser Frage, welches ein Vergleich mit den durch Gewalttätigkeit gekennzeichneten Verhältnissen in den USA[73] verdeutlicht, hat das BVerfG eine beachtliche Integrationsleistung erbracht. Im Verhältnis zu diesem aufgelösten Konflikt sind der Streit um das Bayerische

69 BVerfGE 88, 203.
70 BVerfGE 39, 1.
71 BVerfGE 88, 17.
72 BVerfGE 96, 375; 96, 409.
73 Vgl. Winfried Brugger, Neuere Entwicklungen der Abtreibungsrechtsprechung in den USA, J 1991, 911 f.

Schwangerenhilfeergänzungsgesetz[74] und um die Zulässigkeit von Schadensersatz bei mißlungener Geburtenkontrolle[75] nur noch Nachhutgefechte.

Der »Kruzifix-Beschluß«, der sich auch auf einfache Kreuze bezieht, ist in zweifacher – sich überschneidender – Hinsicht ein Integrationskonflikt. Zum einen wird der Charakter des politischen Gemeinwesens als »abendländischer«, in christlichen Traditionen wurzelnder oder aber als »säkularer«, gegenüber Religionen und religiösen Bekenntnissen neutraler Staat berührt. Zum anderen zeigt sich auch eine gewisse »föderale« Spannung hinsichtlich der Frage, wie autonom die Länder in Fragen des Verhältnisses von Staat und Religion sind, bei welcher eine gewisse anti-unitarische Tradition Bayerns eine Rolle spielt. Das normative Kernproblem ist das ungelöste Verhältnis von Staat und Religionsgemeinschaften, welches sich in das Problem lediglich benennenden Formeln wie »gemäßigte Trennung«[76] oder Ablehnung von »Purismus« hinsichtlich der Neutralität und Säkularität des Staates[77] ebenso ausdrückt wie in widersprüchlichen Entscheidungen des BVerfG. Die Annahme, ein Kreuz im Gerichtssaal sei ein Eingriff in die Religionsfreiheit eines Nichtchristen[78], ist kaum vereinbar mit der Rechtsprechung, wonach auch Nichtchristen gezwungen werden können, in der christlichen Gemeinschaftsschule als Regelschule ihre Schulpflicht zu erfüllen.[79] Diese Unklarheit drückt sich auch im Beschluß von 1995 aus, welcher im Spannungsverhältnis der weiterhin anerkannten Grundsätze der Beschlüsse zu den christlichen Gemeinschaftsschulen zum Verbot eines staatlich verordneten Kreuzes ein schlichtes Problem des Maßes an religiös-weltanschaulicher Orientierung der Schule sieht. Damit liegt der Kruzifix-Beschluß auf der Linie, wie sie aufgrund der bisherigen Rechtsprechung durchaus zu erwarten war, nämlich in der Mitte zwischen einer eher »religionsfreundlichen« und das Christentum als Mehrheitsreligion privilegierenden Sicht und einem stärker säkular orientierten, die Trennung von Staat und Religion betonenden Verständnis. Gerade auch vor dem Hintergrund einer Entwicklung Deutschlands zu einem auch religiös verstärkt »pluralen« Land, welche dem Staat im Interesse gesellschaftlicher Integration noch mehr an Neutralität nahelegen könnte, als dies traditionell üblich war, ist die Entscheidung jedenfalls alles andere als »extrem«.[80]

74 BVerfGE 98, 265.
75 BVerfGE 96, 375 (grundsätzliche Anerkennung der Zivilrechtsprechung durch den 1. Senat) und BVerfGE 96, 409 (Appell des 2. Senats an den 1. Senat).
76 Julilane Kokott, in: Sachs (Hg.), Grundgesetz, 2. Aufl. 1999, Art. 4 Rz. 4.
77 Alexander Hollerbach, HStR VI (1989), § 138 Rz. 112.
78 BVerfGE 35, 366 (». . . Zwang, entgegen eigenen religiösen oder weltanschaulichen Überzeugungen ›unter dem Kreuz‹ einen Rechtsstreit führen und die als Identifikation empfundene Ausstattung in einem rein weltlichen Lebensbereich tolerieren zu müssen . . .«).
79 BVerfGE 41, 29; 41, 65; 41, 88.
80 Siehe auch Günter Frankenberg, Die Verfassung der Republik, 1996, S. 223 ff.

Darum kann ihr zwar möglicherweise die eine oder andere »handwerkliche« Schwäche angelastet werden, nicht aber eine Mißachtung der Integrationsfunktion des Gerichts. Daß die gerade hier so besonders heftige Kritik in der Literatur[81] und in der politischen Öffentlichkeit die oben[82] angesprochene »strategische« Dimension hat, macht die »Beweissicherung« in dem Buch vom Lamprecht[83] plausibel. Auch ein solcher Umgang mit dem Gericht ist angesichts seiner unvermeidlichen Einbezogenheit in den »Kampf um Verfassungspositionen« nicht von vornherein illegitim. Und ein Integrationsverlust ist erst zu verzeichnen, wenn nach Beendigung des aktuellen Konflikts, nach »Abzug des Pulverdampfes« Anzeichen von politischer Desintegration (etwa weiterhin feindselige Auseinandersetzungen um das Gericht oder staatliche Befolgungsverweigerung) festzustellen sein sollten. Dies ist aus der Distanz von heute sogar hinsichtlich der Kruzifix-Entscheidung zu verneinen. Ein deutliches Anzeichen hierfür ist die nahezu beiläufige Weise, in welcher das Bundesverwaltungsgericht[84] ohne schrille Kommentare den Versuch des bayerischen Gesetzgebers zur Umgehung der Kruzifix-Entscheidung »verfassungskonform«, nämlich gestützt auf den Beschluß des Bundesverfassungsgerichts praktisch entschärfen konnte. Angesichts dieses Sachverhalts ist auch die These vom Autoritätsverlust zweifelhaft. Ebenso wie *überstandene* auch schwere Konflikte gerade eine integrierende Wirkung haben können, ist auch diese mithilfe der Fachgerichtsbarkeit durchgesetzte Implementation ein Zeichen für ungebrochene Autorität sogar in derart aufgeheizten Situationen.

Die weiteren eher kleinen Fälle, in denen sich materielle Konflikte mit Bezug zur Identität des politischen Gemeinwesens offenbaren[85], sind untereinander einigermaßen disparat, haben aber in einer Hinsicht untereinander und mit dem Kruzifix-Fall etwas gemeinsam, nämlich die von Ersten Senat des BVerfG ersichtlich verfolgte Linie eines strikten Schutzes persönlicher Freiheiten auch zu Lasten von anderen Rechtsgütern. Dies ist in jedem Einzelfall juristisch plausibel begründet, wobei die zugrundeliegenden Abwägungen sicherlich auch anders hätten ausfallen können. Ein integrationsgefährdenden Potential ist jedenfalls insoweit nicht ersichtlich. Immerhin ist dies ein Punkt, der in der Perspektive längerfristiger Beobachtung unter dem Aspekt interessant ist, ob die Mechanismen »pluralistischer« Beeinflussung der Rechtsprechung einmal zu einer Tendenzkorrektur führen werden.

81 Zum »Kruzifix-Beschluß siehe den von Hans Maier herausgegebenen Sammelband, Das Kreuz im Widerspruch, 1996; siehe auch die Nachweise bei Schulze-Fielitz (Fn. 10), S. 3.
82 Bei Fn.25.
83 Lamprecht (Fn. 23), S. 39 ff.; 77 ff.
84 BVerwG, NJW 1999, 3063.
85 Vgl. oben Fn 52 – 55.

Die drei angeführten verfassungsrechtlichen Identitätskonflikte im staatsorganisatorischen Bereich hatte der Zweite Senat des BVerfG zu behandeln. Beim Kommunalwahlrecht für Ausländer[86] ging es um die Integration des nicht mehr ganz kleinen Teils unserer Wohnbevölkerung, der überwiegend auf Dauer in Deutschland bleiben wird, sich hier beruflich, steuerrechtlich und sozialrechtlich eingegliedert hat, aber mangels deutscher Staatsbürgerschaft von demokratischer Teilhabe ausgeschlossen ist. Plakativ ausgedrückt ging es also um das Auseinanderfallen von Gebietsvolk und Staatsvolk, einen Sachverhalt, der durchaus desintegrierende Wirkung haben kann – ebenso wie demokratische Teilhabe integriert. Diese Aspekte hat der Senat gesehen, sie aber dem Staatsangehörigkeitsrecht und dessen eventueller Änderung durch den Bundesgesetzgeber zugewiesen. Die Auslegung des Volksbegriffs der Art. 20 und 28 GG ist zwar nicht zwingend[87] aber sicherlich gut vertretbar. Allerdings fragt sich, ob nicht doch Chancen der Integration ungenützt blieben, die in einer Differenzierung zwischen dem schleswig-holsteinischen Kommunalwahlrecht und den Wahlen zu den nicht von Art. 28 Abs. 1 S. 2 GG erfaßten Hamburger Bezirksvertretungen gelegen und auch zu sonstigen Ansätzen zur Beteiligung von Ausländern in Körperschaften des öffentlichen Rechts[88] gepaßt hätten. Insofern bleibt ein Eindruck von rechtdogmatischer »Starrheit«, die nicht etwa methodischer Stringenz geschuldet ist, da auch der Zweite Senat in anderen Kontexten dynamischen Entfaltungen des Grundgesetzes aufgeschlossen ist.[89]

Der Entscheidung zu den »out of area«-Einsätzen der Bundeswehr[90] gehört zu solchen dynamischen Weiterentwicklungen, indem sie erstens das Verhältnis von Art. 24 Abs. 2 GG zu Art. 87a Abs. 2 GG dahingehend bestimmt, daß Streitkräfte innerhalb eines völkerrechtlichen Systems kollektiver Sicherheit auch zu anderen Zwecken als zur Verteidigung eingesetzt werden können, zweitens die Weiterentwicklung des Natoauftrags ohne explizite, der Ratifikation nach Art. 59 Abs 2 S. 1 GG unterliegende, Vertragsänderung mit knappster Mehrheit (4:4) akzeptiert und dritttens aus der Gesamtschau der Regelungen über die Streitkräfte das Prinzip eines Parlamentsvorbehalts für jeden Einsatzfall herleitet. In der Verknüpfung dieser Elemente hat das Bundesverfassungsgericht in einer Umbruchssituation einen Verfassungskonflikt

86 BVerfGE 83, 37; 83, 60.
87 Vgl. Brun-Otto Bryde, Die bundesrepublikanische Volksdemokratie als Irrweg der Demokratietheorie, Staatswissenschaft und Staatspraxis 1994, 305 ff.
88 Vgl. z.B. zum aktiven und passiven Wahlrecht zu den Selbstverwaltungsorganen der Sozialversicherungsträger §§ 50, 51 SGB IV.
89 Vgl etwa die oben Fn. 47 zitierte Entscheidung zum Steuerrecht.
90 BVerfGE 90, 286.

gelöst und die Grundlagen für einen neuen Verfassungskonsens zum heiklen Thema des Streitkräfteeinsatzes gelegt.[91]

Das Maastricht-Urteil[92] betrifft ebenfalls ein Feld dynamischer Entwicklung, nämlich derjenigen des vom BVerfG so genannten »Staatenverbundes« Europäische Union, und soll – so dürfte seine Grundtendenz einzuschätzen sein – bestimmten Entwicklungen einen nationalstaatlichen Riegel vorschieben. Daß die nicht von der Hand zu weisende »schleichende« Entwicklung der EU zu einer über den »Verbund« hinausgehender Einheit mit erheblichen Veränderungen für den Status der Mitgliedstaaten ein Identitätsthema ist, haben auch die Auseinandersetzungen in anderen Mitgliedstaaten deutlich gemacht, auf welche auch das BVerfG hinweist.[93] Die Entscheidung ist sicherlich »aktiv« in dem Sinne, daß sie mit der Begründung der Zulässigkeit der Verfassungsbeschwerde über Art. 38 GG die Möglichkeit zur Entscheidung in der Sache geradezu »an den Haaren« herbeizieht. Mit der als innerstaatlich verbindlich angesehenen restriktiven Auslegung des Vertrages von Maastricht beansprucht das BVerfG auch eine Kompetenz, die gemeinschaftsrechtlich gerade dem EuGH mit Verbindlichkeit für die Organe der Mitgliedstaaten zusteht, und mit der Ansicht, es selbst und nicht der EuGH habe im Zweifel die Letztentscheidungskompetenz, ob Akte von Organen der Gemeinschaft ultra vires und damit innerstaatlich nicht zu beachten seien, steht es im Gegensatz zu diesem Gerichtshof und zu vielen Stimmen in der Literatur.[94] In gewisser Hinsicht hat das Bundesverfassungsgericht die Entwicklung eines europäischen »Verfassungskonsenses« erschwert. Andererseits – und das zeigt die Kompliziertheit der Frage von Integration oder Desintegration durch (verfassungs)gerichtliche Entscheidungen – hat das Gericht nicht verhindert, daß der Vertrag und die in ihm angelegten weiteren Konsequenzen ins Werk gesetzt wurden. Daß die dadurch eingetretenen Entwicklungen – derzeit wohl am deutlichsten die Wirtschafts- und Währungsunion – einmal durch bundesverfassungsgerichtlichen Spruch zurückgedreht werden könnten, ist kaum vorstellbar. Darum dürfte sich letztlich die Maastrichtentscheidung als etwas mürrische, aber nichts wirklich verändernde Kommentierung eines unaufhaltsamen Prozesses erweisen. Damit gleicht sie in der Wirkung dem Urteil zum Grundlagenvertrag[95]. Dieses Auseinanderfallen von Aussage und Wirkung

91 Aus dem Spektrum der Meinungen siehe etwa Michael Bothe, Das Verfahren wegen des Adria-Einsatzes der Bundeswehr vor dem Bundesverfassungsgericht, KritV 1993, 53 ff. (der Schriftsatz für die SPD-Fraktion in dem Verfahren) und Dieter Blumenwitz, Die Vereinten Nationen als Friedensstifter und Friedenswahrer, BayVBl 1995, 705 ff.

92 BVerfGE 89, 155.

93 Zum Charakter als verfassungsrechtlicher Identitätskonflikt in Deutschland siehe Peter M. Huber, Maastricht – ein Staatsstreich?, 1993.

94 Siehe m.w.N Günter Hirsch, Europäischer Gerichtshof und Bundesverfassungsgericht – Kooperation oder Konfrontation? NJW 1996, 2457 ff.

95 BVerfGE 36, 1; vgl. Ebsen (Fn. 2), S. 356 f.

kann auch als ein Fall der Wahrung einer »mittleren Linie« verstanden werden – immerhin hätte der Senat formal auch die Möglichkeit gehabt, das deutsche Zustimmungsgesetz und damit das gesamte Vertragswerk zu Fall zu bringen. Mit dem »euroskeptischen« Grundton dürfte die Entscheidung aber sogar praktisch integrationsfördernd gewirkt haben, indem sie auch jenen eine Zustimmungsbasis gegeben hat, die diese Skepsis teilen. Insofern kann das Ergebnis durchaus die Förderung innerstaatlichen Konsenses über die absehbare Entwicklung in Richtung einer Stärkung der Gemeinschaft sein. Hierfür dürfte auch der Beschluß zur gebotenen Beteiligung der Länder durch den Bund bei der Gemeinschaftsrechtssetzung auf Gebieten der Länderkompetenz[96] hilfreich sein. Der letzte, hierzu passende Schritt in dieser Entwicklung ist die nunmehr schon fast beiläufige Abweisung der Verfassungsbeschwerden gegen die Einführung des Euro[97].

Auch wenn die Bewertung und Einordnung der betrachteten Einzelentscheidungen standpunktabhängig sicherlich hinterfragbar ist und eigentlich einer hier nicht geleisteten gründlichen Detailuntersuchung gerade auch im Hinblick auf wechselseitige Einflußfaktoren zwischen Bundesverfassungsgericht, Politik, öffentlicher Meinung und juristischem Fachdiskurs bedürfte, läßt sich doch ein vorsichtiges Fazit dahingehend ziehen, daß die oben[98] genannten Tendenzen erkennbar sind – zwar nicht in allen einzelnen Entscheidungen, wohl aber in der Linie der Rechtsprechung, wobei sogar gewisse Unterschiede zwischen den Senaten den Gesamteindruck einer »Mitte«, um welche das Gericht mit gewissen Pendelausschlägen schwingt, noch verstärken. Bisher ist es dem Gericht auch gelungen, die an es herangetragenen Konflikte so zu bewältigen, daß der Austrag letztlich integrierend, nämlich die Konflikte entschärfend gewirkt hat.

Wenn phasenweise die Wellen hoch schlagen, ist dies kein Gegenargument gegen die Integrationsfunktion und gegen Erfolg bei derselben. Wenn die Konflikte wichtig genug sind, dürfte gerade die vermutlich wachsende Einsicht in den (auch) Resultantencharakter von Verfassungsrechtsprechung zunächst die »strategische« Nutzung auch von Urteilskritik fördern. Hiergegen läßt sich angesichts fehlender archimedischer Fixpunkte außerhalb des Systems pluralistischer Auseinandersetzung um den Verfassungskonsens selbst nicht viel einwenden.[99] Insbesondere läßt sich moralisch hiergegen allenfalls

96 BVerfGE 92, 203.
97 BVerfGE 97, 350.
98 Bei Fn. 19.
99 Abgesehen von Fällen »amtlicher« Kritik, welche als Verletzung des – seinerseits allerdings wenig trennscharfen – Prinzips der Verfassungsorgantreue oder gar als Verstoß gegen § 31 Abs. 1 BVerfGG zu werten sind; dazu Schulze-Fielitz (Fn. 10), S. 27 ff.

utilitaristisch argumentieren – mit Bezug auf das Interesse auch der Gegenseite an der Erhaltung des »Porzellans«, das sie gerade zerschlägt. Inwieweit die Spielregeln solcher strategischer Urteilskritik eines Tages Teil eines rechtsmethodisch aufgeklärten »Verfassungskonsenses« werden, wird die Zukunft zeigen. Derzeit dürfte noch das Muster jeweils standpunktabhängigen »Aufschreiens« über »unerträgliche« Judikate und »Entlarvens« komplementär »unerträglicher« Kritik dominieren. Das Aushalten und Zivililisieren des verfassungspolitischen Interessenkampfes will geübt sein. Auch insofern können verarbeitete schwere Konflikte integrierend wirken.

Helmuth Schulze-Fielitz

Das Bundesverfassungsgericht und die öffentliche Meinung

I. Problemstellungen

Die Fragen der Herausgeber, »ob, in welchen Formen, auf welchen Wegen und mit welchen Wirkungen« das BVerfG durch seine »Entscheidungspraxis« auf den gesellschaftlichen Grundkonsens im Bereich der öffentlichen Meinungsbildung einwirkt, läßt sich in einem engeren und einem weiten Sinne verstehen. Im engeren Sinne könnte man an eine Rechtsprechungsanalyse unter dem leitenden Gesichtspunkt denken, wie die Ergebnisse einzelner Leitentscheidungen und deren kontinuierliche Fortentwicklung in der Verfassungsrechtsprechung die öffentliche Meinung als Wesenselement des demokratischen Verfassungsstaats zu konstituieren und zu gewährleisten sucht, etwa in der Rechtsprechung zu Art. 5 GG oder zur Öffentlichkeitsarbeit staatlicher Institutionen[1]. Eine solche Orientierung allein an der öffentlichen Meinung als Sachgegenstand verfassungsrechtsdogmatischer Argumentation etwa i.S. einer verfassungsrechtlichen Kommentierung wäre indessen ziemlich unzureichend, um die Formen und Wirkungen des BVerfG auf die öffentliche Meinung angemessen zu erfassen, denn seine Entscheidungspraxis wirkt auch außerhalb dieser speziellen Spruchpraxis generell und nachhaltig auf die öffentliche Meinung und/oder unterliegt deren Einflüssen.

Nachstehend soll deshalb im Blick auf jene Kernfrage nach der integrierenden, den Grundkonsens immer wieder erneuernden Wirkung des BVerfG die »Entscheidungspraxis« in einem weiten Sinne verstanden werden, indem

1 In diesem Sinne zuletzt etwa *W. Hoffmann-Riem/W. Schulz*, Politische Kommunikation – Rechtswissenschaftliche Perspektiven, in: O. Jarren/U. Sarcinelli/U. Saxer, Hg., Politische Kommunikation in der demokratischen Gesellschaft, 1998, S. 154 ff. (156 ff.); *M. Kloepfer*, Öffentliche Meinung, Massenmedien, in: J. Isensee/P. Kirchhof, Hg., Handbuch des Staatsrechts (HStR), Band II, 2. Aufl. 1998, § 35 Rdnr. 48 ff., 53 ff.; früh bereits *P. Häberle*, Struktur und Funktion der Öffentlichkeit im demokratischen Staat (1970), in: ders., Die Verfassung des Pluralismus, 1980, S. 126 ff. (142 ff.); krit. zur Medienrechtsprechung *F. Ossenbühl*, Medien zwischen Macht und Recht, JZ 1995, S. 633 ff. (634 ff.); zum Öffentlichkeitsverständnis des BVerfG *O. Jarren*, Medien- und Öffentlichkeitswandel im modernen Staat?, Archiv für Presserecht 1994, S. 191 ff.

auch die verfassungstheoretische Argumentationsebene berücksichtigt wird und so drei Dimensionen des Verhältnisses zur öffentlichen Meinung unterschieden werden können: 1. die Wirkung des Bundesverfassungsgerichts als verfassungsrechtliches oberstes Staatsorgan, d.h. als *Institution*, 2. die spezifischen öffentlichkeitsbezogenen *Verfahren* seiner Entscheidungsfindung, und 3. die inhaltlichen *Ergebnisse* der verfassungsgerichtlichen Judikatur zur öffentlichen Meinung. Auf allen drei Ebenen wirkt das BVerfG einerseits auf die öffentliche Meinung so wie es andererseits zugleich auch spezifische Einflüsse der öffentlichen Meinung aufnimmt. Diese vielschichtigen Prozesse sollen hier – wenn auch eher skizzenhaft – beschrieben und thesenhaft verfassungstheoretisch erklärt werden (III.-V.). Zuvor allerdings bedarf es einer näheren Bestimmung oder Erklärung der hier in Bezug genommenen Begriffe der »öffentlichen Meinung« bzw. der »Öffentlichkeit« als analytischen Kategorien (II.).

II. Öffentliche Meinung und Öffentlichkeit als analytische Kategorien

1. Öffentliche Meinung

a) Begriff

Der Begriff der »öffentlichen Meinung« ist nicht auf eine allgemein anerkannte Weise bestimmt[2]; die öffentliche Meinung als sachlicher Gegenstandsbereich ist auch nur diffus bestimmbar. Man könnte ihn formalisieren und – entsprechend einem Bedeutungswandel seit der Aufklärung – mit der veröffentlichten Meinung gleichsetzen, wie sie nach der Erfindung der Buchdruckerpresse entstehen konnte und heute in den Massenmedien zum Ausdruck kommt[3]. Doch liegt darin eine rigide Verengung, die unterschlägt, daß in einer offenen Gesellschaft auch die veröffentlichte Meinung an eine öffentliche Meinung zurückgebunden ist, auf die sie einerseits gestaltend einwirkt, die sie andererseits auch reflektiert; der veröffentlichte Medientenor und die Bevöl-

2 Vgl. zuletzt näher *E. Noelle-Neumann*, Öffentliche Meinung, in: Jarren u.a., Hg., Kommunikation (Fn. 1), S. 81 ff.; *F. Neidhardt*, Öffentlichkeit, öffentliche Meinung, soziale Bewegungen, in: ders., Hg., Öffentlichkeit, öffentliche Meinung, soziale Bewegungen, 1994, S. 7 ff. (25 ff.); weiter vor allem *M. Kloepfer* (Fn. 1), § 35 Rdnr. 1 ff.; *J. Habermas*, Strukturwandel der Öffentlichkeit. Neuauflage, 1990, S. 343 ff.; *E. Fraenkel*, Deutschland und die westlichen Demokratien. Erweiterte Ausgabe, 1991, S. 232 ff.

3 In diesem Sinne z.B. *E.G. Mahrenholz*, Medien und Macht – Wie sichern wir Pluralismus und Transparenz?, in: Bertelsmann-Briefe, Heft 129, Mai 1993, S. 4 ff., zit. nach *Noelle-Neumann*, Meinung (Fn. 2), S. 83.

kerungsmeinung, besonders auch der schweigenden Mehrheit, können auseinanderfallen.

Die öffentliche Meinung ist ein sozialpsychologisches Phänomen und meint erstens in einem traditionellen, voraufklärerischen Sinn »einen breiten Konsensus in der Bevölkerung, dem sowohl die Regierung wie auch die einzelnen Glieder einer Gesellschaft folgen müssen«[4], weil er einen gewissen Konformitätsdruck ausübt. Es geht um die von den Mitgliedern einer Gesellschaft empfundene Übereinstimmung in Werten und Wertungen, Ansichten, Zielen, Stimmungen[5] und einem Zusammengehörigkeitsgefühl, das im Blick auf ein bestimmtes öffentliches bzw. gemeinsam erfahrenes Ereignis zum Ausdruck kommt.

Seit der Aufklärung setzte sich eine zweite, davon zu unterscheidende Sinnverschiebung durch, nach der die öffentliche Meinung die speziell des urteilsfähigen, kritisch räsonierenden, verantwortungsbewußt der Regierung gegenübertretenden Publikums der Bürger ist[6]. In diesem Sinne ist nach einer Erkenntnis von *David Hume* die Macht jeder Regierung »allein auf Meinung gegründet«[7], entfaltet die öffentliche Meinung, vermittelt vor allem über die Massenmedien, rationalisierende Kraft auch gegenüber der Regierung bzw. der staatlichen Herrschaft[8]. Nimmt man das BVerfG als spezielles Organ staatlicher Herrschaft in den Blick, gründet auch seine Macht – wenn auch vielleicht vermittelter – in der öffentlichen Meinung, d.h. in deren innerer und äußerer Annahme der Entscheidungen des BVerfG; zentrales Element dieses Prozesses der Akzeptanz ist die Überzeugungskraft der Entscheidungen des BVerfG[9].

4 *Noelle-Neumann*, Meinung (Fn. 2), S. 81 f.

5 Vgl. auch *F.K. Fromme*, Bundesverfassungsgericht und Öffentlichkeit, in: W. Zeidler/T. Maunz/G. Roellecke, Hg., Festschrift Hans Joachim Faller, 1984, S. 415 ff. (416).

6 Vgl. *E. Noelle-Neumann*, Welche Rolle spielt die Öffentliche Meinung für die Entscheidung der Richter?, in: B. Ziemske u.a., Hg., Staatsphilosophie und Rechtspolitik. Festschrift für Martin Kriele, 1997, S. 507 ff. (512 ff.); *W. Hennis*, Meinungsforschung und repräsentative Demokratie (1957), in: ders., Politik als praktische Wissenschaft, 1968, S. 125 ff. (133 ff.); *Habermas*, Öffentlichkeit (Fn. 2), S. 80 ff., 345 f.; krit. *Kloepfer* (Fn. 1), § 35 Rdnr. 4.

7 Vgl. *E. Vollrath*, »That All Governments Rest on Opinion«, Social Research 43/1 (1976), S. 46 ff.; *E. Noelle-Neumann*, Die Schweigespirale, 1980, S. 103 ff.; s.a. *H. Schulze-Fielitz*, in: H. Dreier, Hg., GG-Kommentar, Bd. 1, 1996, Art. 5 I, II Rdnr. 2.

8 Vgl. *B. Peters*, Der Sinn von Öffentlichkeit, in: Neidhardt, Hg., Öffentlichkeit (Fn. 2), S. 42 ff. (48 f.); *Habermas*, Öffentlichkeit (Fn. 2), S. 38 ff.

9 Vgl. z.B. *E.-W. Böckenförde*, Verfassungsgerichtsbarkeit: Strukturfragen, Organisation, Legitimation, Neue Juristische Wochenschrift 1999, S. 9 ff. (12); *J. Isensee*, Die Verfassungsgerichtsbarkeit zwischen Recht und Politik, in: M. Piazolo, Hg., Das Bundesverfassungsgericht, 1995, S. 49 ff. (53).

b) Problemebenen

Hinter der Redeweise von »der« öffentlichen Meinung verbergen sich eine Reihe von zu unterscheidenden Problemebenen. Sie darf erstens nicht diesen doppelten Gehalt verdecken, daß sie nämlich im Begriff der öffentlichen Meinung Unterschiedliches vereinigt – einmal jene (erste) Ebene eines breiten Bevölkerungskonsenses i.S. eines sozialpsychologischen Konformitätsdrucks, wie er durch gewachsene Traditionen, Werte, Gefühle, Gewohnheiten, kulturelle Standards repräsentiert und weitervermittelt wird, und zum anderen die (zweite) Ebene einer eher rational begründeten und diskutierten Einstellung zu politischen oder sonstigen Gestaltungsfragen, die sich (vor allem) auf das gemeinsame öffentliche Interesse eines Gemeinwesens beziehen; beide Elemente der öffentlichen Meinung durchdringen einander teilweise, unterliegen aber unterschiedlichen sozialen Gesetzmäßigkeiten der Bildung und Veränderung. Nachstehend geht es vor allem um die zweite Ebene von öffentlicher Meinung, so sehr auch diese im Konsens gewachsener Wertvorstellungen und Traditionen gründen mag.

Zweitens darf jene Redeweise nicht verdecken, daß es »die« öffentliche Meinung i.S. einer ganz bestimmten feststehenden Einheit regelmäßig nicht gibt[10]. Sie befindet sich stets in einem Prozeß der Veränderung, ist eher dynamisch als statisch. Sie kann zudem eindeutige Qualität i.S. einer klaren Mehrheits- oder Minderheitsmeinung immer nur in bezug auf einzelne konkrete Personen oder Sachfragen gewinnen; im übrigen erlaubt sie mit jeder komplexeren Problemstellung nur Tendenzaussagen und wird diffuser. In diesem Sinne sind »öffentliche Meinung« und »Zeitgeist« wohl weithin identisch[11].

Drittens nimmt gesamtgesellschaftlich wohl der Umfang der Felder ab, die eine öffentliche Meinung (i.S. einer flächendeckenden Fokussierung auf zentrale öffentliche Probleme des Gesamtstaates) konstituieren oder als solche wahrgenommen werden. Das gilt nicht nur für die unterschiedlichen großen und kleinen politischen Öffentlichkeiten in bezug auf unterschiedliche staatliche oder kommunale Einheiten (Bund, Land, Gemeinde). Die kulturelle Pluralisierung, die soziale Fragmentierung der Gesellschaft und die Medienentwicklung bilden auch fragmentierte Öffentlichkeitssphären aus, deren öffentliche Meinungen sich möglicherweise zumindest partiell abkoppeln von der

10 Vgl. *Jarren* (Fn. 1), Archiv für Presserecht 1994, S. 194 f.
11 Vgl. *Fromme*, Öffentlichkeit (Fn. 5), S. 434.

allgemeinen öffentlichen Meinung, die sich am gesamten Gemeinwesen orientiert[12].

Vor dem Hintergrund dieser drei Problemebenen lassen sich die verschiedenen *Funktionen der öffentlichen Meinung* (in ihrer Bedeutung als rationalisierende Öffentlichkeit) im Verfassungsstaat[13] auch in ihrem Gewicht unterschiedlich bestimmen und zuordnen. Die *Integrationsfunktion* der öffentlichen Meinung, d.h. die Ermöglichung und Sichtbarmachung eines Fundamental- oder Grundkonsenses im Gemeinwesen wird vor allem auch von den gewachsenen Traditionen und Wertungen bestimmt, während die *Funktion der Kontrolle* durch die öffentliche Meinung sich eher auf der Ebene der rational begründeten Einstellung zu einzelnen politischen Personal- oder Sachfragen abspielen. Die *Funktion der Legitimation* aller Staatsgewalt durch das Volk im Medium der öffentlichen Meinung liegt »zwischen« diesen beiden genannten Funktionen; sie kann sich sowohl auf der Ebene des gewachsenen Wertekonsenses der Bevölkerung als auch auf der Ebene rationaler öffentlicher Diskussionen einzelner Probleme verwirklichen. Integration, Legitimation und Kontrolle der Herrschaftsausübung im demokratischen Verfassungsstaat setzen jedenfalls auch die Existenz der öffentlichen Meinung voraus[14], die die Vorformung der politischen Willensbildung des Volkes mediatisiert und die Institutionen repräsentativer Demokratie plebiszitär ergänzt[15].

2. Öffentlichkeit

a) Begriff

Das Medium, in dem sich öffentliche Meinungen (als Produkte öffentlicher Kommunikation) bilden, ist die Öffentlichkeit. Öffentlichkeit hängt mit der öffentlichen Meinung daher auch begriffsgeschichtlich zusammen und weist wie diese begrifflich auf das 18. Jahrhundert als Entstehungszeit. Die Karriere des Begriffs der Öffentlichkeit gründet im Prozeß der Demokratisierung[16], der die politische Herrschaftsausübung an den Willen der Bürger zurückbindet und ein Mindestmaß an Öffentlichkeit der Herrschaftsausübung voraussetzt.

12 Vgl. *T. Vesting*, Soziale Geltungsansprüche in fragmentierten Öffentlichkeiten, Archiv des öffentlichen Rechts 122 (1997), S. 337 ff. (352 ff.); *Neidhardt*, Öffentlichkeit (Fn. 2), S. 10 ff.; s. auch *Jarren* (Fn. 1), Archiv für Presserecht 1994, S. 193 f.

13 Dazu näher *Kloepfer* (Fn. 1), § 35 Rdnr. 15 ff.; s. auch *Häberle*, Struktur (Fn. 1), S. 128 ff.

14 Vgl. in diesem Sinne BVerfGE 5, 85 (197); 8, 104 (112 ff.); 12, 113 (130); 54, 208 (219 f.); 85, 1 (12); s. auch *Schulze-Fielitz* (Fn. 7), Art. 5 I, II Rdnr. 166 f.

15 Vgl. *Kloepfer* (Fn. 1), § 35 Rdnr. 23 ff., 26 ff.

16 Vgl. *J. Gerhards*, Öffentlichkeit, in: Jarren u.a., Hg., Kommunikation (Fn. 1), S. 268 ff.

Mit dem Begriff Öffentlichkeit verbinden sich daher nicht nur empirische, sondern auch präskriptive Konnotationen in dem »emphatischen« Sinne, daß die politische Entscheidungsfindung für die Allgemeinheit der Bürger transparent und durch gute Argumente geprägt, jedenfalls nachvollziehbar sein soll[17]; Öffentlichkeit ist eine Vermittlungsinstanz zwischen den Bürgern und dem politischen Entscheidungssystem[18] und wird ihrerseits als politische Öffentlichkeit wesentlich durch die Massenmedien konstituiert und vermittelt. Sie ist insoweit das zentrale demokratische Rechtsprinzip der Verfassung[19].

b) Theoretische Bestimmungsversuche

Im Blick auf die sozialtheoretische Erfassung von Öffentlichkeit konkurrieren im wesentlichen zwei sozialwissenschaftliche Ansätze[20]. Nach dem von *Jürgen Habermas* entwickelten Idealmodell der Öffentlichkeit (»Diskursmodell«) handelt es sich um einen Bereich, in dem potentiell alle Bürger mit rationalen Argumenten die öffentlichen Belange diskursiv erörtern; die vernünftige öffentliche Meinung als Resultat dieser öffentlichen Kommunikationsprozesse wird dann in die politischen Entscheidungen überführt. Kennzeichen dieses Kommunikationsideals ist ein hoher Grad an diskursiver Rationalität, bei der die besseren Argumente mit dem Anspruch auf kollektive Akzeptanz aufgrund eines kollektiven Lernprozesses eine zentrale Rolle spielen[21].

Das systemtheoretische Gegenmodell versteht im Anschluß an *Niklas Luhmann*[22] Öffentlichkeit als ein Beobachtungssystem der Gesellschaft, über das sich die Bürger und die Akteure des politischen Systems gegenseitig beobachten und über die politische Öffentlichkeit durch Produktion öffentlicher Meinung kommunizieren können (»Spiegelmodell«)[23]. Die Leistung von Öffentlichkeit geht demzufolge über die Sichtbarmachung des Stoffes an Themen und Meinungen nicht hinaus, ist also nicht imstande, eine »öffentliche Meinung« i.S. eines diskursiven Prozesses kollektiven Lernens zu kristallisieren.

17 Vgl. *Peters*, Sinn (Fn. 8), S. 45 ff.
18 *Gerhards*, Öffentlichkeit (Fn. 16), S. 269.
19 So *Häberle*, Struktur (Fn. 1), S. 130.
20 Vgl. *Neidhardt*, Öffentlichkeit (Fn. 2), S. 8 ff.
21 Zsfssd. *Peters*, Sinn (Fn. 8), S. 45 ff.; *C. Kuhlmann*, Die öffentliche Begründung politischen Handelns, 1999, S. 66 ff.; s. auch *R. Heming*, Öffentlichkeit, Diskurs und Gesellschaft, 1997, S. 199 ff.
22 *N. Luhmann*, Gesellschaftliche Komplexität und öffentliche Meinung, in: ders., Soziologische Aufklärung 5, 1990, S. 170 ff. (181 f.).
23 Vgl. *J. Gerhards*, Politische Öffentlichkeit, in: Neidhardt, Hg., Öffentlichkeit (Fn. 2), S. 77 ff. (97 ff.).

Beide Modelle dürften sich nicht ausschließen, sondern unterschiedliche Leistungen unterschiedlicher Öffentlichkeiten akzentuieren. Gerade auch im Blick auf den Öffentlichkeitsbezug des BVerfG dürfte das Diskursmodell, obwohl regelmäßig kontrafaktisch, um so realitätsnäher sein, je mehr sich die jeweilige Öffentlichkeit einer fachlichen Diskussion unter Juristen nähert; das Spiegelmodell dürfte um so angemessener sein, je breiter die beteiligte (politische oder soziale) Öffentlichkeit ist und nichtfachliche Argumente, Themen und Meinungen im Spektrum öffentlicher Institutionalisierung »fokussiert« werden.

3. Die allgemeine und die Fachöffentlichkeit

Dem entspricht eine Besonderheit des Verhältnisses des BVerfG zur Öffentlichkeit, die in einer inhaltlichen (doppelten) Mehrdimensionalität das Gericht vor spezifische Probleme stellt. Die Entscheidungspraxis des BVerfG wendet sich *einerseits* an die *Fachöffentlichkeit* und damit die Medien der Rechtspraxis und der Rechtswissenschaft; die einzelnen Entscheidungen argumentieren in ihren schriftlichen Gründen nahezu allein auf der Ebene des (verfassungs-) juristischen Diskurses[24]. Juristische Fachzeitschriften, Fachkongresse und die faktische Folgebereitschaft in der Entscheidungspraxis der staatlichen Institutionen, d.h. von Verwaltungen, Gerichten und Gesetzgebungsorganen, sind die Medien dieser Fachöffentlichkeit mit ihren Mehrheits- und Minderheitsmeinungen; die Diskussionen bleiben grundsätzlich auf der fachlich-juristischen Ebene.

Das BVerfG wendet sich *andererseits* stets zugleich an die *allgemeine politische Öffentlichkeit* und deren (Massen-)Medien[25] wie etwa Rundfunk- und Fernsehanstalten, Tageszeitungen oder die Wochenpresse; damit dominiert das Übergewicht von juristischen Laien um so stärker, je größer das Publikum ist. Zwangsläufig werden dabei erstens die spezifisch juristischen Entscheidungsgründe aus ihrem fachlichen Kontext heraus in den Argumentationszusammenhang des gesunden Menschenverstandes des Bürgers transformiert – und damit so oft vereinfacht, zugespitzt oder auf einen Kern reduziert[26], daß diese Übersetzung dem Verfassungsjuristen oft geradezu verfälscht erscheint; der Schwerpunkt der Diskussion verlagert sich zugleich von der juristischen

24 Vgl. zu diesem bei ihm so genannten »formalistischen Diskurs« *U.R. Haltern*, Verfassungsgerichtsbarkeit, Demokratie und Mißtrauen, 1998, S. 73 ff., 81 ff.

25 Allg. zum Verhältnis von öffentlicher Meinung und Massenmedien *Kloepfer* (Fn. 1), § 35 Rdnr. 35 ff.

26 Vgl. allg. *Kloepfer* (Fn. 1), § 35 Rdnr. 40; zu den Gesetzmäßigkeiten der Öffentlichkeitsrhetorik *Neidhardt*, Öffentlichkeit (Fn. 2), S. 17 ff.

Begründung auf das Ergebnis der Entscheidungen. Und zweitens werden die in den Entscheidungsgründen allenfalls implizit enthaltenen Folgenanalysen angestellt – einerseits der Folgen für die am verfassungsgerichtlichen Prozeß beteiligten Verfassungsorgane und die faktisch hinter ihnen stehenden politischen Kräfte, für die von den Entscheidungen betroffenen Personen – etwa die privaten Kläger –, und andererseits der Folgen für die Rechtsbereiche, die von den in den Gründen ausgehenden Weiterungen ebenfalls betroffen sein könnten. Diese Diskussionen über reale und rechtliche Konsequenzen erfolgen nur noch sekundär auf einer fachjuristischen Argumentationsebene i.e.S.; nun wird der Diskurs vielmehr erweitert primär um politische, moralische oder sonstige Folgebewertungen, wie sie in den alltäglichen sozialen und politischen Handlungszusammenhängen von Bürgern, Politikern und Institutionen getroffen werden (müssen)[27]. In diese allgemeinpolitische Dimension von Öffentlichkeit ist das BVerfG unvermeidlich »verstrickt«. Das zeigt sich gerade auch im Medienecho und im Unterschied zur Fachgerichtsbarkeit des Bundes: Eine Geschichte des BVerfG läßt sich mit Hilfe von Zeitungsarchiven, eine Geschichte der fünf obersten Gerichtshöfe des Bundes aber nur mittels einschlägiger Fachliteratur schreiben[28].

Ein zentrales Dilemma des BVerfG besteht darin, daß es wegen seiner Stellung zwischen Recht und Politik den unterschiedlichen Erwartungen beider Öffentlichkeitsarenen gerecht werden muß und kritische Einwände deshalb umstandslos als Verstärker aus einer Kritik-Arena in die andere übernommen werden können. Die Besonderheiten dieser beiden hier getrennten Ebenen des Verhältnisses von BVerfG und Öffentlichkeit bestehen erstens darin, daß sie sich zwar analytisch und oft auch praktisch gut unterscheiden lassen, daß aber die Vielfalt der Anforderungen an das BVerfG als Verfassungsorgan vom Gericht fordert, selbst *beiden* Ebenen gerecht zu werden, obwohl es seinem Zuschnitt als Gericht nach scheinbar allein auf der Ebene des juristischen Diskurses entscheidet und begründet (und nach der Gesetzeslage auch so handeln *soll*)[29]. Das BVerfG ist als Institution nach Organisation, Kompetenzen und Verfahren primär ein Gericht und hat insoweit weithin nur die Instrumente juristischer Entscheidungsfindung zur Verfügung. Es darf sich aber wegen seiner weitergehenden Rolle als Verfassungsorgan nicht damit begnügen, sondern es muß auch die allgemeine (politische, soziale, kulturelle, wirtschaftliche) Dimension seiner Entscheidung für die (allgemeine) Öffentlichkeit mit-

27 Vgl. zu diesem Diskurs »materieller Informiertheit« *Haltern*, Verfassungsgerichtsbarkeit (Fn. 24), S. 96 ff.

28 So *R. Lamprecht*, Kooperation und Konfrontation. Über das Verhältnis der Medien zum Bundesverfassungsgericht, in: B. Guggenberger/T. Würtenberger, Hg., Hüter der Verfassung oder Lenker der Politik, 1998, S. 282 ff. (285).

29 Vgl. auch *Haltern*, Verfassungsgerichtsbarkeit (Fn. 24), S. 101 ff.

berücksichtigen. Dabei fehlen ihm dafür ausgebildete fertige Instrumente zur Abarbeitung der Öffentlichkeitsdimensionen seiner juristischen Entscheidungen; zugleich kann das Gericht sich dieser allgemeinen Öffentlichkeitsfunktion auch nicht einfach durch Betonung seines Gerichtscharakters entledigen, weil diese doppelte Funktion nur Ausdruck der Mehrdimensionalität von Verfassungen allgemein und des GG im besonderen ist.

Eine zweite Besonderheit der beiden beschriebenen Argumentations- und Diskussionsebenen besteht darin, daß sie sich jedenfalls auf der Ebene der allgemeinen Öffentlichkeit nur analytisch, aber kaum mehr praktisch trennen lassen. Wenn die Bürger und die meinungsbildenden Instanzen der Medienöffentlichkeit über ihre Verfassung in der Öffentlichkeit (mit-)diskutieren, kann ihnen ihr Argumentationshaushalt nicht als angeblich »unjuristisch« einfach vom Fachmann verkleinert werden. Die verfassungsgerichtlichen Entscheidungen geraten so in ein Umfeld von Argumenten und Diskussionsebenen, die mit ihrer spezifisch verfassungsrechtlichen Begründungsart disharmonieren und dem Gericht (scheinbar) »unangemessene« Kritik einbringen können. Auch insoweit ist der Ausweg, sich auf das »spezifisch Juristische« zurückzuziehen, keine Lösung, sondern nur Ausdruck einer Verlegenheit, die aus der inneren Spannung des BVerfG als einer juristischen *und* auch politischen Instanz folgt.

III. Das BVerfG als aktiver Faktor der öffentlichen Meinungsbildung

1. Verfassungsorganqualität und politische Öffentlichkeit

a) Das BVerfG als Verfassungsorgan

Das BVerfG unterscheidet sich von den anderen obersten Gerichtshöfen des Bundes qualitativ durch seinen spezifischen Charakter als Verfassungsorgan (vgl. § 1 BVerfGG)[30]. Es ist Teilnehmer am politischen Prozeß[31]. Es kann

30 S. etwa *Böckenförde* (Fn. 9), Neue Juristische Wochenschrift 1999, S. 11 ff.; *G. Roellecke*, Aufgaben und Stellung des Bundesverfassungsgerichts im Verfassungsgefüge, in: HStR II (Fn. 1), § 53 Rdnr. 8 ff.; *K. Schlaich*, Das Bundesverfassungsgericht, 4. Aufl. 1997, Rdnr. 25 ff.; grdl. *G. Leibholz*, Bericht des Berichterstatters an das Plenum des Bundesverfassungsgerichts zur »Status-Frage« (1957), in: P. Häberle, Hg., Verfassungsgerichtsbarkeit, 1976, S. 224 ff.; s.a. *Fromme*, Öffentlichkeit (Fn. 5), S. 416 f.

31 Vgl. jetzt ausf. *Haltern*, Verfassungsgerichtsbarkeit (Fn. 24), S. 96 ff.; zur Legitimation zuletzt *T. Würtenberger*, Zur Legitimität des Verfassungsrichterrechts, in: Guggenberger/ Würtenberger, Hg., Hüter (Fn. 28), S. 57 ff. (70 ff.).

nicht nur Akte des Gesetzgebers, also des demokratischen Souveräns – wenn auch nur auf Antrag – für nichtig bzw. verfassungswidrig erklären. Es kann auch jenseits dessen durch die Art der Begründung, durch die Gebote zur verfassungskonformen Auslegung, durch neuartige Verfassungsinterpretationen, durch ausdrückliche Appellentscheidungen an den Gesetzgeber, durch Zuerkennung neuer Organrechte, durch Analyse der Folgen seiner Entscheidungen u.a., d.h. immer allein durch Verfassungskonkretisierung das staatliche und gesellschaftliche Leben nachhaltig und weit mehr als nur reaktiv umgestalten; es steht dabei in einer spezifischen Nähe zur Politik. Deshalb lassen sich Verfassungsrecht und Politik bei Verfassungsstreitigkeiten nicht säuberlich trennen; dürfen alle Versuche ihrer Abschichtung als gescheitert gelten[32]; kann die Betonung des Charakters des BVerfG als Organ des Rechts[33] politische Gehalte bei der Konkretisierung der Verfassung nicht beseitigen; wird das Richterpersonal durch die Art der Wahl besonders legitimiert und auf die Auswahl des Richterpersonals auch (partei-)politisch Einfluß genommen, ohne den das BVerfG nicht die Macht haben könnte, die es gewonnen hat[34]. Dem BVerfG kommen damit Aufgaben zu, die über bloße Rechtsanwendung hinausweisen: Es soll im Rahmen der Verfassungskonkretisierung neue soziale Probleme rechtlich steuern und so zur alltäglichen Erneuerung des Konsenses der Bürger über ihre Grundlagen i.S. einer Integration des politischen Gemeinwesens im ganzen beitragen[35]. Bezugspunkt der verfassungsgerichtlichen Entscheidungen ist das Grundgesetz als Verfassung des gesamten Gemeinwesens, d.h. von Staat *und* Gesellschaft[36].

32 *P. Häberle*, Grundprobleme der Verfassungsgerichtsbarkeit, in: ders., Hg., Verfassungsgerichtsbarkeit (Fn. 30), S. 1 ff. (4); *H. Simon*, Verfassungsgerichtsbarkeit, in: E. Benda/W. Maihofer/H.-J. Vogel, Hg., HdbVerfR, 2. Aufl. 1994, § 34 Rdnr. 46; s.a. *T. v. Danwitz*, Qualifizierte Mehrheiten für normverwerfende Entscheidungen des BVerfG?, Juristenzeitung 1996, S. 481 ff. (483 f.) m.w.N.; *M. Schulte*, Zur Lage und Entwicklung der Verfassungsgerichtsbarkeit, Deutsches Verwaltungsblatt 1996, S. 1009 ff. (1010 ff.); *M. Piazolo*, Das Bundesverfassungsgericht und die Beurteilung politischer Fragen, in: ders., Hg., Bundesverfassungsgericht (Fn. 9), S. 243 (244 ff.); *Haltern*, Verfassungsgerichtsbarkeit (Fn. 24), S. 217 ff.

33 Zuletzt wieder *T. Clemens*, Das Bundesverfassungsgericht im Rechts- und Verfassungsstaat, in: Piazolo, Hg., Bundesverfassungsgericht (Fn. 9), S. 13 ff. (16 ff.); *J. Isensee*, Bundesverfassungsgericht – quo vadis?, Juristenzeitung 1996, S. 1085 ff. (1091 u.ö.); *ders.*, Verfassungsgerichtsbarkeit (Fn. 9), S. 56 f.

34 Vgl. zum politischen Charakter der Richterwahl *Böckenförde* (Fn. 9), Neue Juristische Wochenschrift 1999, S. 16; zur positiven Korrelation von Rangstellung des Verfassungsgerichts und parteipolitisch beeinflußter Richterbestellung *A. Weber*, Verfassungsgerichte in anderen Ländern, in: Piazolo, Hg., Bundesverfassungsgericht (Fn. 9), S. 61 ff. (66 f.); *A. v. Brünneck*, Verfassungsgerichtsbarkeit in den westlichen Demokratien, 1992, S. 32 ff.

35 Vgl. *H. Schulze-Fielitz*, Das Bundesverfassungsgericht in der Krise des Zeitgeists, Archiv des öffentlichen Rechts 122 (1997), S. 1 ff. (14).

36 Vgl. zu diesem (weiten) Verfassungsbegriff auch *P. Häberle*, Grundrechte im Leistungsstaat, Veröffentlichungen der Vereinigung der Deutschen Staatsrechtslehrer 30 (1972), S. 43 ff. (56 f.); s.a. *ders.*, Verfassungslehre als Kulturwissenschaft, 2. Aufl. 1998; ausf. Nw. zuletzt bei *A. Rinken*, Demokratie und Hierarchie. Zum Demokratieverständnis des Zweiten

b) Der Öffentlichkeitsstatus des BVerfG

Die Qualität als Verfassungsorgan verleiht dem BVerfG als Institution einen spezifischen Öffentlichkeitsstatus, der weit über die herkömmliche Gerichtsöffentlichkeit hinausgeht, so sehr er auf diese abfärbt (dazu 2.). Diese Öffentlichkeit der Verfassungsgerichtsbarkeit ist unmittelbar von der Öffentlichkeit der Verfassung selbst geboten[37]. *Peter Häberle* hat vor fast zwei Jahrzehnten im Blick auf diese spezifischen Aufgaben das BVerfG als »gesellschaftliches Gericht« eigener Art beschrieben[38]. Das BVerfG nimmt durch seine Rechtsprechung die Vielfalt an Ideen, Interessen und Interpretationsangeboten in diese Prozesse der Verfassungskonkretisierung auf – deshalb ist das Richterpersonal selbst pluralistisch zusammengesetzt. Auf diese Weise sollen die verschiedenen Meinungen und Argumentationsrichtungen im Verfassungsprozeß zur Geltung kommen, können Kontroversen im richterlichen Spruchkörper durch Abstimmungsergebnisse oder Sondervoten (§ 30 Abs. 2 BVerfGG) offengelegt werden, öffnet sich das Verfassungsprozeßrecht einer »offenen Gesellschaft der Verfassungsinterpreten«[39]. Das BVerfG steuert so auch die gesamtgesellschaftliche Entwicklung maßgeblich *mit*, indem es das Grundgesetz als Verfassungsvertrag fortschreibt[40] und elementare Anforderungen sozialer Gerechtigkeit oder Grundsatzfragen des politischen Gemeinwesens zum Thema macht. Es ist damit aber zugleich in die politischen, rechtlichen und sozialen Kontroversen der Gegenwart involviert. Dabei ist es gleichwohl stets und dauerhaft um Konsens und Kompromißfindung bemüht[41], ohne daß es zum Motor des Zeitgeistes werden dürfte[42].

Der Öffentlichkeitsstatus des Gerichts färbt auch auf die einzelnen Richter ab, die sich jedenfalls teilweise zu öffentlichen Stellungnahmen herausgefordert

Senats des Bundesverfassungsgerichts, Kritische Vierteljahresschrift für Gesetzgebung und Rechtswissenschaft 1996, S. 282 ff. (294 ff.); zum Grundsatzstreit um den Verfassungsbegriff zuletzt *H. Schulze-Fielitz*, Grundsatzkontroversen in der deutschen Staatsrechtslehre nach 50 Jahren Grundgesetz, Die Verwaltung 32 (1999), S. 241 ff. (259 ff.).

37 Vgl. *P. Häberle*, Recht aus Rezensionen, in: ders., Kommentierte Verfassungsrechtsprechung, 1979, S. 1 ff. (18).

38 Ausf. *P. Häberle*, Verfassungsgerichtsbarkeit als politische Kraft (1978), in: ders., Verfassungsrechtsprechung (Fn. 37), S. 425 ff. (436 ff.).

39 Grdl. *P. Häberle*, Die offene Gesellschaft der Verfassungsinterpreten (1975), in: ders., Verfassung als öffentlicher Prozeß, 3. Aufl. 1998, S. 155 ff.

40 *Häberle*, Verfassungsgerichtsbarkeit (Fn. 38), S. 438 ff.; zur Verfassung als Vertrag vgl. auch *H. Schulze-Fielitz*, Theorie und Praxis parlamentarischer Gesetzgebung, 1988, S. 213 ff.

41 So etwa auch *M. Kutscha*, Götterdämmerung in Karlsruhe?, Blätter für deutsche und internationale Politik 1995, S. 1213 ff. (1215); krit. *Isensee* (Fn. 33), Juristenzeitung 1996, S. 1092.

42 Vgl. *B. Rüthers*, Als Motor des Zeitgeistes ungeeignet, Frankfurter Allgemeine Zeitung vom 9.6.1995, S. 10; *Isensee*, Verfassungsgerichtsbarkeit (Fn. 9), S. 57 f.; gegen den »Positivismus der Tageswertungen« auch *E.-W. Böckenförde*, Recht, Staat, Freiheit, 1991, S. 90, 112.

sehen: Sie geben diese sowohl zu allgemeinpolitischen wie zu verfassungsrechtlichen und verfassungspolitischen Fragen ab vor dem Hintergrund von Erwartungen der Öffentlichkeit an ihre Eigenschaft als Verfassungsrichter, nicht als Privatpersonen. Sie laufen dabei Gefahr, in bezug auf die Vergangenheit das Beratungsgeheimnis und in bezug auf die Zukunft ihre Unbefangenheit zu gefährden[43].

c) Sondervoten

Besonders auffälliger Ausdruck des Öffentlichkeitsstatus ist das Privileg der Möglichkeit einer Abgabe von Sondervoten, die nicht zufällig nur beim BVerfG existiert. Jeder Richter »kann seine in der Beratung vertretene abweichende Meinung zu der Entscheidung oder zu deren Begründung« niederlegen (§ 30 Abs. 2 BVerfGG). Die Sondervoten haben nun nicht nur eine spezifisch juristische Funktion, die sich auf die Fachöffentlichkeit bezieht, sondern auch eine integrative Funktion im Blick auf die allgemeine Öffentlichkeit[44]. Sie lockern das Beratungsgeheimnis und erlauben eine Analyse der verschiedenen Grundüberzeugungen und der Meinungskämpfe bei der Rechtsfindung im Senat als kollektiven Spruchkörper. Dadurch wird die Verfassungsrechtsprechung als dialektischer, regelmäßig nur relativ auf Zeit verbindlich machender Prozeß anschaulicher, transparenter, bürgernäher und akzeptabler, weil sich die Sieger und die Unterlegenen im Prozeß weithin wiederfinden können; darin liegt ein Element des Minderheitenschutzes[45]. Sie offenbaren die Bandbreite juristischer Argumentationsmöglichkeiten, die Alternativen der Entscheidungsfindung und rationalisieren auf diese Weise gerade auch die öffentliche Kritik und Kontrolle der Entscheidungen, so wie sie in den Senatsberatungen selbst einen Druck zur Konsensfindung oder zur Rationalität entfalten oder aber jene Grenzen eines Konsenses offenbaren, die dann auch in der allgemeinen Öffentlichkeit existieren dürfen. Aber sie werden eben oft gerade in solchen Fragen abgegeben, die nicht nur rechtlich, sondern auch politisch hochumstritten sind, polarisieren und die Unterschiede im politischen Vorverständnis der beteiligten Richtergruppen offenbaren[46]. Sie gewinnen gerade dann eine argumentative Schärfe, die die fachgerichtlich verbreitete Nüchternheit deutlich hinter sich läßt[47].

43 *Fromme*, Öffentlichkeit (Fn. 5), S. 418; vgl. auch *R. Mishra*, Zulässigkeit und Grenzen der Urteilsschelte, 1997, S. 91; BVerfGE 46, 14 (17).

44 Vgl. *Lamprecht*, Kooperation (Fn. 28), S. 292 ff.; ausf. (krit.) *W.K. Geck*, Sondervoten bei Landesverfassungsgerichten de lege ferenda, in: C. Starck/K. Stern, Hg., Landesverfassungsgerichtsbarkeit, Teilband I, 1983, S. 315 ff. (376 ff.).

45 *Häberle*, Recht (Fn. 37), S. 24 f.

46 *Fromme*, Öffentlichkeit (Fn. 5), S. 419; s. auch übersichtlich zu den streitigen Urteilen *R. Ramprecht*, Richter contra Richter, 1992, S. 111 ff.

47 Z.B. BVerfGE 93, 149 ff. – Sondervotum *Böckenförde*.

d) Die Repräsentationsaufgaben des BVerfG

Zum Öffentlichkeitsstatus des BVerfG gehören auch seine Repräsentationsaufgaben. Sie werden namentlich durch den Präsidenten stets dann wahrgenommen, wenn das BVerfG neben den anderen Verfassungsorganen Bundespräsident, Bundestag, Bundeskanzler und Bundesrat öffentlich personal wahrgenommen werden soll, z.B. auf der Feier am Tag der Wiedervereinigung am 3. Oktober, aber auch bei sonstigen zahlreichen Anlässen, bei denen Vertreter der obersten Gerichte des Bundes bzw. des BVerfG vertreten sein sollen, namentlich die Repräsentation des BVerfG im Ausland auf Konferenzen der Präsidenten der Verfassungsgerichte oder anläßlich von Jubiläen. Dieser im Laufe der Jahrzehnte gewachsene Repräsentationsaufwand hat dazu geführt, daß der Präsident von den eigentlichen Rechtsprechungsaufgaben im Vergleich zu den anderen Richtern des BVerfG z.T. entlastet wird; auch die jüngst gesetzlich vorgesehene Gehaltserhöhung für die Inhaber des Vizepräsidentenamtes[48] dürfte in solchen Repräsentationsaufgaben gründen[49], die ihrerseits dem Öffentlichkeitsstatus des BVerfG geschuldet sind.

2. Der besondere Öffentlichkeitsbezug verfassungsgerichtlicher Verfahren

Die zweite Ebene, auf der das BVerfG als aktiver Faktor auf die öffentliche Meinungsbildung einwirkt, ist die Handhabung der verfassungsgerichtlichen Verfahren. Wie bei anderen Gerichten auch sind Verhandlungen vor dem erkennenden Gericht einschließlich der Verkündung der Urteile und Beschlüsse öffentlich (vgl. § 169 S. 1 GVG); diese Öffentlichkeit hat erhebliche Bedeutung für den justizbezogenen demokratischen Integrationsprozeß[50]. In diesem Sinne meinte *Friedrich Karl Fromme* noch 1984, die verfahrensrechtliche »Öffentlichkeit« beim BVerfG selbst enthalte »nichts Besonderes«[51]. Auf den ersten Blick scheint das auch so zu sein: Anders als etwa beim Schweizer Bundesgericht[52] finden die Beratungen der Richter nicht öffentlich, sondern

48 Vgl. dazu BT-Drs. 13/7673, S. 13, und die Spekulationen bei *C. Pestalozza*, Das Bundesverfassungsgericht: Bonner Reform – Allerlei '98, Juristenzeitung 1998, S. 1039 ff. (1041).

49 Vgl. *M. Winkler*, Neue Regelungen im Verfassungsprozeßrecht des Bundes, Neue Zeitschrift für Verwaltungsrecht 1998, S. 1266 f. (1267).

50 Vgl. nur *Kloepfer* (Fn. 1), § 35 Rdnr. 61; *Häberle*, Struktur (Fn. 1), S. 136 f.

51 *Fromme*, Öffentlichkeit (Fn. 5), S. 416.

52 Vgl. Art. 17 des Bundesgesetzes über die Organisation der Bundesrechtspflege i.d.F. gemäß Ziff. I des BG vom 4.10.1991 (BBl. 1991 II 465): »(1) Parteiverhandlungen, Beratungen und Abstimmungen sind öffentlich, ausgenommen die Beratungen und Abstimmungen der strafrechtlichen Abteilungen, der Schuldbetreibungs- und Konkurskammer und, wenn es sich um Disziplinarsachen handelt, der öffentlichrechtlichen Abteilungen. (2) In Steuersachen dürfen nur die Parteien und ihre Vertreter den Verhandlungen, Beratungen und

streng vertraulich statt; nicht einmal die wissenschaftlichen Mitarbeiter haben Zugang zu den Beratungen, deren Ergebnisse – regelmäßig[53] – auch nicht vorzeitig bekannt werden. Anders auch als etwa in der Praxis der öffentlichen Voten der Generalanwälte vor dem EuGH (Art. 166 Abs. 2 EGV = Art. 222 Abs. 2 EGV n.F.)[54] werden die Entscheidungen nicht auf eine öffentliche Weise vorbereitet, die die Argumentationen und Ergebnisse in einem gewissen Ausmaß von Überraschungseffekten befreit und die Öffentlichkeit rechtzeitig »einstimmt«. Doch werden absehbare Entscheidungen dadurch auch nicht vorher »zerredet«.

Auf den zweiten Blick offenbaren sich eine ganze Reihe von Besonderheiten. Jährlich finden nur durchschnittlich drei mündliche Verhandlungen statt[55]; die Entscheidung über das Ob einer mündlichen Verhandlung kann – sofern nicht Verfahrensbeteiligte darauf bestehen (vgl. § 25 Abs. 1 BVerfGG) – auch geprägt sein vom vermuteten aktuellen Interesse der Öffentlichkeit an einer solchen herausgehobenen Form der Verhandlung[56].

Zur Verbesserung dieser Öffentlichkeit namentlich im Vorfeld der Entscheidungsveröffentlichung ist das BVerfG dazu übergegangen, mitunter Urteile, die besonders umstrittene Materien betrafen und durch eine mündliche Verhandlung vorbereitet worden waren, bei laufenden Fernsehkameras zu verkünden und die Entscheidungsgründe durch den Senatsvorsitzenden und u.U. auch den Berichterstatter vorzulesen[57]. Grundlage dafür waren »einstweilige Rahmenbedingungen für Pressevertreter sowie Rundfunk- und Fernsehanstalten« vom Mai 1993[58], die u.a. auch Übertragungen bis zum Abschluß der Feststellung der Anwesenheit der Verfahrensbeteiligten zuläßt, aber auch die zeitversetzte Ausstrahlung der insgesamt aufgenommenen Urteilsgründe.

Abstimmungen beiwohnen. (3) Wenn eine Gefährdung der Staatssicherheit, der öffentlichen Ordnung oder der Sittlichkeit zu befürchten ist oder das Interesse eines Beteiligten es erfordert, kann die Öffentlichkeit durch Gerichtsbeschluß ganz oder teilweise ausgeschlossen werden.«

53 Vgl. zu Ausnahmen Nw. Fn. 64.

54 Vgl. *H. Krück*, in: H.v.d. Groeben/J. Thiesing/C.-D. Ehlermann, Hg., Kommentar zum EU-/EG-Vertrag, 5. Aufl. 1997 ff., Art. 166 EGV Rdnr. 13 f.; ausf. *G. Reischl*, Die Funktion der Generalanwälte in der Europäischen Rechtsprechung, in: J. Schwarze, Hg., Der Europäische Gerichtshof als Verfassungsgericht und Rechtsschutzinstanz, 1983, S. 121 ff.; *O. Pichler*, Der Generalanwalt beim Gerichtshof der Europäischen Gemeinschaften, 1983, S. 95 ff.

55 Willkürliche Stichprobe: Die Amtliche Sammlung enthält in den letzten zehn Bänden 87-96 218 Entscheidungen, die in den fünf Jahren und vier Monaten zwischen dem 7.7.1992 und 12.11.1997 ergangen sind. Davon sind 22 Urteile, die aufgrund von 16 mündlichen Verhandlungen ergangen sind.

56 *Fromme*, Öffentlichkeit (Fn. 5), S. 422 f.

57 Z.B. am 29.5.1993 betr. Urteil zu § 218 (BVerfGE 88, 203); am 8.4.1993 betr. AWACS-Entscheidung (BVerfGE 88, 173).

58 Abgedr. bei *G. Wolf*, Die Gesetzwidrigkeit von Fernsehübertragungen aus Gerichtsverhandlungen, Neue Juristische Wochenschrift 1994, S. 681 ff. (682).

Nach einer Änderung der Geschäftsordnung des BVerfG (1995) hätten die Urteilsgründe auch direkt (live) übertragen werden können. Ungeachtet dessen blieben Zweifel an diesem Verfahren in rechtlicher Hinsicht (Selbstentbindung des BVerfG von den §§ 169 S. 2 GVG, 17 BVerfGG?)[59], die nunmehr durch Einfügung von § 17a BVerfGG und damit die Schaffung einer gesetzlichen Grundlage behoben worden sind[60]. Erstmals wurden die Urteilsgründe vollständig live am 27.10.1998 im Falle des Urteils über das bayerische Schwangerschaftshilfe- und Beratungsgesetz übertragen. Insoweit bleiben die Zweifel im Blick auf die Zweckmäßigkeit dieser Praxis, weil solche dauerhaften Übertragungen die allgemeine Öffentlichkeit überfordern könnten[61].

Der Öffentlichkeitsbezug des Verfassungsprozeßrechts schlägt sich aber auch in anderen Erscheinungsformen nieder. So werden die Regeln über die Besorgnis der Befangenheit von Richtern des BVerfG, abweichend von den Maßstäben für die Richter der Fachgerichtsbarkeit, anders gehandhabt[62]. Das Prozeßrecht ist z.T. großzügiger, die Auslegung der Befangenheitsvorschriften durch das Gericht geben den Richtern weit mehr Spielraum zu öffentlichen Äußerungen im Vorfeld von Entscheidungen.

Eine andere Erscheinungsform ist der verbreitete Verzicht auf eine alsbaldige Veröffentlichung des Tenors der Entscheidung, etwa nach einer mündlichen Verhandlung, sondern der relativ lange Beratungszeitraum zwischen der Entscheidung über den Tenor und dem Abschluß der Einzelberatungen zur Begründung der Entscheidung, bei denen der Senat über die Entscheidungsgründe Satz für Satz berät und im Streitfall durch Mehrheitsentscheidung abstimmt, und bei denen jeder Richter bis zum Schluß der Beratungen sein Votum ändern kann (§ 26 Abs. 2 GO-BVerfG): So sollen die Entscheidungsgründe möglichst breit konsensfähig gemacht und die Kongruenz von Entscheidungstenor und Begründungsinhalt gewährleistet werden[63]. Kehrseite ist eine gewisse Anfälligkeit für vorzeitige Indiskretionen über den Ausgang sol-

59 Dazu näher *M. Schwartz*, Fernsehöffentlichkeit in Gerichtsverfahren: Zur Frage der Verfassungsgemäßheit des § 169 S. 2 Gerichtsverfassungsgesetz (GVG), Archiv für Presserecht 1995, S. 353 ff.; *C.-E. Eberle*, Gesetzwidrige Medienöffentlichkeit beim BVerfG?, Neue Juristische Wochenschrift 1994, S. 1637 ff.

60 S. näher *Pestalozza* (Fn. 48), Juristenzeitung 1998, S. 1040; krit. *G. Wolf*, »Wir schalten um nach Karlsruhe . . .«, Juristische Rundschau 1997, S. 441 ff. (445 ff.).

61 Vgl. BVerfGE 98, 265 ff. sowie *E. Benda*, Tatort Schloßbezirk, Neue Juristische Wochenschrift 1999, S. 1524 f.; zuletzt allg. zur Ambivalenz der Gerichtsöffentlichkeit besonders bei Strafverfahren *S. Walther*, Mehr Publizität oder mehr Diskretion?, Juristenzeitung 1998, S. 1145 ff. m. ausf. Nw.

62 S. nur *Schlaich*, Bundesverfassungsgericht (Fn. 30), Rdnr. 67 ff.; krit. *W.K. Geck*, Wahl und Status der Bundesverfassungsrichter, in: Isensee/Kirchhof II (Fn. 1), § 55 Rdnr. 34 ff.

63 Vgl. *Fromme*, Öffentlichkeit (Fn. 5), S. 420 f.

cher Verfahren, die hochpolitisch sind und sich auf eine Ja/Nein-Alternative zuspitzen lassen[64].

Jenseits solcher Besonderheiten des verfassungsgerichtlichen Prozeßrechts wird die Öffentlichkeit primär durch die Veröffentlichung der Entscheidungen und durch Aufbereitung der schriftlich vorgelegten Beschlüsse in der fachlichen und allgemeinen Medienöffentlichkeit geprägt. Das Gericht selbst stellt insoweit die Öffentlichkeit her, indem seine Richter eine sog. »amtliche« Sammlung herausgeben, die alle Senatsentscheidungen enthält. Aber auch die Kammerbeschlüsse werden – ohne System und in Abhängigkeit vom Zufall des Interesses der Fachzeitschriften oder der Verfahrensbeteiligten – zu einem Teil veröffentlicht. Hier sind die Langzeitwirkungen der Judikatur zu verorten, deren Inhalte die Öffentlichkeit auf Dauer und langfristig prägen können.

3. Die Öffentlichkeit des BVerfG als Medienöffentlichkeit

Das Wirken des BVerfG sowohl als Verfassungsorgan und Faktor in der politischen Öffentlichkeit als auch als Gericht im Medium der spezifischen Gerichtsöffentlichkeit wird heutzutage zentral vermittelt durch die Medien der Massenkommunikation. Schon die Art der Selbstdarstellung des BVerfG in der Öffentlichkeit hat Rückwirkungen auf die Erwartungen der Bürgerinnen und Bürger[65]. Aber auch die klassische Funktion der Gerichtsöffentlichkeit als Medium demokratischer Kontrolle der Justiz vollzieht sich als Medienöffentlichkeit[66]. Das BVerfG hat deshalb schon früh »seine eigene Mediengeschichte als fünftes Verfassungsorgan geschrieben«[67] und spezifische Formen des Umgangs mit den Massenmedien entwickelt. Von Beginn an scheint die Medienöffentlichkeit bei Konflikten um Karlsruher Entscheidungen für das Gericht Partei ergriffen zu haben[68]. Bei kompetenzgefährdenden Angriffen durch andere Verfassungsorgane, besonders die Bundesregierung oder einzelne Bundesminister, hat das Gericht durch entsprechende Presseerklärungen heftig reagiert[69]. Im Vergleich zu den anderen obersten Bundesgerichten

64 Vgl. die Beispiele bei *R. Lamprecht*, Karlsruher Indiskretionen, Neue Juristische Wochenschrift 1998, S. 3253 f.; *Fromme*, Öffentlichkeit (Fn. 5), S. 421.
65 Vgl. die entsprechende Hoffnung auf Entlastung des BVerfG durch eine entsprechende Öffentlichkeitsarbeit bei *M. Albers*, Freieres Annahmeverfahren für das BVerfG?, Zeitschrift für Rechtspolitik 1997, S. 198 ff. (202).
66 Vgl. allg. ausf. *J. Scherer*, Gerichtsöffentlichkeit als Medienöffentlichkeit: Zur Transparenz der Entscheidungsfindung im straf- und verwaltungsgerichtlichen Verfahren, 1979, S. 57 ff.
67 *Lamprecht*, Kooperation (Fn. 28), S. 283.
68 Belege bei *Lamprecht*, Kooperation (Fn. 28), S. 284 ff.
69 *Lamprecht*, Kooperation (Fn. 28), S. 287 ff.

treten auch die Richter des BVerfG mitunter weit stärker in der Medienöffentlichkeit hervor, um zu Entscheidungen oder aktuellen Verfassungsproblemen Stellung zu nehmen[70]. Seit 1975 gibt es auch eine eigene »Justizpressekonferenz Karlsruhe (JPK)«, auf der nach dem Vorbild der Bonner Bundespressekonferenz regelmäßig die beim BVerfG (und BGH) akkreditierten Journalisten mit Richtern des BVerfG (und des BGH), vor allem anläßlich von Gastvorträgen, im Pressezentrum des BVerfG zusammentreffen und durch solche Bekanntschaften auf intellektueller Basis ein dauerhaftes Klima und eine zusätzliche Ebene für öffentlichkeitsbezogene Aufklärung und transparente Rechtskommunikation geschaffen haben[71]. Seit Anfang 1996 gibt es schließlich, in Antwort auf die Kritik am BVerfG und die Mißverständnisse um verschiedene Entscheidungen wie denen zum Kruzifix und zum Ehrenschutz für Soldaten, eine eigene BVerfG-Pressestelle; diese Pressesprecherin bereitet den Stoff von mündlichen Verhandlungen oder zu veröffentlichenden Entscheidungen für die Massenmedien auf und nimmt zu Angriffen oder Falschmeldungen öffentlich Stellung, »die unterhalb der Ebene liegen, auf die das BVerfG-Plenum reagieren müßte«[72]. Auch diese Praktiken widersprechen dem herkömmlichen Bild von der Justiz; für dieses ist kennzeichnend, daß es nicht zufällig wenig mit politischer Kommunikation i.S. von Öffentlichkeitsarbeit in Zusammenhang gebracht wird[73]: In einem jüngst erschienenen Handbuch zur politischen Kommunikation als Öffentlichkeitsakteure werden zwar u.a. Bürger, Journalisten, Medien, Parlamente, Parteien, politische Eliten, Regierungen, Verwaltung und Verbände, nicht aber Gerichte systematisch erfaßt[74].

IV. Rückwirkungen der öffentlichen Meinung auf die Entscheidungspraxis des BVerfG

1. Der Druck der öffentlichen Meinung auf die Institution des BVerfG

Das BVerfG macht sich zunächst einmal als Institution Sorgen um sein Ansehen in der Öffentlichkeit, obwohl seine richterlichen Mitglieder, anders als die Inhaber politischer Wahlämter, von den Schwankungen der öffentlichen Mei-

70 Vgl. *Fromme*, Öffentlichkeit (Fn. 5), S. 418.
71 So *Lamprecht*, Kooperation (Fn. 28), S. 290 f.
72 *Lamprecht*, Kooperation (Fn. 28), S. 302.
73 Krit. zur mangelnden Öffentlichkeitsarbeit der Gerichte *Mishra*, Zulässigkeit (Fn. 43), S. 89 ff., 295 ff.; s. auch *Würtenberger*, Legitimität (Fn. 31), S. 74.
74 Vgl. *Jarren u.a.*, Hg., Kommunikation (Fn. 1), S. 406 ff.

nungen gerade persönlich und sachlich unabhängig sind. Dennoch scheint es für das Selbstverständnis dieses Verfassungsorgans von Bedeutung zu sein, daß es im Ansehens-Ranking in der öffentlichen Meinung bzw. bei Befragungen der Bevölkerung jahrzehntelang Spitzenwerte erhielt: Im Vergleich zu anderen, besonders den stärker politisch unterschiedlich bewertbaren Verfassungsorganen oder sonstigen herausragenden Institutionen des Gemeinwesens kann das Wirken des BVerfG seit langem auf die (bei den Führungskräften in Wirtschaft, Politik und Verwaltung) nach der Bundesbank[75] bzw. (bei der Gesamtbevölkerung) nach dem Bundespräsidenten[76] (zweit-)höchste Zustimmung vertrauen.

Um so empfindlicher reagierte das Gericht auf den Proteststurm im Anschluß an den Kruzifix-Beschluß im August 1995. Allein aufgrund dieses Beschlusses gingen ca. 250.000 Briefe beim BVerfG ein – in der gesamten Zeit seiner Existenz zuvor waren ca. 190.000 Briefe an das BVerfG gezählt worden[77]. Eine Umfrage des Instituts für Demoskopie Allensbach vom September 1995 schien einen erheblichen Reputationsverlust des Gerichts zu signalisieren mit der Folge, daß deren Daten durch die Leiterin dieses Instituts, Frau Dr. *Köcher*, in einem Vortrag vor der Justizpressekonferenz Karlsruhe in Anwesenheit auch zahlreicher Richter erläutert wurden. Daran sind mehrere Dinge sehr bedenkenswert.

Erstens erscheint allein schon dieser Vorgang bemerkenswert – in welcher anderen Rolle kann ein solches Interesse der Richter an der öffentlichen Meinung gründen als im Öffentlichkeitsstatus als Verfassungsorgan? Denn für die eigentliche richterliche Tätigkeit kann ja wohl eine solche Orientierung an mehr oder weniger diffusen Meinungsumfragen nicht bedeutsam sein.

Zweitens aber ist noch bemerkenswerter der fast manipulative Druck, der hier qua Öffentlichkeit auf das BVerfG ausgeübt wurde und zu einem stark gestiegenen, möglicherweise doch übertriebenen Krisengefühl bei den Richtern geführt hat[78]. So wurde ein Ansehensverlust des Gerichts durch Abnahme der

75 Vgl. z.B. die Umfrage bei den Führungskräften in Wirtschaft, Politik und Verwaltung vom März 1995 über die Institutionen mit dem höchsten Ansehen in den letzten 50 Jahren, bei der die Bundesbank vor BVerfG, Max-Planck-Instituten, Bundestag und Goethe-Instituten am besten abschnitt (38, 19, 10, 8 bzw. 7% Nennungen der Befragten); bei den Führungskräften in der Politik nimmt das BVerfG den Spitzenplatz ein: *E. Noelle-Neumann/R. Köcher*, Hg., Allensbacher Jahrbuch der Demoskopie 1993-1997, 1997, S. 538.

76 Vgl. die repräsentative Umfrage über das Ansehen staatlicher Institutionen vom September 1995 bei *Noelle-Neumann/Köcher*, Hg., Jahrbuch (Fn. 75), S. 812 f.

77 Angaben zit. nach *Haltern*, Verfassungsgerichtsbarkeit (Fn. 24), S. 107.

78 Man denke an das Wort von *E.-W. Böckenförde* bei seiner Verabschiedung als Richter, »das BVerfG ist heute nicht mehr das, was es bis zum 10.8.1995 war«, d.h. dem Tag der Veröffentlichung des Kruzifix-Beschlusses, vgl. *ders.*, Die Überlastung des Bundesverfas-

Zahl der Befragten vermerkt, die eine gute Meinung vom BVerfG haben (1974 47%, 1985 52%, 1995 36%); indessen gilt dieser Ansehensverlust (aufsteigend 1974-1985 und absteigend 1985-1995) ausnahmslos in gleicher Weise für *alle* vergleichbaren staatlichen Institutionen[79]: Stets stand das Amt des Bundespräsidenten an der Spitze, zumindest seit 1983 stets – also auch im September 1995 – gefolgt vom BVerfG, das 1974 und 1980 sogar noch erst nach dem Bundestag und der Bundesregierung rangierte[80]. Allerdings registrierte Frau Dr. *Köcher* in ihrem Vortrag im BVerfG bzw. einem entsprechenden Beitrag in der FAZ[81] einen »plötzlichen Ansehensverfall«[82], weil seit der letzten Umfrage vom Mai 1994 die Zustimmung zu dem höchsten Gericht in den alten Ländern von 51 auf 40% gesunken sei. Und sie versuchte, diese Entwicklung in einen Bezug zu einzelnen Urteilen zu setzen und deren angebliche Inhalte in einen Gegensatz zur Mehrheitsmeinung der demoskopisch befragten Bevölkerung. Daß diese Umfrage mitten im September 1995 auf dem Höhepunkt einer stark polarisierenden öffentlichen Diskussion sich auch in geringeren Zustimmungsquoten und daher auch Ansehensverlusten niederschlagen mag, ist unbestreitbar, weil das Ansehen gerade jener staatlichen Institutionen relativ besonders stark gesunken ist, in denen öffentliche politische Konflikte ausgetragen werden (Bundestag, Bundesrat, Regierungen), relativ weniger aber das Ansehen der neutralen Institutionen (Bundespräsident, Bundesbank, Bundeswehr); je politisch umstrittenere Rechtsfragen das BVerfG zu entscheiden hat, desto eher wird es den geschützten Raum der ansehensfördernden Neutralität verlassen müssen. Zu bestreiten ist aber vor allem, daß solche Momentaufnahmen während einer emotionalisierten bundesweiten öffentlichen Debatte das Vertrauen in die Institution BVerfG nachhaltig erschüttert hätte; ich vermute sehr stark, daß für den Fall neuerer Zahlen der plötzliche Ansehensverlust deutlich relativiert würde.

Drittens erscheint mir bemerkenswert, daß dem BVerfG indirekt eine stärkere Orientierung an der Mehrheitsmeinung der Bevölkerung nahegelegt wird, in-

sungsgerichts, Zeitschrift für Rechtspolitik 1996, S. 281 ff. (281); diese Wertung verrät wenig Vertrauen in die stabilisierende Kraft von Institutionen und Verfahren (auch) schon als solchen.

79 Bundesrat, Länderregierungen, Bundesregierung, Bundestag, Bundespräsident, BVerfG, Bundesbank und Bundeswehr.

80 *Noelle-Neumann/Köcher*, Hg., Jahrbuch (Fn. 75), S. 812 f. Parallele Zahlen und Entwicklungen für 1974, 1980 und 1988 bei *E. Noelle-Neumann/R. Köcher*, Hg., Allensbacher Jahrbuch der Demoskopie 1984-1992, 1993, S. 652; Zahlen für 1983 im Anhang zur (unveröffentlichten) erweiterten Dokumentation zum Artikel von *R. Köcher*, Hüter oder Herrscher?, Frankfurter Allgemeine Zeitung vom 25.10.1995, S. 5.

81 Frankfurter Allgemeine Zeitung vom 25.10.1995, S. 5.

82 In dramatisierter und letztlich verfälschender Zuspitzung *Isensee* (Fn. 33), Juristenzeitung 1996, S. 1086: »In kurzer Zeit ist das Vertrauen, das in Jahrzehnten aufgebaut war, jäh abgestürzt . . . Die Kritik . . . greift über auf . . . Besetzung und Bestand des Gerichts selbst« (o.Nw.).

dem eine Diskrepanz zwischen den Ansichten und Wertungen der Bevölkerung und denen der Richter des BVerfG – aus der Sicht der Befragten – nahegelegt wird. Gewiß sind die verschiedenen dazu gewählten Verfahren untauglich. So gibt es fast überall eine gewisse Wertungsdiskrepanz zwischen der Bevölkerung und den jeweiligen Eliten[83]. Zudem werden schon die demoskopischen Fragen an die Bevölkerung so gestellt, daß sie den inhaltlichen Kern von Entscheidungen des BVerfG gar nicht treffen[84]. Aber alle diese Argumentationen verlaufen völlig unabhängig von verfassungsrechtlichen Überlegungen und erwarten vom BVerfG bestimmte vorrechtliche Wertungen; sie bestätigen auf diese Weise indirekt eine gewisse Einbindung der Entscheidungspraxis des BVerfG in die Trends der öffentlichen Meinung.

2. Rückwirkungen auf das verfassungsgerichtliche Prozedere

Rückwirkungen der öffentlichen Meinung lassen sich auch in der Handhabung des verfassungsgerichtlichen Verfahrens vermuten. Die Erscheinungsformen sind vielfältig und von unterschiedlichem Gewicht. Schon die Entscheidung, ob eine Kammer oder der Senat zu entscheiden hat, kann nicht nur von rein fachlich-juristischen, sondern auch von politisch-öffentlichen Gesichtspunkten der Umstrittenheit geprägt sein. Durch Anberaumung einer mündlichen Verhandlung können »hochpolitische« oder sonst polarisierende Prozesse im Verfahren durch ausführliche Berücksichtigung aller Beteiligten »abgearbeitet« bzw. auf unterschiedliche Weise »inszeniert«[85] werden. Namentlich die hochpolitischen Prozesse der jeweiligen Opposition als Minderheit im Normenkontroll- oder Organklageverfahren[86] dürften regelmäßig zu entsprechenden mündlichen Verhandlungen führen, selbst wenn das BVerfG prozeßrechtlich davon absehen könnte. Das BVerfG holt in faktischer Anerkennung der offenen Gesellschaft der Verfassungsinterpreten regelmäßig zahlreiche Stellungnahmen von staatlichen Organisationen oder gesellschaftlichen Institutionen oder Gutachten ein, um die Breite des gesellschaftlichen Konsenses zu ermitteln, und erweitert so den Einfluß von Vertretern der Öffentlichkeit in einem weiteren Sinne. Selbst die endgültige Veröffentlichung von politisch hochumstrittenen Entscheidungen kann mit unterschiedlichen Auswirkungen zeitlich plaziert werden, um etwaigen Aufgeregtheiten der Öffentlichkeit auszuweichen: Die Entscheidung zum Kruzifix-Beschluß bei-

83 Vgl. auch *Noelle-Neumann*, Rolle (Fn. 6), S. 518 f.

84 Z.B. wäre nicht nach der Richtigkeit der Aussage, ob Soldaten (potentielle) Mörder seien, zu fragen, sondern danach, ob strafrechtlich vom Staat verfolgt werden soll, wer solches meint.

85 So *Fromme*, Öffentlichkeit (Fn. 5), S. 430.

86 Vgl. insoweit (ohne prozeßrechtliche Würdigung) *K. Stüwe*, Die Opposition im Bundestag und das Bundesverfassungsgericht, 1997, S. 211 ff. u.ö.

spielsweise wurde im August 1995 veröffentlicht, also journalistisch in einer »Saure-Gurken-Zeit«, in der früher jahrzehntelang regelmäßig das Ungeheuer von »Loch Ness« die Zeitungsspalten zu füttern pflegte – mit der Folge, daß die Konzentration einer monatelangen Diskussion auf ein Thema die öffentliche Aufregung mit Sicherheit wesentlich erhöht hat. Alle solche oder andere Erscheinungsformen einer gewissen Rücksichtnahme auf die Öffentlichkeit und ihre Bedürfnisse oder Verhaltensweisen im Blick auf die Handhabung des Verfassungsprozeßrechts gibt es; sie erscheinen letztlich rechtlich unproblematisch, weil sie im Rahmen und nach Maßgabe des Gesetzes erfolgen. Objektiv reflektieren sie den spezifischen Öffentlichkeitsstatus des BVerfG.

3. Der Einfluß der öffentlichen Meinung auf die inhaltliche Entscheidungspraxis

Die Richter des BVerfG sitzen nicht in einem Elfenbeinturm[87], sondern sind als Personen der Öffentlichkeit vielfältigen Einflüssen der öffentlichen Diskussionen ausgesetzt. Problematisch können, aber müssen nicht die Rückwirkungen der öffentlichen Meinung, vermittelt über die Richterpersönlichkeiten und die Art ihrer Entscheidungsfindung, auf die inhaltliche Entscheidungspraxis des BVerfG sein. Die Grenzziehung zwischen zulässigen und illegitimen Erscheinungsformen der Rückwirkung sind dabei fließend. Analytisch lassen sich dabei nach Art und Inhalt des Einflusses Wirkungen der öffentlichen Meinung (a) unterscheiden, die einen gewissen Druck in Richtung auf ein bestimmtes konkretes Ergebnis der Entscheidung ausüben, von solchen, die eher unterschwellig eine bestimmte Art der Problemsicht prägen und dabei so auf den Zeitgeist Rücksicht nehmen. Nach dem Zeitpunkt und den Formen der Rückwirkung in der öffentlichen Meinung auf das Gericht (b) lassen sich die Ebene der Einflüsse der Öffentlichkeit vor bzw. während der Entscheidungsfindung, die öffentliche kritische Diskussion der Entscheidungen und die Folgen der Entscheidungskritik unterscheiden.

a) Art und Inhalt des Einflusses der öffentlichen Meinung

Immer wieder wird spekuliert, daß Vertreter des politischen Systems im Medium der Öffentlichkeit das Gericht unter Druck setzen, um ein bestimmtes, politisch gewünschtes *Ergebnis* in bestimmten Einzelfällen zu erzielen. Beispiele sind etwa die öffentlichen Äußerungen von Politikern im Zusam-

87 Vgl. aber auch *W. Schmitt Glaeser*, Art. 5 Abs. 1 S. 2 GG als »Ewigkeitsgarantie« des öffentlich-rechtlichen Rundfunks, Die Öffentliche Verwaltung 1987, S. 837 ff. (843): »fern jeder Realität«.

menhang mit der Verteidigungspolitik in den 50er Jahren, der Ostpolitik in den 70er Jahren oder der Asylpolitik in den 90er Jahren; jüngst wollten vier Professoren ihre Klage gegen den Euro in einer konzertierten Aktion mit Hilfe der Medienöffentlichkeit – vergeblich – verstärken. Ob die Richter das Ergebnis ihrer Entscheidungen an solchen Bestrebungen ausrichten und solchen Pressionen nachgeben, läßt sich nicht belegen, allenfalls vermuten; sie selbst pflegen die natürliche Trotzreaktion hervorzuheben, nach der auch Richter »erst recht« nicht nachzugeben bereit sind. Solche Pressionen sind jedenfalls illegitim und provozieren regelmäßig den öffentlichen Widerspruch auch des Gerichts.

Neben solchem unmittelbaren Druck unterliegen das BVerfG und seine Richter gewiß den schwankenden Wellenbewegungen der öffentlichen Meinungen, wie sie im seinerseits recht unbestimmten Begriff des »Zeitgeistes« ihren Niederschlag finden und vor allem durch die Massenmedien kurzfristig in bestimmten Hinsichten verstärkt, übertrieben und unverhältnismäßig zugespitzt werden können[88]. Der Zeitgeist beeinflußt gewiß unvermeidlich und bekanntermaßen das Vorverständnis, das den Problemzugang der Richter leitet[89]: Die besonders umstrittenen Entscheidungen in neuerer Zeit stehen im Kraftfeld politisch *und* rechtlich hochumstrittener Entwicklungen, deren Richtung und Gewicht wir alle ebensowenig wie das BVerfG genau kennen können[90]. Die Entwicklungen sind Ausdruck des sich seiner selbst ungewissen und letztlich nicht präzise faßbaren Zeitgeists der aktuellen Gegenwart. Der Zeitgeist[91] als »Geist des unrettbar Disparaten«[92] umfaßt Modeströmungen, deren Einfluß sich verflüchtigen kann, oder auch fundamentale, dominierende Änderungen, deren unterschwellige Wirkkraft Staat und Gesellschaft nachhaltig verändern kann. Was nur modisch und was fundamental ist, das läßt sich regelmäßig nur ex post, in historischer Bewertung, beurteilen. Der Zeitgeist ist sehr unterschiedlich wahrnehmbar, z.B. als eine Verfallsgeschichte traditioneller Werte und Gewißheiten, besonders seit 1968, deren zerstörerische Folgen nun auch das BVerfG infiziert habe[93], oder als Form der Modernisierung. Das Urteil

88 Vgl. *Kloepfer* (Fn. 1), § 35 Rdnr. 34; *Fromme*, Öffentlichkeit (Fn. 5), S. 431 f., der die Aussetzung des Vollzugs der Volkszählung 1983 solchen Übertreibungen geschuldet wähnt; s. bereits in diesem Sinne *W. Sarstedt*, Steht der Richter unter dem Druck der öffentlichen Meinung?, Archiv für Presserecht 19 (1971), S. 146 ff.

89 *Schulze-Fielitz* (Fn. 35), Archiv des öffentlichen Rechts 122 (1997), S. 16 m.w.N.

90 Vgl. insoweit auch *S. Braum*, Grundgesetzinterpretation und Strafrecht, Kritische Vierteljahresschrift für Gesetzgebung und Rechtswissenschaft 1995, S. 371 ff. (394 f.).

91 S. näher *T. Würtenberger*, Zeitgeist und Recht, 2. Aufl. 1991, S. 18 ff.

92 So *B. Guggenberger*, Der Zeitgeist und das Zeitgeistige, Deutsche Richterzeitung 1993, S. 49 (50).

93 *Würtenberger*, Zeitgeist (Fn. 91), S. 209 ff.; s. mit dieser Tendenz die Beiträge in *W. de Boor/D. Meurer*, Hg., Über den Zeitgeist. Deutschland in den Jahren 1918-1995. Band II: Justiz in Deutschland, 1995, z.B. S. 495 ff.

zum Schwangerschaftsabbruch z.B. wird teils als Anpassung an den Zeitgeist, teils als Widerstand gegen den Zeitgeist interpretiert[94]. Wie immer dem sei – auch das BVerfG, seine Richter und seine Rechtsprechung sind eingebunden in Wandlungsprozesse, die Problemzugang und Vorverständnis bei der Methodenwahl prägen. Verfassungsinterpretation ist ein »öffentlicher Prozeß« mit vielen daran beteiligten Interpreten mit unterschiedlichen Interessen und Perspektiven[95]. Das BVerfG muß sich einerseits den Einflüssen aktuell-modischer Mehrheitsmeinungen entziehen in dem Bewußtsein, daß auch zunächst »unpopuläre« Entscheidungen mittelfristig akzeptiert und konsensfähig werden; es muß andererseits i.S. der angelsächsischen »responsiveness« den aktualisierten und sich wandelnden Wünschen und Hoffnungen der Bevölkerung in die Verfassung gerecht werden[96].

b) Zeitpunkt und institutionalisierte Formen der Einflußnahme

Die Einflußnahme der öffentlichen Meinung vor bzw. während der Entscheidungsfindung vollzieht sich im institutionalisierten Rahmen des Verfassungsprozeßrechts, dessen Verfahren die Vielfalt der öffentlichen Meinung im Rahmen eines verfassungsrechtlichen Diskurses aufzunehmen in der Lage ist; jede andere, stärker mittelbare Einflußnahme ist illegal[97]. Das Amt des Verfassungsrichters schützt ihn formal. Seine rechtliche Unabhängigkeit schützt ihn vor Pressionen. Die Pluralität der öffentlichen Meinung und meist auch der rechtswissenschaftlichen Stellungnahmen erlaubt ihm auch eine faktische Unabhängigkeit, deren er sich nur durch eine von ihm selbst gepflegte Nähe zu denen begeben kann, die ihn beeinflussen wollen.

Entscheidungen des BVerfG unterliegen wie sonstige Gerichtsurteile auch der fachlichen Kritik durch Urteilsbesprechungen, die ein Element der Kontrolle des BVerfG bilden. Diese Kritik der fachlichen Öffentlichkeit steht aber in Wechselwirkung zur Kritik der allgemeinen politischen Öffentlichkeit: Anders als bei den Fachgerichten ist gerade auch die journalistische und allgemeinpolitische Auseinandersetzung mit den Entscheidungen des BVerfG ein Wesensmerkmal des Verhältnisses von BVerfG und Öffentlichkeit[98]. Deshalb läßt sich auf einer nichtfachlichen Ebene seit Beginn der Existenz des BVerfG eine Ebene der öffentlichen Kritik feststellen, die sich an politischen Ergeb-

94 Vgl. *W. de Boor*, § 218 StGB und Zeitgeist, in: de Boor/Meurer, Hg., Zeitgeist (Fn. 93), S. 335 ff.
95 *P. Häberle*, Verfassungsinterpretation als öffentlicher Prozeß – ein Pluralismuskonzept (1978), in: ders., Verfassung (Fn. 39), S. 121 ff.; *ders.*, Gesellschaft (Fn. 39), S. 155 ff.
96 In diesem Sinne *Würtenberger*, Legitimität (Fn. 31), S. 74 ff.; insoweit auch *O. Depenheuer*, Auf dem Weg in die Unfehlbarkeit?, in: FS Kriele (Fn. 6), S. 485 ff. (501 ff.).
97 *Häberle*, Verfassungsinterpretation (Fn. 95), S. 135.
98 *Fromme*, Öffentlichkeit (Fn. 5), S. 425.

nissen und Vorverständnissen einzelner Entscheidungen orientiert und z.B. von Politikern, Kanzlern und Ministern, Parteitagen usw. oft im Sinne einer »Urteilsschelte« artikuliert worden ist[99]. Diese Ebene ist unvermeidliche und unproblematische Folge der Eigenart des BVerfG, auch politische Rechtsstreitigkeiten zu entscheiden und damit im politischen Streit involviert zu sein; diese Kritikebene erscheint mir im Grundsatz unproblematisch.

Die Folgen der Entscheidungskritik sind zunächst nicht juristisch erheblich – die Entscheidungen des BVerfG behalten ihre Bindungswirkung für andere Staatsorgane bzw. Gesetzeskraft nach § 31 BVerfGG, die Entscheidung bleibt rechtskräftig. Gewiß kann die Judikatur des BVerfG sich selbst auch aufgrund der Kritik elementar korrigieren – was sehr selten ist – oder jedenfalls modifizieren und differenzieren, was sich ständig vollzieht. Problematisch wird es, wenn die Entscheidungskritiker sich über den institutionalisierten Vorrang des BVerfG hinwegsetzen – insofern gibt es Krisensymptome; ich komme darauf zurück.

V. Folgerungen: Das BVerfG im Wandel der öffentlichen Meinung

1. Verfassungsgerichtsbarkeit, Öffentlichkeit und Verfassungsbegriff

Das BVerfG steht folglich vor einem gewissen Dilemma. Es sieht sich qua Öffentlichkeit stärker als andere Gerichte latenten oder manifesten Zumutungen und Pressionen der öffentlichen Meinung und damit auch wachsenden Verantwortungslasten ausgesetzt. Könnte es diesen durch Betonung des Gerichtscharakters, d.h. durch Hervorhebung des fachlichen Elements zu Lasten der politischen Dimensionen seiner Entscheidungen, entkommen? Die Antwort kann nur lauten: Dieser Weg ist weder gangbar (a), noch wäre er auch nur wünschenswert (b).

a) Das BVerfG als politischer Machtfaktor

Das BVerfG kann schon deshalb nicht dem Druck der Öffentlichkeit entkommen, weil seine – juristisch begründeten – Entscheidungen objektiv ein politi-

99 Fallbeispiele bei *Mishra*, Zulässigkeit (Fn. 43), S. 27 ff., 35 ff., 79 ff. betr. BVerfGE 12, 205 – Fernsehurteil; 39, 1 – § 218 StGB bzw. 93, 1 – Kruzifix; *R. Häußler*, Der Konflikt zwischen Bundesverfassungsgericht und politischer Führung, 1994, S. 22 ff.

scher Machtfaktor ersten Ranges sind oder sein können[100]. Seine Entscheidungsbefugnisse verleihen ihm im weltweiten Vergleich eine einmalig starke Stellung[101]: Das BVerfG kann Entscheidungen des Parlaments, also des zentralen demokratischen Vertretungsorgans, bei einem Verstoß gegen das Grundgesetz für nichtig erklären; es kann auch im Wege der Verfassungsbeschwerde mit jedem denkbaren Staatsakt befaßt werden[102]; und es kann, weil die Grundrechte als objektive Wertentscheidungen in die gesamte Rechtsordnung ausstrahlen, die gesamte Rechtsordnung einschließlich des Zivilrechts am Maßstab der Grundrechte messen[103]. Diese Macht kann das Gericht nicht verstecken; es kann sich ihr auch nicht entziehen, selbst wenn es noch so sehr die spezifisch juristische Methodik und den Charakter als Gericht betonen wollte – die Macht im Zusammenwirken der obersten Staatsorgane bleibt eine solche. Öffentlichkeit als Medium der Kontrolle von Macht im demokratischen Verfassungsstaat bleibt auch für das BVerfG unverzichtbar.

b) Politische Öffentlichkeit als angemessener verfassungstheoretischer Bezugspunkt

Selbst wenn es möglich wäre, das BVerfG aus dem Lichtkegel der politischen Öffentlichkeit zugunsten allein der juristischen Fachöffentlichkeit als Kontrollinstanz herauszuhalten, so wäre das auch nicht wünschenswert, soll die Verfassung (bzw. das Grundgesetz) alle ihre Funktionen erfüllen. Die Verfassungen der demokratischen Verfassungsstaaten westlichen Typs unterscheiden sich von den Organisationsstatuten nichtdemokratischer Verfassungen weniger darin, daß sie nicht auch (1) eine rechtliche Grundordnung konstituieren[104], um die politische Machtausübung auf Dauer zu disziplinieren, zu rationalisieren und so den politischen Prozeß zu stabilisieren[105], (2) die Verfassungsnormen als ranghöchste Normen gegen vorschnelle Änderbarkeit schüt-

100 Vgl. auch *Roellecke*, Aufgaben (Fn. 30), § 53 Rdnr. 22 ff.
101 Vgl. etwa *Clemens*, Bundesverfassungsgericht (Fn. 33), S. 13 (15).
102 Grdl. BVerfGE 6, 32 (41 ff.) – Elfes, i.V.m. Art. 1 Abs. 3, 93 Abs. 1 Nr. 4a GG.
103 Grdl. BVerfGE 7, 198 (205 ff.) – Lüth.
104 Vgl. grdl. *W. Kägi*, Die Verfassung als rechtliche Grundordnung des Staates (1945), 1971; ferner *E. Denninger*, Verfassung und Gesetz, Kritische Vierteljahresschrift für Gesetzgebung und Rechtswissenschaft 69 (1986), S. 291 ff. (308).
105 Vgl. näher *K. Stern*, Das Staatsrecht der Bundesrepublik Deutschland, Bd. I, 2. Aufl. 1984, S. 82 ff., 86 ff., 95 ff.; *K. Hesse*, Grundzüge des Verfassungsrechts der Bundesrepublik Deutschland, 20. Aufl. 1995, § 1 Rdnr. 25 ff.; *A. Voßkuhle*, Verfassungsstil und Verfassungsfunktion, Archiv des öffentlichen Rechts 119 (1994), S. 35 ff. (50 ff.); *H.-P. Schneider*, Die Funktion der Verfassung, in: D. Grimm, Hg., Einführung in das öffentliche Recht, 1985, S. 1 ff. (23 ff.); *P. Badura*, Verfassung und Verfassungsgesetz, in: H. Ehmke u.a., Hg., Festschrift für Ulrich Scheuner, 1973, S. 19 ff. (33).

zen[106] und (3) Macht begrenzen[107] und legitimieren[108], als – entscheidend – darin, daß sie tendenziell in programmatischen Gehalten Gestaltungsentwürfe für die Zukunft formulieren und so in einem Prozeß staatlicher Einheitsfindung[109] einen Basiskonsens formulieren, der das Volk in einem Prozeß der Selbstvergegenwärtigung auf eine gemeinsame Zukunftsperspektive verpflichtet[110]. Letzter Bezugspunkt der Verfassung und damit auch der Verfassungsgerichtsbarkeit sind deshalb die Bürger, nicht die Juristen: Die Öffentlichkeit der Verfassung und der Verfassungsrechtsprechung muß vor allem auch dem Bürger als Adressaten verpflichtet sein. Deshalb ist die allgemeine politische Öffentlichkeit für die Verfassungsgerichte demokratischer Verfassungsstaaten mindestens ebenso wichtig wie die juristische Fachöffentlichkeit: Der Grundkonsens, den ein politisches Gemeinwesen braucht, setzt eine elementare Öffentlichkeit voraus[111]. Ein Verfassungsgericht, das nicht auch die allgemeine politische Öffentlichkeit zum Bezugspunkt seines Wirkens macht, judiziert kraft rechtsstaatlicher Hoheitsmacht unter Verzicht darauf, auch den Bürger zu überzeugen; ein solches Verfassungsgericht droht seine Zukunftsfähigkeit zu verspielen.

2. Öffentlichkeit als Medium eines doppelten Legitimationsprozesses

Auch das BVerfG ist – wie jedes Gericht – ein Element in den Legitimationsprozessen des demokratischen Verfassungsstaats. Es bedarf einerseits der Legitimation durch die staatliche Herrschaftsordnung, indem seine Entschei-

106 S. etwa *J. Elster*, Die Schaffung von Verfassungen (1993), in: U.K. Preuß, Hg., Zum Begriff der Verfassung, 1994, S. 37 ff. (38 f.); s.a. *Stern*, Staatsrecht I (Fn. 105), S. 80 f., 86 f.; *G.F. Schuppert*, Rigidität und Flexibilität von Verfassungsrecht, Archiv des öffentlichen Rechts 120 (1995), S. 32 ff. (57 f.); *H. Hofmann*, Zur Idee des Staatsgrundgesetzes, in: ders., Recht – Politik – Verfassung, 1986, S. 261 ff. (277).

107 *E. Denninger*, Sicherheit/Vielfalt/Solidarität: Ethisierung der Verfassung?, in: Preuß, Hg., Verfassung (Fn. 106), S. 95 ff. (97); *ders.* (Fn. 104), Kritische Vierteljahresschrift für Gesetzgebung und Rechtswissenschaft 69 (1986), S. 308; *Elster*, Schaffung (Fn. 106), S. 42 f.; *D. Grimm*, Die Zukunft der Verfassung, 2. Aufl. 1994, S. 332 u.ö.; *Hofmann*, Idee (Fn. 106), S. 266 ff.; *Schneider*, Funktion (Fn. 105), S. 21 ff.; *Stern*, Staatsrecht I (Fn. 101), S. 93 f.

108 *Denninger* (Fn. 104), Kritische Vierteljahresschrift für Gesetzgebung und Rechtswissenschaft 69 (1986), S. 308.

109 Grdl. *R. Smend*, Verfassung und Verfassungsrecht (1928), in: ders., Staatsrechtliche Abhandlungen, 2. Aufl. 1968, S. 119 ff. (136 ff.), pass.; s.a. *J. Isensee*, Verfassungsrecht als »politisches Recht«, in: ders./P. Kirchhof, Hg., HStR, Bd. VII, 1992, § 162 Rdnr. 34 f., 102 ff.; *Voßkuhle* (Fn. 105), Archiv des öffentlichen Rechts 119 (1994), S. 46 ff.; *Schuppert* (Fn. 106), Archiv des öffentlichen Rechts 120 (1995), S. 39 f.; *H. Vorländer*, Verfassung und Konsens, 1981, S. 287 ff.

110 Als zusätzliche selbständige Funktion hervorgehoben bei *Denninger* (Fn. 104), Kritische Vierteljahresschrift für Gesetzgebung und Rechtswissenschaft 69 (1986), S. 309; *ders.*, Sicherheit (Fn. 107), S. 98 f.; s.a. *H. Huba*, Theorie der Verfassungskritik am Beispiel der Verfassungsdiskussion anläßlich der Wiedervereinigung, 1996, S. 64 ff., 115 ff., 190 ff. u.ö.

111 Vgl. *Fromme*, Öffentlichkeit (Fn. 5), S. 422; *M. Thelen*, Demokratie, Grundkonsens und politischer Pluralismus, 1997, S. 14 f., 181, 183, 196, 198 u.ö.

dungstätigkeit personal, institutionell und sachlich auf Entscheidungen des souveränen Volkes zurückgeführt werden kann[112] – personal durch Wahl und Ernennung der Richter durch Gremien oder Amtsinhaber, die ihrerseits ihre Legitimation in einer Legitimationskette auf Entscheidungen des Volkes gründen; institutionell durch verfassungsrechtlich festgelegte Organisationen; sachlich durch Bindungen an Entscheidungen des Volkes an das Recht, (hier:) an die verfassungsrechtlichen Entscheidungen des Volkes als selbstbindend verfassunggebende oder verfassungsändernde Gewalt. Sieht man vom unterschiedlichen Modus der Richterbestellung und davon ab, daß für das BVerfG nur das Verfassungsrecht, für die sonstigen Gerichte aber auch die einfache Rechtsordnung Bezugspunkt der Entscheidungsfindung ist, dann scheint sich für das BVerfG kein gegenüber sonstigen Gerichten besonderes Legitimationsproblem zu stellen. Diese Auffassung entspricht zudem der bis auf *Thomas Hobbes* zurückführbaren Traditionslinie des »auctoritas, non veritas facit legem«: Maßgeblich für die Legitimität staatlichen Entscheidens ist die formale i.S. von prozeduraler Legitimität der Entscheidungsinstanz, unabhängig von der inhaltlichen Qualität der Entscheidung.

Eine solche Sichtweise kann, wenn sie denn jemals richtig und legitimitätsbegründend gewesen sein sollte, den geänderten Legitimationsanforderungen des modernen Verfassungsstaats nicht (mehr) gerecht werden: Sie verkennt, daß – allgemein – nicht nur der Input, sondern auch der Output staatlicher Entscheidungsprozesse Legitimationsanforderungen unterliegt. Der Geltungsanspruch politischer Herrschaft bedarf – zumindest auf Dauer – nicht nur einer formalen Legitimation i.S. einer rechtlichen Kompetenz, sondern er verlangt eine kommunikative Begründungsleistung, durch die die Entscheidungsbetroffenen sei es rational überzeugt, sei es zur tatsächlichen Akzeptanz der Entscheidungen motiviert werden. Nur auf Dauer akzeptierte Begründungsleistungen lassen auch die formale Legitimation staatlicher Entscheidungsträger unbeschädigt; es besteht mithin ein Wechselwirkungsverhältnis zwischen der Legitimation des Inputs und der Legitimität des Outputs staatlicher Entscheidungen einschließlich gerichtlicher Entscheidungen. Deshalb unterliegen staatliche Entscheidungen einem mehr oder weniger formalisierten Begründungszwang[113]; auch insoweit unterscheiden sich BVerfG und sonstige Gerichte qualitativ nicht.

Unter den gesellschaftlichen Bedingungen westlicher Industriegesellschaften mit einem ausgebauten System von Massenmedien scheint sich das Gewicht

112 Vgl. *E.-W. Böckenförde*, Demokratie als Verfassungsprinzip, in: J. Isensee/P. Kirchhof, Hg., HStR I, [1987] 2. Aufl. 1995, § 22 Rdnr. 14 ff.
113 Vgl. *J. Lücke*, Begründungszwang und Verfassung, 1987, S. 95 ff.

und die Bedeutung der verschiedenen Legitimationsprozesse im demokratischen Verfassungsstaat zu verändern[114]. Die Bedeutung öffentlicher Kommunikationsprozesse nimmt zu, namentlich die immer wieder neuen Begründungen für staatliche Entscheidungen oder ihre politische Vorbereitung, mit der Folge, daß das gesamte Staatshandeln wesentlich durch das kommunikative, auf Motivation, Kommunikation, Konsensbildung und Akzeptanz zielende Verhalten des Staates verändert und damit legitimiert wird[115].

3. Die wachsenden Schwierigkeiten des BVerfG mit der öffentlichen Meinung

Die öffentliche Meinung, in der sich der Zeitgeist spiegelt, scheint nun auch immer pluralistischer und fragmentierter zu werden, so daß sie nicht immer eindeutige Signale senden kann: Die Antworten auf die politischen, rechtlichen und sozialen Grundfragen der Gegenwart werden immer umstrittener, heterogener und politisch konflikthafter[116]. Unter diesen Umständen wird das BVerfG immer seltener abschließende, friedenstiftende, von den Vorinstanzen gleichsam übersehene Antworten finden können, die den Konsens aller oder doch der großen Mehrheit findet. Das BVerfG wird hier mit Erwartungen konfrontiert, die es trotz seines Bemühens um konsensuale Entscheidungen zunehmend überfordern dürften. Wenn eine zentrale Aufgabe der Verfassungsgerichtsbarkeit im grundrechtlichen oder politischen Minderheitenschutz liegt, wird jede erfolgreiche Verfassungsklage tendenziell der (vorherigen) Mehrheitsmeinung zuwiderlaufen. Wenn aber die Auffassungen über die Richtigkeit der Zukunftsentwicklungen und mit ihnen die Eindeutigkeit der verfassungsrechtsdogmatischen Richtigkeit von Recht immer stärker pluralisiert werden[117], dann wird zwar auch das Gericht im Rahmen seiner Auslegung und Konkretisierung des Verfassungsrechts unverändert nur kompromißhaft mittlere Wege anstreben, aber objektiv immer weniger erfolgreich alle Beteiligten zufriedenstellen können[118]. Dann aber ist es ebenso unvermeidlich wie normal, daß auch die Judikate des BVerfG politisch und recht-

114 S. näher *U. Sarcinelli*, Repräsentation oder Diskurs? Zu Legitimität und Legitimitätswandel durch politische Kommunikation, Zeitschrift für Politikwissenschaft 8 (1998), S. 547 ff. (551 ff.).

115 *Sarcinelli* (Fn. 114), Zeitschrift für Politikwissenschaft 8 (1998), S. 553 ff. unter Verweis auf *J.J. Hesse/A. Benz*, Die Modernisierung der Staatsorganisation, 1990.

116 Vgl. auch zum folgenden Text *Schulze-Fielitz* (Fn. 35), Archiv des öffentlichen Rechts 122 (1997), S. 20 ff.

117 S. auch *Würtenberger*, Legitimität (Fn. 31), S. 78.

118 S. auch *Kutscha* (Fn. 41), Blätter 1995, S. 1220 f.; noch weitergehend *H. Lietzmann*, »Reflexiver Konstitutionalismus« und Demokratie, in: Guggenberger/Würtenberger (Fn. 28), S. 233 ff. (251 ff.).

lich umstrittener werden[119]. Zumal unter den Bedingungen einer schnell vereinfachenden und verzerrenden Medienöffentlichkeit wird das BVerfG selbst als Institution zunehmend in die öffentliche Diskussion geraten und auf Dauer – wie alle anderen staatlichen Institutionen, die in politischen Konflikten und damit polarisierenden Diskussionen stehen – einen relativen Ansehensverlust erleiden, solange es nur seine Aufgaben wirklich wahrnimmt: Dazu gehört es, daß es einzelne als Minderheiten gegen Mehrheiten von Verfassung wegen in Schutz zu nehmen hat; daß es sich gelegentlich über Mehrheitsmeinungen in Politik und Gesellschaft hinwegsetzt um zu verhindern, daß Verfassungsrecht zur Verfügungsmasse der jeweiligen politischen Mehrheiten wird; daß es schließlich auch Antworten auf neue offene Fragen der Verfassungsstaatlichkeit gibt[120]. Das BVerfG als »gesellschaftliches Gericht« kann nicht abgehoben von politischen oder gesellschaftlichen Konflikten urteilen. Diese Entwicklung ist weniger eine Gefahr als eine unvermeidliche Anpassung an die geänderten gesellschaftlichen Rahmenbedingungen.

4. Die Gefahr einer Lockerung der Bindungswirkung verfassungsgerichtlicher Entscheidungen

Mit der »Verstrickung« des BVerfG in gesellschaftliche Grundsatzkonflikte verbindet sich zugleich die Gefahr, daß seine Entscheidungen nur noch begrenzt auch von denen akzeptiert werden, die mit den Entscheidungsergebnissen nicht einverstanden sind mit der Folge, daß die Bindungswirkung der Entscheidungen nach § 31 Abs. 1 BVerfGG unterlaufen werden (könnten). So gibt es Versuche der *Fachgerichtsbarkeit*, an sich gebotenen Folgerungen der BVerfG-Judikatur auszuweichen. Ein Beispiel ist die Rechtsprechung des BGH zur von ihm bejahten Frage, inwieweit ein Kind, das aufgrund von fehlgeschlagenen ärztlichen Bemühungen, etwa einer Sterilisation, wider Erwarten dennoch geboren wird bzw. inwieweit die Unterhaltskosten für das Kind als Schaden i.S. des zivilrechtlichen Schadensersatzrechts qualifiziert werden können. Der Zweite Senat des BVerfG hat das im zweiten Abtreibungsurteil verneint[121], ohne daß dieses den BGH zu einer Änderung seiner Rechtspre-

119 Zur dubiosen Instrumentalisierung von Umfrageergebnissen bei *R. Köcher* (Fn. 80) vgl. *R. Lamprecht*, Zur Demontage des Bundesverfassungsgerichts, 1996, S. 92 ff.; *W. Goldschmidt*, Judicial Correctness?, Kritische Justiz 1996, S. 106 ff. – Nach *G. Frankenberg*, Die Verfassung der Republik, 1996, S. 230 ff. soll das BVerfG seine Autorität solchen Konflikten geradezu verdanken.

120 Vgl. auch *B. Guggenberger*, Zwischen Konsens und Konflikt: Das Bundesverfassungsgericht und die Zukunftsfähigkeit der Gesellschaft, in: Guggenberger/Würtenberger (Fn. 28), S. 202 ff. (220 ff., 226 ff.).

121 BVerfGE 88, 203 (296).

chung veranlaßt hätte[122]; er ist darin jüngst von dem für Arzthaftungsrecht zuständigen Ersten Senat des BVerfG immerhin bestätigt worden[123]. Anders entwickelte sich das Verhältnis beider Gerichte bei der neuesten Rechtsprechung des Ersten Senats zum Gewaltbegriff in § 240 StGB im Zusammenhang mit den sog. »Sitzblokkaden«. Bekanntlich hat die Rechtsprechung des BVerfG entschieden, daß der Begriff der Gewalt in § 240 Abs. 1 StGB nicht die bloße »körperliche Anwesenheit an einer Stelle«, die ein anderer passieren möchte, umfassen könne, weil der gesetzliche Tatbestand bei einer so weiten Auslegung im Widerspruch zu Art. 103 Abs. 2 GG entgrenzt werde[124]. Demgegenüber hat der BGH[125] in einem Höhepunkt begriffsjuristischer Differenzierung gemeint, die Aussagen des BVerfG würden nur für die rein *psychische* Zwangswirkung eines Täters auf den Fahrer eines unmittelbar auf ihn zufahrenden Kraftfahrzeugs gelten, nicht aber für einen diesem ersten Kfz folgenden weiteren Fahrer eines Kfz; dieser werde durch das vor ihm stehende Auto als Hindernis einem *physischen*, vom Sitzblockierer verursachten Zwang ausgesetzt – das sei tatbestandlich unverändert eine Nötigung. Darin läßt sich unschwer der erfolgreiche Versuch sehen, Weiterungen der BVerfG-Rechtsprechung zu unterlaufen und deren Wirkungen auf Einzelfälle zu begrenzen. Weitere Beispiele für hinhaltenden Widerstand der Fachgerichte dürfte die Rechtsprechung des BVerfG zur Konfliktsituation und Meinungsfreiheit von Ehrenschutz von Soldaten[126], oder zur Vermögenssteuer[127] sein.

Auch beim parlamentarischen (Bundes- oder Landes-)*Gesetzgeber* lassen sich deutliche Prozesse der Zurückhaltung beobachten. Noch 1998, 15 Jahre nach der Anerkennung eines »Rechts auf informationelle Selbstbestimmung« im Volkszählungsurteil vom 15.12.1983[128], sind die notwendigen gesetzgeberischen Folgerungen aus diesem Urteil für die StPO noch nicht gezogen worden, trotz gelegentlicher Abmahnungen seitens der Fachgerichte; aber auch auf der Ebene der Polizeigesetze der Länder, des Bundesgrenzschutz-Geset-

122 Krit. *A. Laufs*, Schädliche Geburten und kein Ende, Neue Juristische Wochenschrift 1998, S. 796 ff.

123 BVerfGE 96, 375 (393 ff.); zust. *E. Deutsch*, Berufshaftung und Menschenwürde: Akt III, Neue Juristische Wochenschrift 1998, S. 510; vgl. dazu *B. Schöbener*, Menschliche Existenz als Schaden, Zeitschrift für Politik 45 (1998), S. 326 ff.; *R. Stürner*, Das Bundesverfassungsgericht und das frühe menschliche Leben – Schadensdogmatik als Ausformung humaner Rechtskultur?, Juristenzeitung 1998, S. 317 ff.

124 BVerfGE 92, 1 (14 ff.).

125 BGH, Neue Juristische Wochenschrift 1995, S. 2643; ebenso schon *V. Krey*, Das Bundesverfassungsgericht in Karlsruhe – ein Gericht läuft aus dem Ruder, Juristische Rundschau 1995, S. 203 ff. (205).

126 BVerfG (3. Kammer des Ersten Senats) Neue Juristische Wochenschrift 1994, S. 2943; BVerfGE 93, 266 (289 ff.); vgl. *M. Sachs*, Zur Verbindlichkeit bundesverfassungsgerichtlicher Entscheidungen, in: FS Kriele (Fn. 6), S. 431 ff. (438).

127 BVerfGE 93, 121 (138); vgl. dazu BFH, Neue Juristische Wochenschrift 1998, S. 3223 (3224) = Juristische Schulung 1999, S. 88 m. Nw.

128 BVerfGE 65, 1 (41 ff.).

zes und des Verfassungsschutzgesetzes hat die Umsetzung nicht viel weniger lang, nämlich nahezu ein Jahrzehnt oder länger gedauert. Gleiches gilt für die Rechtsprechung zur Steuerfreiheit des Existenzminimums[129] bzw. zum Familienlastenausgleich bei der Gestaltung des Kindergeldes bei Familien mit Kindern[130]. Als neuestes Beispiel lassen sich die Versuche des bayerischen Landesgesetzgebers nennen, durch eine entsprechend restriktive Gesetzgebung im Anschluß an entsprechende staatsrechtliche Gutachten[131] die Folgerungen aus dem sog. Kruzifix-Beschluß mit dem »juristischen Millimetermaß«[132] zu prüfen und auf ein solches Minimum zu begrenzen, daß die Folgerungen jener scheinbar recht rigiden Entscheidung für Bayern praktisch bedeutungslos erscheinen läßt.

Schließlich sind als Beispiel für die *Aktivitäten der Bürger*, den Forderungen des BVerfG auszuweichen, die Folgen der sog. Zinssteuerentscheidung[133] zu nennen: Aufgrund der verfassungsrechtlichen Pflicht zur Versteuerung der Zinseinkünfte wurden sowohl vor der gesetzgeberischen Folgeentscheidung als auch nach ihr schätzungsweise 200 Mrd. DM in das Ausland transferiert, um das Vermögen dem Zugriff oder der Kontrolle der deutschen Finanzverwaltung bzw. Steuerfahndung auf Dauer zu entziehen. Auch die von Bundesland zu Bundesland stark variierenden Abtreibungsquoten[134] lassen sich teilweise als Bürgerverhalten interpretieren, das sich über die Maßgaben hinwegsetzt, die das BVerfG in seiner Abtreibungsentscheidung entwickelt hat[135].

Abstrahiert man von den Anlässen der jeweiligen Einzelfälle, läßt sich folgendes festhalten. Alle staatlichen Gewalten (Regierung und Verwaltung, Gerichte und Gesetzgeber) suchen nach wie vor im ganzen zuverlässig die Erkenntnisse des BVerfG zu befolgen. Eine hinhaltende Passivität des Gesetzgebers findet ihre Erklärung zu einem erheblichen Teil in den Schwierigkeiten, gestaltend unter den Bedingungen politisch-parlamentarischer Kompromißzwänge abstrakt-generelle Folgerungen aus der Verfassungswidrigerklärung abzuleiten, teilweise in dem Bemühen, die eigenen gegenläufigen

129 BVerfGE 43, 108 (118 ff.); 82, 60 (83 ff.); 87, 153 (169 ff.).

130 Vgl. zuletzt *M. Lehner*, Der Familienlastenausgleich nach dem Jahressteuergesetz 1996, in: F. Ruland u.a., Hg., Verfassung, Theorie und Praxis des Sozialstaats. Festschrift für Hans F. Zacher, 1998, S. 511 ff. (513 ff.); s. aber neuestens die »Antwort«: BVerfG, Neue Juristische Wochenschrift 1999, S. 557 ff.; 561 ff.; 564 f.; 565 f.; dazu näher *H.-W. Arndt/A. Schumacher*, Kinder, Kinder . . . oder: Die unterschiedliche Leistungsfähigkeit der Senate des Bundesverfassungsgerichts, Neue Juristische Wochenschrift 1999, S. 745 ff.

131 Vgl. *P. Badura*, Das Kreuz im Schulzimmer, Bayerische Verwaltungsblätter 1996, S. 33 ff., 71 ff.; s. auch *S. Detterbeck*, Gelten die Entscheidungen des Bundesverfassungsgerichts auch in Bayern?, Neue Juristische Wochenschrift 1996, S. 426 ff.

132 *Sachs*, Verbindlichkeit (Fn. 126), S. 438.

133 BVerfGE 84, 239 (271 ff.).

134 Vgl. übersichtlich Frankfurter Allgemeine Zeitung vom 1.12.1998, S. 4.

135 BVerfGE 88, 203 (251 f.).

politischen Interessen soweit als möglich durchzusetzen. Je stärker Entscheidungen des BVerfG dabei auf politisch oder weltanschaulich polarisierten Problemfeldern getroffen werden, desto wahrscheinlicher entwickelt sich im Falle gesetzgeberischer Handlungsnotwendigkeit ein Folgekonflikt; umgekehrt führt die Pluralisierung der gesellschaftlichen Interessen und Lebensentwürfe auch zu wachsenden Schwierigkeiten für das BVerfG, allseits befriedigende Kompromisse im Rahmen seiner Entscheidungspraxis zu finden[136]. Wer hier »das« Verfassungsbewußtsein der Bürger als Grenze für die Verfassungsgerichtsbarkeit errichten will[137], arbeitet mit Fiktionen oder mit Leertiteln, die das eigene Verständnis vom Mehrheitsbewußtsein zur Grenze für die Verfassungsgerichtsbarkeit erhebt.

5. Die Ambivalenz der Fähigkeit zur Selbstrechtfertigung auf der doppelten Ebene der fachlichen und allgemeinen Öffentlichkeit

Der doppelte Bezugspunkt der verfassungsgerichtlichen Entscheidungen, die fachliche und die allgemeine Öffentlichkeit (s.o. II.3.), stellt das BVerfG zunehmend vor spezifische Probleme. Einerseits kann es nur auf der fachlichen Ebene argumentieren; die fachliche Öffentlichkeit kritisiert dementsprechend die Rechtsprechung vor allem unter methodischen Gesichtspunkten. Im Richterspruch ist so der Anspruch enthalten, auch das juristisch Richtige herausgefunden zu haben. Andererseits steht die Judikatur vor dem Anspruch der allgemeinen Öffentlichkeit an das Gericht als Verfassungsorgan, auch das politisch Richtige in Form eines allseits akzeptablen Kompromisses herauszufinden[138]. In dem nicht seltenen Fall, daß das juristisch-methodische und das politisch-inhaltlich richtige Ergebnis nicht im Einklang miteinanderstehen, scheint das BVerfG unter Hinweis auf die fachliche Richtigkeit jeweils gegen politische Kritik gefeit zu sein – eben das aber ist dem Gericht mehr und mehr aufgrund der Erkenntnis verwehrt, daß im Regelfall stets auch alternative fachlich-juristisch valide Argumentationsgänge und Ableitungen verfügbar sind[139]. Die befriedende Funktion des gerichtlichen Streitverfahrens geht so ein Stück weit verloren: Die Berufung auf die Fachlichkeit gibt dem BVerfG zwar einerseits die Macht, auch gegen die politische öffentliche Meinung judizieren zu können[140], verliert aber andererseits wegen der Variabilität fachlich-juristischer Argumente unvermeidlich an Überzeugungskraft, ohne daß

136 Vgl. *Schulze-Fielitz* (Fn. 35), Archiv des öffentlichen Rechts 122 (1997), S. 20 ff.
137 Vgl. *Depenheuer*, Weg (Fn. 96), S. 501 ff.
138 Vgl. *Fromme*, Öffentlichkeit (Fn. 5), S. 428.
139 Vgl. prononciert *H. Sendler*, Die Methoden der Verfassungsinterpretation – Rationalisierung der Entscheidungsfindung oder Camouflage der Decision?, in: FS Kriele (Fn. 6), S. 457 ff.
140 Vgl. *Fromme*, Öffentlichkeit (Fn. 5), S. 433 f.

das BVerfG sich statt dessen auf allgemeine politische Erwägungen oder Akzeptanzüberlegungen oder die unterschiedlichen Wertungshintergründe berufen dürfte; seinem Gerichtscharakter entsprechend kann das BVerfG auf allgemein politische Kritik nur fachlich-methodisch und damit sachlich inadäquat antworten.

6. Für eine stärkere Öffentlichkeit von Richterwahlen

Fraglich ist, ob die bisherige Art und Weise der Findung von Verfassungsrichtern der Öffentlichkeitsdimension des BVerfG und seiner Rechtsprechung angemessen ist. Bislang werden Richter ohne nähere öffentliche Diskussion von einem Wahlmännerausschuß des Bundestages bzw. vom Bundesrat gewählt[141], nachdem sie zuvor in inner- und interparteilichen Findungsgremien in wechselseitigem Respekt von informalen »Vorschlagsrechten« der beteiligten Parteien[142] akzeptiert und der erstaunten Öffentlichkeit kurzfristig präsentiert worden sind. Kaum jemand kennt die Verfassungsrichterkandidaten, obwohl deren Macht und politischer Einfluß qua Amt weit höher als etwa der von Bundestagsabgeordneten eingeschätzt werden könnte. Hinter dieser Arkanpraxis verbirgt sich ein Verständnis (auch) vom Verfassungsrichter als allein rechtsgebundenem Diener des Rechts, ohne die Besonderheiten des BVerfG als Verfassungsorgan angemessen in Rechnung zu stellen. Verfassungspolitisch oder rechtspolitisch ist daher nach dem Vorbild von Art. 112 Abs. 4 Verf. Brandenburg zu fordern[143], daß Bundesverfassungsrichter-Kandidaten vor ihrer Wahl im Wege einer öffentlichen Anhörung Gelegenheit erhalten, sich der Öffentlichkeit vorzustellen und ihr »Vorverständnis« offenzulegen, ohne daß damit jene Praktiken einer Gesinnungs- und Lebensdurchleuchtung favorisiert werden sollen, wie sie mitunter in den USA stattfinden[144]. Doch eine stärker der Öffentlichkeit verpflichtete Praxis erscheint dem Rang des öffentlichen Amtes eines Verfassungsrichters angemessen und kann sachfremde Motive bei der Kandidatenfindung auf ein unvermeidliches Mindestmaß zurückführen: Die Verfassung als öffentlicher Prozeß verlangt nur ein Mindestmaß an Öffentlichkeit bei der Richterauswahl.

141 Vgl. *S.U. Pieper*, Verfassungsrichterwahlen, 1998, S. 22 ff.; *Geck*, Wahl (Fn. 62), § 55 Rdnr. 4 ff., 13 ff.

142 Vgl. näher *H. Schulze-Fielitz*, Der informale Verfassungsstaat, 1984, S. 30 ff., 35 ff.

143 Vgl. in diesem Sinne *P. Häberle*, Bundesverfassungsrichter-Kandidaten auf dem Prüfstand? (1994), in: ders., Verfassung (Fn. 39), S. 814 ff. im Anschluß an Art. 94 I 2 des Verfassungsentwurfs des »Kuratoriums für einen demokratisch verfaßten Bund deutscher Länder«; s. auch *ders.*, Grundprobleme (Fn. 32), S. 31 f.

144 Vgl. *Pieper*, Verfassungsrichterwahlen (Fn. 141), S. 48 ff.

VI. Ausblick: Die Gefahr einer Entscheidungskritik als Institutionen- und Verfassungskritik

Die Gefahr einer zunehmenden öffentlichen Kritik an Entscheidungen des BVerfG liegt darin, daß die Sachkritik am Entscheidungsinhalt in Kritik an der Institution Verfassungsgerichtsbarkeit »umschlagen« kann. Die neueren Erscheinungsformen der Kritik am BVerfG kennen solche Formen einer flächendeckenden generellen Kritik am BVerfG, die umstrittene Entscheidungen zum Anlaß für Generalabrechnungen nimmt, die das Gericht als Institution angreifen und schwächen könnten[145], oder die Amtsinhaber als individuelle Personen angreift[146]. Diese (latente oder offene) Institutionenkritik am BVerfG kann objektiv in eine Verfassungskritik umschlagen, jedenfalls auch das GG beschädigen. Allerdings gibt es Anzeichen, daß solche Übertreibungen den Emotionen des Augenblicks geschuldet sind: Die unter den Bedingungen sich verschärfender Konkurrenz zwischen den Massenmedien in offenen Industriegesellschaften sich parallel verschärfenden Formen öffentlicher Auseinandersetzung färben hier deutlich auf die fachliche und allgemeine öffentliche Diskussion um das BVerfG und seine Entscheidungen ab. Dennoch ist es eine nicht zu vernachlässigende Gefahr, daß die Dynamik öffentlicher Kritik sich zu verselbständigen droht und den Hintergrundkonsens der »Vernünftig-und-gerecht-Denkenden«[147] zerstört; »dann läuft die Sache eben schief«, weil eine Verfassung und Verfassungsgerichtsbarkeit keine politische Lebensversicherung sind[148]. Aber umgekehrt kann nur die Öffentlichkeit von Kritik und Antikritik am BVerfG und an seiner Rechtsprechung das Risiko minimieren, daß die Sache »schiefläuft«. Mit dieser Paradoxie muß der demokratische Verfassungsstaat leben.

145 Vgl. vor allem die Bestandsaufnahme bei *R. Wahl*, Quo Vadis – Bundesverfassungsgericht? Zur Lage von Verfassungsgerichtsbarkeit, Verfassung und Staatsdenken, in: Guggenberger/ Würtenberger, Hg., Hüter (Fn. 28), S. 81 ff. (83 ff.) m.w.N.

146 Krit. *Schulze-Fielitz* (Fn. 35), Archiv des öffentlichen Rechts 122 (1997), S. 29 f. m.w.N.

147 *H. Ehmke*, Prinzipien der Verfassungsinterpretation, Veröffentlichungen der Vereinigung der Deutschen Staatsrechtslehrer 21 (1963), S. 53 ff. (71 f.).

148 *Ehmke*, ebd.

IV. Bundesverfassungsgericht und gesellschaftlicher Grundkonsens

Alexander Blankenagel

»Ihr müßt draußen bleiben« – Gesellschaftliche Grenzziehung durch Verfassungsgerichte als Aspekt gesellschaftlicher Integration

I. Einleitung

Es wäre wahrscheinlich falsch und im übrigen empirisch kaum belegbar zu behaupten, daß der Begriff »Integration« Hochkonjunktur hat und in besonderem Maße in aller Munde ist. Ohne Zweifel aber stellt sich das Problem der gesellschaftlichen Integration im Augenblick ganz dezidiert: Beispiele wie die »multikulturelle Gesellschaft« der Bundesrepublik Deutschland oder die europäische Integration und das Entstehen einer europäischen Gesellschaft als Voraussetzung (und/oder Folge) eines europäischen Staates belegen dies nachdrücklich. Darüber hinaus werden ohne Erwähnung des Begriffs »Integration« auch gesellschaftliche Phänomene diskutiert, die als abweichendes Verhalten und Entstehung von von der Gesellschaft abgekoppelten Subkulturen zweifellos Integrationsprobleme sind: Ausländerfeindlichkeit, Rechtsradikalismus und Neonazismus sind hierfür ein schauriges Beispiel.

Es ist ein Kennzeichen der modernen westlichen Gesellschaften, daß grundlegende Konflikte – zu diesen gehören auch Integrationsprobleme – zum Teil und immer häufiger von Gerichten, vor allem von Verfassungsgerichten und ihren Äquivalenten, also Obersten Gerichten mit Verfassungsjurisdiktion oder aber auch »Verfassungsräten« bewältigt werden; dieser Tatsache einer gerichtsförmigen Herstellung gesellschaftlicher Integration ist man sich auch bewußt. Weniger gut bekannt ist die Tatsache, daß in den neuen Staaten (und alten Gesellschaften) Mittelosteuropas und Osteuropas die staatsstrukturellen Voraussetzungen einer solchen gerichtsförmigen Bewältigung von Integrationsproblemen in Form von Verfassungsgerichten oder Äquivalenten ebenfalls geschaffen sind.[1]

1 S. J. A. Frowein/T. Marauhn (Hrsg.), Grundfragen der Verfassungsgerichtsbarkeit in Mittel- und Osteuropa, 1998.

Im folgenden möchte ich einige Gedanken zu den integrativen Funktionen und integrativen Wirkungen von Verfassungsgerichten formulieren; ich werde mich dabei, wie gleich klar werden wird, auf einen ganz bestimmten, sehr einfachen Aspekt gesellschaftlicher Integration beschränken. Was ein sozialer Akteur macht, wird in dem Augenblick besonders sichtbar, in dem man es mit den Handlungen eines anderen sozialen Akteurs vergleicht. Ich möchte daher die integrativen Aktivitäten und Funktionen von Verfassungsgerichten im Vergleich betrachten; vergleichen möchte ich das bundesrepublikanische Verfassungsgericht mit dem Verfassungsgericht der Russischen Föderation. Der Vergleich ist ebenso wegen der Unterschiedlichkeit der beiden Gerichte wie auch wegen ihrer Ähnlichkeit – und auch der Ähnlichkeit ihrer Situation – reizvoll. Wir nehmen das bundesrepublikanische Verfassungsgericht als ein ungemein stabiles, mächtiges und mit hoher gesellschaftlicher Autorität ausgestattetes Gericht wahr, das seiner Arbeit in einer doch insgesamt stabilen und geordneten Gesellschaft nachgeht.[2] Ganz im Gegensatz dazu würden wir das Verfassungsgericht der Russischen Föderation wahrscheinlich als nicht sehr mächtig, wenn nicht gar schwach und ohne besondere Autorität wahrnehmen; die russische Gesellschaft wäre mit der Kennzeichnung »instabil« wahrscheinlich noch sehr wohlwollend beschrieben. So gesehen habe ich zwei äußerst ungleiche Vergleichsobjekte ausgewählt. Wenn wir aber an die 50er Jahre zurückdenken, in denen das bundesrepublikanische Verfassungsgericht seine Arbeit begann, so ändert sich das Bild grundlegend. Damals waren in der Tat das Gericht noch schwach und die Gesellschaft äußerst instabil.[3] In der historischen Perspektive bezieht sich der Vergleich daher auf Institutionen von hoher Ähnlichkeit. Insgesamt ergibt sich so die Möglichkeit, gleichzeitig sozusagen Äpfel mit Äpfeln und auch Äpfel mit Birnen zu vergleichen: Dieser »Dreiecksvergleich trotz zweier Vergleichsobjekte« erscheint reizvoll und vielversprechend; »vielversprechend« erscheint auch die Tatsache gesellschaftlicher Instabilität, die an beide Gerichte bohrende Fragen nach gesellschaftlicher Integration erwarten läßt.

2 Dies gilt auch angesichts der Probleme, in die das BVerfG nach »Soldaten sind Mörder« und »Kruzifix« schlitterte, die aber mittlerweile ausgestanden scheinen, wobei freilich unklar ist und immer unklar sein wird (angesichts der begrüßenswerten, aber manchmal auch bedauerlichen Schweigsamkeit von Verfassungsrichtern im Amt und nach dem Amt über Dinge des Amtes), ob die Stabilisierung um den Preis eines ein wenig vorsichtigeren Verfassungsgerichts eingetreten ist; dazu s. H. Schulze-Fielitz, Das Bundesverfassungsgericht in der Krise des Zeitgeistes, AöR 122 (1997), S. 1 ff.

3 S. dazu R. Häussler, Der Konflikt zwischen politischer Führung und Bundesverfassungsgericht, 1993, S. 22 ff.

II. Integration und Zugehörigkeit zu bzw. Ausschluß aus Gesellschaften

Das Thema der Konferenz betrifft den gesellschaftlichen Grundkonsens; gesellschaftlicher Grundkonsens und gesellschaftliche Integration werden wiederum in Themenblöcken und einzelnen Themen in eine enge – freilich im Einzelnen ungeklärte – Beziehung zueinander gebracht. In den gleichen »Dunstkreis« gehört dann wohl auch noch der Begriff der »kollektiven Identität«[4] (auch wenn er im Thema der Konferenz nicht erscheint), der eine Art Endprodukt eines Prozesses gesellschaftlicher Integration zu sein scheint, zumindest soweit es sich um eine geglückte Herstellung kollektiver Identität handelt. Konsens dagegen scheint eher ein Vorelement gesellschaftlicher Integration darzustellen: Gesellschaftlicher Konsens scheint kaum ohne Integration, Integration aber auch ohne (vollen) gesellschaftlichen Konsens möglich zu sein, etwa in dem Fall, daß man sich zumindest darüber einig ist, daß in einer Gesellschaft jeder nach seiner Façon und eben nicht alle nach einer Façon leben können. Gesellschaftlicher Konsens, gesellschaftliche Integration und kollektive Identität sind also nicht identisch, auch wenn es sich offenkundig im Regelfall um sich überlappende bzw. einander sehr nahe Phänomene handelt.

Wenn wir uns mit der Funktion von Verfassungsgerichten im Prozeß gesellschaftlicher Integration beschäftigen, so brauchen wir irgendeine Vorstellung vom Inhalt dieser Integration, um die spezifischen Integrationsleistungen von Verfassungsgerichten einschätzen zu können. In den Sinn kommen Integration über Werte, Integration durch eine geteilte gemeinsame Geschichte, durch die Routineprogramme des Alltags und anderes.[5] Ich möchte mich im folgenden mit diesen Aspekten der Integration nicht beschäftigen und noch viel weniger mich in die inhaltlichen Tiefen einer theoretischen Konzeption gesellschaftlicher Integration begeben. Ich möchte mich ganz im Gegenteil auf einen Aspekt konzentrieren, der ganz zweifellos ein Kernelement gesellschaftlicher Integration (und auch kollektiver Identität) ist: auf die Differenzierung zwischen innen und außen, auf die Frage also, wer zu einer Gesellschaft gehört und wer nicht, wer in sie hereingelassen wird und auch die Frage, wer aus der Gesellschaft ausgeschlossen bzw. natürlich auch herausge-

4 S. die Darstellung unterschiedlicher Konzepte und Dimensionen und auch einige eigene Vorstellungen vor allem im Hinblick auf die Funktion von Verfassungsrecht in A. Blankenagel, Tradition und Verfassung, 1987, S. 348 ff. Sehr häufig wird »kollektive Identität« natürlich auch als »nationale Identität« thematisiert, s. R. Wodak u.a., Zur diskursiven Konstruktion von nationaler Identität, 1998.

5 S. noch einmal Blankenagel (Fn 4) sowie etwa zur Funktion von Tradition und Geschichte E. Shils, Tradition, 1981.

lassen wird. Es geht auch um die Neutralisierung bzw. Nichtneutralisierung von zentrifugalen und Segmentierungstendenzen in der Gesellschaft.

Eben diese Entscheidungen über die unterschiedlichen Differenzierungen zwischen innen und außen sind Entscheidungen, die klassischerweise in großem Umfang von Gerichten, in der heutigen Zeit auch von Verfassungsgerichten getroffen werden.[6] Die Entscheidung über Zugehörigkeit oder Nichtzugehörigkeit ist aber auch eine Entscheidung, die typischerweise in instabilen, im tiefgehenden Wandel befindlichen Gesellschaften vielfach und immer wieder neu gefällt werden muß. Es ist gleichzeitig aber auch eine Entscheidung, die stabile Gesellschaften wegen plötzlicher Änderungen in ihrer Umwelt vor überraschende und ungewohnte Fragen stellt. Aus diesen Gründen besteht die Hoffnung, daß die Kombination von Fragestellung und verglichenen Institutionen einige interessante Erkenntnisse über die Rolle von Verfassungsgerichten im Prozeß gesellschaftlicher Integration ermöglicht.

III. Einige Besonderheiten von Verfassungsgerichten als Institution gesellschaftlicher Integration

Verfassungsgerichte sind – wenn auch sehr besondere – Gerichte. Als Gerichte weisen sie in ihren Entscheidungsprogrammen und auch in den Wirkungen ihrer Entscheidungen spezifische Charakteristika auf, die sie von den anderen Institutionen des politischen Systems unterscheiden und die auch dort wegen ihrer Bedeutsamkeit im Blickfeld sein sollten, wo es um die Funktion von Verfassungsgerichten als Agenten gesellschaftlicher Integration geht. Zum einen ist das Entscheidungsprogramm der Verfassungsgerichte, die Verfassung, ein Entscheidungsprogramm besonderer Art. Die Alltagswahrnehmung[7] von verfassungsgerichtlicher (und auch sonst gerichtlicher) Tätigkeit

6 Für die Frage der Staatsangehörigkeit etwa liegt dies auf der Hand: erst in der gerichtlichen Konkretisierung als letztem Schritt nach Gesetz und exekutivischer Anwendung des Gesetzes findet die Grenze der Staatsangehörigkeit ihren genauen Verlauf.

7 Damit soll nicht gesagt werden, daß nicht auch Juristen die Tätigkeit der Gerichte so wahrnehmen bzw. zumindest manchmal so tun, als würden sie die Tätigkeit der Gerichte so wahrnehmen – und dann die Uraltkritik bzw. den juristischen Mythos formulieren, daß das Gericht den Boden des Gesetzes verlassen habe, dem Gesetzgeber und der eigenen Funktion als Gericht/der Mund des Gesetzes untreu geworden sei; zum Teil taucht das Problem auch unter der Überschrift »judicial activism« auf; s. z.B. K. M. Holland (Hrsg.), Judicial Activism in Comparative Perspective, 1991; kritisch A. Sajo, Constitutional Adjudication in the Light of Discourse Theory, Cardozo Law Review 17 (1996), S. 1193 ff; zum gleichen Problem auf der einfachgesetzlichen Ebene s. C. R. Sunstein, Interpreting Statutes in the Regulatory State, Harvard Law Review 103 (1989), S. 408 ff.

ist die der – richtigen oder falschen – Anwendung eines Entscheidungsprogramms: der Verfassung oder des jeweiligen Gesetzes. Das Gericht ist in dieser Wahrnehmung an das Programm gebunden und kann das Programm richtig oder falsch anwenden; es ist nicht Herr des Entscheidungsprogramms. In der genaueren juristischen Analyse bestätigt sich dieses Bild jedoch nicht. Das Entscheidungsprogramm »Verfassung« entwickelt für die Verfassungsgerichte nur eine sehr relative Bindung und entsprechend frei verfügen Verfassungsgerichte über den Text der Verfassung. Dies hat seinen Grund zum einen in der Unbestimmtheit des Verfassungstextes, die wiederum u.a. durch den systematischen Ort von Verfassungen an der Spitze der Normenhierarchie bedingt ist.

Die nur sehr relative Bindung von Verfassungsgerichten an den Text der Verfassung hat aber darüber hinaus ihren zweiten Grund in der Unkontrolliertheit von Verfassungsgerichten: Verfassungsgerichte entscheiden letztinstanzlich und für alle verbindlich; eine Kontrolle existiert nicht. Der Gesetzgeber hat zwar die Möglichkeit, bei zu freier Verfügung des Verfassungsgerichtes über den Verfassungstext entweder das Verfassungsgerichtsgesetz oder aber den Verfassungstext zu ändern; die Konfliktgeschichte zwischen Gesetzgeber und Verfassungsgericht in der Bundesrepublik Deutschland und begrenzt auch in der Russischen Föderation zeigt jedoch, daß es trotz großer Unzufriedenheit der anderen Akteure des politischen Systems so gut wie nie zu »sanktionierenden« Veränderungen des Verfassungsgerichtsgesetzes oder der Verfassung gekommen ist.[8] Auch andere Kontrollmechanismen oder auch Mechanismen zur besseren Gewährleistung der Bindung von Verfassungsgerichten an die Verfassung funktionieren mehr schlecht als recht, wie etwa die sehr zögerliche Nutzung der Möglichkeit von Plenarentscheidungen in der Bundesrepublik Deutschland und auch in der Russischen Föderation zeigt.[9]

8 Ein gutes Beispiel ist hier wiederum die Kruzifixentscheidung und die danach (nicht zum ersten Mal/ man denke an die vielen Vorschläge des Abgeordneten Dichgans) vorgebrachten Vorschläge zur Entmachtung des Verfassungsgerichts, die wieder einmal im Sand verliefen, s. z.B. SZ vom 14./15. 8. 1995, S. 2, sowie T. W. Danwitz, Qualifizierte Mehrheiten für normverwerfende Entscheidungen des Bundesverfassungsgerichts, JZ 1996, S. 481 ff. Das gleiche gilt im übrigen für das Russische Verfassungsgericht: Nach der ersten wilden und sehr antipräsidentiellen Phase erwartete man allgemein eine Entmachtung, wenn nicht gar eine Abschaffung durch die neue Verfassung 1993. Entscheidende Änderungen gab es aber nur bei der Funktion des Verfassungsgerichts im Impeachmentverfahren, die sich jetzt auf eine Kontrolle von Verfahrensverstößen beschränkt, während nach der alten Regelung das Gericht den Verfassungsverstoß des Präsidenten als Voraussetzung der Amtsenthebung feststellte, notfalls auch aus eigener Initiative wie auch nach der Parlamentsauflösung durch El'cin. Die Kompetenzen im übrigen blieben mehr oder weniger gleich bzw. wurden durch die authentische Verfassungsauslegung, Art. 125 Abs. 5 VerfRF eher noch verstärkt; zum neuen Gesetz s. meine Einführung, The Court Writes is Own Law, East European Constitutional Review, Bd. 3 (1994), Nr 3/4, S. 74 ff.

9 Man denke etwa an die unterschiedlichen Auffassungen der beiden Senate des BVerfG zur Frage, ob ein Kind ein »Schaden« sein kann, die zumindest den Gedanken an eine Plenar-

Eine zweite Besonderheit der Wirkungsweise von Verfassungsgerichten besteht in ihrer Passivität. Verfassungsgerichte brauchen, um tätig werden zu können, einen Kläger oder Antragsteller, der eine bestimmte Angelegenheit vom Verfassungsgericht entschieden haben möchte. Die Letztinstanzlichkeit und Unkontrolliertheit verfassungsgerichtlicher Entscheidungen wird durch dieses Fehlen autonomer Handlungsmöglichkeiten zumindest tendenziell etwas ausbalanciert; für unsere Fragestellung bedeutet diese Passivität, daß Verfassungsgerichte in eigentümlicher Weise passive, aber aktivierbare Akteure gesellschaftlicher Integration sind. Einmal gerufen freilich werden sie dann in großer Unabhängigkeit mit viel Macht und für den Rufenden relativ unvorhersehbar tätig.

Eine weitere Besonderheit besteht in der nur vermittelten Verbindlichkeit verfassungsgerichtlicher Entscheidungen im Rahmen gesellschaftlicher Integration. Zum einen steht es dem Gesetzgeber frei, Dinge anders zu regeln: Bei allen positiven Anregungen, die in verfassungsgerichtlichen Entscheidungen enthalten sind, legt die Entscheidung verbindlich immer nur das fest, was nicht sein darf.[10] Darüber hinaus fehlt es an einer Vollzugsmöglichkeit oder sonstigen Einflußmöglichkeit des Gerichts auf die Umsetzung der Entscheidung. Das Verfassungsgericht macht in viel stärkeren Maße als die anderen Akteure des politischen Systems Angebote an die Gesellschaft, in deren Annahme die Gesellschaft relativ frei ist.

Schließlich variiert die Öffentlichkeit und Öffentlichkeitswirksamkeit verfassungsgerichtlicher Entscheidungen ganz erheblich. Dies liegt zum einen an der unterschiedlichen Aufmerksamkeit, die Öffentlichkeit und Medien verfassungsgerichtlichen Entscheidungen geben.[11] Gesehen unter dem Aspekt der Öffentlichkeitswirksamkeit gibt es sehr bedeutsame Entscheidungen des Verfassungsgerichts, die in der Öffentlichkeit fast unbemerkt blieben; es gibt andererseits spektakuläre Entscheidungen, die, gesehen von der Entscheidung

Entscheidung nahegelegt hätte, s. BVerfGE 96, 375 ff. einerseits und BVerfGE 88, 203 andererseits; die Ablehnung einer Anrufung des Plenums gem. § 16 BVerfGG wird auf den Seiten 403 ff. begründet. Auch das Russische VerfG hat bisher kaum von der im Ermessen des Gerichts stehenden Möglichkeit der Plenarentscheidung Gebrauch gemacht. Gem. Art. 21 Abs. 1 VerfGRF hat das VerfG das Recht, jede Frage im Plenum zu entscheiden; Art. 21 Abs. 2 VerfGRF enthält dann eine Aufzählung der Fragen, die im Plenum entschieden werden müssen. Ein Beispiel einer Plenarentscheidung im Ermessensbereich ist die Tschetschenien-Entscheidung, s. VKS 1995 Nr. 5, S. 3 ff.

10 Auch hier bestätigt die Ausnahme die Regel; man denke an die jüngste Entscheidung bzw. genauer gesagt Entscheidungen zur steuerlichen Entlastung von Familien, in der immerhin festgelegt war, was wäre, wenn der Gesetzgeber bis zu einem bestimmten, relativ nahen Zeitpunkt nicht handeln würde; s. BVerfGE 99, 216 ff.; E 99, 246 ff.; E 99, 268 ff.; E 99, 273 ff.

11 S. dazu den Beitrag von H. Schulze Fielitz in diesem Band I S. 119 ff.

selbst her, keine wesentlichen Weichenstellungen enthielten.[12] Dazu kommt noch, daß die wesentlichen Weichenstellungen und Entscheidungen sich sehr häufig in den Entscheidungsgründen finden werden; deren Öffentlichkeitswirksamkeit wiederum hängt von der Vollständigkeit der Vermittlung der Entscheidungsgründe in die Öffentlichkeit ab, d.h. von der Vermittlung der Entscheidung durch die Massenmedien.

Aus all diesen Gründen würde eine genaue Einschätzung der Integrationswirkung verfassungsgerichtlicher Entscheidungen erheblichen theoretischen und empirischen Aufwand erfordern. Dies kann hier nicht geleistet werden. Ich möchte im folgenden lediglich eine Reihe von Entscheidungen aus der Frühzeit des Bundesverfassungsgerichts, eine Reihe von Entscheidungen aus der jüngsten Vergangenheit und dann eine Reihe von Entscheidungen des russischen Verfassungsgerichts kurz in Sachverhalt, Entscheidungstenor und – soweit relevant – auch Entscheidungsgründen darstellen. Bei den meisten Entscheidungen handelt es sich um spektakuläre und wichtige Entscheidungen, so daß von einer entsprechenden Berichterstattung durch die Massenmedien und damit Öffentlichkeitswirksamkeit ausgegangen werden kann, ohne daß ich dies im Einzelnen nachweisen würde. Bei allen Entscheidungen wird es in irgendeiner Form um das Problem der Einbeziehung bzw. Ausgrenzung gehen; wir werden sehen, wie die Gerichte sich diesen Fragen geöffnet haben oder nicht und wie sie mit ihnen umgegangen sind.

IV. Einbeziehung und Ausgrenzung durch das Bundesverfassungsgericht

1. Die frühen Entscheidungen der 50er Jahre

In den 50er Jahren hatte sich das Bundesverfassungsgericht in zwei ganz zentralen Bereichen mit dem Problem der Ausgrenzung bzw. Einbeziehung von Bevölkerungsgruppen in das Gemeinwesen »Bundesrepublik Deutschland«

12 Man denke für den ersten Fall an das Elfes-Urteil, das zumindest in dem verfassungsdogmatisch bedeutsamen Teil der Kontrolle praktisch jeden staatlichen Handelns wegen des eventuellen Grundrechtseingriffs in Art. 2 Abs. 1 GG kaum Aufsehen erregt haben dürfte, BVerfGE 6, 32 ff.: s. die nur auf die Möglichkeit der Paßverweigerung abstellenden Berichte in der Frankfurter Allgemeinen Zeitung vom 17. 1. 1957, S. 3, sowie in der Süddeutschen Zeitung vom 17. 1. 1957, S. 12. Andererseits kam etwa die Kruzifix-Entscheidung trotz aller Kirchenfreundlichkeit des Verfassungsgerichts wegen der vorher schon entschiedenen Unzulässigkeit von Kreuzen im Gerichtssaal kaum überraschend, s. BVerfGE 93, 1 ff. einerseits und E 35, 366 andererseits; die Referenz zu E 35, 366 findet sich in E 93, 19.

zu befassen. Die erste dieser Fragen betraf die volle Integration bzw. Ausgrenzung der Nationalsozialisten. Zu erwähnen sind hier die Entscheidungen zu Art. 131 des Grundgesetzes und dem zu Art. 131 GG erlassenen G-131. Es ging um die Frage der Fortgeltung der Beamtenverhältnisse über den 8.5.1945 hinaus und konkret vor allem um das ungeschmälerte Fortbestehen der beamtenrechtlichen Versorgungsansprüche. Das Bundesverfassungsgericht hat sich mit diesen Problem in einer ganzen Reihe von Entscheidungen bezüglich unterschiedlicher Berufsgruppen beschäftigen müssen: Beamte, Angestellte, Soldaten, die Bediensteten des Reichsarbeitsdienstes und schließlich auch besonders nationalsozialistisch geprägte Sondergruppen wie die Gestapo. Das Gericht hat in diesen Entscheidungen eher eine behutsame Linie gewählt: Es hat zwar zwischen den Beamtenverhältnissen des dritten Reiches und den »normalen« – d.h. den Beamtenverhältnissen vor 1933 und nach 1945 – eine klare Trennlinie gezogen und sich der These des Gesetzgebers von der Beendigung sämtlicher Beamtenverhältnisse am 8.5.1945 angeschlossen.[13] Das Gericht hat aber andererseits nur in der Gestapo-Entscheidung wegen der besonderen nationalsozialistischen Verwobenheit dieser Organisation den völligen Ausschluß von Versorgungsansprüchen für rechtens gehalten.[14] In der Sache hat das Bundesverfassungsgericht daher nur besonders belastete Gruppen ausgegrenzt und sich im übrigen mit einem klaren Trennstrich zur Vergangenheit begnügt. Selbst diese doch sehr vermittelnde Position ist damals sowohl vom Bundesgerichtshof wie auch in der Gesellschaft scharf kritisiert worden, weil der herrschende gesellschaftliche Konsens nicht einmal solche minimalen Abgrenzungen und Ausgrenzungen für notwendig hielt.[15]

Die zweite Entscheidung, die sich zentral mit der Integration ehemaliger Nationalsozialisten als vollwertige Bürger in die Gesellschaft der Bundesrepublik Deutschland befaßte, war das SRP-Urteil.[16] Das Grundgesetz hat in Art. 18 und Art. 21 die Möglichkeit geschaffen, auf individueller und auf kollektiver Ebene Ausgrenzungen bezüglich des politischen Status der Gesellschaftsmitglieder vorzunehmen. Das Bundesverfassungsgericht hatte im SRP-Urteil über die Frage der Verfassungswidrigkeit der SRP zu entscheiden und hat die Verfassungswidrigkeit bejaht. Bezeichnend und aufschlußreich ist

13 S. BVerfGE 3, 58 ff.; E 3, 288 ff.; E 6, 132 ff. und demgegenüber die Rechtsprechung des BGH, BGHZ 1, 174 ff.; Z 2, 117 ff.; Z 13, 265 ff.; Z 14, 138 ff.; zu allem s. M. Kirn, Verfassungsumsturz oder Rechtskontinuität, 1972.

14 BVerfGE 6, 132 ff.; die entscheidende Absage findet sich S. 193-196.

15 Die Auseinandersetzung um die Kriegsverbrechen der Wehrmacht und ihre dienende Rolle beim Holocaust oder auch die intensive öffentliche Diskussion um D. Goldhagens »Hitler's Willing Executioners« (1996) zeigt im übrigen, daß diese Vorstellung, daß mit dem deutschen Volk etwas geschehen sei, nach wie vor die geteilte Deutung der Mehrheit bezüglich dieses Teils der Vergangenheit ist.

16 BVerfGE 2, 1 ff.

in der SRP-Entscheidung die Argumentation des Bundesverfassungsgerichts: Die Verfassungswidrigkeit der SRP wird weniger aus einem bestimmten Programm als vielmehr aus einer personellen Identität der SRP mit der NSDAP hergeleitet. In ihrer Rolle als assoziierte politische Bürger wurden daher zumindest die in der SRP organisierten Nationalsozialisten aus dem Gemeinwesen der Bundesrepublik Deutschland ausgeschlossen.[17] Bezeichnend ist freilich auch, daß es bei diesem organisatorischen Ausschluß geblieben ist und daß die Möglichkeit des Art. 18 GG weder damals noch später genutzt worden ist.[18]

Die zweite große Fragestellung betraf die Integration bzw. Ausgrenzung der Kommunisten; wegen der Westintegration der Bundesrepublik Deutschland, wegen des damals auf dem Höhepunkt befindlichen Kalten Krieges, wegen der nicht zu leugnenden Ablehnung und Bekämpfung des Nationalsozialismus durch die Kommunisten und schließlich wegen der andauernden deutschen Teilung war diese Frage von besonderer Brisanz. Wie allgemein bekannt hat das Bundesverfassungsgericht sich für eine Verfassungswidrigkeit der KPD entschieden. Anders als im SRP-Urteil hat das Bundesverfassungsgericht nicht personenbezogen, sondern inhaltlich argumentiert und die Ausgrenzung der KPD und ihrer Anhänger damit begründet, daß der unabdingbare Mindestkonsens in grundlegenden Werten mit dem Grundkonsens der bundesrepublikanischen Gesellschaft nicht gewährleistet sei.[19]
Die Ausgrenzung bzw. Einbeziehung von Nationalsozialisten und Kommunisten war die zentrale, aber natürlich nicht die einzige Fragestellung gesellschaftlicher Grenzziehung in den 50er Jahren. Weniger spektakulär, aber mindestens genauso signifikant war etwa die Entscheidung zur Strafbarkeit der Homosexualität, d.h. zur Ausgrenzung bzw. Einbeziehung von vormals stigmatisierten Randgruppen in die Gesellschaft:[20]

> »Ein Anhaltspunkt dafür, daß die Homosexualität als unsittlich angesehen wird, ergibt sich daraus, daß die Gesetzgebung in Deutschland sich zur Rechtfertigung der Bestrafung der gleichgeschlechtlichen Unzucht stets auf die sittlichen Anschauungen des Volkes berufen hat.«

Das Bundesverfassungsgericht hat die überkommene Ausgrenzung aufrechterhalten und sich zur Begründung letztlich auf jenes gesunde Volksempfinden bezogen, mit dem schon im Nationalsozialismus, freilich auch davor, soziale

17 S. die genauen Ausführungen zu der politischen Biographie der Führung der SRP auf den Seiten 23 ff.
18 Nachweise zu den drei – erfolglosen – Verfahren und eine Analyse der Gründe des Schattendaseins der Vorschrift s. bei R. Gröschner, in H. Dreier (Hrsg.), Grundgesetz-Kommentar Bd. 1, 1996, Art. 18 RZ 7 f.
19 BVerfGE 5, 85 (bes. 195 ff).
20 BVerfGE 6, 389 (435).

Nichtselbstverständlichkeiten plattgebügelt worden waren. Unter dem Gesichtspunkt der Exklusion schließlich ist auch die Elfes-Entscheidung sehr interessant. Wegen der Bedeutung der Entscheidung für den Begriff der »verfassungsmäßigen Ordnung« jener Art. 2 Abs. 1 GG wird häufig der Ausgangssachverhalt der Entscheidung vergessen. Es ging um die Verweigerung eines Passes mit der Begründung, daß der Antragsteller die Bundesrepublik Deutschland im Ausland kritisieren werde; das Bundesverfassungsgericht hat dies im Endeffekt für verfassungsmäßig gehalten und dadurch die Zugehörigkeit zur Gemeinschaft mit besonderen Pflichten in der Außenrepräsentation verknüpft.[21]

Neben diesen sehr signifikanten Beispielen könnte man noch einer ganze Reihe von anderen Entscheidungen anführen, in denen das Bundesverfassungsgericht sich mit der Frage des Einschlusses bzw. des Ausschlusses von Einzelnen oder Gruppen beschäftigt hat[22] oder etwa auch durch Aufnahme entsprechender Symbole die Gesellschaft der Bundesrepublik Deutschland an andere Gesellschaften angeschlossen hat: Für den letzten Vorgang ist der Bezug auf die Rechtsprechung des US-Supreme Court zur freien Meinungsäußerung ein gutes Beispiel.[23] Entscheidungen mit der Thematik des Ausschlusses bzw. des Einschlusses von Gruppen oder Einzelnen sind im übrigen selbstverständlich immer wieder und nicht nur in den 50er Jahren Entscheidungsthema des Bundesverfassungsgerichts gewesen; die Entscheidung zur Verfassungsmäßigkeit der lebenslangen Freiheitsstrafe gem. § 211 StGB mit ihrem kompromißhaften »Sowohl-Als-Auch« mag als ein Beispiel zitiert werden.[24]

2. Die neunziger Jahre: Europa, Wiedervereinigung und multikulturelle Gesellschaft

In den 90er Jahren befand sich die Bundesrepublik Deutschland und damit auch das Bundesverfassungsgericht zum Teil durchaus erwartbar, zum Teil aber auch sehr plötzlich vor ganz neuen Fragen der Einbeziehung bzw. Ausgrenzung. Daß sich aus dem Prozeß der europäischen Einigung und auch aus der kontinuierlichen Zuwanderung von Ausländern in die Bundesrepublik Deutschland solche Fragestellungen ergeben würden, war abzusehen gewesen; die plötzliche Wiedervereinigung und damit die Integration einer völlig

21 BVerfGE 6, 32 ff.
22 Als Beispiel der Verwendung kräftiger Symbolik der Abgrenzung/des Ausschlusses s. etwa BVerfGE 10, 302 (322): Sklaverei und Leibeigenschaft; E 47, 327 (356): Inquisition/Schnüffelei; E 23, 353 (365): keine mittelalterliche Städtefreiheit; E 27, 71 (84): keine informative Gängelung der Bürger durch Beschlagnahme von Zeitungen aus der DDR.
23 BVerfGE 7, 198 (208): Cardozo; E 33, 52 (86), Sondervoten Rupp-v.Brünneck/Simon: Gladstone; E 47, 127 (199), Sondervoten Hirsch: Holmes.
24 BVerfGE 45, 187 ff.

anderen Gesellschaft in die bundesrepublikanische Gesellschaft hatte andererseits zumindest niemand vorhergesehen, auch wenn ex post betrachtet der Zusammenbruch der sozialistischen Systeme vielleicht hätte erwartet werden können. In Fragen der europäischen Einigung hatte sich das Bundesverfassungsgericht schon vorher in seiner »Solange-Rechtsprechung« ein wenig schwer getan; die Maastricht-Entscheidung hat diese gewisse Zögerlichkeit beim Prozeß der europäischen Integration mit ihrem »Ja, aber nur wenn . . .« und der Brückenwärterfunktion des Bundesverfassungsgerichts weiter fortgeführt.[25] Das Gericht hat sich für eine bedingte und zurücknehmbare Mitgliedschaft in der EU entschieden; diese Gestaltungsmöglichkeiten entsprechen wohl kaum der Wirklichkeit, und das Bundesverfassungsgericht hat dies in seiner Entscheidung zum Euro letztlich auch zugegeben.[26] Das gleiche Festhalten an der alten Gemeinschaft der Bundesrepublik Deutschland können wir auch in der Entscheidung zur verfassungsrechtlichen Zulässigkeit des Ausländerwahlrechts feststellen.[27] Interessanterweise entscheidet sich das Bundesverfassungsgericht hier dafür, die Zugehörigkeit nach rein formalen Kriterien zu bestimmen und demgegenüber die zumindest in der zweiten Generation der zugewanderten Ausländer schon vollzogene faktische Integration außer acht zu lassen.

Bei der Wiedervereinigungsrechtsprechung sah sich das Bundesverfassungsgericht mit ganz besonderen Problemen konfrontiert. Die eigentliche Entscheidung über die Zugehörigkeit der Bürgerinnen und Bürger der ehemaligen DDR zur Gemeinschaft »Bundesrepublik Deutschland« war in der Sache schon gefällt worden. Durch die konkret gewählte Variante des Beitritts über Art. 23 des Grundgesetzes und durch die sehr schnelle Durchführung der Wiedervereinigung war jedoch letztlich offen geblieben, ob wirklich jeder in vollem Umfang dazugehören sollte oder aber ob für die Systemträger des alten, feindlichen Systems besondere Integrationsbedingungen gelten durften. Nicht entschieden und fraglich war auch, ob man den neuen Gesellschaftsmitgliedern ihr altes Selbstverständnis und ihre Geschichte lassen würde oder nicht, ob also mit anderen Worten der Zutritt in die neue Gesellschaft mit einer kleinen »Anpassungsprozedur« zu verknüpfen war.

Die alten Eliten hat das Bundesverfassungsgericht nur nach besonderer Prüfung zur neuen Gesellschaft zugelassen; es hat die Zulassung davon abhängig gemacht, ob es sich um »normales« Mitläufertum im politischen System der DDR gehandelt hatte oder aber um eine so weit gehende Identifizierung, daß

25 BVerfGE 89, 155 ff.
26 BVerfGE 97, 350 ff.
27 BVerfGE 83, 37 ff.; E 83, 60 ff.

man meinte, dies nicht hinnehmen zu können; dies ist jeweils als Frage des Einzelfalls eingeordnet worden. Dies gilt auch für die Mitarbeit im Staatssicherheitsdienst.[28] Darüber hinaus hat man sich in bestimmten Fällen – Mauerschützen, Spionagetätigkeit – nicht gescheut, auch einen Ausschluß per Strafbarkeit für verfassungsmäßig zu halten.[29] Der Gesetzgeber hat darüber hinaus bei bestimmten Gruppen von höheren Funktionsträgern die Rentenansprüche gegenüber den in der DDR erworbenen Anwartschaften aus Sonderversorgungssystemen ganz erheblich gekürzt; das Verfassungsgericht hat in mehreren Entscheidungen den grundsätzlichen Schutz aus Art. 14 GG für rentenrechtliche Anwartschaften aus der DDR zwar bejaht, gerade bei den Sonderversorgungssystemen im einzelnen jedoch im Hinblick auf deren »nicht erdienten« Charakter erhebliche Kürzungen für verfassungsmäßig gehalten – und so auch hier ganz dezidierte Ausgrenzungsprozesse des Gesetzgebers verfassungsrechtlich gutgeheißen.[30] Ganz gezielte und von außen betrachtet sehr häßliche Ausgrenzungsprozesse hat es schließlich gegenüber der PDS als der Nachfolgeorganisation der SED im Bereich des Parlamentsrechts, etwa bei Ausschußbesetzungen oder auch bei der Vizepräsidentschaft des Bundestages, gegeben. Soweit diese Dinge in der Regel in der Form einer Organstreitigkeit zum Bundesverfassungsgericht gelangten, hat das Gericht diese Ausgrenzungen als verfassungsmäßig bestätigt.[31]

Europa, die multikulturelle Gesellschaft und die Grenzen der Vereinigung im Prozeß der Wiedervereinigung sind nicht die einzigen Beispiele von Entscheidungen des Bundesverfassungsgerichts, die Probleme der Ausgrenzung bzw. Einbeziehung im Hinblick auf die kollektive Identität der bundesrepublikanischen Gesellschaft zum Thema hatten. Zwei weitere Beispiele mögen demonstrieren, daß auch in anderen Entscheidungen die Frage des »Wer gehört dazu?« gestellt und beantwortet worden ist. Das erste Beispiel ist die Rechtsprechung zur sogenannten Auschwitzlüge, konkreter die Frage, ob die Verneinung des Holocaust als Behauptung zumindest in den Schutzbereich des

28 S. BVerfGE 84 133 ff.: Warteschleifenregelung; E 85, 167 ff.: Arbeitsverhältnisse der Beschäftigten der Akademie der Wissenschaften; E 96, 152 ff.: Kündigung von Lehrern wegen herausgehobener Tätigkeit in der DDR; E 96, 177 ff.: Stasi; E 96, 189 ff.: Stasi; s. auch die Sonderbehandlung von DDR-Richtern – keine Richer im Sinne des Grundgesetzes in E 87, 68 ff.

29 BVerfGE 95, 96 ff; E 92, 277 ff.

30 S. BVerfG, NJW 1999, S. 2493 ff.: Hochschullehrer; NJW 1999, 2501: Justiz und Polizei; NJW 1999, 2505: Stasi; NJW 1999, 2512: Ärzte.

31 BVerfGE 94, 351 ff.; E 99, 19 ff; s. aber demgegenüber E 84, 304 ff. und E 96, 264 ff. zum – abgelehnten – Fraktionsstatus der PDS. Freilich hat es ganz ähnliche Entscheidungen auch bei den Organrechten der grünen Abgeordneten bzw. der Fraktion der Grünen gegeben, s. z.B. E 70, 324 ff. mit der abweichenden Meinung Mahrenholz S. 366 ff: Ausschluß der Grünen von der Beratung bestimmter Posten des Haushaltsplans wegen deren Geheimhaltungsbedürftigkeit.

Art. 5 Abs. 1 Satz 1 GG fällt.[32] Art. 5 Abs. 1 Satz 1 GG ist bekanntlich (auch) das Grundrecht der Dummheit: Jede Behauptung soll ganz unabhängig von ihrem inhaltlichen Wert den Schutz des Art. 5 Abs. 1 Satz 1 GG genießen. Bei der Verneinung des Holocaust hat das Bundesverfassungsgericht von diesem Grundsatz eine Ausnahme gemacht: Es hat solche Behauptungen aus dem Schutzbereich des Art. 5 Abs. 1 Satz 1 GG ausgegrenzt, die erwiesenermaßen unwahr seien und deswegen auch keine Funktion im Prozeß der öffentlichen Meinungsbildung haben könnten. Mit dieser Entscheidung hat das Bundesverfassungsgericht eine klare symbolische Grenze gezogen und Alt- und Neonazis aus den öffentlichen Diskurs über die deutsche Geschichte ausgeschlossen und damit gleichzeitig eine kleine Alternative zur Grundrechtsverwirkung des Art. 18 GG geschaffen. Zwar scheint sich die Formulierung »erwiesenermaßen unwahre Tatsachenbehauptung« nicht auf Äußerungen eines bestimmten Inhalts zu beziehen; es gibt aber in der bisherigen Rechtsprechung des Bundesverfassungsgerichts außer der Holocaustverleugnung kein weiteres Beispiel nicht schutzwürdiger und erwiesenermaßen falscher Tatsachen, soweit es um die hier existierende unklare Vermengung von falscher Tatsache und Werturteil geht.[33]

Das zweite Beispiel ist die Entscheidung zur Strafbarkeit des Konsums von Haschisch.[34] Das Bundesverfassungsgericht hatte in dieser Entscheidung u.a. nach einer verfassungsrechtlichen Rechtfertigung dafür zu suchen, daß der Konsum des Rauschmittels Alkohol erlaubt, des Rauschmittels Cannabis aber verboten ist – trotz der anerkannten Schädlichkeit des Alkohols. Neben anderen Argumenten hat das Gericht folgendes ausgeführt:

> »Weiterhin sieht sich der Gesetzgeber auch vor die Situation gestellt, daß er den Genuß von Alkohol wegen der herkömmlichen Konsumgewohnheiten in Deutschland und im europäischen Kulturkreis nicht effektiv unterbinden kann. Art. 3 Abs. 1 GG gebietet nicht, deswegen auf das Verbot des Rauschmittels Cannabis zu verzichten.«[35]

32 BVerfGE 90, 241 (248).

33 BVerfGE 54, 208 (219) nimmt das Falschzitat vom Schutzbereich des Art. 5 Abs. 1 GG aus, bei dem die Unrichtigkeit auf ganz andere Weise nachgewiesen werden kann; bei den auch um die Frage erwiesenermaßen falscher Tatsachen kreisenden Entscheidungen BVerfGE 61, 1 (8) sowie E 85, 1 (22) hat zwar das Gericht jeweils die theoretische Position der Verneinung des Schutzes von Art. 5 Abs. 1 GG für erwiesenermaßen falsche Tatsachen aufrechterhalten, konkret jedoch den Schutz des Art. 5 Abs. 1 GG bejaht.

34 BVerfGE 90, 145.

35 BVerfGE 90, 145 (197); man lasse sich auch ebenda die Aussage auf der Zunge zergehen, beim Alkohol sei seine berauschende Wirkung allgemein bekannt und werde durch soziale Kontrolle überwiegend vermieden.

Mit anderen Worten: Das Gericht hat bestimmte Rauschmittel und die Konsumenten dieser Rauschmittel aus dem deutschen/europäischen Kulturkreis ausgegrenzt, weil dort andere Rauschmittel in Gebrauch seien.

V. Einbeziehung und Ausgrenzung durch das russische Verfassungsgericht

In ähnlicher, freilich noch krasserer Weise als das bundesrepublikanische Verfassungsgericht in den 50er Jahren hatte und hat das russische Verfassungsgericht in einer Gesellschaft mit zentrifugalen und desintegrativen Tendenzen zu judizieren; noch vielmehr als das bundesrepublikanische Verfassungsgericht in den 50er Jahren muß es sich dabei mit dem Problem der Einbeziehung in bzw. Ausgrenzung aus der neuen Gesellschaft beschäftigen. Ähnlich wie in der Bundesrepublik Deutschland in den 50er Jahren geht es um die Ausgrenzung bzw. Einbeziehung der Kommunisten in die neue Gesellschaft; dazu kommt noch das in dieser Form neue Problem der Einbeziehung bzw. Ausgrenzung von rechtskonservativen Großrussen (die früher in dem imperialen Anspruch der UdSSR eine politische Heimat gefunden hatten, in der neuen russischen Föderation aber verwaist sind). Daneben gibt es aber eine Reihe von Fragestellungen, die keine Parallele in der Bundesrepublik der 50er Jahre finden. Sehr sensibel ist zum einen die nationale und föderale Integration: Es gibt starke zentrifugale bzw. separatistische Tendenzen bei den nichtrussischen Republiken – so etwa in Tschetschenien, Tatarstan oder Jakutien; es gibt aber auch starke zentrifugale Tendenzen zumindest in Richtung auf ein Status autonomer Ferne in vielen der russischen Subjekte der Föderation, besonders in Sibirien und im Fernen Osten. Der Zerfall der UdSSR hat zum Phänomen großer Gruppen exterritorialer Russen in den Staaten geführt, deren Zugehörigkeit bzw. Nichtzugehörigkeit zur Russischen Föderation politisch und verfassungsrechtlich zur Entscheidung anstanden und anstehen; das gleiche gilt für die große Menge der intraterritorialen Fremden, d.h. vor allem der Angehörigen der anderen GUS-Staaten, die in der Russischen Föderation ihren ständigen Wohnsitz haben.

Schließlich hat die neue Gesellschaft eine Menge von sozialen Randgruppen produziert: von der großen Menge der Armen bis hin zu der ebenfalls großen Menge von Strafgefangenen. Die UdSSR hatte, Stalinscher Politik und Stalinschem Politikstil verhaftet, Randgruppen in der Regel ganz unbekümmert ausgegrenzt. Die neue Verfassung gibt ein etwas behutsameres Umgehen mit den marginalisierten Gesellschaftsmitgliedern auf, so daß auch hier das Verfassungsgericht sich mit den Fragen von Einbeziehung und Ausgrenzung zu beschäftigen hatte und hat. Schließlich ist auch der genaue Bauplan der neuen, auf Eigentum begründeten Zivilgesellschaften nicht ganz klar: Die konkrete Frage hier dreht sich um das Problem, wie wild bzw. zahm der neue Kapitalismus ist und welche zu wilden Kapitalisten daher außen vor bleiben müssen.

1. Die kommunistische Vergangenheit

Die zentrale Entscheidung, in der sich das russische Verfassungsgericht mit der Integration bzw. Ausgrenzung der Kommunisten und der kommunistischen Vergangenheit in die neue (?) russische Gesellschaft auseinanderzusetzen hatte, war das Verbotsverfahren gegen die kommunistische Partei. Das Verfahren, das noch zu Zeiten des »alten« russischen Verfassungsgerichts stattfand, dauerte sehr lange und war aus unterschiedlichen Gründen skandalumtobt.[36] Das Verfassungsgericht stand vor dem Dilemma, daß eine Verfassungswidrigerklärung der Kommunistischen Partei die russische Gesellschaft, in der die kommunistische Partei noch eine sehr breite Basis hatte, in zwei Teile geteilt hätte; andererseits konnte man auch schlecht so tun, als ob es sich um eine normale Partei gehandelt habe. Das russische Verfassungsgericht hat dieses Dilemma dadurch gelöst, daß es die eigentliche Verbotswirkung auf die kommunistischen Eliten beschränkt und diese (als politische Partei) nicht in die neue demokratische Gesellschaft eingelassen hat und im übrigen die mindestens ebenso wichtige Frage des Vermögens der kommunistischen Partei der Fachgerichtsbarkeit überlassen hat. Ein Zitat soll belegen, wie dezidiert und wie geschickt das russische Verfassungsgericht die kommunistische Führungselite zu einer solchen von außen gekommenen und deswegen auch auszuschließenden verbrecherischen Gruppe hochstilisiert hat:

> »Über eine lange Zeitdauer hinweg herrschte im Lande das Regime einer unbeschränkten und sich auf die Anwendung von Gewalt stützenden kleinen Gruppe kommunistischer Funktionäre, die im Politbüro des Zentralkomitees der KPdSU, geführt vom Generalsekretär des ZK der KPdSU, zusammengeschlossen waren.«[37]

36 Man denke etwa an die Versuche, den ehemaligen Staatspräsidenten M. S. Gorbačev als Zeugen zu vernehmen; aber auch verfahrensrechtlich war das Verfahren zum Teil problematisch, da das damaligeVerfGG RF keine Umsetzung der in die Verfassung per Verfassungsänderung eingefügten Verbotsmöglichkeit von politischen Parteien enthielt, das Gericht aber gleichwohl als zweiten Verfahrensteil den von einer Gruppe von Abgeordneten (!) eingebrachten Antrag auf Verfassungswidrigerklärung und Verbot zuließ; das eigentliche Ursprungsverfahren war der Antrag der KP gegen El'cin's Verbots-Ukaz; zu Nachweisen s. die folgende Fußnote.

37 VKS RF 1993 Nr. 3/4, S. 37 ff.; die wörtlich zitierte Passage findet sich auf S. 54; auf den Seite 1-36 sind Gutachten und sonstige Vor- und Zwischenentscheidungen des Verfahrens veröffentlicht. Eine genaue Darstellung des Verfahrens s. bei K. Katanjan, Konstitucionnyj »Process Veka« v Rossii, 1999.

Ausgeschlossen wurden also die bösen Führer; in der Gesellschaft blieben die vielen Millionen Parteimitglieder, die offensichtlich mit dieser vom Himmel gefallenen Bedrohung nicht das geringste zu tun hatten. (Die Bemerkung sei erlaubt, daß bezüglich des Nationalsozialismus man sich in den 50er Jahren eine ganz ähnliche Diktion vorstellen könnte.)

Das russische Verfassungsgericht hat im übrigen auch in anderen Zusammenhängen sehr konsequent typische Elemente der kommunistischen repressiven Vergangenheit aus der russischen Gegenwart ausgegrenzt. Stalin hatte in den 30er Jahren ein Erlaubnissystem für Wohnsitzaufnahme und Niederlassung eingeführt, mit dem er eine fast völlige Kontrolle der Mobilität der russischen bzw. sowjetischen Bevölkerung verwirklichen konnte, das sogenannte Propiska-System. Das russische Verfassungsgericht hat sich mit diesem Erlaubnis-System immer wieder auseinandersetzen müssen. In mehreren Entscheidungen ging es zunächst um die Verfassungswidrigkeit des Stalinschen Systems, das sowohl vom Komitee für Verfassungsaufsicht der UdSSR wie auch vom russischen Verfassungsgericht für verfassungswidrig erklärt worden ist, in beiden Fällen freilich zunächst ohne irgendwelche Konsequenzen.[38] Erst die wiederholte Verfassungswidrigerklärung zeigte dann Wirkung beim Gesetzgeber: Der Gesetzgeber bzw. die Gesetzgebungsorgane der Subjekte der Föderation bemühten sich angesichts der Verfassungswidrigkeit des klassischen Erlaubnis-Systems um neue, weichere und deswegen eventuell verfassungsmäßigere Varianten eines Erlaunbis-Systems bei der Wohnsitzaufnahme. Das Verfassungsgericht hat all diese neuen, unmittelbaren und mittelbaren Varianten des Erlaubnis-Systems konsequent ausgegrenzt, so etwa die Koppelung der Einwohnerregistrierung an die Zahlung einer (erheblichen) Infrastrukturabgabe in Moskau oder aber die Kopplung einer Paßerteilung oder des Abschlusses eines Mietvertrages an die erfolgte einwohnermelderechtliche Registrierung: Die Anmeldung als Einwohner, so das Verfassungsgericht, habe Informationsfunktion für das Einwohnermeldeamt, nicht aber Erlaubnischarakter für die Frage der Wohnsitzaufnahme.[39] Wir haben mit diesem Beispiel die eigentliche Themenstellung der Ausgrenzung bzw. Einbeziehung von Individuen und Gruppen verlassen; das Beispiel zeigt jedoch, daß die Ausgrenzung bzw. Einbeziehung durch Verfassungsgerichte auch andere

38 S. die Entscheidung des Komitees für Verfassungsaufsicht vom 11.10.1991, VVS SSSR 1991 Nr. 46, Art. 1307, sowie das russische VerfG in VKS 1995 Nr. 2/3, S. 32 ff.

39 VKS 1998 Nr. 3, S. 3 ff.; s. auch VKS 1997 Nr. 5, S. 22 ff.: Infrastrukturabgabe der Stadt Moskau. Die unter Stalin und danach so streng kontrollierte Freizügigkeit stand auch bei anderen Entscheidungen im Hintergrund; s. die die Residenzpflicht betreffenden Entscheidungen in Fn. 43 so wie etwa VKS 1998 Nr. 2, S. 19 ff.: Unzulässigkeit der Bindung der Paßerteilung an die Existenz eines ständigen Wohnsitzes.

Symbole, in diesem Falle die Symbole einer nichtrechtsstaatlichen und autoritären Vergangenheit betreffen können.[40]

2. Die vereinheitlichende Zwangsföderation

Die Russischen Föderation ist bekanntlich eine Föderation mit stark zentrifugalen bzw. sezessionären Tendenzen einiger ihrer Mitglieder. Die beiden am stärksten nach Unabhängigkeit strebenden Subjekte der Föderation sind auch als »Fälle« vom russischen Verfassungsgericht entschieden worden, Tartarstan noch vom alten Verfassungsgericht und Tschetschenien dann im Jahre 1996 schon vom neuen Verfassungsgericht.

Im Falle von Tartarstan hatte das russische Verfassungsgericht über die in Tartarstan durchgeführten Referenden zur Frage der Unabhängigkeit Tartarstans von der Russischen Föderation zu entscheiden. In einer – kurz nach dem Zerfall der UdSSR – staatsrechtlich sehr ungeklärten Situation hat das Gericht vehement sowohl den Vertragscharakter der Russischen Föderation wie auch jegliches Recht auf Sezession für die Republik Tartarstan verneint und jegliche Selbstbestimmungsbestrebungen zum Problem eines autonomen Status innerhalb der Russischen Föderation herabgestuft.[41] In der Tschetschenien-Entscheidung ging es dann um die Verfassungsmäßigkeit der Rückgängigmachung einer solchen Sezession unter Anwendung von militärischer Gewalt. Auch hier hat das Verfassungsgericht prozentristisch den gewaltsamen Versuchen Moskaus, Tschetschenien im Verband der Russischen Föderation zu halten, die Weihe der Verfassungsmäßigkeit verliehen. Interessant ist freilich, daß in der Entscheidung von irgendwelchen Rechten auf Autonomie oder Sezession mit keinem Wort die Rede ist: Das Gericht spricht vielmehr der Diktion der russischen Politik folgend von Zuständen massenhafter Unordnung, von bewaffneten Bánden und von Verletzungen der verfassungsmäßigen Ordnung und der Verfassung der Russischen Föderation, die freilich von Tschetschenien nie in irgendeiner Form anerkannt worden war.[42] Signifikant ist für beide Entscheidungen, daß die Frage der Zugehörigkeit vom Status quo her und nicht von einem Minimum an geteilten Gemeinsamkeiten her entschieden wird.

40 Als weiteres Beispiel s. etwa mit Darstellung und Ablehnung der Vergangenheit VKS 1996 Nr. 1, S. 2 ff.: Nichtvererblichkeit von Kolchoshöfen.

41 VKS 1993 Nr. 1, S. 40 ff.

42 S. VKS 1995 Nr. 5, S. 3 ff.; die Entscheidung hatte nicht weniger als 8 Sondervoten; entschieden hatte das Plenum mit 19 Richtern. Die Diktion entspricht der Diktion des Tschetschenienkrieges 1999/2000.

Diesem sehr starren Verständnis von Föderalismus und Zugehörigkeit zur Föderation entspricht die – für unsere Fragestellung nicht unmittelbar einschlägige- Rechtsprechung zur internen Homogenität bzw. Heterogenität der verfassungsrechtlichen Modelle in der Russischen Föderation und in den Subjekten der Russischen Föderation: Die Vorstellungen des Gerichts sind hier eher unitarisch als pluralistisch.[43] Ob eine solche Starrheit und ein solcher Unitarismus im Hinblick auf die stark zentrifugalen Tendenzen sinnvoll ist, muß bezweifelt werden; verfassungsrechtlich geboten ist er auf jeden Fall nicht.

3. Russen, Randgruppen und Zivilgesellschaft

Die UdSSR hatte eine intensive Russifizierungspolitik gegenüber den nichtrussischen Republiken durchgeführt; der Zerfall der UdSSR führte folgerichtig zum Problem der expatriierten, in den ehemaligen Unionsrepubliken lebenden Russen und ihrer Staatsangehörigkeit. Das Verfassungsgericht hat sich in einer Entscheidung mit diesem Problembereich beschäftigen müssen; es ging um den automatischen Verlust der Staatsangehörigkeit eines expatriierten Russen wegen Versäumung bestimmter Antragsfristen auf Beibehaltung der russischen Staatsangehörigkeit. Das russische Verfassungsgericht hatte die entsprechende gesetzgeberische Entscheidung für verfassungswidrig erklärt und damit die expatriierten Russen in die Gemeinschaft der russischen Nation integriert.[44] Bezeichnend ist hier neben dem Entscheidungsinhalt das symbolische Gewicht der Entscheidungsbegründung. Das Problem der Grundrechtsschranken wird von der russischen Verfassung so geregelt, daß Grundrechtsbegrenzungen unter bestimmten Voraussetzungen zulässig sind, Grundrechtsverminderungen aber auf jeden Fall unzulässig.[45] Das Verfassungsgericht hat den automatischen Verlust der Staatsangehörigkeit bei Versäumung einer bestimmten Antragsfrist als Grundrechtsverminderung einge-

43 S. etwa VKS 1995 Nr. 4, S. 2 ff.: Wahlrecht der Čuvašischen Republik; VKS 1995 Nr. 6, S. 31 ff.: Abhängigkeit des Wahlrechts in Nordossetien von festem Wohnsitz; VKS 1996 Nr. 1, S. 13 ff.: Parlamentsrecht der Region Altaj; VKS 1996 Nr. 1, S. 34 ff.: Verhältnis Legislative/Exekutive in der Region Čita; VKS 1996 Nr. 4, S. 14 ff.: Wahlrecht in Baškortostan; VKS 1996 Nr. 5, S. 30 ff.: Abwahlmöglichkeiten von Abgeordneten im Föderationssubjekt Moskau; VKS 1997 Nr. 4, S. 24 ff.: Verlängerung der Legislaturperiode im Gebiet Nižnij Novgorod; VKS 1997 Nr. 5, S. 11 ff.: passives Wahlrecht und Residenzpflicht in Chakasien; VKS 1997 Nr. 1, S. 2 ff.: Selbstverwaltung in der Udmurtischen Republik; VKS 1998 Nr. 5, S. 28 ff.: Abberufung der örtlichen Legislativorgane per Referendum in der Republik Karelien; VKS 1998 Nr. 4, S. 21 ff.: passives Wahlrecht für Präsidentschaftswahlen in Baškortostan.

44 VKS 1996 Nr. 3, S. 29 ff.; s. auch VKS 1998 Nr. 5, S. 42 ff.: Ruhen des Pensionsanspruchs bei ständigem Wohnsitz des Pensionärs außerhalb der Russischen Föderation verfassungswidrig.

45 S. Art. 55 Abs. 2 VerfRF mit dem Verbot der »Abänderung oder Verminderung« und Art. 55 Abs. 3 VerfRF, der die Begrenzung an bestimmte gesetzgeberische Ziele sowie die Notwendigkeit der Grundrechtsbegrenzung knüpft.

ordnet und so mit dem Symbol der absoluten Unzulässigkeit versehen.[46] Das Verfassungsgericht hat sich noch in einem weiteren Fall mit der Frage der Zugehörigkeit bzw. des Verrats an der »russischen Gemeinschaft« beschäftigen müssen. In der UdSSR waren unter Stalin und auch noch nach Stalin Auslandsreisen und Auslandskontakte als möglicher Vaterlandsverrat grundsätzlich suspekt. Das russische Strafgesetzbuch enthielt daher eine Strafvorschrift, wonach die Nichtrückkehr von einer Auslandsreise nach Ablauf des Visums als Landesverrat bestraft werden konnte. Das russische Verfassungsgericht hat diese Strafbestimmung für verfassungswidrig erklärt und so die Grenzen zwischen dem »russischen Volk« und den »anderen« in beiden Richtungen durchlässig gemacht.[47]

Ein weiteres Charakteristikum des russischen Rechtssystems war der unbekümmerte und mitleidslose Ausschluß von Straftätern aus der Gemeinschaft. Straftäter hatten keine Rechte: nicht während der Haft und auch danach kein Recht auf Rehabilitation. Das russische Verfassungsgericht hat sich in mehreren Fällen mit solchen Problemen beschäftigen müssen und hat sich regelmäßig gegen diese krassen Formen der Ausgrenzung entschieden, die Straftäter also als mit Rechten ausgestattete Mitglieder der Gesellschaft weiter akzeptiert. Das Gericht hat etwa eine Bestimmung für verfassungswidrig erklärt, wonach bei einer Haftdauer von mehr als sechs Monaten automatisch das Wohnrecht in der gemieteten Wohnung erlosch.[48] Das Gericht hat es für verfassungswidrig erklärt, daß während der Dauer der Haft Strafgefangene ihren Pensionsanspruch verloren und die Pension daher nicht ausgezahlt wurde.[49] Das Gericht hat schließlich im Grundsatz ein Recht auf Rehabilitation anerkannt und eine Bestimmung für verfassungswidrig erklärt, wonach Ermittlungen wegen nicht weiter andauernder gesellschaftlicher Gefährlichkeit der Straftat ohne Zustimmung des Beschuldigten eingestellt werden konnten. Diese Bestimmung, die den Makel des Verdachts auf dem Beschuldigten beließ, war häufig in den Fällen angewendet worden, in denen sich sämtliche Verdachtsmomente wegen der Unschuld des Beschuldigten als haltlos erwiesen. Mit der Kopplung an die Zustimmung des Beschuldigten hat das Verfassungsgericht ein Recht auf Rehabilitation anerkannt und so den unschuldig Verdächtigten mit vollen Rechten in die Gemeinschaft integriert.[50]

46 VKS 1996 Nr. 3, S. 29 ff.; als ein weiteres Beispiel dieser Argumentation mit der absoluten Unzulässigkeit von Grundrechtsverminderungen s. VKS 1995 Nr. 2/3, S. 39 ff.: Recht auf gerichtlichen Rechtsschutz, Art. 46 VerfRF, als nicht einschränkbares Grundrecht im Sinne von Art. 55 Abs. 2 VerfRF.

47 VKS 1995 Nr. 6, S. 48 ff.

48 VKS 1995 Nr. 2/3, S. 73 ff.

49 VKS 1995 Nr. 6, S. 5 ff.

50 VKS 1996 Nr. 5, S. 11 ff.

Dies sind nur einige Entscheidungen, in denen das russische Verfassungsgericht jeweils personen- oder personengruppenbezogen die Grenzen der Gemeinschaft definiert. Andere, nicht immer nur personengruppenbezogene Beispiele wie etwa die Ausgrenzung von Symbolen der Vergangenheit ließen sich anführen. Für unsere Überlegungen reicht jedoch aus, daß genau wie beim bundesrepublikanischen Verfassungsgericht die Funktion des russischen Verfassungsgerichts als Grenzzieher, als bestimmende Institution über Ausschluß und Einschluß in die Gesellschaft offenkundig wird.

VI. Thesen

Wir haben gesehen, daß durch die Entscheidungsmacht über Zugehörigkeit bzw. Ausschluß von Gesellschaften Verfassungsgerichte sich auf ganz zentrale Weise mit Fragen der Grenzziehung, der Innen-Außen-Differenzierung von Gesellschaften, beschäftigen. Gesellschaftliche Wahrnehmung und gesellschaftliche Wirkung dieser verfassungsgerichtlichen Aktivität möchte ich in zwei Thesen formulieren.

1. Die einbeziehende bzw. ausgrenzende Tätigkeit von Verfassungsgerichten ist aus der Sicht von Verfassungsgerichten als Akteuren gesellschaftlicher Integration eine stille, zum Teil gar heimliche Tätigkeit. Bei der Verwendung von Integrationsfiguren wie etwa der »Werte« nimmt die juristische und sonstige Öffentlichkeit dies als einen (zumindest) Grenzgang des Gerichts im Bereich gesellschaftlicher Integration wahr; dies erhöht die Legitimationsanforderungen an die Begründung der verfassungsgerichtlichen Entscheidung und verschärft die Kontrolle seitens der juristischen und auch der allgemeinen Öffentlichkeit. Entscheidungen über Zugehörigkeit oder Nichtzugehörigkeit werden dagegen in der Regel als »normale« Entscheidungen wahrgenommen und entgehen daher der verschärften Kontrolle potentiell grenzüberschreitender integrativer Entscheidungen.
2. Die stillen Entscheidungen über Eingrenzung und Ausgrenzung sind folgenreicher als andere Entscheidungen von Verfassungsgerichten im Bereich gesellschaftlicher Integration. Fragen interner Struktur und Kohäsion werden als Fragen wahrgenommen, über die immer wieder ein gesellschaftlicher Diskurs stattfindet und in denen immer wieder ein gesellschaftlicher Konsens gefunden werden muß; insofern sind verfassungsgerichtliche Äußerungen hier auch nur eine vorläufige und veränderbare Äußerung unter anderen. Zugehörigkeits- und Ausschlußentscheidungen dagegen sind endgültiger in dem Sinne, daß die Gesellschaft nach diesen

Entscheidungen mit oder ohne die neuen/alten Gesellschaftsmitglieder weiterleben muß; Zugehörigkeitsfragen werden im juristischen und im Alltagswissen nicht als in ständigem Wandel befindlich wahrgenommen. Insofern würde man sich die Entscheidungen vielleicht weniger still wünschen.

Helge Rossen-Stadtfeld

Verfassungsgericht und gesellschaftliche Integration

Der erste Teil dieses Beitrags (I.) wendet sich der Frage zu, ob dem Bundesverfassungsgericht die Aufgabe obliegt oder die Funktion zukommt, die Integration der Gesellschaft zu fördern. Er mündet in einen Vorschlag zur Begründung einer »schwachen« Integrationsfunktion der verfassungsgerichtlichen Rechtsprechung. Im zweiten Teil (II.) werden einige Überlegungen zur Bewertung dieser Integrationsfunktion angestellt. Dabei stehen die Bedeutung der Funktion, ihre Rechtfertigungsfähigkeit und ihre Verwirklichung im Vordergrund.

I. Integration durch Verfassungsrechtsprechung: Begründung

1. Integrationsaufgabe und Integrationsfunktion

Die Begriffe der »Aufgabe« und der »Funktion« verweisen auf unterschiedliche Wahrnehmungsperspektiven. Die Rechtsprechung des Bundesverfassungsgerichts kann daraufhin untersucht werden, ob sie integrative Leistungen in Erfüllung normativer Erwartungen erbringen soll. Eine vorausgesetzte Integrations*aufgabe* wird dann zum Maßstab genommen, um an diesem die Entscheidungspraxis des Bundesverfassungsgerichts zu bewerten. Im Fall der Integrations*funktion* steht demgegenüber die Analyse der Leistung im Vordergrund. Hier wird versucht, die verfassungsgerichtliche Entscheidung als Integrationsleistung zu beschreiben, etwa um sie mit den Integrationsleistungen anderer staatlicher Institutionen vergleichen zu können. Aufgaben lassen sich verfehlen, Funktionen können nur bestimmt und verglichen werden. Die Nicht- oder Schlechterfüllung einer ihm etwa obliegenden Integrationsaufgabe müßte dem Bundesverfassungsgericht vorgeworfen werden. Sollte es demgegenüber Schwierigkeiten bereiten, eine Integrationsfunktion seiner Rechtsprechung beschreibend festzustellen, könnten diese Schwierigkeiten zunächst nur zur Kenntnis genommen werden – um sodann vielleicht bei der (politischen) Begründung und Ausarbeitung einer entsprechenden Aufgabenzuweisung Berücksichtigung zu finden.

Das Bundesverfassungsgericht könnte also verpflichtet sein, mit seiner Rechtsprechung auf die Integration des Gemeinwesens hinzuwirken. Diese Verpflichtung müßte nicht den einzigen und auch nicht den vorrangigen Sinn der verfassungsgerichtlichen Rechtsprechung darstellen. Das Gericht müßte sich aber stets von ihr leiten lassen. Es hätte sich in seinen Entscheidungen mit ihr nachvollziehbar auseinanderzusetzen und sie nach Maßgabe der gegebenen konkreten Entscheidungslagen weitestmöglich zu verwirklichen. Eine solche Verpflichtung kann nur in einer dem Bundesverfassungsgericht normativ zugeschriebenen Aufgabe gründen. Die hierfür allein in Betracht kommende normative Aufgabenzuweisung ist für das Bundesverfassungsgericht als Verfassungsorgan[1] letztlich im Grundgesetz zu suchen.

Den Maßgaben der Art. 92 ff., Art. 99 f. GG zur Aufgabe des Bundesverfassungsgerichts läßt sich zusammenfassend entnehmen, daß ein *Gericht* das Handeln des *Staates* in einem *streitigen Verfahren* auf Übereinstimmung mit Verfassungs*recht* überprüfen und dadurch zugleich den Schutz der Verfassung sicherstellen soll.[2] Sonstige von der Verfassung vorgesehene Zuständigkeiten des Bundesverfassungsgerichts betreffen Sonderfälle (Art. 18 S. 2 GG [Grundrechtsverwirkung], Art. 21 Abs. 2 S. 2 GG [Verfassungswidrigkeit politischer Parteien], Art. 41 Abs. 2 GG [Wahl- und Mandatsprüfung], Art. 61 [Präsidentenanklage], Art. 84 Abs. 4 S. 2 [Rüge eines Bundeslandes durch Bundesrat], Art. 98 Abs. 2, 5 GG [Richteranklage], Art. 126 GG [Fortgeltung von Bundesrecht]). Auch hier ist jedoch die Verfassung stets der einzige normative Entscheidungsmaßstab und die Durchsetzung von Verfassungsrecht stets das einzige explizierte Ziel der Verfahren.[3] Eine neben dieses Ziel tretende oder über es hinausgehende Aufgabe des Bundesverfassungsgerichts,

1 Zum Begriff BVerfGE 8, 104 (114 f.); zum Streit um die Zuerkennung des mit dem Begriff bezeichneten Status *K. Stern*, Das Staatsrecht der Bundesrepublik Deutschland, Bd. II, München 1980, S. 345 m. w. N.

2 Zu den verfassungsrechtlich zugewiesenen Aufgaben des Bundesverfassungsgerichts im Überblick *K. Stern*, a.a.O. (Fn. 1), S. 329 ff.; *G. Roellecke*, Aufgaben und Stellung des Bundesverfassungsgerichts im Verfassungsgefüge, in: J. Isensee/P. Kirchhof (Hrsg.), Handbuch des Staatsrechts der Bundesrepublik Deutschland, Bd. II, 1987, S. 265 ff.; *H. Simon*, Verfassungsgerichtsbarkeit, in: E. Benda/W. Maihofer/H.-J. Vogel, Handbuch des Verfassungsrechts der Bundesrepublik Deutschland, 2. Aufl., Berlin/New York 1994, § 34; *M. Hund*, in: D. C. Umbach/T. Clemens, Bundesverfassungsgerichtsgesetz, Heidelberg 1992, Vor §§ 17 ff., Rdnr. 1; *K. Rennert*, ebd., § 31 Rdnrn. 28 f., 37; *C. Pestalozza*, Verfassungsprozeßrecht, 3. Aufl., München 1991, §1 I, II; *G. Frankenberg*, Die Verfassung der Republik. Autorität und Solidarität in der Zivilgesellschaft, Baden-Baden 1996, S. 228.

3 Das schließt nicht aus, daß zugleich »seine institutionelle Basis und Rolle als auch sein Prüfungsmaßstab und seine Prüfungspraxis eminent *politisch*« sind, so *G. Frankenberg*, a.a.O. (Fn. 2), S. 228 f. (Hervorheb. i. Orig.). Jedenfalls für Verfassungsrecht gilt, daß es immer auch politisch wirksame Unterscheidungen trifft, daß es insoweit dann auch politisch wahrgenommen, gelobt oder getadelt werden kann. Eine gefährliche »Politisierung der Justiz« (*C. Schmitt*, Verfassungslehre [1928], 8. Aufl., Berlin 1993, S. 119) ist darin nicht zu sehen, es handelt sich vielmehr um notwendige Funktionsbedingungen der Verfassungsgerichtsbarkeit.

die einen besonderen Entscheidungsmaßstab erfordern oder ihn konstituieren könnte, wird im Grundgesetz nicht bezeichnet. Es ist insbesondere keine dem Gericht durch die Verfassung ausdrücklich – in welcher Formulierung auch immer – zugeschriebene Aufgabe ersichtlich, auf gesellschaftliche Integration hinzuwirken. Das Grundgesetz enthält auch keine Normtexte, die wenigstens ihre Auslegung auf eine eigenständige Integrationsaufgabe der Verfassungsrechtsprechung hin lenken könnten. Die normative Begründung einer Integrationsaufgabe der Verfassungsrechtsprechung läßt sich nicht im Wege der Interpretation bestimmter Verfassungsvorschriften finden.

Eine entsprechende Aufgabenzuweisung an das Bundesverfassungsgericht kann dann nur noch auf die Annahme gestützt werden, es sei die Verfassung insgesamt auf die Integration des Gemeinwesens angelegt. Gesellschaftliche Integration müsse, das wird mit dieser Annahme unterstellt, vom Grundgesetz als allgemeine Gelingensvoraussetzung eines »gemeinen Wesens« gewünscht sein, etwa in der Form einer den gesamten Normzusammenhang des Grundgesetzes durchziehenden »Verfassungserwartung«.[4] Fernliegend oder gar offensichtlich unbegründet ist diese Vermutung keineswegs. Sie wird dementsprechend auch weithin vertreten.[5] Indes müßten im vorliegenden Zusammenhang aus dieser Vermutung auch spezifisch verfassungsrechtliche Folgerungen abgeleitet werden können. Bei dem Versuch aber, zu derartigen Folgerungen zu gelangen, erweist sie sich schnell als nicht eben präzise, als wenig trennscharf und kaum weiterführend. Ob und gegebenenfalls in welchem genaueren Verständnis eine Art Inklination der Verfassung hin auf gesellschaftliche Integration normativ eingeordnet (normativ stets mitgemeinte Verfassungsvoraussetzung? Programmsatz? Objektiv-rechtlicher Verfassungsgehalt?) und dogmatisch operationalisiert, also juristisch handhabbar gemacht werden könnte, ist trotz aller theoretischen Bemühungen einigermaßen unklar und im wesentlichen umstritten geblieben.[6]

4 Zum Begriff der »Verfassungserwartung« im Verständnis der neueren staatsrechtlichen Literatur *M. Kloepfer*, Grundrechte als Entstehenssicherung und Bestandsschutz, München 1970, insbes. S. 15 ff.; *J. Isensee*, Grundrechtsvoraussetzungen und Verfassungserwartungen an die Grundrechtsausübung, in: ders./P. Kirchhof, a.a.O. (Fn. 2), S. 353 ff. (insbes. S. 464 ff.); jew. m. w. N.

5 Vgl. für alle *K. Hesse*, Grundzüge des Verfassungsrechts der Bundesrepublik Deutschland, 20. Aufl., Heidelberg 1995, Rdnrn. 5 ff., 16 ff.; wichtige ideengeschichtliche Wurzeln liegen in dem Integrationskonzept von *R. Smend*, Verfassung und Verfassungsrecht, in: ders., Staatsrechtliche Abhandlungen und andere Aufsätze, 2. Aufl., Berlin 1968, S. 189 f., 195 f., sowie in dem stärker prozedural ausgerichteten Verständnis des verfaßten Staates als »organisierte Entscheidungs- und Wirkungseinheit« von *H. Heller*, Staatslehre, 4. Aufl., Leiden 1970, insbes. S. 228 ff.

6 Stellt die Verfassung eine Rahmenordnung dar, innerhalb deren nicht mehr, aber auch nicht weniger, als die Möglichkeit gegeben ist, zu einer reflektierten gesellschaftlichen Identität – als Kristallisationskern gesellschaftlicher Einheit – zu gelangen? Beschränkt sich ihre integrative Ausrichtung auf die Bereitstellung integrationsermöglichender Verfahren? Oder ent-

Hinzu kommt, daß die bezeichnete Vermutung zur Begründung einer verfassungsrechtlichen Aufgabenzuweisung kaum ausreichen dürfte. Selbst wenn eine Ausrichtung des Grundgesetzes hin auf gesellschaftliche Integration in ihrem Gehalt, ihrer Zielrichtung und ihrer normativen Einordnung dogmatisch zureichend faßbar ausgearbeitet werden könnte, wäre damit nicht auch schon eine entsprechende Aufgabe des Bundesverfassungsgerichts nachgewiesen. Das Grundgesetz könnte sich durchaus dem Anliegen einer Integration des Gemeinwesens verpflichtet erweisen und dennoch, vielleicht aber auch gerade deshalb, das Verfassungsgericht von jeder auf diese Integration gerichteten Aufgabe freizustellen suchen. Die besondere Weisheit gerade einer integrationsgeneigten, auf gesellschaftliche Integration in welchem Sinn auch immer setzenden Verfassung könnte sich auch darin ausdrücken, daß das Verfahren und die Entscheidung des Verfassungsgerichts von einer überwölbenden materialen Integrationsverpflichtung freigestellt werden. Der Grund für eine solche Freistellung läge darin, das Gericht vor Überlastung zu bewahren und zugleich deutlich zu machen, daß die Integration des Gemeinwesens auf Dauer schwerlich ausgerechnet im Wege einer gerichtlich erzwungenen Streitentscheidung gelingen kann.[7] Doch bedarf dies hier keiner weiteren Klärung und Vertiefung. Im vorliegenden Zusammenhang genügt die Feststellung, daß dem Grundgesetz jedenfalls weder ausdrückliche noch hinreichend greifbare implizite Anhaltspunkte für die normative Zuweisung einer eigenständigen Integrationsaufgabe gerade an das Bundesverfassungsgericht entnommen werden können.

Auch dann aber, wenn eine klar zugeschnittene Integrations*aufgabe* dieses Gerichts nicht recht erkennbar werden will, bleibt immer noch eine auf gesellschaftliche Integration gerichtete *Funktion* der Verfassungsrechtsprechung möglich. Eine solche Funktion müßte faktisch zugleich mit der Wahrnehmung der ausdrücklich zugewiesenen Aufgaben des Schutzes und der Durchsetzung der Verfassung realisiert werden. In der Erfüllung normativ spezifi-

hält die Verfassung daneben verpflichtende materiale Gehalte, die allen Mechanismen gesellschaftlicher Integration immer schon vorgegeben sind und diese ausrichten sollen? Verhält sich die Verfassung indifferent gegenüber der Ausbildung gesellschaftlicher »Werte« und Wertordnungen, ermöglicht sie deren Ausbildung oder stellt sie womöglich selbst bereits eine diesseitige Verkörperung von Werten und ihren Ordnungen dar? Jede dieser Fragen, und es sind hier nur die wohl wichtigsten genannt worden, ist in der kurzen Geschichte des Grundgesetzes bereits gestellt worden, hat ihre besondere »Konjunktur« gehabt – und ist letztlich unbeantwortet geblieben.

7 Unberührt hiervon bliebe im übrigen die zutreffende Feststellung von *R. Wahl*, Quo vadis – Bundesverfassungsgericht? Zur Lage von Verfassungsgerichtsbarkeit, Verfassung und Staatsdenken, in: B. Guggenberger/T. Würtenberger (Hrsg.), Hüter der Verfassung oder Lenker der Politik? Das Bundesverfassungsgericht im Widerstreit, Baden-Baden 1998, S. 81ff. (104), daß »die Bedeutung der Verfassung im politischen und gesellschaftlichen Leben nicht mehr von der Bedeutung der Verfassungsgerichtsbarkeit und des Verfassungsgerichts getrennt werden« könnten.

zierter Aufgaben würde gegebenenfalls stets zugleich auch eine unspezifisch-überwölbende Integrationsfunktion der Verfassungsrechtsprechung sichtbar. Die hier maßgebliche Frage zielt also darauf, ob das Bundesverfassungsgericht zugleich auch diese Integrationsfunktion verwirklicht, wenn es Streitfälle nach Maßgabe des Verfassungsrechts entscheidet. Dies ist eine im weiteren Sinn empirische Frage. Sie richtet sich auf die tatsächliche Bedeutung der verfassungsgerichtlichen Entscheidung. Erst nach der Klärung dieser Frage kann überlegt werden, ob der Verfassungsrechtsprechung eine Integrationsfunktion auch zukommen sollte oder umgekehrt nicht zukommen dürfte und anhand welcher Maßstäbe solche weiteren Fragen zu beurteilen wären.

2. Integration unmittelbar durch Entscheidung?

Eine Integrationsfunktion wäre in ihrer stärksten Form verwirklicht, wenn die Entscheidungen des Bundesverfassungsgerichts eine unmittelbar integrative Wirkung entfalten könnten. Die gerichtliche Entscheidung müßte selbst und ohne weitere Zusatzbedingungen zum Katalysator der Vergemeinschaftung werden können: Integration durch gerichtliche Enscheidung. Letztere vermittelt sich über den Zusammenhang von Entscheidungsformel und Entscheidungsbegründung, nur in diesem Zusammenhang kann sie rechtliche und faktische Wirkungen auslösen.[8] Zu fragen ist also, ob die verfassungsgerichtliche Entscheidung durch ihre Formel und Begründung integrierende Wirkung entfalten, jedenfalls aber gesellschaftliche Integration fördern kann. Eine derartige Wirkung der gerichtlichen Entscheidung wäre wohl anzunehmen, wenn die Verfahrensbeteiligten und etwa ihnen nahestehende Beobachter des Verfahrens einigermaßen zuverlässig in dem Einverständnis darüber zusammengeführt werden könnten, daß die konkrete Entscheidung in einem korrekten und fairen Verfahren zustande gekommen ist und daß sie nicht nur eine autoritative, sondern eine richtige, womöglich sogar gerechte Lösung des Streits darstellt.[9] Die Verfahrensbeteiligten und externe Interessenten müßten durch die gerichtliche Entscheidung tatsächlich zur Übernahme derjenigen konflikt-

8 Zum »Ort« der verfassungsgerichtlichen Entscheidung vgl. etwa BVerfGE 19, 377 (391 f.); 40, 88 (93): Tenor und »tragende Entscheidungsgründe«; ferner *C. Pestalozza*, a.a.O. (Fn. 2), § 20 II; *K. Rennert*, a. a O. (Fn. 2), § 31 Rdnrn 71 ff.

9 Es geht hier also nicht um die »bewußtlose« Perspektivenübernahme in der Form des »motivlosen Akzeptierens« aufgrund einer nicht mehr rückgängig zu machenden Verstrickung in das gerichtliche (Entscheidungs-)Verfahren i. S. v. *N. Luhmann*, Legitimation durch Verfahren, 2. Aufl., Frankfurt a. M. 1983; zu den normativen Erwartungen an die Rechtsprechung vgl. allgemein etwa *K. Hesse*, a.a.O. (Fn. 5, 9), Rdnr. 548 f. (»Aufgabe autoritativer und damit verbindlicher . . . Entscheidung in Fällen bestrittenen oder verletzten Rechts«, die Rechtsprechung entfalte »ordnende, rationalisierende und stabilisierende Wirkungen«); *W. Heyde*, Die Rechtsprechung, in: Benda/Maihofer/ Vogel, a.a.O. (Fn. 2), § 33 I. 2.

übergreifend-gemeinsamen Perspektive[10] gebracht werden können, die ihnen durch dieselbe Entscheidung zugleich immer schon vorgegeben wäre. Daß eine Integrationsfunktion auf diesem Weg wahrgenommen werden kann, erscheint nun nicht etwa schon theoretisch-konzeptionell von vornherein ausgeschlossen. Doch ist ihre tatsächliche Realisation auf diesem Weg nur sehr schwer vorstellbar.

Tatsächlich integrationserheblich könnten auf Dauer vor allem solche Streitfälle sein, die einigermaßen öffentlichkeitswirksam sind. Gerade in solchen Streitfällen bleiben aber regelmäßig Verfahrensbeteiligte zurück, die mit der schließlich getroffenen Entscheidung nicht einverstanden sind und jedenfalls »nach außen hin« auch nicht mit ihr einverstanden sein können. Hinzu kommen Vereinigungen, Gruppen und sonstige Repräsentanten gesellschaftlicher Anliegen oder Perspektiven, die sich konfliktiv auf die im Verfahren vertretenen Positionen bezogen haben. Auch in ihrem Blickwinkel wird die Entscheidung in erster Linie als Gewährung oder Versagung, kaum aber als eine produktive Vermittlung, Ineinssetzung und integrierende Aufhebung der Streitpositionen wahrzunehmen sein. Dies gilt um so mehr dann, wenn – und dies kennzeichnet gerade die wichtigeren Verfahren vor dem Bundesverfassungsgericht nicht eben selten – die Verfahrensbeteiligten zugleich formelle oder informelle Repräsentanten gesellschaftlich relevanter Interessen, Überzeugungen oder Gefühle sind. Solche Interessen, Überzeugungen oder Gefühle haben sich mit dem Abschluß des verfassungsgerichtlichen Verfahrens keineswegs erledigt. Sie haben eine Äußerungs- und Darstellungsbühne verloren, können sich aber nach der Beendigung des gerichtlichen Verfahrens neue Arenen und Formen der Geltendmachung suchen.

Außerdem treten gerade in Verfahren mit gesteigertem Öffentlichkeitsbezug besondere Mehrebenen-Probleme[11] auf. Mit diesen ist dann zu rechnen, wenn die verfassungsgerichtliche Entscheidung von den Verfahrensbeteiligten an »hinter« ihnen stehende Betroffenengruppen, Organisationen oder sonstige Öffentlichkeiten rückvermittelt werden muß und die Entscheidung einerseits dem Antragsziel, in dem zugleich bestimmte gesellschaftliche Anliegen fo-

10 Zu einer sozialintegrativen Funktion der Rechtsordnung, gerichtet auf die Ermöglichung wechselseitiger Perspektivenübernahme und -verschränkung, die Sicherung der »Integrität von Anerkennungsverhältnissen . . ., die jedem Rechtsgenossen gleiche Rücksicht und Achtung gewährleisten«, und verwirklicht in der bzw. durch die richterliche Entscheidungspraxis, näher *J. Habermas*, Faktizität und Geltung, Frankfurt a. M. 1992, S. 242 ff., 256 ff.

11 Begriff und theoretische Grundlagen in der neueren Organisationstheorie werden erläutert bei *A. Benz*, Kooperative Verwaltung, Baden-Baden 1994, S. 192 ff., 318; *ders.*, Verhandlungssysteme und Mehrebenen-Verflechtungen im kooperativen Staat, in: W. Seibel/ A. Benz (Hrsg.), Regierungssystem und Verwaltungspolitik, Opladen 1995, S. 83 ff., jew. m. w. N.

kussiert sind, nicht entspricht, andererseits aber doch offensichtlich als jedenfalls nicht unvernünftig akzeptiert werden muß. Unter dem Druck der besonderen Erklärungsprobleme und Rechtfertigungsschwierigkeiten, die sich dann stellen, sehen sich die Verfahrensbeteiligten geradezu genötigt, demonstrativ in der jeweiligen konfliktiven Ausgangsposition zu verharren. Dasselbe (Rück-)Vermittlungsproblem wird häufig auch bearbeitet, wenn die Beteiligten in Verfahren, die unter öffentlicher Beobachtung und Anteilnahme stattfinden, die Entscheidung nach Möglichkeit auch insoweit noch als einen (Teil-)Sieg darzustellen suchen, als ihrem Begehren nicht entsprochen und ihrer Problemsicht nicht beigetreten wurde. Raffinierter reagieren Beteiligte, die nicht in vollem Umfang mit ihren Darlegungen durchgedrungen sind, oder diesen nahestehende Dritte, wenn sie ausdrücklich ihren Respekt vor der Stellung des Gerichts betonen – um sich gerade dadurch von dem Entscheidungsergebnis distanzieren zu können.[12] Solche Verhaltensmuster[13] ergänzen die offene Urteilsschelte, mit der ansonsten in nahezu jedem einigermaßen öffentlichkeitswirksamen Fall zu rechnen ist, und zwar unabhängig von etwaigen Konfliktvermeidungsstrategien des Gerichts.[14] Sie legen den Schluß nahe, daß eine verfassungsgerichtliche Entscheidung doch einigermaßen unwahrscheinlich ist, die den Ausgangsstreit endgültig und vollständig bereinigen und in diesem Sinn dann tatsächlich integrierende Wirkung entfalten könnte.

Im Regelfall des verfassungsgerichtlichen Verfahrens wird also zwar ein aktueller Verfassungsrechtsstreit entschieden, durchaus nicht selten auch für eine mehr oder weniger überschaubare Zukunft ruhig gestellt. Nicht aber kann erwartet werden, daß damit auch der gesellschaftliche Konflikt endgültig beigelegt ist, aus dem sich der Rechtsstreit entwickelt hat. Die anhaltenden Diskussionen im Anschluß an die verfassungsgerichtlichen Entscheidungen zum Schwangerschaftsabbruch,[15] zur Strafbarkeit von Sitzblockaden,[16] zu »Soldaten sind (potentielle) Mörder«-Kundgaben,[17] zum christlichen Kreuz in bayerischen Schulräumen[18] und zum Einheitswert bei der Vermögens- und Erb-

12 Für alle diese Reaktionsformen lassen sich Beispiele in der Auseinandersetzung um jüngere Entscheidungen des Bundesverfassungsgerichts (insbesondere um den Kruzifix-Beschluß BVerfGE 93, 1; zur vorangegangenen Verweigerung einer einstweiligen Anordnung s. BVerfGE 85, 94) finden, vgl. hierzu die Hinweise bei *R. Lamprecht*, Zur Demontage des Bundesverfassungsgerichts. Beweissicherung und Bestandsaufnahme, Baden-Baden 1996, insbes. S. 92 ff.; *R. Wahl*, a.a.O. (Fn. 7), S. 83 ff., 118 f.

13 Es handelt sich nur um einzelne Beispiele, die unschwer um weitere Fälle ergänzt werden könnten, vgl. dazu die Darstellungen bei *R. Häußler*, Der Konflikt zwischen Bundesverfassungsgericht und politischer Führung, Berlin 1994, insbes. Teil 1 u. Teil 5.

14 *G. Frankenberg*, a.a.O. (Fn. 2), S. 221.

15 BVerfGE 88, 203 m. abw. M. *Mahrenholz/Sommer*, S. 338 ff., und *Böckenförde*, S. 359 ff.

16 BVerfGE 92, 1m. abw. M. *Seidl/Söllner/Haas*, S. 20 ff.

17 Zuletzt BVerfGE 93, 266 m. abw. M. *Haas*.

18 BVerfGE 93, 1.

schaftsbesteuerung[19] können als Beleg hierfür herangezogen werden. Sie haben in jüngerer Zeit deutlich gemacht, daß der den jeweiligen Streitverfahren zugrunde liegende gesellschaftliche Konfliktstoff keineswegs durch die Entscheidung entschärft werden konnte.[20] Die Primärfunktion auch der verfassungsgerichtlichen Entscheidung beschränkt sich auf die Funktion der Streitbeendigung innerhalb des Rechtssystems, also auf die Beendigung eines *Rechts*streits.[21] Die Entscheidung stößt den Konflikt aus dem Rechtssystem ab. Es gibt nach der verfassungsgerichtlichen Entscheidung keine Möglichkeit mehr, rechtspraktisch erhebliche Folgerungen an eine Position zu knüpfen, die in der Entscheidung als unhaltbar verworfen worden ist. Dergestalt immunisierende Wirkung entfaltet die Entscheidung aber nur innerhalb des und für das Rechtssystem. Außerhalb des Rechtssystems kann die Auseinandersetzung in allen von der Rechtsordnung gebilligten Formen weitergeführt werden. Das Bundesverfassungsgericht wäre überfordert, würde ihm eine Entscheidung mit auch insoweit noch tatsächlich integrierender Wirkung zugemutet. Nun kann zwar, je nach konkretem Standpunkt, gehofft oder gefürchtet werden, daß der gesellschaftliche Konflikt nach seinem Ausschluß aus dem Rechtssystem gewissermaßen austrocknet. Die gerichtliche Entscheidung würde dann eine Art Integration durch Erschöpfung ermöglichen. Mit diesem Effekt kann allerdings niemals sicher gerechnet werden. Die Darstellungen des Konflikts und die ihn betreffenden Stellungnahmen, die in Tenor und Begründung der Entscheidung enthalten sind, können den Konflikt auch umgekehrt gerade vertiefen und verschärfen.

3. Integration als indirekt-vermittelte Entscheidungsfolge

Wenn verfassungsgerichtlichen Entscheidungen eine auf das Gemeinwesen bezogene Integrationsfunktion, eine insoweit dann auch »gemeinwohlrelevante« integrative Wirkung zukommen können soll, können jene Funktion und diese Wirkung also nicht schon in der je besonderen Entscheidung liegen, die den Rechtstreit unmittelbar-direkt zu einem Ende bringt. Dann ergibt sich eine doppelte Konsequenz. Zwar bleibt es dabei, daß eine etwaige Integra-

19 BVerfGE 93, 121 m. abw. M. *Böckenförde* 93, 165.

20 So zu Recht *B. Guggenberger*, Die Rechtsprechung des Bundesverfassungsgerichts und die institutionelle Balance des demokratischen Verfassungsstaates, in: ders./T. Würtenberger, a.a.O. (Fn. 2), S. 202 ff. (207 f., 227); *G. Frankenberg*, a.a.O. (Fn. 2), S. 218, 221, 233; mit ähnlicher Tendenz auch *U. R. Haltern*, Integration als Mythos. Zur Überforderung des Bundesverfassungsgerichts, Jahrbuch des Öffentlichen Rechts N. E. 45 (1997), S. 34 ff. (84 f.). Weitere Beispiele für neuere, »in einer breiteren Öffentlichkeit skandalisierte Entscheidungen« des Bundesverfassungsgerichts bei *H. Schulze-Fielitz*, Das Bundesverfassungsgericht in der Krise des Zeitgeists – Zur Metadogmatik der Verfassungsinterpretation –, Archiv des Öffentlichen Rechts 122 (1997), S. 1 ff. (S. 1 f. u. Fn. 25 ff., 53 ff.).

21 *C. Pestalozza*, a.a.O. (Fn. 2), § III 1; *M. Hund*, a.a.O. (Fn. 2), Rdnr. 1.

tionsfunktion stets notwendig durch Tenor und Gründe der Entscheidung hindurch wirksam werden muß. Wenn Integration stattfindet, dann nur durch das Medium der Entscheidung. Integrationswirksam kann die verfassungsgerichtliche Entscheidung jedoch nur auf indirekt-vermittelte Weise werden.

Als insoweit nächstliegende Möglichkeit käme in Betracht, daß die gesuchte Integrationswirkung von einem allgemeinen, streitübergreifenden und streitvermittelnden Gehalt ausginge, auf den die Entscheidung durch ihr je besonderes und konfliktiv bleibendes Ergebnis hindurch verweisen müßte. Formal läßt sich dieser Gehalt unschwer näher bestimmen. Er müßte implizit-latent bleiben und könnte in dem besonderen Streitstoff nur seine äußerliche Form, sein durchaus austauschbares Medium finden. Jede engere Bindung an die konkrete Entscheidung könnte einen etwa integrationserheblichen Gehalt wieder in den Ausgangskonflikt hineinziehen. Dieser bleibt jedenfalls in seinem Kern – wie gesehen – auch noch in der konkretisierend bearbeiteten Fassung, die er durch Entscheidungsformel und Entscheidungsbegründung erfahren hat, sowie in der Rezeption der Entscheidung durch Verfahrensbeteiligte und interessierte Öffentlichkeit, bestehen. Der Ausgangskonflikt hat sich nicht vollständig und endgültig erledigt. Er ist lediglich in die Ebene des vorderhand nicht mehr unmittelbar verfassungsrechtlich Relevanten verschoben worden.

Um so schwieriger erscheint aber die Frage, ob und gegebenenfalls worin sich eine Integrationsfunktion der verfassungsgerichtlichen Entscheidung auch inhaltlich-material ausprägen könnte. Zu suchen ist insoweit nach Entscheidungselementen, in denen der Anspruch streitübergreifend-allgemeiner und deshalb integrierender Maßstäblichkeit doch noch mit Bezug auf den Konfliktgegenstand zum Ausdruck gebracht werden könnte. Auszugehen ist dabei von der Feststellung, daß sich die konfliktiven Interessen, Sichtweisen und sonstigen Streitmotive mit der verfassungsgerichtlichen Entscheidung im Regelfall keineswegs erledigen. Es gibt nur einen einzigen Weg, auf dem von hier aus ein material bestimmter Entscheidungsgehalt mit möglicherweise integrativen oder integrationsförderlichen Wirkungen gefunden werden könnte. Dieser Weg muß hinter die konkreten Entscheidungsnormen (»Regeln«) zurückführen, anhand deren der je besondere Streit durch die Entscheidung im Rechtssystem stillgelegt worden ist. Was dann zunächst erkennbar wird, sind die allgemeineren *Grundsätze* und *Prinzipien*, die methodologisch als Quellen der streitentscheidenden *Regeln* behandelt werden.[22]

22 Zu der Unterscheidung zwischen Grundsätzen bzw. Prinzipien einerseits und (Entscheidungs-)Regeln andererseits s. grundlegend *R. Alexy*, Rechtsregeln und Rechtsprinzipien, ARSP Beiheft 25 (1985), S. 13 ff.; *ders.*, Theorie der Grundrechte, Frankfurt a. M. 1986,

4. Werte, Prinzipien und objektive Verfassungsgehalte als Integrationsfaktoren?

Der Weg, über den das Bundesverfassungsgericht zu solchen Grundsätzen und Prinzipien findet, ist bekannt. Seit der Lüth-Entscheidung[23] ist von ganz unterschiedlichen Verfassungsnormen – Grundrechten, Strukturbestimmungen, Kompetenzregelungen – aus eine »Wertordnung des Grundgesetzes« entdeckt worden. Diese soll in der Verfassung zum Ausdruck finden, ihrem normativen Rang nach auf Verfassungshöhe angelegt sein und die gesamte Rechtsordnung unterfangen, ihrem Anspruch nach freilich auch alle gesellschaftlichen Beziehungen fundieren.[24] Im Licht der von ihnen zurückgespiegelten Wertordnung lassen sich dann in den Verfassungsnormen neben subjektivrechtlichen Ansprüchen auch objektiv-rechtliche Gehalte erkennen. Insbesondere objektiv-rechtliche Grundrechtsgehalte sind schließlich als Quellen objektiv-rechtlicher Schutzpflichten und anderer staatsgerichteter Gestaltungsaufträge erschlossen worden.[25] Das verbindende Ziel dieser Gestaltungsaufträge ist nicht neu. Es sollen diejenigen tatsächlichen und rechtlichen Realisationsbedingungen der grundrechtlich versprochenen Freiheit abgesichert werden, deren Herstellung und Bestand im Selbstlauf der gesellschaftlichen Entwicklung nicht erwartet werden können.[26]

Zwar wird in den Entscheidungen des Bundesverfassungsgerichts schon seit längerem nicht mehr ausdrücklich auf eine »Wertordnung« Bezug genom-

S. 71 ff.; *ders.*, Grundrechte als subjektive Rechte und als objektive Normen, in: ders., Recht, Vernunft, Diskurs, Frankfurt a. M. 1995, S. 262 ff.; zur Diskussion *H. Rossen*, Grundrechte als Regeln und Prinzipien, in: C. Grabenwarther/S. Hammer/A. Pelzl/E. Schulev-Steindl/E. Wiederin (Hrsg.), Allgemeinheit der Grundrechte und Vielfalt der Gesellschaft, Stuttgart u. a. 1994, S. 41 ff. (51 ff., 54 ff.).

23 BVerfGE 7, 198 (205 ff.); prägend ferner BVerfGE 39, 1 (41, 67 – Fristenlösung); 39, 334 (Radikale im öffentlichen Dienst).

24 Vgl. BVerfGE 81, 242 (255), wo eine durchgängige Wirkungslinie von der Wertordnung über das einfache Recht bis in die fokalen gesellschaftlichen Beziehungen hinein ausgezogen wird: »Gesetzliche Vorschriften, die sozialem und wirtschaftlichem Ungleichgewicht entgegenwirken, verwirklichen . . . die objektiven Grundentscheidungen des Grundrechtsabschnitts und damit zugleich das grundgesetzliche Sozialstaatsprinzip.«

25 Zur Figur der grundrechtlichen »Schutzpflicht« vgl. etwa *R. Alexy*, Theorie, a.a.O. (Fn. 25), S. 410 ff.; *G. Hermes*, Das Grundrecht auf Schutz von Leben und Gesundheit. Schutzpflicht und Schutzanspruch aus Art. 2 Abs. 2 S. 1 GG, Heidelberg 1987, S. 43 ff., 187 ff.; *G. Robbers*, Sicherheit als Menschenrecht, Baden-Baden 1987, insbes. S. 121 ff.; *H. H. Klein*, Die grundrechtliche Schutzpflicht, DVBl. 1994, S: 489 ff.; *K. Hesse*, Die verfassungsgerichtliche Kontrolle der Wahrnehmung grundrechtlicher Schutzpflichten des Gesetzgebers, in: Festschrift für Ernst Gottfried Mahrenholz, Baden-Baden 1995, S. 541ff.; jew. m. w. N.

26 Vgl. als Leitentscheidung BVerfGE 33, 303 (330), das Problem wird der Sache nach ferner erfaßt in BVerfGE 81, 242 (255); 92, 26 (46); aus der Lit. *D. Grimm*, Rückkehr zum liberalen Grundrechtsverständnis?, in: ders., Die Zukunft der Verfassung, Frankfurt a. M. 1991, insbes. S 228 ff.

men.[27] Indes ist der »Wertordnungs«-Topos bislang nicht zurückgenommen oder substanziell relativiert worden. Die ursprünglich von diesem Topos aus entfalteten objektiv-rechtlichen Gehalte bestimmen nach wie vor die Verfassungsrechtsprechung, und sie stellen weiterhin ein Hauptthema der neueren grundrechts- und verfassungstheoretischen Diskussion dar.[28] Selbst wenn also der Verweisungszusammenhang zwischen grundgesetzlicher »Wertordnung« und objektiv-rechtlichen Verfassungsgehalten in der neueren Verfassungsrechtsprechung nicht mehr ausdrücklich nachgezeichnet wird, ist doch kein Anhaltspunkt dafür ersichtlich, daß sich dieser Zusammenhang gelockert oder gar gelöst haben könnte. In einer mittlerweile jahrzehntelangen Rechtsprechungspraxis eingeführt, weiter ausgearbeitet und verfeinert, stellen objektivrechtliche Gehalte und die sie begründende Wertordnung einen normativen Bezugsrahmen dar, in den sich jede verfassungsgerichtliche Entscheidung heute wie von selbst einordnet. Dieser normative Bezugsrahmen muß im Regelfall nicht mehr immer wieder neu behauptet und gerechtfertigt werden.[29] Jede verfassungsgerichtliche Entscheidung ist ihm immer schon eingeordnet, und zwar unabhängig davon, ob er als ein strategisch wichtiges Begründungselement in der Entscheidung ausdrücklich bezeichnet oder nur implizit mitgemeint wird.

Das Bundesverfassungsgericht muß dementsprechend also weiterhin ebenso höchst- wie prinzipiell gleichrangige Verfassungs-»werte« unter Berücksichtigung veränderlicher Sachbereichslagen in immer neue Vorrangrelationen zueinander einstellen. Für die Herstellung solcher Vorrangrelationen steht kein verfassungsnormativer Maßstab zur Verfügung, der den zu relationierenden Positionen (»Werten«, Grundsätzen und Prinzipien) nach rechtlichem Rang und Geltungsanspruch übergeordnet wäre.[30] Die Maßstäbe jeder Relationierung können nur den zu gewichtenden und zu relationierenden Positionen selbst in deren jeweiligem Sach- und Problemkontext entnommen werden. Das Verhältnismäßigkeitsprinzip und ein ihm korrespondierendes »Un-

27 Vgl. einerseits BVerfGE 7, 198 (205), andererseits BVerfGE 81, 242 (254), sowie die Zusammenstellung der Ausdrücke, die sinngleich an die Stelle der »Wertordnung« treten, bei *K. Stern*, Staatsrecht Bd, III/1, München 1988, S. 899 ff.

28 Vgl. nur *E.-W. Böckenförde*, Grundrechte als Grundsatznormen. Zur gegenwärtigen Lage der Grundrechtsdogmatik, in: ders., Staat, Verfassung, Demokratie, Frankfurt a. M.1991, S. 159 ff.; *H. Dreier*, Dimensionen der Grundrechte. Von der Wertordnungsjudikatur zu den objektiv-rechtlichen Grundrechtsgehalten, Schriftenreihe der Juristischen Studiengesellschaft Hannover Heft 23, Hannover 1993, insbes. S. 26, 50 ff.

29 *G. Lübbe-Wolff*, Die Grundrechte als Eingriffsabwehrrechte, Baden-Baden 1988, S. 289, zur Befremdlichkeit ausdrücklicher Hinweise auf die »wertsetzende Bedeutung« von Grundrechten in diesem Regelfall: »Was als allgemein akzeptiert gelten kann, bedarf keiner Begründung oder Erläuterung mehr.«

30 *E. W. Böckenförde*, Geschichtliche Entwicklung und Bedeutungswandel der Verfassung, in: ders., a.a.O. (Fn. 28), S. 29 ff. (51 f.).

termaßverbot«[31] öffnen den insoweit notwendig werdenden Abwägungsprozeduren einen strukturierten Spielraum. Sie können der Abwägung freilich keine Maßstäbe vorgeben.[32] Dies bedeutet, daß das Bundesverfassungsgericht den Befolgungsanspruch seiner Entscheidungen, letztlich auch seine eigene institutionelle Reputation, nicht mehr allein in der Verfassung abstützen kann. Das Gericht muß vielmehr »schöpferisch« immer wieder neue, sach- und problemangemessene Gründe dafür entwickeln, daß seinen Gewichtungen geglaubt, seinen Rangzuordnungen gefolgt und seinen Entscheidungen entsprochen werden sollte. Es muß versuchen, auch und gerade jenseits der Verfassung noch konsentierte gesellschaftliche Maßstäbe aufzufinden, zu behaupten und anzurufen. Das Bundesverfassungsgericht hat sich in gewissem Umfang selbst abhängig gemacht von außerverfassungsrechtlichen Quellen für Akzeptanz- und Folgemotive. Es ist auf die parasitäre Nutzung von Geltungsansprüchen angewiesen, die in die Konsensgrundlagen eines integrierten Gemeinwesens[33] eingelassen sein müßten. Das ist der Punkt, an dem die Frage der Übereinstimmung mit oder der Differenz zu gesellschaftlichen Erwartungen, Überzeugungen und Gefühlen für die verfassungsrechtliche Rechtsprechung eine geltungs- und begründungsstrategisch maßgebliche Bedeutung erlangt. Das ist aber auch der Punkt, an dem sich spätestens zeigen muß, ob und gegebenenfalls in welchem Umfang die verfassungsgerichtliche Entscheidung materiale integrative Gehalte aufweist, womöglich den Prozeß gesellschaftlicher Integration fördern kann.

Diesbezüglich liegt die weithin geteilte Annahme gewiß nicht fern, daß eine integrative Funktion schon eben den bezeichneten objektiv-rechtlichen Gehalten selbst zuzuschreiben sein könnte. Denn diese sollen in der Einheit der Verfassungsrechtsprechung eine unterstellte Einheit der Verfassung widerspiegeln. Sie können ferner in Grundsatz- bzw. Prinzipienform Beachtung durch alle übrigen Staatsorgane verlangen. Schließlich wirken sie, über gestaltendes staatliches Handeln, als normative Maßgaben auch auf den Vergesellschaftungsprozeß ein. Auf sie verweist letztlich jede Entscheidung des Bundesverfassungsgerichts ausdrücklich oder implizit zurück als eine dem ganzen Gemeinwesen verbindlich, identitätsprägend und konstitutiv vorgegebene Grundlage. Nur in ihnen scheinen diejenigen Maßstäbe auffindbar, für die deshalb auf beiden Seiten des verfassungsrechtlichen Streits Anerkennung eingefordert werden kann, weil die verfassungsrechtlichen Normen, aus

31 Zu Herkunft und Gehalt des »Untermaßverbots« s. *J. Isensee*, in: ders./P. Kirchhof, Handbuch des Staatsrechts, Bd. V, Heidelberg 1992, § 111, insbes. Rdnrn. 165 f.; als Entscheidungsmaßstab aufgenommen, expliziert und angewendet in BVerfGE 88, 203, 254 ff.

32 Dazu *I. Maus*, Zur Aufklärung der Demokratietheorie, Frankfurt a. M. 1992, S. 320 ff.; auch *H. Rossen*, a.a.O. (Fn. 22), S. 52, 56, 58.

33 Bestünden jene Grundlagen denn und wäre dieses Gemeinwesen integriert.

denen diese Maßstäbe entwickelt werden, dem ganzen Gemeinwesen immer schon mit »Höchstrelevanz« verpflichtend zugrunde liegen sollen.[34]

Und doch könnte sich die Annahme einer integrativen Funktion wertgestützter objektiv-rechtlicher Gehalte immer noch als voreilig erweisen. Denn zwar sind diese Gehalte, in denen die Verfassungsrechtsprechung heute ihre Einheit findet, auf einem regelmäßig recht hohen Abstraktionsniveau formuliert. Sie unterscheiden sich insoweit typischerweise deutlich von den fallbezogen-konkreten Regeln, von denen sich die streitig bleibende Streitentscheidung leiten läßt. Gleichwohl sind die je konkreten Ausprägungen der objektiv-rechtlichen Gehalte, die bislang in der Rechtsprechung entwickelt worden sind, ihrerseits keineswegs unbestreitbar, und sie sind dementsprechend auch zum Gegenstand heftiger Fachkontroversen geworden.[35] Es kann deshalb nicht als gesichert betrachtet werden, daß den je maßgeblichen objektiv-rechtlichen Verfassungsgehalten selbst schon integrative oder jedenfalls integrationsförderliche Wirkung zukommt. Außerdem müssen die Werte, Prinzipien oder Gestaltungsmaßgaben, die in einem konkreten Streitfall mit Verfassungsbezügen zu berücksichtigen sind, ja stets erst noch in Rangbeziehungen und Gewichtsverhältnisse zueinander eingestellt werden. Diese in der Abwägung hergestellten Relationen müssen jedoch viel zu konfliktnah formuliert werden, als daß sie noch integrationsdienlich werden könnten. Sie sind regelmäßig in hohem Maß umstritten.[36] Bei genauerem Zusehen zeigt sich also, daß auch Werte, Prinzipien und Gestaltungsmaßgaben bzw. Schutzpflichten den Ausgangskonflikt nicht etwa endgültig vermitteln. Sie verlagern ihn vielmehr nur in eine neue Darstellungsebene, sie transformieren ihn auf ein höheres Abstraktionsniveau. Damit werden sie zwar möglicherweise nicht die gleichen polemogenen Eigenschaften haben, die den aus ihnen abgeleiteten Entscheidungsregeln zukommen können. Sie sind aber gleichwohl geeignet, den Ausgangskonflikt weiter zu befördern, womöglich zu verschärfen und insoweit desintegrierend zu wirken. Als Basis einer der Verfassungsrechtsprechung zuzuschreibenden Integrationsfunktion scheiden sie daher aus.[37]

34 Vgl. *U. R. Haltern*, a.a.O. (Fn. 20), S. 50, unter Verweis auf *N. Luhmann*, Gibt es in unserer Gesellschaft noch unverzichtbare Normen?, Heidelberg 1993, S. 18.

35 Je genauer der Wert gefaßt wird, desto deutlicher tritt ein im Regelfall doch nur partikularistischer Gehalt hervor und desto stärker wird die »stets latent desintegrative Wirkung« des Wertes, so *G. Frankenberg*, a.a.O. (Fn. 2), S. 23.

36 Ein exemplarischer Fall ist die zweite Abtreibungs-Entscheidung, BVerfGE 88, 203: die hier (insbes. S. 254 ff.) vorgenommene Gewichtung der Rechte von Mutter und Ungeborenem ist hochgradig umstritten geblieben; vgl. *K. Freudiger*, Selbstbestimmung der Frau und Verfassung, Hannover 1995; *M. Frommel*, § 218: Straflos, aber rechtswidrig; zielorientiert, aber ergebnisoffen – Paradoxien der Übergangsregelung des Bundesverfassungsgerichts, Kritische Justiz 1993, S. 324 ff.; *S. Raasch*, Der Bayerische Sonderweg zum § 218 StGB vor dem Bundesverfassungsgericht, Kritische Justiz 1997, S. 310 ff.; jew. m. w. N.

37 Ebenso im Ergebnis auch *U. R. Haltern*, a.a.O. (Fn. 20), S. 50 f. m. w. N.; dort S. 82 auch der richtige Einwand gegen die verbreitete Behauptung eines gesellschaftlichen Konsenses, der

5. Eine »schwache Integrationsfunktion«

Um einer etwaigen Integrationsfunktion der Verfassungsrechtsprechung habhaft zu werden, muß also auch noch hinter die schon erheblich allgemeiner bzw. »abstrakter« angelegten Werte, Prinzipien und Gestaltungs- bzw. Schutzpflichten zurückgegriffen werden. Dann aber stößt die Suche nach Anknüpfungspunkten für eine Integrationsfunktion der Verfassungsrechtsprechung auf ein Problem. Hinter der nun zu durchstoßenden Ebene der objektivrechtlichen Gehalte gibt es keine Möglichkeit mehr, überhaupt noch *bestimmte* normative Gehalte auszumachen. In dem jetzt erreichten Argumentationsraum ist kein Weg mehr erkennbar, der noch zu faßbaren Bestimmungen der Verfassungsnormativität führen könnte.

Integrative Bedeutung kann unter diesen Umständen nur der noch ganz unbestimmten Verfassungsnormativität selbst zukommen. Die Integrationsfunktion muß schon und allein in dem *normativen Anspruch* liegen, daß die gesamte Rechtsordnung in ein Gefüge höchstrangiger normativer Maßgaben eingebettet bleiben soll – und über die Rechtsordnung vermittelt dann auch der Vergesellschaftungsprozeß im übrigen. Als entscheidend stellt sich also endlich heraus, daß das Bundesverfassungsgericht auf der Möglichkeit beharrt, nicht nur die Rechtserzeugung und Rechtsanwendung, sondern auch den Vergesellschaftungsprozeß selbst nach übergeordneten normativen Maßgaben zu beurteilen und auszurichten. Schon dieses Beharren auf der Möglichkeit, derartige Maßgaben entwickeln zu können, muß Bindungen im Sinne schwacher »Ligaturen«[38] erzeugen – auch dort, wo im übrigen mit Streit um die mehr oder weniger konkreten inhaltlichen Bestimmungen des grundlegenden verfassungsnormativen Geltungsanspruchs zu rechnen ist.

Für die Verwirklichung einer Integrationsfunktion der verfassungsgerichtlichen Entscheidung kommt es dann vor allem darauf an, daß die Verfahrensbeteiligten mit der Anrufung des Verfassungsgerichts überhaupt immer schon diese Bindungen im vorhinein bestätigt und bekräftigt haben. Es kann schon vor Einleitung des konkreten Verfahrens vorausgesetzt werden, daß das Ge-

wichtige Werte, Normen oder Handlungskonzepte umfasse: der jeweilige Wert, die jeweilige Norm, das jeweilige Konzept bedeuten für viele Menschen ganz Unterschiedliches, und auf *diese* unterschiedlichen Verständnisse *allein* kann es für die Konsensermittlung, für die Frage nach dem Bestehen eines Konsenses, ankommen. Von materialen wertbezogenen o. ä. Konsensen kann unter diesen Bedingungen nur noch postulativ gesprochen werden. Das ist aber regelmäßig nicht der Sinn, der den gen. Konsensbehauptungen zugrunde liegt, vgl. etwa die *beschreibend-feststellende* Bemerkung von *H. Schulze-Fielitz*, a.a.O. (Fn. 20), S. 14, es solle die Verfassung u. a. »zur alltäglichen Erneuerung des Konsenses der Bürger über ihre Grundlagen i. S. einer Integration des politischen Gemeinwesens im ganzen beitragen.«

38 Zum Begriff *R. Dahrendorf*, Lebenschancen, Frankfurt a. M. 1979.

richt geltende Normen auffinden wird, von denen aus auf wert- und prinzipienförmige Leitgesichtspunkte und Maßstäbe zurückgeschlossen werden kann, anhand derer sich wiederum die dann letztlich streitentscheidenden Regeln bilden lassen. Nicht erforderlich ist im übrigen, daß die Verfahrensbeteiligten mit den Grundsätzen und Prinzipien einverstanden sind, in denen sich der Anspruch verfassungsnormativer Maßstäblichkeit ausdrückt. Es wird ihnen freilich nach der Anrufung des Bundesverfassungsgerichts schwer fallen, den Geltungsanspruch und die prinzipielle Legitimität – das meint nicht etwa: die Richtigkeit – der gerichtlichen Entscheidung in Zweifel zu ziehen, in der die streitentscheidenden Regeln ausgearbeitet werden. Würden die Verfahrensbeteiligten oder eine ihnen nahestehende Öffentlichkeit diese prinzipielle Legitimität in Zweifel ziehen, liefen sie Gefahr, sich selbstwidersprüchlich zu verhalten. Es ist schwierig,[39] eine Haltung als konsistent darzustellen, in der zunächst eine unabhängige dritte Institution zur Klärung grundlegender Streitfragen angerufen worden ist, dann aber, nach einer nicht oder nicht vollständig zufriedenstellenden Entscheidung, die Legitimation dieser Institution zur Streitentscheidung bestritten wird.

Eine Integrationsfunktion der Verfassungsrechtsprechung läßt sich also nur aus dem gewissermaßen institutionell verfestigten Beharren darauf ableiten, daß die Entwicklung der Rechtsordnung und der Gesellschaft insgesamt weiterhin auch in der Perspektive gegenständlich-thematisch umfassender und höchstrangiger Normativität beobachtet werden muß. Es kann sich hierbei nicht um eine Form »starker« Integration handeln, die womöglich mit entsprechend starken Ausschlußeffekten verbunden wäre. Die Integrationsfunktion der Verfassungsrechtsprechung ist vielmehr »schwach«. Sie zielt nicht – sie kann nicht zielen – auf die Übereinstimmung mit und die Erzeugung von Folgebereitschaft gegenüber bestimmten substanziell-materialen Verfassungswerten, Verfassungsprinzipien oder gesellschaftspolitischen Substanz- und Leitbegriffen. Sie stabilisiert vielmehr immer wieder neu die Erwartung, daß überhaupt ein besonderer Raum des Normativen zugänglich bleibt, in dem die Rechtsordnung als Teil eines stets noch unabgeschlossenen Vergesellschaftungsprozesses wahrgenommen und dieser unter übergeordneten normativen Gesichtspunkten als Einheit rekonstruiert werden kann.[40] Nur in diesem Sinn

39 Wenn auch nicht unmöglich, das ist *U. R. Haltern*, a.a.O. (Fn. 20), S. 72, zuzugeben.

40 Dies scheint etwa auf, wenn das Bundesverfassungsgericht in dem grundrechtsdogmatisch schwer zu verstehenden Handelsvertreter-Beschluß formuliert: »Gesetzliche Vorschriften, die sozialem und wirtschaftlichem Ungleichgewicht entgegenwirken, verwirklichen . . . die objektiven Grundentscheidungen des Grundrechtsabschnitts und damit zugleich das grundgesetzliche Sozialstaatsprinzip«, BVerfGE 81, 242 (255). Verfassungsrechtliche »Grundentscheidungen«, also die früheren »Werte«, und Prinzipien erfordern eine bestimmte Einrichtung der Rechtsordnung und, über die Rechtsordnung vermittelt, auch der Gesellschaft,

hält die schwache Integrationsfunktion der Verfassungsrechtsprechung fest an der Möglichkeit, Gesellschaft doch noch einmal als integrierten, aber in die Zukunft hin offenen Gesamtzusammenhang zu entwerfen[41] – wie immer auch kontrafaktisch.[42] Sie sucht unter den Bedingungen hochgetriebener funktionaler Differenzierung, überbordender Komplexität und einem auf strategische Nutzenkalküle zusammengeschmolzenen Werthaushalt der modernen Gesellschaft also eher eine Hoffnung zu befestigen. Die Hoffnung nämlich auf den Fortbestand wenigstens der Möglichkeit gelingender und in diesem Sinn dann genuin »politischer« Gemeinschaftlichkeit.[43]

II. Anmerkungen zu Kritik und Rechtfertigung

1. Ökonomische und normative Integration

Einer »schwachen« Integrationsfunktion mag heute gleichwohl besondere Bedeutung zukommen. Gerade die Gesellschaften der kapitalistischen westlichen Moderne scheinen unter einem Vereinheitlichungsdruck zu stehen, für dessen eigenartig gewaltfreie Gewaltsamkeit, für dessen Stärke und Reich-

in der soziale und wirtschaftliche Ungleichgewichtslagen nach Möglichkeit ausgeglichen werden sollen – und das Bundesverfassungsgericht ist die Instanz, die einen solchen Ausgleichsanspruch von der Verfassung auf die Gesellschaft umlenken kann, und zwar auch gegen mächtige wirtschaftliche Interessen, die jenes Ungleichgewicht als notwendiges Treibmittel der Marktprozesse voraussetzen.

41 Eine so konzipierte schwache Integrationsfunktion der Verfassungs*rechtsprechung* kann dann auch anschließen an die neuere Diskussion um die Integrationsfunktion der *Verfassung*; vgl. hierzu *E. Denninger*, Sicherheit/Vielfalt/Solidarität: Ethisierung der Verfassung?, in: U. K. Preuß (Hrsg.), Zum Begriff der Verfassung. Die Ordnung des Politischen, Frankfurt a. M. 1994, S. 97 f.; zur Integrationsfunktion der Verfassung vgl. im übrigen zusammenfassend *K. Hesse*, Verfassung und Verfassungsrecht, in: Benda u. a. (Hrsg.), Handbuch des Verfassungsrechts, 2. Aufl. (1994), S. 3 (5 ff.); die herkömmliche Sichtweise findet sich bei *K. Stern*, Staatsrecht der Bundesrepublik Deutschland, Bd. 1, 2. Aufl. (1984), S. 78 ff.; vgl. ferner *J. P. Müller*, Soziale Grundrechte in der Verfassung?, 2. Aufl., Basel/Frankfurt a. M. 1981, S. 2; *U. K. Preuß*, Der Begriff der Verfassung und ihre Beziehung zur Politik, in: ders., a.a.O., S. 11 (»Eine Verfassung konstituiert ein politisches Gemeinwesen«); *G. Frankenberg*, a.a.O. (Fn. 2), S. 146 f.; dggü. *D. Merten,* Verfassungspatriotismus und Verfassungsschwärmerei, VerwArch 1992, S. 283.

42 Also etwa als Gegenentwurf zu einer »durch institutionelle Knochenlosigkeit flexiblen, total durchökonomisierten Leistungs- und Konsumgesellschaft«, so *J. Roß*, Staatsfeindschaft. Anmerkungen zum neuen Vulgärliberalismus, MERKUR 575, 2/1997, S. 93 ff. (95). Man *kann* in Formulierungen dieser Art Hegel und die Sehnsucht nach dem Staat als »Wirklichkeit der sittlichen Idee« entziffern; gegen diese Sehnsucht dann zu Recht *U. R. Haltern*, a.a.O. (Fn. 20), S. 38 ff. Aber man *muß* es nicht –.

43 Auf dieser Hoffnung ist allerdings zu bestehen, und zwar auch gegen gut begründbare Zweifel an ihrer Erfüllbarkeit: sie wird sich erforderlichenfalls wohl zu einer »absurden« Hoffnung wandeln müssen, etwa i. S. von *A. Camus*, Der Mythos von Sysiphos, Hamburg 1959, S. 109.

weite historisch kaum ein Vorbild gefunden werden dürfte. Es ist die Funktionslogik des ökonomischen (Teil-)Systems der Gesellschaft, es sind dessen Funktionserfordernisse und Funktionsgrenzen, die zunehmend das Maß des Möglichen in der gesellschaftlichen Entwicklung bestimmen, etwa auf den Feldern der Politik,[44] des Sozialen, des Umweltschutzes und des Risikomanagements überhaupt, der Kultur, der (Massen-)Medien,[45] der Bildung, des Verkehrs oder der »inneren Sicherheit«. Das ökonomische System, die »Wirtschaft«, ist in der modernen differenzierten Gesellschaft ohne eindeutigem Zentrum, insbesondere ohne politischem Zentrum, zum »Leitsystem« geworden.[46] Diese moderne Gesellschaft integriert sich immer stärker – nach Maßgabe und in den Grenzen der systemischen Imperative ihrer Ökonomie.[47] Entgegen einer verbreiteten Annahme scheint sie weit davon entfernt, einer wachsenden Vielfalt von Beobachtungsperspektiven, Orientierungsmodellen und Entscheidungsalternativen wirklich Raum geben zu können.[48] Der Wahrnehmungsfokus dieser Gesellschaft für das, was noch einen Unterschied macht, worauf es wirklich noch ankommt, verengt sich vielmehr auf ökonomische Unterscheidungen, auf ökonomische Codes und Programme – und dies um so stärker, je weiter sich der Nationalstaat seinerseits zum Subsystem

44 Dazu *N. Luhmann*, Der Staat des politischen Systems, in: U. Beck (Hrsg.), Perspektiven der Weltgesellschaft, Frankfurt a. M. 1998, S. 345 (370 f.).

45 Dazu, wohl kaum überzeichnend, *E.-W. Böckenförde*, Fundamente der Freiheit, in: E. Teufel (Hrsg.), Was hält die Gesellschaft zusammen?, Frankfurt a. M. 1996, S. 89 (96): »Die Politiker, die es angeht, sollten sich fragen, was sie eigentlich getan haben, als sie ... die umfassende Privatisierung von Funk und Fernsehen betrieben und damit deren Kulturaufgabe zur kommerziellen Ware gemacht haben, die durch nichts anderes als durch Einschaltquote, Werbungseignung und Profit dirigiert wird.«

46 *W. Heitmeyer*, Gibt es eine Radikalisierung des Integrationsproblems?, in: ders., Was hält die Gesellschaft zusammen?, Frankfurt a. M. 1997, S. 23 (44).

47 Als Relevanzindikatoren und Maßstäbe für Dazugehörigkeit verwendet führen subsystemspezifische Imperative zu Formen einer »Inklusion durch Exklusion«, die ihrerseits eine »negative Integration der Gesellschaft« zur Folge haben kann, bei der Exklusion viel stärker integriert als Inklusion, s. *N. Luhmann*, Die Gesellschaft der Gesellschaft, Frankfurt a. M. 1997, S. 630 ff.; *A. Nassehi*, Inklusion, Exklusion, Integration, Desintegration, in: W. Heitmeyer, a.a.O. (Fn. 12), S. 113 (136 ff.). Die gesellschaftsweit wirksame Dynamik der Privatisierung verstärkt die Entwicklung hin zu einer in diesem Sinn »negativen Integration«: Die »enge strukturelle Kopplung an das Politiksystem wird jetzt durch eine ähnlich enge Kopplung an das Wirtschaftssystem ersetzt«, so für die Funktionssysteme Forschung, Erziehung, Gesundheit und Kunst *G. Teubner*, Nach der Privatisierung? Diskurskonflikte im Privatrecht, Zeitschrift für Rechtssoziologie 19 (1998), S. 8 ff. (17). Die Vorstellung einer Integration nach Maßgabe »systemischer Imperative« verweist im übrigen zurück auf die diskussionsprägende Unterscheidung zwischen »Systemintegration« und »Sozialintegration«, die von *D. Lockwood*, Social Integration and Systems Integration, in: G. K. Zollschau/ W. Hirsch (Hrsg.), Explorations in Social Change, London 1964, S. 244 ff., ausgearbeitet worden ist (dt.: Soziale Integration und Systemintegration, in: W. Zapf (Hrsg.), Theorien des sozialen Wandels, Königstein/ Ts. 1979, S. 124 ff.).

48 Dazu noch einmal *J. Ross*, a.a.O. (Fn. 42), S. 99: »Das Gegenteil ist der Fall. Die vollkommen individualisierte Gesellschaft, ..., die ... keine substantiellen, sondern nur noch funktionale Unterschiede kennt, wird am Ende viel gleichförmiger, um nicht zu sagen: langweiliger als die traditionale Welt mit ihren nicht beliebig auswechselbaren Rollen, Lebensformen und Loyalitäten.«

einer längst schon bestehenden Weltwirtschaft wandelt.[49] Integration findet derart statt als Ausgrenzung tendenziell jeder außerökonomischen Besonderheit.[50] Was an solcher Besonderheit übrig zu bleiben scheint, ist doch nur auf Widerruf geduldet, steht unter Rechtfertigungsdruck, findet sich an den Außenseiten und in den Nischen der Ökonomie wieder.

»Schwache« normative Integration im skizzierten Sinn könnte diesen Vereinheitlichungsdruck ein wenig ausgleichen. Sie könnte einem ökonomisch zugespitzten Kohärenzzwang entgegenwirken. Zwar wird allein auf diesem Weg die Kolonisierung der Gesellschaft durch deren ökonomisches Subsystem kaum zu verhindern sein. Vielleicht ließe sich eine solche Entwicklung aber doch hemmen. In dem bezeichneten »Raum des Normativen« wäre wieder die Möglichkeit eröffnet, auf die Berücksichtigung außerökonomischer Sichtweisen, Orientierungen und Bewertungsmuster zu dringen. Der Wucht ökonomischer Anforderungen könnte der Höchstrang verfassungsrechtlicher Normativität entgegengehalten werden.[51] Verfassungsnormativität wäre nicht

49 In der Begrifflichkeit des Kieler Instituts für Weltwirtschaft (IfW) fungiert der Staat als »Wirt« für die transnationale Ökonomie – deren global operierende Akteure dann wohl dementsprechend parasitäre Züge aufweisen müßten, eine Folgerung, die im Hinblick auf die zunehmende Abkoppelung der »verstaatlichten« bzw. »nationalisierten« Kosten und Verluste von den privatisierten bzw. »supranational« anfallenden Gewinnen sehr einleuchtend erscheint, vgl. *H.-P. Martin*/*H. Schumann*, Die Globalisierungsfalle, 9. Aufl., Reinbek bei Hamburg 1997, S. 282 f.; zutreffend auch *H. Schulze-Fielitz*, a.a.O. (Fn. 20), S. 18: die Öffnung des Arbeitsmarkts für Ausländer seit 1961 habe positiven Wirkungen für die Unternehmen gehabt, die korrespondierenden »multikulturellen« Belastungen seien auf der Agenda der Nationalstaaten angefallen. Zur Unterscheidung zwischen der staatlich regulierten »internationalen Ökonomie« und einer im Entstehen begriffenen »globalen Ökonomie«, die ein höheres Maß an Kohärenz aufweist und sich dem nationalstaatlichen Zugriff weitgehend entzieht, vgl. noch *R. Cox*, Democracy in Hard Times, in: A. McGrew (Hrsg.), The Transformation of Democracy?, Cambridge 1997, insbes. S. 55; *E. Altvater*, Operationsfeld Weltmarkt oder: vom souveränen Nationalstaat zum nationalen Wettbewerbsstaat, PROKLA 97 (4/1994), S. 517 ff.

50 Zu den Konsequenzen für die individuelle Sozialisation treffend *E.-W. Böckenförde*, a.a.O. (Fn. 12), S. 93: »Das System unserer gesellschaftlichen Praxis schneidet so die Menschen darauf zu, in ihr als geldwerte Ware, als bloßer Funktionsträger zu fungieren. Das wirkt zurück und prägt das Bewußtsein.« Das Possesivpronomen ist freilich irreführend, insoweit es einen (selbst-)bewußten und gewollten Vollzug der »gesellschaftlichen Praxis« nahelegen könnte. Der zivilisatorische Skandal, den diese Praxis in vielerlei Hinsicht darstellt, rührt nicht zuletzt daher, daß sie von der weit überwiegenden Mehrzahl der vergesellschafteten Menschen bestenfalls erduldet werden kann, meist aber erlitten werden muß, kaum jedoch noch »aktiv« zu beeinflussen ist.

51 Zu einem schwer einzuschätzenden, sicher aber nicht geringen Teil ist dies etwa im Bereich des Medienverfassungsrechts der Rechtsprechung des Bundesverfassungsgerichts zu Art. 5 Abs. 1 S. 2 GG gelungen. Für das Rundfunkwesen, ja für die Gestaltung des massenmedialen Systems der Bundesrepublik Deutschland insgesamt, ist die Rechtsprechung dieses Gerichts nicht nur ein bedeutender, sondern wahrscheinlich sogar einer der wichtigsten Antriebsmotoren überhaupt geworden, vgl *H. Rossen*, Freie Meinungsbildung durch den Rundfunk, Baden-Baden 1988, S 317 ff. (Zfssg); *T. Vesting*, Prozedurales Rundfunkrecht, Baden-Baden 1997, S. 150 ff., 168 ff. u. öft. Eine ähnlich aktive und vorwärtstreibende Rolle wird dem Gericht etwa auch in den Bereichen des Versammlungswesens, der Gleichstellungs-

mehr, ihrer klassischen Funktion entsprechend, allein gegen den Imperialismus des politischen Systems und und die Eingriffe seines Staates ausgerichtet. Ebenso wichtig, und mittlerweile vielleicht wichtiger, wäre die Möglichkeit, sie gegen den Zugriff der Ökonomie auszurichten, der weniger spektakulär anmutet, eher naturwüchsig erscheint, gerade deshalb aber als um so problematischer angesehen werden muß.

In gewisser Weise geriete Integration so zu einem paradoxen Unternehmen. Um die Einheit der »ganzen Gesellschaft« zumindest auf dem historisch erreichten Niveau an Vielfalt und Heterogenität zugänglich zu halten, müßte *gegen* einen faktischen Druck zur Vereinheitlichung – freilich unter ökonomischen Vorgaben! – verfassungsnormativ auf die Ermöglichung von Vielfalt und Heterogenität gedrungen werden.[52] Vielleicht läßt sich diese Paradoxie jedenfalls konzeptionell dadurch entschärfen, daß der herkömmlichen Integration durch Ausgrenzung die andersgeartete, freilich auch sehr viel anspruchs- und voraussetzungsvollere, Form einer Integration durch Öffnung und Kompatibilisierung entgegengestellt würde.[53] Es ist die letztgenannte

politik oder der Parteienfinanzierung zuzuerkennen sein. Insoweit erweist sich die These von *R. Wahl*, a.a.O. (Fn. 7), S. 108, es könne das Bundesverfassungsgericht »schon vom Ansatz her« nicht »zentrale aktuelle Entwicklungen mitgestalten und vorantreiben«, doch als ein wenig zu eng.

52 Das ist ein Anliegen gerade auch neuerer verfassungstheoretischer und -dogmatischer Bemühungen, vgl. etwa *K.-H. Ladeur*, Postmoderne Rechtstheorie, Berlin 1992, insbes. S. 205 ff; dort wird freilich, trotz aller Relativierungen, der Marktmechanismus wohl immer noch zu optimistisch als Quelle, Verstärker und Verbreitungsmechanismus eines »neuen Wissens« angesehen, das durch denselben Marktmechanismus allem Anschein nach gerade umgekehrt an seiner produktiven Entfaltung eher gehindert wird. Vgl. ferner, der Richtung von *Ladeur* beitretend, *T. Vesting*, a.a. O. (Fn. 13), S. 94 ff. m. w. N; sowie *ders.*, Prozedurales Verfassungsverständnis und Grundwerte. Zur Wertejudikatur des Bundesverfassungsgerichts, in: Naturrecht, Menschenrecht und politische Gerechtigkeit, Dialektik 1/1994, S. 65 ff. *G. Teubner*, a.a.O. (Fn. 47), S. 19, setzt gegen die Gefahr einer ökonomischen Austrocknung gesellschaftlicher Vielfalt die Vorstellung einer »dezentralen Reflexionspolitik innerhalb verschiedener sozialer Welten, im Gegensatz zu ihrer gesamtgesellschaftlichen Definition an einem privilegierten Ort des Politischen« – diese Botschaft einer systemtheoretisch informierten Steuerungstheorie ist schon seit längerem zu hören, und ihr Ziel leuchtet ohne weiteres ein. Wie aber könnte es zu einer solchen »Reflexionspolitik« kommen? Was sollte denn die Funktionssysteme zu solcher Reflexion zuverlässig *veranlassen*? Dieses Rätsel ist noch ungelöst geblieben. Unter diesen Umständen erscheint es aber durchaus nicht unvernünftig, an einem »privilegierten Ort« festzuhalten, von dem aus wenigstens wichtige Voraussetzungen »intersystemischer« Vielfalt gesichert werden könnten. Das muß nicht der Staat, das kann auch die Rechtsprechung eines Verfassungsgerichts sein.

53 Damit soll auch eine Antwort auf das Monitum von *U. R. Haltern*, a.a.O. (Fn. 20), S. 86, angedeutet werden, es sei an der Zeit, das »Unternehmen ›Integration durch Verfassung (und Verfassungsgerichtsbarkeit)‹ aufzugeben und statt dessen der pluralisierten Gesellschaft selbst einen angemessenen Platz im politischen Prozeß einzuräumen.« Gegen das Ziel des »Unternehmens« ist aus hiesiger Sicht in der Tat nichts einzuwenden. Der – in praxi zweifelsohne verfehlbare – Sinn auch der vorliegend skizzierten »schwachen Integrationsfunktion« verfassungsgerichtlicher Rechtsprechung liegt gerade darin, den Weg zu diesem Ziel offen zu halten. Und daß genau dies ein Problem darstellt, signalisiert noch die Begrifflichkeit, mit der *Haltern* sein Gegenprojekt bezeichnet: die »pluralisierte« Gesellschaft muß

Integrationsform, der die Verfassungsrechtsprechung, »hinter« allen ihren je besonderen Inhalten und Ergebnissen, einen gewissen Raum öffnen und offenhalten könnte.

2. Die Kritik an der »Wertordnungsjudikatur«

Einer bis hierher im ganzen eher optimistischen Beurteilung der Integrationsfunktion der verfassungsgerichtlichen Entscheidung könnte freilich immer noch die Kritik an der sog. »Wertordnungsjudikatur« des Bundesverfassungsgerichts entgegenstehen. Diese Kritik rügt, von wichtigen methodologischen und erkenntnistheoretischen Einwänden einmal abgesehen, vor allem die Beschränkung der politischen Bewertungs- und Handlungsfreiheit des Gesetzgebers sowie die mangelnde Legitimation des Gerichts im Bereich politischer Gestaltung.[54] In beiderlei Hinsicht beruht die Kritik auf zutreffenden Beobachtungen. Unter dem Eindruck einer immer weiter voranschreitenden »Ökonomisierung« der gesamten Gesellschaft könnten aber möglicherweise die Folgerungen anders ausfallen, die aus jenen Beobachtungen gezogen werden. Wenigstens könnten diese Beobachtungen anders zu gewichten sein.

Eine »schwache« Integrationswirkung der verfassungsgerichtlichen Entscheidung hält immer auch daran fest, daß gesellschaftliche Prozesse und Strukturen unter anderen als ökonomischen Gesichtspunkten beobachtet werden können. Sie impliziert die Unabschließbarkeit eines normativen Raumes, der eben nicht nur für ökonomische Bewertungsmaßstäbe offen steht. *Insoweit* führt die Rechtsprechung des Bundesverfassungsgerichts gerade *nicht* zu einer Verengung der gesetzgeberischen Gestaltungsfreiheit. Es verhält sich in dieser Perspektive eher umgekehrt. Die politische Gestaltungsfreiheit wird von Verfassungs wegen gegen ökonomische Übermächtigung und Abschnürung

danach gleichwohl als Einheit begriffen und ihr so dann ein Platz »im« politischen Prozeß, der seiner Gesellschaft damit äußerlich bliebe, eingeräumt werden – wer begreift und räumt ein, von welcher Beobachtungsposition aus? Warum sollte diese Position von einem Verfassungsgericht nicht eingenommen werden können? Auch *Haltern* entgeht der Paradoxie nicht, die dann entstehen kann, wenn sich, wie hier, Einheit und Pluralität wechselseitig bedingen.

54 Zur Debatte um die »Wertordnungsjudikatur« vgl. etwa *U. K. Preuß*, Legalität und Pluralismus, Frankfurt a. M. 1973, S. 17 ff.; auch *ders.*, Die Internalisierung des Subjekts, Zur Kritik der Funktionsweise des subjektiven Rechts, Frankfurt a. M. 1979, S. 151 ff., 248 f., 261 ff., 277 f.; *E. W. Böckenförde*, Grundrechtstheorie und Grundrechtsinterpretation, NJW 1974, S. 1529 ff.; *B. Schlink*, Abwägung im Verfassungsrecht, Berlin 1976, S. 127 ff.; *G. F. Schuppert*, Funktionell-rechtliche Grenzen der Verfassungsinterpretation, Königstein i. Ts. 1980, S. 10 ff; *G. Robbers*, a.a.O. (Fn. 25), S. 160 ff.; E. *Denninger*, Freiheitsordnung – Wertordnung – Pflichtordnung, in: ders., Der gebändigte Leviathan, Baden-Baden 1990, S. 143 ff.; *J. Habermas*, a.a.O. (Fn. 10), S. 314 ff.

geschützt – der Gesetzgeber, die Politik überhaupt, müßten diesen Schutz freilich auch selbstbewußt nutzen.

Des weiteren ist zwar unbestreitbar, daß das Bundesverfassungsgericht, auch wenn es als eine Institution »zwischen« Rechtsprechung und Politik angesehen wird, nicht hinreichend legitimiert ist, die Aufgabe politischer Gestaltung wahrzunehmen. Jedoch erscheint keineswegs klar, in welchem Sinn von der dargestellten Integrationsfunktion auf politische Gestaltung geschlossen werden könnte. Indem es auf einer objektiven Maßstäblichkeit höchstrangiger Verfassungsnormativität besteht, nimmt das Gericht eine Aufgabe wahr, die ihm als Schutz der Verfassung und ihrer Geltungsbedingungen von eben dieser Verfassung aufgetragen ist.[55] Diese Aufgabe umfaßt auch die Durchsetzung grundrechtlicher Schutzaufträge. Zu diesen Schutzaufträgen wiederum gehörte immer schon, also bereits vor der Ausdifferenzierung objektiv-rechtlicher Grundrechtsgehalte, die Absicherung der Vielfalt je besonderer Funktionsbedingungen, unter denen grundrechtlich gewollte Freiheit erst zu gesellschaftlicher Wirklichkeit werden kann.[56] Die Persönlichkeit, die Familie, die Kommunikation, die Medien, die Ausbildung, die Wissenschaft oder die Kunst, gewiß auch die Wirtschaft, haben je besondere Entstehungs- und Bestandsvoraussetzungen, sie operieren nach eigenen Gesetzen und sind spezifischen Risiken ausgesetzt. Grundrechte sollten von Anfang an solche gesellschaftlichen »Eigenwillen«, »Eigenlogiken« und »Eigenfunktionen« schützen, wenn auch gerade (und in der Sicht der klassischen Grundrechtstheorie fast ausschließlich) gegen *staatliche* Eingriffe. Auch nach ihrer Erweiterung um objektiv-rechtliche Gehalte, aus denen heute vor allem Schutzpflichten entwickelt werden, liegt Grundrechten weiterhin das Ziel zugrunde, die Autonomie gesellschaftlicher Teilbereiche zu gewährleisten – nun freilich nicht mehr allein gegen staatliche Übermächtigung, sondern auch und gerade gegen ihre Überlagerung durch ökonomische Imperative. Die Schutzfunktion der Grundrechte ist insoweit einer gewandelten Gefährdungslage angepaßt worden.[57] Die Aktualisierung objektiver Grundrechtsgehalte als Maßstäbe zur

55 Vgl. *H. Dreier*, a.a.O. (Fn. 28), S. 61, unter Verweis auf *R. Wahl*, Der Vorrang der Verfassung, Staat 1981, S. 485 ff. (487).

56 Vgl. *D. Grimm*, a.a.O. (Fn. 26), S. 221 (227 ff.); auch die vielzitierte Feststellung des Bundesverfassungsgerichts, daß ein Freiheitsrecht ohne die tatsächlichen Voraussetzungen, es in Anspruch nehmen zu können, wertlos sei (BVerfGE 33, 303 [330] – Numerus-Clausus), ist in diesen Zusammenhang einzuordnen, vgl. dazu *R. Alexy*, a.a.O. (Fn. 22), S. 397 ff., 458 ff.; zur Diskussion ferner *E.-W. Böckenförde*, Die sozialen Grundrechte im Verfassungsgefüge, in: ders., a.a.O. (Fn. 8), S. 146 ff. (148 f.).

57 Zur Notwendigkeit, aber auch zu den Grenzen einer Anpassung verfassungs- und insbes. grundrechtlicher Normativität an sich wandelnde Realisationsbedingungen vgl. *B.-O. Bryde*, Verfassungsentwicklung, Baden-Baden 1982, S. 254 ff., 264 ff.; *K. Hesse*, a.a.O. (Fn. 5, 9), Rdnrn. 36 ff., 46 ff., 77; *D. Grimm*, a.a.O. (Fn. 26), S. 231 ff.; vgl. auch *ders.*, Die Zukunft der Verfassung, in: a.a.O. (Fn. 26), S. 397 ff. (408 f., 425 ff.); zur Gewährleistung der »sozialen Bedingungen für den Ausgleich unter Privaten« *H. Schulze-Fielitz*, a.a.O. (Fn. 20), S. 6 ff.

Ausgestaltung gesellschaftlicher Beziehungen kann deshalb schwerlich einen *schon im Ansatz* unzulässigen Übergriff der Verfassungsrechtsprechung in den Bereich politischer Gestaltungsaufgaben darstellen. Bei der Begründung, Präzisierung und maßstäblichen Anwendung solcher Gehalte handelt es sich vielmehr immer noch um den Schutz und die Durchsetzung des Verfassungsrechts – also um genau die Aufgabe, die wahrzunehmen das BVerfG von Verfassungs wegen berufen ist.

Einzuräumen ist freilich, daß die Grenze zwischen verfassungsrechtlich noch rechtfertigungsfähigem Grundrechtsschutz und nur noch politisch legitimierbarer Gesellschaftsgestaltung unschärfer geworden ist.[58] Auch wird sich keineswegs jede bislang entwickelte Ausprägung der zugleich verfassungsfundierenden wie verfassungsgetragenen Wertordnung von dem Schutzziel der Absicherung gesellschaftlicher Eigenlogik(en) rechtfertigen lassen. Zweifellos bestehen hier die Gefahren eines illegitimen verfassungsgerichtlichen »Paternalismus«[59] und der Ausformung einer »Superlegalität«,[60] durch die das positive Verfassungsrecht auf nicht mehr kalkulierbare Weise suspendiert oder verdrängt werden könnte. Gleichwohl erscheint nicht ausgemacht, daß wegen dieser Gefahren notwendig Abschied von der verfassungsrechtlichen Wertordnung, von objektiven Grundrechtsfunktionen, von Schutzpflichten und mit alledem schließlich auch von der »schwachen« Integrationsfunktion der Verfassungsrechtsprechung genommen werden muß. Zum einen können und müssen die je konkreten Ausprägungen, die die Wertordnung in der Judikatur findet, stets der fachlichen und – etwa gerade auch im Hinblick auf die durchaus prekäre Doppelrolle des Bundesverfassungsgerichts zwischen Recht und Politik[61] – der allgemeinen gesellschaftlichen Kritik unterliegen.[62] Das Gericht kann und muß gezwungen werden, sich zu rechtfertigen, erforderlichenfalls auch über die Begründung seiner Entscheidungen hinaus. Dieser Rechtfertigungszwang mag die bezeichneten Gefahren nicht ausschließen, aber immerhin abmildern. Zum anderen wäre der nicht geringe Preis zu bedenken, der für einen Verzicht auf den objektiv-rechtlichen Gehalt, eine Schutzpflicht und das »Untermaßverbot« gezahlt werden müßte. Mit diesem

58 Dazu näher *H. Schulze-Fielitz*, a.a.O. (Fn. 20), S. 9 ff.

59 Ein Wort von *H. Schulze-Fielitz*, a.a.O. (Fn. 20), S. 8.

60 *U. K. Preuß*, Legalität und Pluralismus, a.a.O. (Fn. 54), S. 17 ff.; vgl. auch *ders.*, Internalisierung, a.a.O. (Fn. 54), S. 248 f., 261 ff., 277 f.; *ders.* Politische Verantwortung und Bürgerloyalität. Von den Grenzen der Verfassung und des Gehorsams in der Demokratie, Frankfurt a. M. 1984, S. 216 ff., 232 f.; *I. Maus*, a.a.O. (Fn. 32), S. 314 ff., 321 ff.; ferner noch *G. Frankenberg*, a.a.O. (Fn. 2), S. 110 f. m. w. N.

61 Zu dieser Doppelrolle des Bundesverfassungsgerichts und zu ihrer Unvermeidlichkeit *H. Schulze-Fielitz*, a.a.O. (Fn. 20), S. 14 ff. m. w. N.

62 Zu Notwendigkeit, aber auch Stil und Grenzen, dieser Kritik vgl. *B.-O. Bryde*, a.a.O. (Fn. 57), S. 351 ff.; *R. Wahl*, a.a.O. (Fn. 7), S. 81 ff.; *H. Schulze-Fielitz*, a.a.O. (Fn. 20), S. 27 ff.

Verzicht wäre Verfassungs- und insbesondere Grundrechtsnormativität wieder gegenüber den neuartigen Gefährdungen weitgehend schutzlos gestellt, in deren Abwehr zu Recht bislang gerade der besondere Verdienst einer neueren Verfassungsrechtstheorie und -dogmatik gesehen wurde.[63] Man wird das kaum wollen können, und es wird diese Folgerung, soweit ersichtlich, auch nirgends ausdrücklich bejaht.[64]

3. Das Bundesverfassungsgericht als Diskursteilnehmer und Konfliktpartei

Auch wenn die Integrationsfunktion der Verfassungsrechtsprechung »schwach« angelegt wird, ist ihre Verwirklichung keineswegs gesichert. Die Entscheidungen des Bundesverfassungsgerichts sind, wie bemerkt, stets der fachlichen und öffentlichen Kritik ausgesetzt. Insofern nimmt die gesamte Entscheidungspraxis des Bundesverfassungsgerichts ohnehin unvermeidlich Teil am allgemeinen gesellschaftlichen Diskurs. Das Gericht argumentiert im übrigen zunehmend auch auf der »Primärebene« streitiger gesellschaftlicher Meinungs- und Willensbildung und sucht etwa »im Volke lebendige Wertvorstellungen und Anschauungen über Recht und Unrecht«[65] gezielt mit zu beeinflussen.[66] Seine Rechtsprechung wird so Teil der gesellschaftlichen Diskussion,[67] treibt diese voran und verschärft sie womöglich. Die ebenso notwendige (sc. im Hinblick auf demokratisch-öffentliche Kontrolle) wie unaufhebbare[68] Verankerung der Verfassungsrechtsprechung unter dem Grundgesetz in der öffentlichen Auseinandersetzung kann zur Folge haben, daß im konkreten Einzelfall »anstößige« Wirkungen dieser Rechtsprechung ihrer

63 Vgl. *D. Grimm*, a.a.O. (Fn. 26), S. 234, 237, 240; auch *H. Schulze-Fielitz*, a.a.O. (Fn. 20), S. 23.

64 Man scheint vor einer wirklich konsequenten Kritik an den objektiv-rechtlichen Grundrechtsgehalten, also der »Schutzpflicht«-Judikatur, eher zurückzuscheuen, so letztlich sogar *E.-W. Böckenförde*, a.a.O. (Fn. 28), S. 185 ff.: dort wird zwar eine offenbar unabwendbare Entwicklung vom objektiv-rechtlichen Grundrechtsgehalt hin zum (verfassungsgerichtlich geprägten) Jurisdiktionsstaat ausgezeichnet, dann aber (S. 198 f.) die »Entscheidungsfrage«, ob das Bundesverfassungsgericht die Rechtsordnung gerade mit dem Instrument der objektiven Grundsatznorm »substanziell« gestalten soll, zur späteren Beantwortung an »die Grundrechtsdogmatik« delegiert. Abgesehen von der jedenfalls nicht ohne weiteres ersichtlichen Legitimation der (welcher?) Dogmatik zur Beantwortung dieser »Entscheidungsfrage« bleibt hier ganz offen, auf welche Weise die Rechtsordnung den Wegfall der objektiven Grundsatznorm verarbeiten könnte, wohin sie sich wandeln – wohl: zurückverwandeln – müßte. Zu dem Mangel an Konsequenz bei der Kritik an der objektiven Grundrechtsdimension ferner *R. Wahl*, a.a.O. (Fn. 62), S. 95 ff.

65 BVerfGE 88, 203 (253).

66 *G. Frankenberg*, a.a.O. (Fn. 2), S. 232 f., unter Verweis auf den »Soldaten-sind-Mörder«-Beschluß und das Urteil zur Fristenlösung (BVerfGE 39, 1 [67]).

67 *H. Schulze-Fielitz*, a.a.O. (Fn. 20), S. 15.

68 *H. Schulze-Fielitz*, a.a.O. (Fn. 20), S. 25.

integrativen Funktion entgegenstehen. Zwar kann die »schwache« Integrationsfunktion der verfassungsgerichtlichen Rechtsprechung, gerade weil sie von *bestimmten* normativen Gehalten abgelöst ist, durch einen derartigen Entscheidungsgehalt niemals ganz ausgeschlossen werden. Sie kann aber durch eine besonders umstrittene Entscheidung doch bis zur Unerkennbarkeit und faktischen Wirkungslosigkeit in den Hintergrund gedrängt werden.

Ein derartiger Funktionenkonflikt kann nicht ausgeschlossen, seine Wahrscheinlichkeit aber doch verringert werden. Beitragen können hierzu in Tenor und Begründung der verfassungsgerichtlichen Entscheidungen vor allem die Verdeutlichung des Charakters der Verfassung als einer auf bestimmte (Grund-)Prinzipien hin ausgerichteten »Rahmenordnung« für den politischen Prozeß[69] und die immer wieder neue Klarstellung, daß sich die verfassungsgerichtliche Überprüfung grundsätzlich auf die Einhaltung dieses Rahmens zu beschränken hat. Auf diesem Weg kann eine gewisse – niemals vollständige – Gewähr dafür gefunden werden, daß der Streit um die *Regeln* des gesellschaftlichen Diskurses, der als Verfassungsdiskurs auf einer »Meta-Ebene« stattfindet, von dem Streit um die *Inhalte* des Diskurses auf der »Primärebene« abgekoppelt bleibt.[70] Zwischen dem politischen Diskurs auf der Primärebene gesellschaftlicher Meinungs- und Willensbildung und einem Verfassungsdiskurs muß hinlängliche Distanz bestehen.[71] Ihr Maß wird immer umstritten sein. Gleichwohl hängt nicht zuletzt von dieser Distanz die Chance des Bundesverfassungsgerichts ab, zum Gelingen gesellschaftlicher Integration beizutragen.[72] Das Gericht wird von der Verfassung an den Rand des

69 Vgl. *A. Hollerbach*, Ideologie und Verfassung, in: W. Maihofer (Hrsg.), Ideologie und Recht, Frankfurt a. M. 1969, S. 37 ff. (41).

70 Vgl. *I. Ebsen*, Das Bundesverfassungsgericht als Element gesellschaftlicher Selbstregulation, Berlin 1985, S. 346 ff. Nur auf diesem Weg könnte das Gericht wohl auch das Problem abzufangen suchen, daß die »institutionellen Grundbedingungen des Verfassungsgerichts« offenbar in der Tat »nicht ausreichend konsensumfaßt« sind, so *U. R. Haltern*, a.a.O. (Fn. 20), S. 72.

71 Vgl. *B.-O. Bryde*, a.a.O. (Fn. 57), S. 342 ff.

72 Das gerät bei *U. Steiner*, Das zweite Grundsatzurteil zum Schwangerschaftsabbruch – ein Gericht zwischen Verfassung und gesellschaftlicher Moral, in: M. Piazolo (Hrsg.), Das Bundesverfassungsgericht. Ein Gericht im Schnittpunkt von Recht und Politik, Mainz/München 1995, S. 107 ff. (121 ff.), außer Sicht. Dort wird der Versuch der Entscheidung vom 28. Mai 1993 (BVerfGE 88, 203) konstatiert *und entschieden begrüßt*, »auf das Rechtsbewußtsein in Deutschland Einfluß [zu] nehmen« (S. 122), »Kontakt über den Gesetzgeber hinweg zur Gesellschaft [aufzunehmen] mit dem Ziel, eine allgemeine, undifferenzierte gesellschaftliche Akzeptanz der Abtreibung zu verhindern« (S. 123). Das Bundesverfassungsgericht wird an die Stelle der Kirchen gerückt, die »die Aufgabe der breiteren gesellschaftlichen Wertebildung wohl nicht leisten« (ebd.) könnten, denen eine »flächendeckende sittliche Wirkungskraft« (ebd.) fehle. Das Bundesverfassungsgericht als Ersatzkirche, die sich der inneren Mission zur Durchsetzung einer Art »Zivilreligion« verschrieben hätte: das ist eine erstaunliche Perspektive. Sie weist über den Horizont des Grundgesetzes hinaus. Sie läßt aber auch die Empirie einer zutiefst und unaufhebbar pluralisierten Gesellschaft weit hinter sich, in der auch die Institution, der eine solche Perspektive zugemutet wird, immer

politischen Diskurses gerückt. Eben diese Stellung einer »Grenzinstitution« eröffnet ihm die Möglichkeit einer Thematisierung der Meta-Ebene oberhalb der Primärebene der politischen Auseinandersetzung. Das Bundesverfassungsgericht kann die Bedingungen der gesellschaftlichen Auseinandersetzung wieder in diese Auseinandersetzung selbst als deren Gegenstand einführen,[73] gerade weil es dieser Auseinandersetzung einigermaßen entrückt ist, jedenfalls selten in ihrem Zentrum steht.

4. Ein überholtes gesellschaftstheoretisches Leitbild?

Auch eine »schwache« Integrationsfunktion könnte schließlich von der Kritik an dem gesellschaftstheoretischen »Leitbild«[74] des Bundesverfassungsgerichts getroffen werden. Das Gericht orientiert sich vor allem in seiner Rechtsprechung zu den Kommunikationsgrundrechten, zur Parteienfinanzierung und zu den politischen Teilhaberechten unverkennbar an dem Leitbild einer interessierten, kompetenten (»mündigen«) und folgenreichen Beteiligung der Bürger am Prozeß der laufenden Hervorbringung ihres Gemeinwesens. Dieses Leitbild ist inzwischen als sinnverbürgende Interpretationsgrundlage unter immer wieder anderen Aspekten in den gerichtlichen, publizistischen und politischen Prozeß eingeführt worden. Es hat dabei einen ausgeprägt normativen Charakter angenommen, es ist jedenfalls gegen allzu kritische Nachfragen – etwa unter Rückgriff auf empirische Informationen zur Befindlichkeit des

nur partikulare, bestreitbare und bestrittene Werte repräsentieren kann. Ein »gemeinmoralischer Ansatz« (ebd.) wird, und das zeigt sich gerade in der je keineswegs erledigten Auseinandersetzung um den Schwangerschaftsabbruch, in modernen, gar postmodernen Zeiten nicht mehr erkannt werden können. Er ließe sich allenfalls behaupten und gewaltsam erzwingen, würde dann aber ebenso seine moralische Qualität verlieren wie die ihn repräsentierende Institution ihr Ansehen; vgl. *H. J. Lietzmann*, »Reflexiver Konstitutionalismus« und Demokratie. Die moderne Gesellschaft überholt die Verfassungsrechtsprechung, in: B. Guggenberger/T. Würtenberger (Hrsg.), a.a.O. (Fn. 7), S. 233 ff. (234 f., 253 ff.) m. w. N.

73 Das Gericht bekräftigt auf diese Weise immer wieder neu »die Legitimität des unabschließbaren Diskurses über die Legitimität«, so zutreffend *G. Frankenberg*, a.a.O. (Fn. 2), S. 235. Man könnte dies auch als die Form eines reflektierten »re-entry« des gesellschaftlichen Streits in ihn selbst als sein eigener Gegenstand ansehen. Die Reflexionsform des »re-entry« könnte dann zu näherer Aufklärung von Unterscheidungen verhelfen, die *jeder* verfassungsgerichtlichen Beobachtung immer schon zugrunde liegen, also *in* der verfassungsgerichtlichen Beobachtung an sich »unsichtbar« sind, ja sogar: sein müssen; im hiesigen Zusammenhang würde dies etwa die Unterscheidung zwischen (politischer) Gestaltung einerseits und (justizieller) Rechtsbindung bzw. Rechtsbekräftigung andererseits betreffen. Näher zur Figur des »re-entry« *N. Luhmann*, a.a.O. (Fn. 47), S. 45 f., 179 ff. u. öft.

74 Zur Bedeutung normativer »Hintergrundtheorien« für die Erschließung des normativen Sinns einer kohärenten Rechtsordnung grundlegend *R. Dworkin*, Bürgerrechte ernstgenommen, Frankfurt a. M. 1984, insbes. S. 181 ff.; vgl. ferner *K. Günther*, Ein normativer Begriff der Kohärenz für eine Theorie der juristischen Argumentation, Rechtstheorie 20/1989, S. 163 ff.; zusammenfassend *B. Peters*, Rationalität, Recht und Gesellschaft, Frankfurt a. M. 1991, S. 292 ff.

politischen Gemeinwesens – weitgehend normativ immunisiert worden.[75] Im Hinblick auf den Zerfall einer ehedem »bürgerlichen« Öffentlichkeit in den differenzierten, fragmentierten und pluralisierten Gesellschaften[76] der Moderne, auf die Schwierigkeiten schon der Idee eines nach wie vor gesellschaftliche Einheit wie selbstverständlich unterstellenden »Gemeinwohls«, auf die entsprechend geschwundenen »Gemeinwohlkompetenzen«, Solidaritäten und sonstigen gemeinwohlbezogenen Handlungsmotive,[77] im Hinblick auch auf die ins Unabsehbare verlängerten und überkomplex gewordenen Verknüpfungsketten zwischen Handlungsbeitrag und beobachtbarem Erfolg sowie schließlich noch im Hinblick auf die weitgehende Auszehrung der Quellen einer verbindenden Ethik öffentlichen Einmischung – im Hinblick auf alle diese Gesichtspunkte könnte das normative (Demokratie-)Modell einer interessierten, kompetenten und folgenreichen öffentlichen Beteiligung der politischen Bürger am Prozeß der laufenden Hervorbringung ihres Gemeinwesens einigermaßen antiquiert erscheinen.[78]

Es könnte freilich sein, daß genau die eigenartig »alteuropäisch« anmutenden, »klassisch-bürgerlichen« Gehalte des verfassungsgerichtlichen Leitbildes den normativen Kern der Verfassungsregelungen ausdrücken, auf die sich das Gericht stützen *muß*, um seine Entscheidungen noch legitimieren zu können. Es wäre dann die Verfassung selbst, die gegen eine sich abzeichnende gesellschaftliche Entwicklung letztlich an einem älteren Demokratiemodell festhielte. Auch aus einem anderen Grund könnte gerade an einer solchen Leitvorstellung, die ihr Substrat in der gesellschaftlichen Wirklichkeit zu verlieren droht, doch festzuhalten sein. So erst könnte nämlich der Abstand deutlich werden, der sich mittlerweile zwischen dem Prozeß der Selbstkonstitution des

75 Insgesamt scheint es auf diese Weise wichtige Bestandteile eines normativ zugespitzten »underlying consensus« i. S. von *Robert A. Dahl* widerzuspiegeln, vgl. *ders.*, A Preface to Democratic Theory, 1956, S. 132; vgl. auch *J. Rawls*, Der Gedanke eines übergreifenden Konsenses, in: ders., Die Idee des politischen Liberalismus, Aufsätze 1978–1989, Frankfurt a. M. 1992, S. 293 ff.

76 Die »sich« freilich keineswegs doch wieder als Einheit »zwangsläufig politisieren«, so aber wohl *H. J. Lietzmann*, a.a.O. (Fn. 72), S. 233 ff. (233). Eine materialreiche Darstellung zum Wandel der bürgerlichen hin zu einer »massendemokratischen« Öffentlichkeit findet sich bei *T. Vesting*, a.a.O. (Fn. 51), Kap. 4, Kap. 7 III.

77 Hierzu etwa *A. O. Hirschman*, Engagement und Enttäuschung, Frankfurt a. M. 1988, insbes. S. 138 ff.; *ders.*, Wieviel Gemeinsinn braucht die liberale Gesellschaft?, Leviathan 22 (1994), S. 293 ff. Doch gilt dies offenbar nicht für den sozialen Nahbereich, für den immer wieder eine komplementäre Zunahme »kommunitärer« Interessen und Handlungsbereitschaften berichtet wird, vgl. etwa *F.-X. Kaufmann*, Herausforderungen des Sozialstaats, Frankfurt a. M. 1997, S. 99 ff. m. w. N. zur Ausdifferenzierung des »informellen Sektors«; auch bei diesen Entwicklungen kann das – möglicherweise zu optimistische – Konzept einer »subpolitischen« Wiederentdeckung der Politik außerhalb ihrer klassischen Institutionen und Strukturen, gewissermaßen einer »Renaissance politischer Subjektivität« bei *U. Beck*, Die Erfindung des Politischen, Frankfurt a. M. 1993, insbes. S. 154 ff., 196 ff., anknüpfen.

78 In dieser Richtung weiter ausgearbeitete Skepsis bei *T. Vesting*, a.a.O. (Fn. 51), S. 88 ff., 94 ff., 97 ff.

Gemeinwesens und seiner normativen Verfassung entwickelt hat. So könnte von stabil gehaltener Verfassungsnormativität aus immer wieder der Vergesellschaftungsprozeß selbst reflektiert werden. Es gäbe dann den externen Punkt der Beobachtung, von dem aus allein dieser Prozeß noch sichtbar gemacht werden könnte. Jedenfalls könnte dieser externe Beobachtungspunkt in der Auseinandersetzung um seine Denkbarkeit offensiver behauptet werden. In der offengehaltenen Möglichkeit – von der freilich immer erst noch Gebrauch gemacht werden müßte – einer entschiedenen normativen Kritik der Selbstpreisgabe des öffentlich-politischen Prozesses an die »Tyrannei der Intimität«,[79] an das ökonomische Kosten-Nutzen-Kalkül und an einen vielleicht nur vermeintlich unwiderstehlichen Globalisierungsdruck läge dann *eine*, aber eben eine wichtige, Chance für die Rückgewinnung solcher gesellschaftlicher Integrationspotentiale, die sich sonst erschöpfen könnten.

79 Vgl. *R. Sennett*, Verfall und Ende des öffentlichen Lebens. Die Tyrannei der Intimität, Frankfurt a. M. 1983; *P. Kondylis*, Der Niedergang der bürgerlichen Denk- und Lebensform, Weinheim 1991, insbes. S. 216 ff.

Christian Bumke

Der gesellschaftliche Grundkonsens im Spiegel der Rechtsprechung des Bundesverfassungsgerichts

A. Einleitung

In den Entscheidungen des Bundesverfassungsgerichts ist nur selten vom »gesellschaftlichen Grundkonsens«[1] die Rede. Will man unter diesen Umständen die gerichtlichen Vorstellungen von einem gesellschaftlichen Grundkonsens freilegen, bieten sich verschiedene Wege an: Man kann zum Beispiel einige Begriffe auswählen, die – wie der Begriff der Verantwortung oder der öffentlichen Meinung – Rückschlüsse auf die Kategorie des Grundkonsenses erlauben, um mit deren Hilfe die Entscheidungen des Verfassungsgerichts zu analysieren. Dieser Weg ist mit den vorangegangenen Referaten bereits so weit beschritten worden, daß es wenig sinnvoll erscheint, nochmals an den Anfang zurückzukehren, um dann in gedrängter und verkürzter Form bereits Bekanntes zu wiederholen.

Eine weitere Möglichkeit besteht darin, die Rechtsprechung des Bundesverfassungsgerichts daraufhin zu untersuchen, was für ein Bild vom Menschen dort entworfen wird. Da hinter einem bestimmten Menschen- oder Bürgerbild auch eine bestimmte Gesellschaftsvorstellung stehen dürfte, ließe sich auf diesem Umweg wohl auch etwas über die Kategorie des gesellschaftlichen Grundkonsenses in Erfahrung bringen.[2] Sicher – bei dem Versuch, die schwer zu fassende Grundkonsensvorstellung mit Hilfe der Kategorie des Menschenbildes aufzuklären, wird das Thema vom Ende her aufgezäumt. Doch ist – um im Bild zu bleiben – gar nicht sicher, ob das Pferd überhaupt nur einen Kopf hat. Außerdem steht mit dem vom Bundesverfassungsgericht ausdrücklich entworfenen »Menschenbild des Grundgesetzes« ein guter Ausgangspunkt für die Untersuchung bereit.

1 Ausdrücklich von Grundkonsens ist wohl nur in den beiden Entscheidungen zur Öffentlichkeitsarbeit der Bundesregierung die Rede, BVerfGE 44, 125 [147] – Öffentlichkeitsarbeit I; 63, 230 [243] – Öffentlichkeitsarbeit II.

2 Angeregt, mich auf diesem Weg dem Thema zu nähern, wurde ich durch die Arbeit »Der Bürger im Verwaltungsrecht zwischen Obrigkeit und aktivierendem Staat«, Habil.-Schrift, Berlin 1999, von Susanne Baer.

Im Verlauf der folgenden Überlegungen wird sich zeigen, daß das Bundesverfassungsgericht auf unterschiedliche Grundkonsensvorstellungen zurückgreift. Die entscheidende Frage wird deshalb sein, wie es dem Gericht gelingt, die innere Kohärenz seiner Entscheidungen zu wahren und seine Entscheidungen verständlich zu machen.

B. »Das Menschenbild des Grundgesetzes« in der Rechtsprechung des Bundesverfassungsgerichts

I. Die Aussagen des Bundesverfassungsgerichts über das »Menschenbild des Grundgesetzes«

Doch zunächst zum Menschenbild des Grundgesetzes. Dieses – so heißt es im Investitionshilfeurteil von 1954 erstmals – »ist nicht das eines isolierten souveränen Individuums; das Grundgesetz hat vielmehr die Spannung Individuum – Gemeinschaft im Sinne der Gemeinschaftsbezogenheit und Gemeinschaftsgebundenheit der Person entschieden, ohne dabei deren Eigenwert anzutasten.«[3] Und im KPD-Urteil fügt das Gericht hinzu: »Der Mensch ist eine mit der Fähigkeit zu eigenverantwortlicher Lebensgestaltung begabte Persönlichkeit. Er wird als fähig angesehen, und es wird ihm abgefordert, seine Interessen und Ideen mit denen anderer auszugleichen. Um seiner Würde willen muß ihm eine möglichst weitgehende Entfaltung seiner Persönlichkeit gesichert werden.«[4] Später formulierte das Gericht prägnant: Das »Menschenbild des Grundgesetzes ist nicht das des selbstherrlichen Individuums, sondern das der in der Gemeinschaft stehenden und ihr vielfältig verpflichteten Persönlichkeit. »[5]

Was für ein Bild wird hier vom Menschen gezeichnet? Dies ist gar nicht so leicht zu sagen, da sich in der Rechtsprechung nur grobe Umschreibungen finden lassen. Geprägt werden diese durch den Begriff der Person und die Aussage, daß der Mensch auf eine Gemeinschaft angewiesen und in sie eingebunden ist. Nun lassen sich Begriffe wie Person bzw. Persönlichkeit und Gemeinschaft sehr unterschiedlich ausfüllen: Man kann, um nur zwei Möglichkeiten zu nennen, auf die in der juristischen Literatur zurückgegriffen

3 BVerfGE 4, 7 [15 f.] – Investitionshilfe, zuletzt wohl unter Verweis auf BVerfGE 30, 173 [193, 195] – Mephisto; BVerfGE 83, 130 [143]. – Mutzenbacher.
4 BVerfGE 5, 85 [204] – KPD.
5 BVerfGE 12, 45 [51] – Kriegsdienstverweigerung.

wird,[6] sowohl an die kantsche Philosophie, in der die Begriffe Person, Autonomie und Freiheit ineinander verwoben werden, als auch an die katholische Soziallehre mit ihrer Unterscheidung zwischen Individual- und Sozialnatur des Menschen anknüpfen.[7] Bedenkt man, daß zu der Zeit, als das Bundesverfassungsgericht sein Menschenbild erstmals formulierte, naturrechtliche Lehren gerade ihre Renaissance erlebten, und berücksichtigt man außerdem noch die engen Verbindungslinien, die zwischen dem Menschenbild des Grundgesetzes und den Vorstellungen des Gerichts von der Verfassung als einer Wertordnung bestanden, so wird man annehmen dürfen, daß das Gericht, als es sein Bild vom Menschen entwickelte, weniger einen autonomen Bürger im Sinne der Aufklärung als vielmehr den – wie er hier heißen soll – gemeinschaftlichen Bürger[8] vor Augen hatte. Einen Menschen also, der in einer ganz bestimmten Gemeinschaft lebt, die auf Werten gründet, die als objektiv gedacht werden.

II. Die Funktion des Menschenbildes und dessen Rekonstruktion als Idealtypus

Die Funktion dieses Menschenbildes ist zunächst einmal verfassungsdogmatischer Natur: Es dient als Leitlinie bei der Konkretisierung der Grundrechtsbestimmungen des Grundgesetzes und zur Rechtfertigung von Grundrechtseinschränkungen.[9] Ob die Menschenbild-Formel diese Funktion gut erfüllt oder ob der Vorwurf der Leerformelhaftigkeit, Ideologieanfälligkeit und eines einseitigen Pflichtgehaltes zutreffend ist, braucht uns hier nicht weiter zu beschäftigen. Diese Fragen betreffen ausschließlich die dogmatische Ebene, während für unsere Fragestellung eine andere Funktion von Bedeutung ist, nämlich welche Aufgabe die Figur des grundgesetzlichen Menschenbildes als Bestandteil und Ausdruck eines bestimmten Weltverständnisses erfüllt. Dies gilt es nun zu klären.

6 Auf Kant verweist U. R. Haltern, Verfassungsgerichtsbarkeit, Demokratie und Mißtrauen, Berlin 1998, S. 346 ff.; auf die katholische Soziallehre U. Becker, Das ›Menschenbild des Grundgesetzes‹ in der Rechtsprechung des Bundesverfassungsgerichts, Berlin 1994, S. 63 ff.

7 Zu den vielfältigen philosophischen Anknüpfungsmöglichkeiten siehe »Person« in: Historisches Wörterbuch der Philosophie, Bd. 7, Basel 1989, S. 299 ff.; T. Kobusch: Die Entdekkung der Person, Darmstadt 1997.

8 Siehe dazu näher C.I.1.

9 Die Entwicklung der Rspr. wird von U. Becker, (Fn. 6), S. 101 ff.; C. Enders, Menschenwürde in der Verfassungsordnung, Tübingen 1997, S. 45 ff., nachgezeichnet und analysiert. Zu den verschiedenen Funktionen des Menschenbildes in der Rspr. des BVerfG siehe ferner P. Häberle, Das Menschenbild im Verfassungsstaat, Berlin 1988, sowie P. M. Huber, Das Menschenbild im Grundgesetz, JURA 1998, S. 505 ff.

Bei den Bildern vom Menschen handelt es sich nicht um sprachliche Übertragungen im eigentlichen Sinne, die Eigenarten menschlichen Daseins werden nicht übersetzt in Bilder, wie die des Lichts oder der Maschine, um das Unaussprechliche ausdrücken zu können.[10] Von ihrer Form her scheinen sie sich nicht von anderen Aussagen über Eigenschaften eines Menschen oder menschliche Verhaltensweisen zu unterscheiden. Im Unterschied zu diesen handelt es sich bei solchen Menschenbildern aber um radikal verschärfte Verknappungen, die die Eigenschaften und Informationen über Menschen auf wenige Gesichtspunkte konzentrieren. Die Eigenart solcher Bilder wird deutlicher, wenn man sie mit der für Juristen gewohnten Zweiteilung von Tatsache und Norm zu erfassen versucht. Keine der beiden Seiten will passen: Um Tatsachen kann es sich nicht handeln, weil nicht zu erkennen ist, wie man ein solches Bild falsifizieren oder beweisen könnte. Aber auch die Einordnung als Norm wird ihm nicht gerecht, weil es nicht den Menschen beschreiben will, wie er sein soll, sondern wie er »wirklich« ist. Auch an der gebräuchlichen Unterscheidung zwischen gutem und schlechtem Bild vom Menschen zeigt sich, daß sich diese Bilder der Dichotomie zwischen Norm und Tatsache entziehen. Die Frage, ob man sich den Menschen als gut oder böse vorstellt, erfordert zwar eine Wertung, aber aus ihr folgt nicht, daß der böse Mensch das Falsche und der gute Mensch das Richtige ist. Die Unterscheidung dient nicht dazu, über menschliches Verhalten zu urteilen, sondern uns ins Verhältnis zu uns selbst, zu unseren Mitmenschen und der übrigen Welt zu setzen.

Derartige Bilder des Selbst- und Weltverständnisses kann man analysieren, sie sind jedoch als Instrument für unsere weitere Untersuchung nicht zu gebrauchen. Als solche kommen sie erst in Betracht, wenn es gelingt, sie ohne inhaltliche Veränderung aus der Tiefenschicht unserer Vorstellungswelt herauszulösen und ihnen den Status einer gedanklichen Konstruktion zuzuweisen. Für diesen Schritt ist ein Rückgriff auf die von Max Weber entwickelte Kategorie des Idealtypus hilfreich. Denn die für das Menschenbild charakteristische Konzentration auf einige wenige Merkmale und Aussagen weist eine so große Ähnlichkeit mit den Baugesetzen des Weberschen Idealtypus auf, daß es sich anbietet, die Menschenbilder in diesem Sinne zu rekonstruieren.[11]

Als Idealtypus handelt es sich bei einem Menschenbild nicht um einen empirischen, sondern um einen dogmatischen Begriff. Es sollen keine Tatsachen wiedergegeben werden; vielmehr werden durch ihn Grenzpunkte markiert,

10 Siehe dazu H. Blumenberg, Paradigmen zu einer Metaphorologie (1960), Frankfurt a.M. 1998.

11 Kritisch zu dieser Vorgehensweise S. Baer, Ist Ruhe erste Bürgerpflicht?, oder: Zur Konstruktion des Bürgers durch Verfassungsrecht, KritV 82 (1999), S. 5, 13 ff.

auf die die vielgestaltige und disparate Wirklichkeit bezogen werden kann.[12] Ein Idealtypus erlaubt, große Datenmengen zusammenzufassen und auf gemeinsame Gesichtspunkte auszurichten, um die Welt zu deuten und Entwicklungen aufzeigen und beschreiben zu können. Auch wenn man die Menschenbilder als Idealtypus interpretiert, versperren sie sich der Unterscheidung von Normativem und Faktischem: Selbst größere Abweichungen vom Idealtypus implizieren kein negatives Urteil über die Realität. Der Idealtypus dient eben nicht der Bewertung, sondern dem Verstehen der gesellschaftlichen Wirklichkeit. Wenn im weiteren Verlauf von Menschen- oder Bürgerbildern gehandelt wird, so werden sie als Idealtypus in diesem Sinne verstanden.

Bei dieser Vorgehensweise werden ferner zwei Fragen ausgeklammert, die es aber verdienen, erwähnt zu werden: Bei der ersten geht es darum, welches Bild sich die Rechtsordnung vom Menschen macht, in welchen Rollen sie ihn wahrnimmt und welche Eigenschaften sie ihm zuschreibt oder voraussetzt.[13] Im Unterschied zum Idealtypus handelt es sich bei einer solchen Charakterisierung um das Ergebnis von Beobachtungen, die es beispielsweise zu beurteilen erlauben, ob die soziale Wirklichkeit durch die Rechtsordnung angemessen wahrgenommen wird. Die zweite Frage zielt darauf ab, auf welche Weise Eigenschaften und Rollen des Bürgers durch das Recht geprägt werden. Sie beruht auf der Annahme, daß Selbstwahrnehmung, Interessen- und Lebensgestaltung der Menschen durch die Rechtsordnung mitgestaltet werden.[14]

III. Die fehlende Ausrichtung der Rechtsprechung an dem von ihm formulierten Menschenbild

Betrachtet man auf dieser Grundlage die Entscheidungen des Bundesverfassungsgerichts, liegt es im Hinblick auf die uns hier interessierende Konsistenz und Vermittelbarkeit der verfassungsgerichtlichen Entscheidungspraxis nahe

12 Siehe M. Weber, Gesammelte Aufsätze zur Wissenschaftslehre, 7. Aufl., Tübingen 1988, S. 190 ff. Der Idealtypus unterscheidet sich vom Typusbegriff im Sinne einer empirischen Gattungsbezeichnung, die die typischen Merkmale von bestimmten Gegenständen zusammenzufassen sucht. In letzterem Sinne wird der Begriff meist in der Rechtswissenschaft verwandt, in diesem Sinne kürzlich m.w.N. H. Sodan, Freie Berufe als Leistungserbringer im Recht der gesetzlichen Krankenkassen, Tübingen 1997, S. 63 ff. Ebenso verwendet P. Häberle, Verfassungslehre als Kulturwissenschaft, 2. Aufl. 1998, S. 28 ff., den Begriff, wenn er vom »Typus des demokratischen Verfassungsstaates« spricht.

13 In diese Richtung zielen beispielsweise die Überlegungen von G. Radbruch, Der Mensch im Recht, 2. Aufl., Göttingen 1957, S. 9 ff.

14 Grundlegend zu beiden Fragestellungen mit Blick auf das Verwaltungsrecht S. Baer (Fn. 2), Kap. 1 und 3.

zu fragen, ob diese an dem vom Gericht selbst formulierten »Menschenbild des Grundgesetzes« ausgerichtet ist.

Schaut man sich beispielsweise die Rechtsprechung zu den sog. Kommunikationsgrundrechten an, so ergeben sich daran schnell Zweifel, weil insbesondere die Meinungs- und Rundfunkfreiheit von der Bedeutung her interpretiert werden, die sie für eine strikt repräsentative Massendemokratie, wie sie das Grundgesetz konstituiert, besitzen. Im Mittelpunkt steht die Vorstellung einer politischen Öffentlichkeit, die auf einem möglichst freien und offenen Meinungsbildungs- und -austauschprozeß[15] beruht. Das Konzept einer »Grundversorgung« durch den öffentlich-rechtlichen Rundfunk[16], das Gebot, Meinungspluralität bei Rundfunk und Fernsehen zu gewährleisten,[17] oder die Vermutung für einen Vorrang der Kommunikationsfreiheiten vor dem Recht der Ehre bei politischen Auseinandersetzungen in der Öffentlichkeit[18] – sie alle sind Ausdruck dieser Vorstellung. Vertraut wird auf die Urteilskraft und die Vernunft der Bürger und darauf, daß sich im »Kampf der Meinungen« auf dem »Marktplatz der Ideen« am Ende die »besten« durchsetzen werden.[19]

In eine völlig andere Richtung weisen einige Entscheidungen im Bereich der Glaubens- und Kunstfreiheit, wo der einzelne vor allem in seiner Individualität und Willkür wahrgenommen wird: In der Gesundbeter-Entscheidung etwa fordert das Gericht Nachsicht für einen Ehemann, der sich der ärztlichen Behandlung seiner Frau widersetzte und vergebens auf die heilende Kraft seiner Gebete hoffte.[20] So deutlich wird zwar selten ein Verhalten geschützt, das völlig unvernünftig und dazu noch gefährlich erscheint. Aber auch im Fall der Eidesverweigerung aus Glaubensgründen wird allein auf die subjektiven Glaubensüberzeugungen des den Eid verweigernden Geistlichen abgestellt.[21] Schließlich wird man in diesem Zusammenhang die Entscheidungen über die Verunglimpfung der Nationalhymne und -flagge anführen dürfen[22]. Dort wurde minderwertige Satire dem Selbstverständnis der Beschwerdeführer entsprechend als Kunstwerk anerkannt, was zur vollstän-

15 Vgl. BVerfGE 61, 1 [11] – Wahlkampf.
16 BVerfGE 73, 118 [158] – 4. Rundfunkentscheidung.
17 BVerfGE 73, 118 [156 ff.] – 4. Rundfunkentscheidung.
18 BVerfGE 90, 241 [248 f.] – Auschwitzlüge, mit einer Zusammenfassung der Entscheidungsregeln im Verhältnis von Meinungsfreiheit und Ehrschutz.
19 Mit Blick auf die zunehmende Ausdifferenzierung des öffentlichen und privaten Raumes kritisch zur Vorstellung einer einheitlichen öffentlichen Meinung T. Vesting, Soziale Geltungsansprüche in fragmentierten Öffentlichkeiten, AöR 122 (1997), S. 337, 364 ff. Allgemein zur Meinungsbildungsfreiheit H. Rossen, Meinungsbildung durch den Rundfunk, Baden-Baden 1988.
20 BVerfGE 32, 98 [109 f.] – Gesundbeter.
21 BVerfGE 33, 23 [29 f.] – Eidesverweigerung aus Glaubensgründen, a.A. Sondervotum v. Schlabrendorff, S. 36 ff.
22 BVerfGE 81, 298 – Nationalhymne; 81, 278 – Bundesflagge.

digen Verwischung der ohnehin diffusen Grenzen des Schutzbereichs der Kunstfreiheit führte.[23]

Erscheint aber der Mensch in den Entscheidungen des Bundesverfassungsgerichts auf so unterschiedliche Art und Weise, wird man sich von dem Gedanken trennen müssen, daß der verfassungsgerichtlichen Rechtsprechung ein einheitliches Menschenbild zugrunde liegt.

C. Die Bilder vom gemeinschaftlichen, vernünftigen oder individuellen Bürger

I. Die Ersetzung des grundgesetzlichen Menschenbildes durch drei Bürgerbilder

Um die verschiedenen, kaum ausgeformten, aber miteinander konkurrierenden Vorstellungen vom Menschen genauer zu erfassen, möchte ich eine Dreiteilung vorschlagen, bei der zwischen gemeinschaftlichem, vernünftigem und individuellem Bürgerbild unterschieden wird, wobei der konstruktive Charakter dieser Bilder nochmals betont sei.

Im weiteren Verlauf wird vom Bürger- und nicht vom Menschenbild gesprochen, weil mit der Bezeichnung als Bürger bereits die Einbindung des einzelnen in eine bestimmte Gesellschaft zum Ausdruck kommt. Und nur mit solchen Menschen hat es das Bundesverfassungsgericht zu tun.

1. Das Bild des gemeinschaftlichen Bürgers

Das Bild des gemeinschaftlichen Bürgers ist dem vom Bundesverfassungsgericht entwickelten Menschenbild am ähnlichsten. Soweit sich Unterschiede finden lassen, sind sie der ordnenden und erklärenden Funktion der hier vorgeschlagenen Bürgerbilder geschuldet, die nach einer möglichst scharfen und umfassenden Unterscheidung verlangen.

Der gemeinschaftliche Bürger wird nicht als bloßes Mitglied einer Gesellschaft angesehen, sondern als Teil einer Gemeinschaft, die auf gemeinsamer Geschichte und Kultur fußt und soziale Homogenität aufweist. Es wird vor-

23 Diese Gefahr hat offenbar auch das Verfassungsgericht erkannt und deshalb in BVerfGE 86, 1 [9] – Titanic, die Satire als Meinungsäußerung eingeordnet.

ausgesetzt, daß der Bürger ein sittliches Wesen darstellt, eine Person, die gegenüber sich selbst und der Gemeinschaft verantwortlich ist. Er lebt in einer Welt, die einen Sinn hat, in der Wahrheit und Gerechtigkeit als objektive Maßstäbe existieren. Das Gute bildet den Mittelpunkt seiner Wertvorstellungen. Erkenntnisleitend ist für ihn die Einsicht in die Dinge. Die Welt versteht er als eine natürliche Ordnung, in der unterhalb der dünnen Schicht nackter Faktizität der Antagonismus zwischen Sollen und Sein aufgehoben ist. Sein Blick auf die Welt ist ganzheitlich geprägt. Er verficht eine materiale Ethik, wie sie zum Beispiel der sog. Kommunitarismus lehrt.[24]

2. Das Bild des vernünftigen Bürgers

Der vernünftige Bürger ist von mir als ein Bürger gedacht, der jeden Menschen als seines Gleichen anerkennt. Sie alle sind vernunftbegabt. Im gesellschaftlichen Zusammenleben vertraut er auf das klärende Gespräch, die Rationalität seiner Mitmenschen und auf deren Einsichts- und Reflexionsfähigkeit. Aus Gründen der Vernunft sieht er sich ihnen gegenüber als verantwortlich an. Auch Wahrheit und Gerechtigkeit existieren für ihn. Doch lassen sie sich nicht mehr unabhängig von einer bestimmten gesellschaftlichen Praxis bestimmen. In ihrer reinen Form sind sie seinem Zugriff entzogen. An der Vernunft sind seine Wertvorstellungen ausgerichtet. Universalisierung und Konsens sind für ihn die Kriterien praktischer Erkenntnis. Die Welt sieht er als eine von ihm zu schaffende Ordnung an. Er glaubt an die Steuerbarkeit der Welt und die Veränderbarkeit des Menschen. Sein Weltverständnis kann sowohl ganzheitlicher wie auch individueller Natur sein. Auf dem Gebiet der Ethik befürwortet er eine Spielart normativer Vertragstheorie oder andere Ansätze wie etwa die Diskurstheorie. Seine Mitmenschen versucht er als gleich Vernünftige einzubeziehen.

3. Das Bild des individuellen Bürgers

Dieses Bild beschreibt einen Bürger, der nur subjektive Interessen kennt, ohne daß er deshalb den Einfluß gesellschaftlicher Institutionen auf seine Interessensbildung leugnen müßte. Allem Objektivem und damit auch Wahrheit und Gerechtigkeit steht er skeptisch gegenüber. Der einzelne ist auf sich selbst geworfen. Er kann versuchen, sich nach dem Bild, das er von sich selbst hat, zu verwirklichen, er muß es aber nicht. Er ist durchaus rational und betrachtet die Folgen seines Handelns. Dennoch mag er irrational oder gefühlsmäßig han-

24 Die Spielart des liberalen Kommunitarismus soll nach Ansicht von W. Brugger, Kommunitarismus als Verfassungstheorie, AöR 123 (1998), S. 337, 353 ff., dem Grundgesetz zugrunde liegen.

deln. Er orientiert sich daran, was ihm gut und richtig erscheint. Er begreift die Welt aus einer individuellen Perspektive heraus. Ethisch steht er individualistischen oder realistischen Vertragstheorien nahe.[25]

Ein pessimistisches Weltbild ist damit nicht zwingend impliziert, da der individuelle Bürger all diese Eigenschaften aufweisen und trotzdem das Vermögen besitzen kann, einen Sinn für Moral zu entwickeln. Außerdem wäre ein pessimistisches Bild nicht mit der warmen, mitfühlenden Grundierung vereinbar, die verfassungsgerichtliche Entscheidungen stets aufweisen. Er achtet deshalb auch seine Mitmenschen in ihrem Anderssein.

Auch dies letzte Bürgerbild bietet keinen Platz für die Vorstellung eines isoliert seine Freiheit gebrauchenden Individuums. Es handelt sich bei ihm um nicht mehr als eine groteske und weltabgewandte Attraktion im Bilderkabinett, auf die man wie auf einen Pappkameraden nach Belieben einschlägt, um die eigenen Überzeugungen hervorzuheben. Dieses Zerrbild eines individuellen Bürgers wird aber von niemandem ernsthaft vertreten. Es dient allen, auch dem Bundesverfassungsgericht, allein zur Abgrenzung und Profilierung der eigenen Position.

II. Die drei Bürgerbilder im Spiegel der verfassungsgerichtlichen Rechtsprechung

Mit diesen drei kleinen Skizzen in der Hand wollen wir uns nochmals der Rechtsprechung des Bundesverfassungsgericht zuwenden:

1. Beispiele für die Bürgerbilder in der Rechtsprechung

Am *gemeinschaftlichen Bürgerbild* ausgerichtet ist, wie bereits erwähnt, das verfassungsgerichtliche »Menschenbild des Grundgesetzes«. In dieselbe Richtung wies etwa der Rückgriff auf das »Sittengesetz«, um die früher bestehende Strafbarkeit homosexueller Handlungen zwischen erwachsenen Männern zu rechtfertigen[26], oder die vom Gericht von früh an geprägte Vorstellung, daß es sich bei der Verfassung um eine Wertordnung handele[27]. Gleichfalls hierher wird man jene Fälle zählen, in denen das Gericht, wie es sie sel-

25 Wie man auf diesem Fundament eine leistungsfähige Gesellschaftstheorie aufbauen kann, zeigt J. S. Coleman, Grundlagen der Sozialtheorie, 3 Bde., München/Wien 1995. (eine kurze Darstellung dieses Ansatzes findet sich bei A. Maurer, Herrschaft und soziale Ordnung, Wiesbaden 1999, S. 135 ff.).

26 BVerfGE 6, 389 [434 ff.] – Homosexuelle.

27 Eine Übersicht zur Rspr. gibt H. Goerlich, Wertordnung und Grundgesetz, Baden-Baden 1973, S. 31 ff., 131 ff.

ber manchmal nennt, auf »materiale, wertbezogene Merkmale«[28] zurückgreift und so das »Wesen« einer Sache zu bezeichnen versucht. Selbiges geschieht zum Beispiel, wenn die Wissenschaftsfreiheit durch das Kriterium der Wahrheitssuche[29] oder die Kunstfreiheit durch das der freien schöpferischen Gestaltung[30] bestimmt wird.

Ein wichtiges Anwendungsfeld des *vernünftigen Bürgerbildes* wurde bereits mit dem Gedanken einer politischen Öffentlichkeit und dem Prozeß der öffentlichen Meinungsbildung vorgestellt. Ebenso dürfte das Abwägungsdenken mit seinem Bemühen um praktische Konkordanz zwischen widerstreitenden Interessen und Rechten vom vernünftigen Bürgerbild bestimmt sein. Denn diese Vorstellung beruht wohl auf der Überzeugung, daß zwischen solchen konfligierenden Positionen ein an ihrer konkreten Bedeutung ausgerichteter, vernünftiger und grundlegenden Rationalitätsstandards genügender Ausgleich hergestellt werden kann.[31]

Eindeutige Beispiele für das *individuelle Bürgerbild* finden sich nicht viele. Deshalb sei vorerst der Verweis auf die bereits genannten Beispiele des Gesundbeters und des Eidesverweigers erlaubt.

Man könnte daran denken, daß die Entscheidungen über Namensänderungen bei Transsexuellen auf ein individuelles Verständnis hindeuten.[32] Doch gründet der – nicht ausdrücklich anerkannte – verfassungsrechtliche Anspruch der Transsexuellen auf Geschlechtsumwandlung oder Namensänderung auf der Zuschreibung einer therapeutisch schlecht zu behandelnden Persönlichkeitsstörung.[33] Bei einem »Kranken« erscheint es aber durchaus vernünftig zu sein, daß man nach Möglichkeit sein Leiden lindert.

28 BVerfGE 67, 213 [226] – Anachronistischer Zug.
29 BVerfGE 35, 79 [113] – Hochschul-Urteil.
30 BVerfGE 30, 173 [188 f.] – Mephisto.
31 In diesem Sinne R. Alexy, Theorie der Grundrechte, Baden-Baden 1985, S. 78 ff. Andere Versuche, den Abwägungsvorgang weiter zu strukturieren, finden sich beispielsweise bei L. H. Fohmann, Konkurrenzen und Kollisionen im Verfassungsrecht, Berlin 1978, S. 246 ff., E. L. Nell, Wahrscheinlichkeitsurteile in juristischen Entscheidungen, Teil 2, und R. W. Trapp, Nichtklassischer Utilitarismus, Frankfurt a.M. 1988, 469 ff.; a.A. B. Schlink, Abwägung im Verfassungsrecht, Berlin 1976, S. 127 ff., 192 ff.
32 BVerfGE 49, 286 – Transsexuelle I; 60, 123 – Namensrecht; 88, 87 – Transsexuelle II.
33 BVerfGE 49, 286 [299 f.] – Transsexuelle I.

2. Ausrichtungen in der Rechtsprechung an mehreren Bürgerbildern zugleich

a) Das Institut der Ehe

Bisweilen stößt man auch auf Konstellationen, in denen zwei Bürgerbilder zugleich wirksam werden: Einen interessanten Fall dafür bildet das Rechtsinstitut der Ehe, weil sich dort Gesichtspunkte finden lassen, die sowohl am gemeinschaftlichen als auch am individuellen Bürger orientiert sind. Von den im Mittelalter herausgeformten Ehemerkmalen der Unauflöslichkeit, Mannesherrschaft, Monogamie und Geschlechtsunterschiedlichkeit gelten allein die beiden letzten noch als verfassungskräftige Gebote des Eheinsituts.[34] Beide sind tiefverwurzelt in der christlichen Tradition und ihrer eigentümlichen Sexualmoral. Gerechtfertigt werden sie entweder durch diese Tradition, das Naturrecht oder schlicht durch die Institutsgarantie.[35] Insoweit gründen die Ehevorstellungen im gemeinschaftlichen Bürgerbild. Im Gegensatz dazu hat aber das Rechtsinstitut seine Stellung als »sittliche Ordnung« weitgehend eingebüßt. Das alte Ehebild: »Unterhalt und Schutz gegen Gehorsam« besteht genauso wenig fort wie eine gesetzlich vorgegebene Rollenverteilung. Inhaltliche Ausgestaltung ebenso wie die Auflösung der Ehe sind in das individuelle Belieben der Ehepartner gestellt worden[36]. Erst im Scheidungsfolgenrecht mit seiner weitgehenden, weil grundsätzlich verschuldensunabhängigen Unterhaltsverpflichtung der Ehegatten füreinander treten andere Ordnungsvorstellungen wieder in den Vordergrund. Ob diese dabei eher dem Gedanken der Unauflöslichkeit der Ehe oder dem der verteilenden Gerechtigkeit geschuldet sind, kann hier dahingestellt bleiben.[37]

34 Einen Überblick zum überkommenen Eheverständnis bietet M. Weber, Ehefrau und Mutter in der Rechtsentwicklung, Tübingen 1907. Zum heute vorherrschenden Institutsverständnis zusammenfassend K. Stern, Das Staatsrecht der Bundesrepublik Deutschland, Bd. 3, 1. Hb., München 1988, S. 822 ff.

35 Es hilft in diesem Zusammenhang auch nicht weiter, wenn der »institutionelle Schutz ehelicher Fortpflanzungsmöglichkeiten« als Grund für die Geschlechtsunterschiedlichkeit angeführt wird (so. R. Gröschner, in: H. Dreier, Grundgesetz Kommentar, Bd. 1, Tübingen 1996, Art. 6, Rdnr. 31 f.). Zum einen dürfte dieser Schutzgedanke selbst auf einem gemeinschaftlichen Bürgerbild fußen, da in einer überbevölkerten Welt die Arterhaltung ausreichend gewährleistet ist und es deshalb nicht rational geboten ist, sich fortzupflanzen. Zum anderen trägt das Kriterium nicht sehr weit, da an der Fortpflanzungsmöglichkeit in einer gleichgeschlechtlichen Verbindung zweier Frauen angesichts der heutigen technischen Möglichkeiten nicht zu zweifeln ist. Zuletzt könnte man noch daran denken, auf den Schutz der Familie abzustellen, die – losgelöst von allen Glaubensfragen und der Tradition – allein ein guter Grund für die Privilegierung der Ehe sein kann. Doch auch darin findet die Geschlechtsunterschiedlichkeit als konsituierendes Merkmal des Eheinstituts keine Rechtfertigung, da es für die Funktionstüchtigkeit der Familie nicht entscheidend auf die Geschlechtsunterschiedlichkeit ankommt.

36 Anschaulich zu diesen Veränderungen S. Simitis, Familienrecht, in: D. Simon (Hrsg.), Rechtswissenschaft in der Bonner Republik, Frankfurt a.M. 1994, S. 390 ff.

37 Dazu näher S. Meder, Schuld, Zufall und Risiko, Frankfurt a.M. 1993, S. 209 ff., 306 ff.

b) Das Elternrecht

Als weiteres Beispiel für eine Verbindung verschiedener Bürgerbilder sei das Elternrecht aus Art. 6 Abs. 2 GG genannt, wonach »Pflege und Erziehung der Kinder . . . das natürliche Recht der Eltern und die zuvörderst ihnen obliegende Pflicht« sind. Bereits die Formulierung des Grundrechts, in der vom »natürliche[n] Recht« gesprochen und die eigenartige Verbindung von Recht und Pflicht herausgestellt wird, hebt deutlich auf eine naturrechtlich fundierte Familien- und gemeinschaftliche Bürgervorstellung ab.[38] Betont man dagegen – wie es wohl auch das Bundesverfassungsgericht macht – den »biologisch-psychologisch-sozialen« Befund, daß die Eltern normalerweise Willens und in der Lage sind, ihre Kinder zu erziehen, so wird das Elternrecht ein Stück weit aus dem ursprünglichen Zusammenhang abgelöst.[39] Rückt man überdies das Kindeswohl als maßgeblichen Richtwert in den Mittelpunkt und betont aus diesem Grund den Verantwortungsaspekt beim Elternrecht, dann ist eine Konstellation erreicht, auf die auch das vernünftige Bürgerbild einwirkt.[40] Denn gerade für diesen Bürgertypus ist die Erziehung von großer Wichtigkeit. Soll sie doch den jungen Menschen lehren, seine Vernunft zu gebrauchen, sein Leben sinnvoll zu gestalten und sich nach seinen Vorstellungen zu entfalten. Letztlich gibt es jedoch in Fragen der Kindeserziehung so viele Ähnlichkeiten zwischen den beiden Bürgerbildern, daß sich daraus wohl ein Gemisch bildet, dessen Bestandteile nicht eindeutig dem einen oder anderen Typus zugeordnet werden können.

c) Paternalismus

Abschließend noch eine Bemerkung zu den paternalistischen Tendenzen im Recht, die meist unter dem Stichwort »der Schutz des einzelnen vor sich selbst« behandelt werden[41]: Auch bei ihnen vermengt sich offenbar das Ver-

38 Von dieser Grundhaltung geprägt ist die Kommentierung von H. Peters, Elternrecht, Erziehung, Bildung und Schule, in: K. A. Bettermann u.a. (Hrsg.), Die Grundrechte, Bd. 4, 1. Hb., Berlin 1960, S. 369, 373 ff.

39 BVerfGE 24, 119 [150] und ausführlich E.-W. Böckenförde, Elternrecht – Recht des Kindes – Recht des Staates, in: J. Krautscheidt; H. Marré (Hrsg.), Essener Gespräche zum Thema Staat und Kirche 1980, S. 54.

40 Von einem »treuhänderischen Recht« spricht das BVerfG in BVerfGE 84, 168 [184] – Sorgerecht für nichteheliche Kinder. Das Gericht sieht im Kindeswohl den bestimmenden Maßstab bei einer Interessenkollision zwischen Eltern und Kindern (BVerfGE 99, 145 [156] – Kinderrückführung). Näher zum Begriff des Kindeswohles M. Coester, Das Kindeswohl als Rechtsbegriff, Frankfurt a.M. 1983, S. 153 ff. Der im Zivilrecht im Hinblick auf das Elternrecht erfolgte Verständniswandel läßt sich anschaulich an den Beiträgen von A. Lüderitz, Elterliche Sorge als privates Recht, AcP 178 (1978), S. 263, 270 f., einerseits und D. Reuter, Elterliche Sorge und Verfassungsrecht, AcP 192 (1992), S. 108, 117 ff., andererseits ablesen.

41 Dazu C. Hillgruber, Der Schutz des Menschen vor sich selbst, München 1992.

nünftige mit dem Gemeinschaftlichen.[42] Nur sollte man anerkennen, daß der Schutz vor sich selbst nicht stets Ausdruck eines Rechtspaternalismus ist, da dieser Schutz auf wenigstens zwei grundsätzlich verschiedene Weisen erfolgen kann: Eindeutig paternalistisch ist davon nur die erste, bei der die Handlungsfreiheit des Bürgers eingeschränkt wird, um ihn vor Schaden zu bewahren, so etwa, wenn man ihm verbietet, sich als Peep-Show Darsteller zu betätigen. Hier weiß die Gemeinschaft besser als der einzelne, was für ihn gut und richtig ist. Demgegenüber wird zwar auch im zweiten Fall der Bürger vor sich selbst geschützt. Trotzdem fehlt es hier an einem paternalistischen Moment. Es wird nämlich, und darauf kommt es hier alleine an, die Handlungsfreiheit des Bürgers überhaupt nicht beschnitten. Ihm wird – etwa in der Handelsvertreter-Entscheidung[43] – nicht verboten, die eingegangene Verpflichtung zu erfüllen, sondern er wird von ihr befreit und gewinnt so seine Handlungsfreiheit zurück. Daß damit Ordnungsvorstellungen verbunden sind, sollte keinem Zweifel unterliegen. Indes, auch ein individuelles Bürgerbild steht nicht jeder Ordnung entgegen. Entscheidend ist demnach, woran sich diese Ordnung orientiert. Dient sie, wie das Bundesverfassungsgericht es sieht, dazu, Ungleichgewichtslagen zu verhindern, zu begrenzen oder zu kompensieren, um ein Verhandlungsgleichgewicht zwischen den Vertragsparteien zu garantieren, kann selbst dies an einem individuellen Bürgerbild ausgerichtet sein.[44] Dies setzt allerdings voraus, daß der Leitgedanke der Vertragsgerechtigkeit inhaltlich entleert und rein prozedural ausgefüllt wird.

3. Spannungen und Wandlungen von Bürgerbildern

Interessanter noch als diese Konstellationen sind jene Stellen, in denen es aufgrund der Ausrichtung an verschiedenen Bürgerbildern zu internen Spannungen kommt oder sich die Ausrichtung von einem zu einem anderen Bürgerbild verschiebt.

a) Die religöse Betätigung in öffentlichen Schulen

Ein lehrreiches Beispiel für eine spürbare Verschiebung zwischen zwei Bürgerbildern dürfte in der verfassungsgerichtlichen Rechtsprechung zur religiösen Betätigung in der Schule zu finden sein. Betrachtet man die drei, unter den

42 Allgemein zum Paternalismus im Recht W. Enderlein, Rechtspaternalismus und Vertragsfreiheit, München 1996.

43 BVerfGE 81, 242 – Handelsvertreter.

44 Die Handelvertreter-Entscheidung ist freilich am vernünftigen und nicht am individuellen Bürgerbild ausgerichtet, wie sich deutlich in BVerfGE 89, 214 [232] – Bürgschaft, ablesen läßt.

Stichworten Simultanschule, Schulgebet und Kruzifix bekannten Entscheidungen[45], kann man Anzeichen für einen Wechsel vom gemeinschaftlichen zum individuellen Bürgerbild wahrnehmen. Ob dieser Wechsel letztlich vollzogen wird oder ob es bei einem spannungsvollen Schwebezustand bleibt, läßt sich im Moment freilich noch nicht entscheiden. In den ersten beiden Urteilen stellt das Gericht das Recht des Staates in den Vordergrund, christliche Bezüge bei der Unterrichtsgestaltung in öffentlichen Pflichtschulen zu berücksichtigen. Es werden dabei zwar Grenzen aufgezeigt sowie das Moment der Freiwilligkeit und die Unmöglichkeit betont, in einer »pluralistischen Gesellschaft« allen Elternwünschen gerecht zu werden.[46] Insbesondere wird der elterliche Anspruch nicht anerkannt, daß Schulen christliche Wertvorstellungen umsetzen müssen.[47] Im Ergebnis wird diesen Wertvorstellungen im Vergleich zu anderen aber ein breiter Raum zugebilligt. Ganz anders kommt – aller verbalen Anlehnung an die früheren Entscheidungen zum Trotz – das Kruzifix-Urteil daher: Es rückt den »Grundsatz staatlicher Neutralität« in den Vordergrund und faßt dessen Aufgabe wie folgt zusammen: »Der Staat, in dem Anhänger unterschiedlicher oder gar gegensätzlicher religiöser und weltanschaulicher Überzeugungen zusammenleben, kann die friedliche Koexistenz nur gewährleisten, wenn er selbst in Glaubensfragen Neutralität bewahrt.«[48] Demgegenüber hatte das Gericht in der Schulgebets-Entscheidung noch das »Prinzip der Nichtidentifikation« des Staates als verfassungsrechtlich irrelevant für den Schulbereich angesehen.[49] Diese Veränderung stellt, wie vor allem das Ergebnis der Entscheidung zeigt, mehr als nur einen feinen Übergang dar. Es ist deshalb durchaus verständlich, warum die Kritik an der Entscheidung so heftig ausfiel.[50] Auch hebt diese – meines Erachtens zu Recht – hervor, daß mit dem Urteil eine in der alten Bundesrepublik vielfach geteilte Überzeugung in Frage gestellt wird, die darin bestand, daß die abendländisch-christliche Tradition einen Boden bildete, auf dem gemeinsame Wertvorstellungen des überwiegenden Teils der Bevölkerung fußten. Zumindest aber war man sich weitgehend darin einig, daß diese Wertvorstellungen im Bereich staatlicher Erziehung vermittelt werden sollten, da sie das einzige, wenn auch langsam schwindende, gemeinsame Band bildeten. In der Zwischenzeit ist wohl endgültig deutlich geworden, daß die abendländisch-christliche Tradition kein ausreichend stabiles Fundament mehr für einen gesellschaftlichen Wertkonsens bildet. Die Vorstellungen vom guten Leben gehen

45 BVerfGE 41, 29 – Simultanschule; 52, 223 – Schulgebet; 93, 1 – Kruzifix.
46 BVerfGE 41, 29 [50 f.] – Simultanschule.
47 BVerfGE 52, 223 [242] – Schulgebet.
48 BVerfGE 93, 1 [16] – Kruzifix.
49 Siehe BVerfGE 52, 223 [237] – Schulgebet.
50 Einen Überblick über die Auseinandersetzungen geben die in W. Brugger; S. Huster (Hrsg.), Der Streit um das Kreuz in der Schule, Baden-Baden 1998, versammelten Beiträge.

dafür zu weit auseinander.[51] Außerdem besucht heutzutage eine große Zahl ausländischer Kinder, die nicht nach christlichen Glaubensvorstellungen erzogen werden, öffentliche Schulen. In dieser Situation bietet das gemeinschaftliche Bürgerbild offenbar keine ausreichende Orientierung mehr. Seine Stelle nimmt in der Kruzifix-Entscheidung der individuelle Bürger ein: Die Sphäre der staatliche Erziehungsanstalt und die der Eltern, die eine an christlichen Werten orientierte Erziehung ihrer Kinder wünschen, werden sehr viel deutlicher als bislang voneinander geschieden. Die religiösen Bezüge werden zwar nicht aus der Schule verbannt, aber privatisiert.

b) Demokratieprinzip

Als ein schönes Beispiel für ein Spannungsverhältnis zwischen verschiedenen Bürgerbildern bietet sich die verfassungsgerichtliche Auslegung des Demokratieprinzips an, bei der es zu einem Konflikt zwischen gemeinschaftlichem und vernünftigem Bürgerbild kommt. Leicht zu erkennen ist dies, wenn man die Entscheidungen über das Ausländerwahlrecht und das Maastricht-Urteil mit den Entscheidungen zur Meinungs- und Rundfunkfreiheit vergleicht. Während sich letztere – wie bereits erwähnt – am vernünftigen Bürgerbild orientieren, verweisen die Begründungen zur Verfassungswidrigkeit eines Wahlrechts für Ausländer auf ein gemeinschaftliches Bürgerbild: Im Mittelpunkt des Demokratieprinzips steht das verbundene, »geistig, sozial und politisch« »relativ homogen[e]« Volk.[52] Nun haben wir das Phänomen einer Misch- oder Mehrfachverwendung verschiedener Bürgerbilder bereits kennengelernt. Im Unterschied dazu sind hier jedoch die verschiedenen Vorstellungen vom Bürger mit einander widersprechenden demokratietheoretischen Überlegungen verknüpft. Eine Gemengelage zwischen ihnen ist deshalb ausgeschlossen. Dies wird deutlich, wenn man, wie im folgenden, die beiden Bilder einander gegenüberstellt: Mit dem vernünftigen Bürgerbild verknüpft ist die Vorstellung, daß in einem offenen und freien Prozeß des Meinungsaustausches und der Meinungsbildung zwischen Bürgern, Verbänden und Parteien,

51 Zur Diskussion um einen in den westlichen Demokratien erfolgten Wertewandel siehe die in den Kap. 2 bis 4 versammelten Beiträge in H. Klages; P. Kmieciak (Hrsg.), Wertwandel und gesellschaftlicher Wandel, Frankfurt a.M. 1979, sowie denen in H. Klages u.a. (Hrsg.), Werte und Wandel, Frankfurt a.M. 1992, und denen in Kap. 4 in R. Köcher; J. Schmid (Hrsg.), Wertewandel in Deutschland und Frankreich, Opladen 1998; H. Klages,Wertorientierung im Wandel, Frankfurt a.M./New York 1984; H. Meulemann (Hrsg.), Wertewandel – Faktum oder Fiktion? Bestandsaufnahmen aus kultursoziologischer Sicht, Frankfurt a.M./ New York 1988; P. Ester u.a. (ed.), The Individualizing Society, Tilburg 1994.

52 BVerfGE 89, 155 [186], in der Grundtendenz bereits angelegt in BVerfGE 83, 37 [51 f.], siehe dazu die kritischen Deutungen von B.-O. Bryde, Die bundesrepublikanische Volksdemokratie als Irrweg der Demokratietheorie, in: StWtP 5 (1994), S. 305 ff., sowie A. Rinken, Demokratie und Hierarchie, Zum Demokratieverständnis des Zweiten Senates des Bundesverfassungsgerichts, KritV 79 (1996), S. 282, 291 ff.

den Medien, aber auch staatlichen Institutionen die verschiedenen Interessen der Bürger und der Allgemeinheit bei der politischen Willensbildung ausreichenden Widerhall finden. Der Kreis der Beteiligten ist dabei nicht auf die Staatsbürger begrenzt, sondern erfaßt alle Personen, die der öffentlichen Gewalt unterworfen sind.[53] Demgegenüber beruht das gemeinschaftliche Bild auf einer durch Abstammung verbundenen Volksgemeinschaft, zu der eben nur die Staatsbürger zählen können. Nur sie dürfen an dem in einer repräsentativen Demokratie entscheidenden Vorgang der Wahl teilnehmen. Eine Ausdehnung auf die Herrschaftsunterworfenen verbietet sich schon deshalb, weil ihr die Verfassung entgegen steht. Ob über die verfassungsgerichtlich eröffnete Möglichkeit eines Kommunalwahlrechts für EU-Bürger eine Verfassungsänderung erlaubt wäre, ist damit noch nicht entschieden. Vom gemeinschaftlichen Denkmodell aus betrachtet, wäre es wohl konsequent, dies zu verneinen, weil dabei die durch die Volksgemeinschaft begründete soziale Homogenität des Verbandes in Frage gestellt wird.[54]

4. Fazit

Lassen sich nun aus dem Geschilderten langfristige Entwicklungen ablesen? Hat sich etwa der Orientierungspunkt vom gemeinschaftlichen über den vernünftigen zum individuellen Bürger verschoben? Oder plakativer: Spiegelt sich in der Rechtsprechung der Wandel von einer obrigkeitsstaatlich-homogenen zu einer demokratisch-multikulturellen Gesellschaft wieder?

Mit der dafür gebotenen Deutlichkeit lassen sich nur sehr wenige, weitgehend selbstverständlich erscheinende Entwicklungslinien ausmachen: Sicherlich ist in den letzten Jahrzehnten das vernünftige Bürgerbild gegenüber dem gemeinschaftlichen immer stärker in den Vordergrund getreten. Und sicher ist auch, daß die individualistischen Tendenzen bislang von untergeordneter Bedeutung geblieben sind. Darüber hinaus jedoch wechselt das Bundesverfassungsgericht immer wieder seine Rolle und die Perspektive, so daß sich keine Entwicklungstendenzen zeigen, die sich verallgemeinern lassen. Manchmal betätigt es sich als Bewahrer eines gemeinschaftlichen Bürgerverständnisses, ein anderes Mal wird es zum Erzieher und Förderer eines vernünftigen Bürgers, und dann wiederum schlüpft es in die Rolle des Beschützers individualistischer Interessen.

53 Dahin zielt das Plädoyer von M. Walzer, Sphären der Gerechtigkeit, Franfurt a.M./New York 1992, S. 65 ff.

54 P. Kirchhof, Der allgemeine Gleichheitssatz, in: J. Isensee; P. Kirchhof (Hrsg.), Handbuch des Staatsrechts, Bd. 5, Heidelberg 1992, § 124, Rdnr. 127, verneint die Möglichkeit eines Wahlrechts für Ausländer auf Landes- oder Bundesebene durch Verfassungsänderung einzuführen.

D. Gesellschaftlicher Grundkonsens und Verfassungskonsens

Aus dem unterschiedlichen Rollen- und Bürgerverständnis ergibt sich für das Bundesverfassungsgericht das Dilemma, welchen Platz es dem gesellschaftlichen Grundkonsens einräumen soll. Orientiert sich das Gericht, wie gezeigt, an so unterschiedlichen Bürgerbildern, so droht sich das gemeinsame Fundament der Bürger aufzulösen. Wenn mit jedem der drei Bürgerbilder zwangsläufig eine ganz bestimmte Grundkonsensvorstellung verbunden ist, wird der Gedanke eines übergreifenden Konsenses zum Problem und zur besonderen Aufgabe.

Dieses Problem läßt sich nicht mit der Erklärung entschärfen, daß sich die Ausrichtung des Bundesverfassungsgerichts an unterschiedlichen Bürgerbildern aus den sachlichen Eigenheiten der verschiedenen Grundrechte ergebe. Denn wie so oft vermag auch hier die Sachgesetzlichkeit nichts zu erklären. Schon die Existenz von Grundrechten, bei denen sich das Gericht nicht nur an einem, sondern an mehreren Bürgerbildern ausrichtet, bringt diesen Ansatz in Erklärungsnöte. Erst recht aber scheidet das Argument der Sachgesetzlichkeit aus, um einen Wechsel zwischen zwei Bürgerbildern zu erklären.

Vielleicht aber hindert die gesellschaftliche Realität ein Auseinanderbrechen des Grundkonsenses? Doch bevor wir den vergeblichen Versuch unternehmen, die Pluralisierung der Grundkonsense zu unterbinden, ist in der gebotenen Kürze aufzuzeigen, welche Grundkonsensvorstellungen im einzelnen mit den drei Bürgerbildern verbunden sind.

I. Die Wertegemeinschaft

Zum Bild des gemeinschaftlichen Bürgers paßt eine Grundkonsensvorstellung, die mit dem Begriff »Wertegemeinschaft« charakterisiert werden kann. Werte sind »Vorstellungen des Wünschbaren«.[55] Auf den gemeinsamen

55 Als eine mögliche und sinnvolle Deutung des Wertbegriffs wird dies von R. Lautmann, Wert und Norm, Köln/Opladen 1969, S. 105, anerkannt. Einen sehr viel anspruchsvolleren Wertbegriff verwendet etwa C. Starck, Zur Notwendigkeit der Wertbegründung im Recht, in: H. J. Faller u.a. (Hrsg.), Verantwortlichkeit und Freiheit, Festschrift für W. Geiger zum 80. Geburtstag, Tübingen 1989, S. 40, 46, stellvertretend für all jene, die auf Grundwerte als gemeinsam geteiltes ideelles Fundament einer Gesellschaft rekurrieren, so beispielsweise J. Isensee, Verfassungsgarantie ethischer Grundwerte und gesellschaftlicher Konsens, NJW 1977, S. 545, 546 f., 551; und die Beiträge von R. Scholz und N. Lobkowicz in: Wertewandel – Rechtswandel, Gräfelfing 1997, sowie W. Schäuble, Bürgertugenden und Gemeinsinn in der liberalen Gesellschaft, in: E. Teufel (Hrsg.), Was hält die moderne Gesellschaft zusammen? Frankfurt a.M. 1996, S. 63 ff. Einige der wichtigsten Texte in der Auseinandersetzung

Wertüberzeugungen gründet die kollektive Identität der Gemeinschaft, und durch sie wird die individuelle Identität ihrer Mitglieder geprägt. Die Gemeinschaft nimmt sich als ein einheitliches Volk wahr. Es existiert ein deutliches Wir-Gefühl, ein anerkannter Kanon an Symbolen und Mythen, eine gemeinsam erlebte Geschichte. Unter den Mechanismen gesellschaftlicher Integration dominieren die gemeinsamen Wertüberzeugungen. Der Staat schließlich bildet den Ort der politischen Einheit. Er hat die kollektive Identität zu repräsentieren. Er handelt als Bewahrer der Wertegemeinschaft.

II. Die Republik

Überzeugungen, wie etwa die von Wert und Würde des Menschen, aber auch eine gemeinsame Geschichte teilen die vernünftigen Bürger miteinander. Doch gründen darauf nicht mehr entscheidend kollektive Identität und gesellschaftlicher Zusammenhalt. An die Stelle der Werte sind in erster Linie die Vernunftregeln der Moral getreten. Trotz des konkreten Streits über Fragen der Gerechtigkeit, den Umfang der Chancengleichheit und die Reichweite der Individualrechte besteht ein breites Fundament von gemeinsam geteilten Handlungsprinzipien. Erfahren werden diese in den immer wieder neu erreichten gesellschaftlich-politischen Kompromissen, die sich nicht allein als Ausdruck strategischen Handelns verstehen lassen.[56] Der Staat nimmt hier die Rolle eines Erziehers ein und versucht, die wohlverstandene Freiheit seiner Bürger zu befördern. Außerdem fällt ihm die Aufgabe zu, einen freien und offenen Prozeß der politischen Willensbildung zu ermöglichen und dementsprechend eine rechtlich ausgeformte Informations- und Kommunikationsordnung zu gewährleisten.

III. Die Individualgesellschaft

Der Gedanke eines gesellschaftlichen Grundkonsenses wird sich in der Individualgesellschaft vor allem auf Verfahrensregeln beziehen.[57] Der marktwirt-

um Grundwerte in den 70er Jahren finden sich in G. Gorschenek (Hrsg.), Grundwerte in Staat und Gesellschaft, München 1977. Die damalige Auseinandersetzung wird anschaulich von H. Vorländer, Konsens und Verfassung, Berlin 1980, S. 106 ff., analysiert. Zur Diskussion um Grundwerte in neuerer Zeit siehe A. Klein (Hrsg.), Grundwerte in der Demokratie, Bonn 1995, worin die Pluralität der Grundwertverständnisse deutlich zutage tritt.

56 Näher dazu T. McCarthy, Legitimacy and Diversity: Dialectical Reflexions on Analytical Distinctions, RT 27 (1996), S. 329 ff.

57 Anschaulich vorgeführt von G. Brennan; J. M. Buchanan, Die Begründung von Regeln, Tübingen 1993. Das Leistungsvermögen, aber auch die Grenzen dieses Ansatzes werden von R. Zintl, Individualistische Theorien und die Ordnung der Gesellschaft, Berlin 1983, Teil 2, genau entwickelt. Teilweise abweichende Einschätzungen finden sich bei T. Petersen, Individuelle Freiheit und allgemeiner Wille, Tübingen 1996, S. 74 ff., 137 ff.

schaftliche Güteraustausch, das funktionale Zusammenwirken der Bürger mit- und untereinander, der Schutz ihrer Verhaltenserwartungen durch die Rechtsordnung, die Teilnahme an den verschiedenen gesellschaftlichen und staatlichen Verfahren[58] – alle diese Elemente bilden das Gerüst für den gesellschaftlichen Zusammenhalt.

IV. Der Verfassungskonsens als übergreifendes Band?

Legt man diese Grundkonsensvorstellungen nebeneinander, um nach einem unter der Oberfläche von Unterschieden verlaufenden gemeinsamen Band zu suchen, so kommt dem Juristen der Verfassungskonsens in den Sinn.[59] Bietet dieser doch dem gemeinschaftlichen Bürger einen Ort, an dem seine tragenden Wertvorstellungen verbindlich zum Ausdruck gelangen. Aber auch der vernünftige und der individuelle Bürger dürften am Verfassungskonsens interessiert sein. Denn das Grundgesetz als Organisationsplan eines demokratischen Regierungs- und Verwaltungssystems sowie als Garant der bürgerlichen Freiheiten schützt den Autonomieanspruch des individuellen Bürgers und bietet dem vernünftigen Bürger den rechtlich gesicherten Rahmen für eine freiheitlich-republikanische Gesellschaftsordnung.[60]

Doch ist damit noch nicht die Frage beantwortet, wie man sich diesen Verfassungskonsens vorzustellen hat.[61] Soll mit seiner Hilfe zwischen den divergierenden Grundkonsensvorstellungen vermittelt werden, müßte er wohl ein Feld inhaltlicher Übereinstimmungen aufweisen. Gerade daran wird man allerdings zweifeln müssen. Einheitlich ist der Text. Übereinstimmung herrscht folglich bei den abstrakt-allgemeinen Prinzipien wie Menschenwürde, Freiheit, Gleichheit und Gleichberechtigung, Demokratie, Gewaltenteilung oder Sozialstaatlichkeit. Eindeutig fixiert scheint auch das institutionelle Gefüge

58 Ganz im Sinne einer Legitimation durch Verfahren, wie sie von N. Luhmann, Legitimation durch Verfahren, Frankfurt a.M. 1983, S. 27 ff., 223 ff., entwickelt wird.

59 Ausführlich zur Kategorie des Konsenses H. Vorländer (Fn. 35) S. 157 ff.; S. Eisel, Minimalkonsens in der freiheitlichen Demokratie, Paderborn u.a. 1986, S. 17 ff.; und von den Möglichkeiten der Herausbildung kollektiver Identität herkommend A. Blankenagel, Tradition und Verfassung, Baden-Baden 1987, S. 255 ff., der den Ansatz von P. L. Berger; T. Luckmann, Die gesellschaftliche Konstruktion der Wirklichkeit (5. Aufl. 1977), Frankfurt a.M. 1997, aufgreift und mit Blick auf das Verfassungsrecht fortführt.

60 Zur Frage, wie gesellschaftliche Integration im allgemeinen funktioniert, siehe aus dem breiten Spektrum möglicher Erklärungsansätze B. Peters, Integration moderner Gesellschaften, Frankfurt a.M. 1993 (ebd., S. 322 ff. zur Bedeutung von Recht in diesen Prozessen) und C. Offe, Fessel und Bremse, Moralische und insitutionelle Aspekte intelligenter Selbstbeschränkung, in: A. Honneth u.a. (Hrsg.), Zwischen Betrachtungen, Frankfurt a.M. 1989, S. 739 ff. Aus systemtheoretischer Sicht dagegen N. Luhmann, Soziale Systeme, Frankfurt a.M. 1984; ders., Die Gesellschaft der Gesellschaft, 2 Bde., Frankfurt a.M. 1997.

61 Siehe dazu auch den konflikttheoretischen Zugang von G. Frankenberg, Tocquevilles Frage, in diesem Band, S. ## (17 ff.).

aus Präsident, Parlament, Regierung und Verfassungsgericht zu sein. Doch verflüchtigt sich alle Gemeinsamkeit, sobald der Text ausgelegt wird, die Prinzipien konkretisiert werden und die Institutionen zu arbeiten beginnen. Inhaltliche Übereinstimmungen lassen sich dann im wesentlichen nur noch über das Nichtgewollte finden. Man will keine Diktatur und keine Willkür und ähnliches mehr. Dieser negative Konsens ist sicherlich nicht gering zu schätzen, insbesondere hinsichtlich seiner Bedeutung für den gesellschaftlichen Zusammenhalt, der durch die Ausgrenzung des Verfassungsfeindes gefestigt wird. Doch engt dieser Konsens in keiner Weise den Entscheidungsspielraum ein, der sich bei den uns heute als dringlich stellenden Fragen eröffnet. Dafür fehlt es an positiven Leitlinien, die aus dem Ausgegrenzten nicht abgeleitet werden können.

Der positive Verfassungskonsens läßt sich nur handlungs- und verfahrensbezogen verstehen.[62] Er wird greifbar in einer geglückten Praxis, bei der die staatlichen Institutionen, gesellschaftlichen Vereinigungen, die Bürger und Gruppen sich an der Verfassung orientieren und sie als vorgegeben akzeptieren, obwohl sie über ihren konkreten Inhalt miteinander streiten. Das Besondere an diesem Verfassungskonsens besteht dabei weniger im Verfahrensmoment als vielmehr in dem eigenartigen dialektischen Verwobensein zwischen dem tatsächlichen Verhalten der Akteure und ihrer normativen Gebundenheit.

In dieser durch die Verfassung angeleiteten Praxis bestehen über den Bereich des negativen Konsenses hinaus keine inhaltlich feststehenden Regeln. Sogar die Verfahrensregeln der demokratischen Herrschaftsordnung, beispielweise die Mehrheitsregel, lassen sich in ihrer Bedeutung erst in Form einer bestimmten Praxis erfassen. Erst in ihr zeigt sich, ob die Gesellschaft mehr zu Mehrheits- oder Konsensualentscheidungen neigt oder welche Spielräume dem Parlament tatsächlich verbleiben. Außerdem weckt der Konsensgedanke leicht die irrige Vorstellung, es herrsche Eintracht und fehle an Konflikten. Dabei stellt sich doch gerade der Verfassungskonsens als ein Geflecht von Konflikten, Gewohnheiten, Stillstand und Kompromissen dar. Auch das noch so Selbstverständliche kann mit einem Mal in Streit geraten, wie sich beispielhaft an der letzten großen Auseinandersetzung um die Stellung des Bundesverfassungsgerichts zeigen läßt. In diesem Lehrstück einer »Institutionenschelte«[63] wurde der Verbindlichkeitsanspruch von bundesverfassungsge-

62 Statt vieler E. Fraenkel, Deutschland und die westlichen Demokratien, Frankfurt a.M. 1991, S. 42 ff., 64 ff.

63 Prägnant und pointiert nachgezeichnet von R. Wahl, Quo vadis – Bundesverfassungsgericht? Zur Lage von Verfassungsgerichtsbarkeit, Verfassung und Staatsdenken. In: B. Guggenberger; T. Würtenberger (Hrsg.), Hüter der Verfassung oder Lenker der Politik? Baden-Baden 1998, S. 81, 83 ff.

richtlichen Entscheidungen von Seiten der Politik, der Wissenschaft und sogar von einem Landesstaatsorgan in Frage gestellt. Sieht man von der teilweise fragwürdigen Form der Auseinandersetzung ab, so ist an diesem Streit zweierlei für uns von Interesse: Zum einen führt er eindringlich vor Augen, wie unbestimmt unsere Vorstellungen vom Verbindlichkeits- und Rechtsgehorsamsanspruch verfassungsgerichtlicher Entscheidungen sind. Dies ist zwar, wie man der Diskussion um ein Normwiederholungsverbot entnehmen kann,[64] keine neue Erkenntnis. Doch macht es einen entscheidenden Unterschied, ob man, wie dort, über eine theoretisch vorhandene Unbestimmtheit nachdenkt oder staatliche Institutionen versuchen, den konkret bestehenden Verfassungskonsens umzugestalten. Zum anderen zeigt der Streit, daß die Befriedungsfunktion des Gerichts nicht mehr als selbstverständlich akzeptiert wird. Seine integrative Kraft scheint abzunehmen. Seine Lösungen werden offenbar nicht mehr mit bloßem Zähneknirschen hingenommen. Ob sich der Verfassungskonsens aufgrund dieser Auseinandersetzung ändern wird, vermag im Augenblick nicht gesagt zu werden. Für den vorliegenden Zusammenhang genügt es, mit dem Verbindlichkeitsanspruch und dem Rechtsgehorsamsgebot zwei Verfahrensgrundsätze gefunden zu haben, die zum Kernbereich des Verfassungskonsenses zählen und über die es trotzdem zu einem Konflikt gekommen ist.

Der Prozeß, aus dem der Verfassungskonsens hervorgeht, besitzt demnach eine paradoxe Struktur:[65] Beim Verfassungskonsens handelt sich nicht um eine Summe vorgegebener Regeln oder Grundsätze, über deren Inhalt und Befolgung Einverständnis besteht und durch die bestimmte Verfahren festgeschrieben und einige inhaltliche Vorgaben für das Handeln der Akteure aufgestellt werden.[66] Es ist zwar möglich, für einen bestimmten Zeitpunkt die jeweils vorherrschenden Auffassungen über den Inhalt dieser Regeln und Grundsätze zu ermitteln. Doch sind zum einen deren Inhalte oft zu unbestimmt, um klar die Grenzen des möglichen Handlungsspielraumes festzulegen. Zum anderen, und dies ist entscheidend, kann die überkommene Bedeutung einer jeden Regel oder eines jeden Grundsatzes in Frage gestellt wer-

64 Siehe dazu K. Schlaich, Das Bundesverfassungsgericht, 4. Aufl., München 1997, Rdnr. 447, sowie ausführlich S. Korioth, Die Bindungswirkung normverwerfender Entscheidungen des BVerfG für den Gesetzgeber, Der Staat 30 (1991), S. 549, 554 ff., 565 ff.

65 Von Paradoxie ist in diesem Zusammenhang vielfach die Rede.

66 In diesem Sinne aber D. Grimm, Die Zukunft der Verfassung, S. 298 ff., kritisch dazu U.R. Haltern, Integration als Mythos, JöR 45 (1997), S. 31, 44 ff. Einschränkend sei daran erinnert, daß die Existenz eines negativen inhaltlichen Konsenses hier nicht in Abrede gestellt wird. Doch läßt sich darauf weder ein bestimmtes Verfassungsverständnis gründen, noch eine bestimmte Praxis anleiten.

den.[67] Die eigentümlich zirkuläre Struktur entsteht nun daraus, daß sich die Akteure der Praxis an die Regeln und Grundsätze, deren Bedeutung sie unter Umständen selbst in Frage stellen, gebunden halten. Sie versuchen also, diese Regeln zu beachten und die Grundsätze zu verwirklichen. Die Praxis funktioniert aber nur deshalb, weil sich die Akteure gebunden halten. Darin liegt das Besondere dieses Konsenses begründet. Der Verfassungskonsens ist danach nicht mehr als eine glückende Praxis. Doch kann diese Praxis nur gelingen, weil sich in ihr Faktisches und Normatives auf diese seltsame Weise miteinander verbinden. Die Stabilität dieses Konsenses resultiert daraus, daß sich die Akteure durch die Verfassung gebunden sehen. Insoweit besteht ein gemeinsames Fundament an Verfahrensregeln und inhaltlich leitenden Grundsätzen, die den Handlungs- und Entscheidungsspielraum eingrenzen. Zugleich ist dieser Konsens labil und offen, da es jedem Akteur möglich ist, ein bislang bestehendes Einverständnis aufzukündigen und für eine partielle Neuinterpretation des Verfassungskonsenses einzutreten.[68] Der Verfassungskonsens läßt sich also weder auf das faktische Funktionieren einer Praxis zurückführen, noch besteht er in einem normativen Minimalkonsens.

Aufgrund dieser Analyse sollte verständlich geworden sein, warum der Verfassungskonsens kein geeignetes Mittel darstellt, um zwischen den verschiedenen Grundkonsensvorstellungen zu vermitteln. Weit weggekommen vom theoretisch-konstruktiven Ausgangspunkt der Bürgerbilder stehen wir damit offenbar vor einem praktischen Problem.

Der Sprung von den eigens konstruierten Bürgerbildern zur gesellschaftlichen Wirklichkeit ist nur mit Hilfe eines kleinen Tricks möglich, nämlich durch Verknüpfung der Idealtypus-Konstruktion des Eingangsteils mit der realitätsbezogenen Kategorie des Verfassungskonsenses. Man kann nun einwenden, daß sich das – gewissermaßen selbstkonstruierte – Problem auflösen dürfte, sobald auf die ebenfalls realitätsbezogene Kategorie eines gesellschaftlichen Grundkonsenses zurückgegriffen würde. Wenn sich aber schon der Verfassungskonsens nicht inhaltlich positiv bestimmen läßt und man bedenkt, daß es sich bei diesem um einen der inhaltlich am schärfsten umrissenen Bereiche handelt, die man zum wie auch immer näher gearteten gesellschaftlichen

67 Dieser Prozeß läßt sich auch nicht mit Hilfe der Vorstellungen von Argumentationslastregeln rational gestalten. Denn Verständnisänderungen sind nicht Ausdruck eines nunmehr »besseren« Verständnisses.

68 Mit dieser Charakterisierung des Verfassungskonsenses ist genau genommen erst der Ausgangspunkt für weitere Überlegungen gewonnen. Interessant wäre es, den Bedingungen dafür nachzugehen, daß die Praxis auch tatsächlich glückt. Einen Beitrag dazu leistet I. Ebsen, Das Bundesverfassungsgericht als Element gesellschaftlicher Selbstregulierung, Berlin 1985, sowie ders., Der Beitrag des Bundesverfassungsgerichts zum politischen Grundkonsens, in diesem Band, mit Blick auf das Bundesverfassungsgericht.

Grundkonsens zählen wird, dann wird es unwahrscheinlich, daß sich sonst irgendwelche gemeinsamen Punkte finden lassen, auf denen ein umfassender gesellschaftlicher Grundkonsens gründen könnte.

E. Pluralität der Grundkonsense und die Stellung des Bundesverfassungsgerichts

1. Die Unsicherheit gesellschaftlicher Selbstwahrnehmung

Spiegeln sich in der Rechtsprechung des Bundesverfassungsgerichts verschiedene Grundkonsensvorstellungen wieder, so erklärt dies zunächst einmal, warum das in letzter Zeit zu vernehmende Urteil, daß Bundesverfassungsgericht habe den Boden des gemeinsamen Grundkonsenses verlassen,[69] nicht auf allgemeine Zustimmung gestoßen ist. Das Gericht mag einen bestimmten Grundkonsens verlassen haben, andere bleiben davon aber unberüht.

Als wie problematisch man darüber hinaus dieses Ergebnis für die Arbeit des Bundesverfassungsgerichts ansieht, hängt mit davon ab, wie man die gesellschaftliche Wirklichkeit wahrnimmt. Und dies wiederum ist in erster Linie eine Frage von Empfindungen und Bewertungen.[70] Dies zu betonen erscheint mir wichtig, weil man in Diskussionen um die gesellschaftliche Integrationsfähigkeit der Bundesrepublik Deutschland den Eindruck gewinnt, die Fakten zwängen dazu, das Voranschreiten gesellschaftlicher Desintegration und eine Krise der demokratischen Herrschaftsordnung zu konstatieren.[71]

Doch wird das Bild der gesellschaftlichen Wirklichkeit nicht so sehr durch bestimmte tatsächliche Umstände als vielmehr dadurch geprägt, wie man die Folgen jener drei großen – die Gesellschaft seit mehr als hundert Jahren prägenden – Entwicklungslinien einer forschreitenden Differenzierung, Indivi-

69 So beispielsweise T. Würtenberger, Zu den Voraussetzungen des freiheitlich, säkularen Staates, in: (Fn. 50), S. 277, 291 f.; J. Isensee, Bundesverfassungsgericht – Quo vadis, in: (Fn. 53), S. 93, 96 ff.

70 Ob diese im vollen Umfang gesellschaftlich geschaffen werden, kann hier offen bleiben, weil es im vorliegenden Zusammenhang allein auf die Unsicherheit der Einschätzungen ankommt. Dafür ist aber deren Genese gleichgültig. Näher zur Genese A. Blankenagel (Fn. 57), S. 345 ff.

71 Siehe nur die in W. Heitmeyer, Was treibt die Gesellschaft auseinander?, Frankfurt a.M. 1997, versammelten Beiträge sowie die instruktiven Überlegungen von A. Honneth, Desintegration, Frankfurt a.M. 1994. Aus der Überfülle an Litr. zur aktuellen Lage westlicher Demokratien siehe nur D. Held, Democracy and the Global Order, Oxford u.a. 1995; R. Schmalz-Bruns, Reflexive Demokratie, Baden-Baden 1995; R. Weidenfels (Hrsg.), Herausforderungen an die Demokratie, Gütersloh 1998; D. Berg-Schlosser; H.-J. Giebel (Hrsg.), Perspektiven der Demokratie, Frankfurt a.M./New York 1999.

dualisierung und Globalisierung einschätzt: Man kann zum Beispiel die gesellschaftliche Differenzierung als funktionale Ausdifferenzierung begreifen, die eine kontinuierliche Leistungssteigerung der Gesellschaft ermöglicht.[72] Oder aber man sieht die Differenzierung als einen Prozeß fortschreitender Fragmentierung an, das heißt einer immer weiter um sich greifenden Auflösung des gesellschaftlichen Zusammenhalts.[73] Ebenso unterschiedlich kann sich der Prozeß der Individualisierung ausnehmen. Man kann immer größere Bereiche wahrnehmen, die der eigenverantwortlichen Ausgestaltung überlassen sind, zugleich aber auch eine zunehmende Abhängigkeit von staatlichen Leistungen. Wächst nun die Vielfalt der Lebensentwürfe und mit ihr die Freiheit der einzelnen oder wird der einzelne nicht vielmehr durch eine wachsende Leere erfüllt, die sich daraus ergibt, daß die überkommenen Orientierungsmuster untergehen und ihre Stelle nicht von gelebten, sondern von massenmedial geschaffenen Lebensbildern verdeckt wird?[74] Führt schließlich die Globalisierung zum Niedergang des Nationalstaates und zur Vorherrschaft transnationaler Konzerne und Organisationen?[75] Sollte man in ihr ein weiteres Zeichen für die Fragmentierung oder für die Ausdifferenzierung sehen?

Welche dieser Einschätzungen zutrifft, ist schwer zu beurteilen. Für die hier interessierende Frage nach den Schwierigkeiten, die sich aus dem Vorhandensein verschiedener Grundkonsensvorstellungen für das Bundesverfassungsgericht ergeben, reicht es aber aus, die Bedeutung und die dabei bestehende Unsicherheit des Urteilens erkannt zu haben.

2. Innere Kohärenz und Vermittlung nach außen

So gerüstet können wir uns nun endlich der Frage zuwenden, was sich aus dem Vorhandensein mehrerer Grundkonsense für die innere Kohärenz verfassungsgerichtlicher Entscheidungen und die Chancen des Verfassungsgerichts ergibt, seine Entscheidungen den anderen politischen Akteuren, den Medien und den Bürgern – kurz: seiner Umwelt – verständlich zu machen.

72 So N. Luhmann, Die Gesellschaft der Gesellschaft, Bd. 2, Frankfurt a.M. 1997, Kap. 4.
73 So T. Vesting (Fn. 19); K.-H. Ladeur, Postmoderne Rechtstheorie, Berlin 1992, S. 33 ff.
74 Statt vieler siehe G. Lipovetsky, Narziss oder die Leere, Hamburg 1995, sowie die Beiträge (Plenum II: Individuen ohne Grenzen) in C. Honegger u.a. (Hrsg.), Grenzenlose Gesellschaft, Bd. 1, Opladen 1999; sehr anschaulich mit Blick auf die Arbeitswelt R. Sennett, Der flexible Menschen, Die Kultur des neuen Kapitalismus, Berlin 1998.
75 Einen Überblick über diese Diskussionen geben E. Altvater; B. Mahnkopf, Grenzen der Globalisierung, 3. Aufl., Münster 1997; U. Beck, Was ist Globalisierung?, Frankfurt a.M. 1998.

a) Innere Kohärenz der verfassungsgerichtlichen Rechtsprechung

Das Ausmaß der inneren Kohärenz verfassungsgerichtlicher Entscheidungen hängt davon ab, in welchem Umfang sich die Entscheidungen mit Hilfe einer möglichst geringen Zahl von Leit- und Strukturprinzipien, Figuren und Begriffen zu einer sinnhaften Ordnung zusammenführen lassen.[76] Wie wir bei der Rechtsprechungsanalyse gesehen haben, schlagen sich die unterschiedlichen Grundkonsensvorstellungen vor allem in der Ausrichtung der einzelnen bereichsspezifischen Dogmatiken nieder. Deren innere Widerspruchsfreiheit kann aufgrund der oben geschilderten Mehrfachorientierungen und Spannungslagen erheblich leiden. Doch zieht dies nicht die Inkonsistenz der Verfassungsordnung als Ganzes nach sich. Diese gründet nicht auf den bereichsspezifischen Eigenheiten, sondern auf übergreifenden Gesichtspunkten, wie beispielsweise dem Grundsatz der Verhältnismäßigkeit oder der Unterscheidung zwischen Regeln und Prinzipien. Solche Gesichtspunkte lassen sich nur bedingt auf unterschiedliche Konsensvorstellungen zurückführen. Aber auch soweit dies geschieht, sind die Gesichtspunkte meist nicht so eng miteinander verzahnt, daß es zu ernsthaften Spannungen kommt. Und selbst wenn es zu ihnen käme, würden sie nicht weiter auffallen, da widerstreitende Prinzipien zum verfassungsrechtlichen Normalzustand gehören. Den Ausweg aus derartigen Spannungslagen würde man – wie auch sonst – mit Hilfe des Abwägungsgedankens suchen.[77] Demnach wird man die These aufstellen dürfen, daß die innere Kohärenz der verfassungsgerichtlichen Entscheidungen durch das Vorhandensein verschiedener Grundkonsensvorstellung nicht spürbar gemindert wird.

b) Die Vermittlung nach außen

Ob die Vermittlung verfassungsgerichtlicher Entscheidungen nach außen gelingt, hängt von deren Befriedungswirkung und von der Überzeugungskraft der Entscheidungsbegründung ab. Beides läßt sich nicht in eins setzen, weil eine Entscheidung, wie beispielsweise das 2. Schwangerschaftsurteil, trotz wenig überzeugender Begründung sehr wohl eine befriedende Wirkung entfalten kann.

76 Zum Begriff der Kohärenz in diesem Zusammenhang R. Alexy, Juristische Begründung, System und Kohärenz, in: O. Behrends (Hrsg.), Rechtsdogmatik und praktische Vernunft, Göttingen 1990, S. 95 ff.; K. Günther, Ein normativer Begriff der Kohärenz für eine Theorie der juristischen Argumentation, Rechtstheorie 20 (1989), S. 163 ff.; A. Somek, Rechtssystem und Republik, Wien/New York 1992, S. 222 ff.

77 Anschaulich K. Hesse, Grundzüge des Verfassungsrechts der Bundesrepublik Deutschland, 20. Aufl., Heidelberg 1995, Rdnr. 71 ff.; K. Stern, Das Staatsrecht der Bundesrepublik Deutschland, Bd. 3, 2. Hb., München 1994, S. 560 ff.; P. Lerche, Übermaß und Verfassungsrecht, .2. Aufl., Goldbach, S. III ff.

»Gute« Begründungen sind immer schwierig zu geben. Und auch die beste Begründung kann niemanden von der Richtigkeit einer Entscheidung überzeugen, die von seinen Grundkonsensvorstellungen abweicht. Das bedeutet aber, daß beim Wechsel von Konsensvorstellungen jede Vermittlung durch Begründung an ihre Grenzen stößt. Die Vermittlung kann deshalb – falls sie überhaupt gelingt – allein auf der Befriedungsfunktion gründen.

Die befriedende Wirkung einer Entscheidung wird jedenfalls problematisch, wenn sie von der bisherigen Rechtsprechung dadurch abweicht, daß sie sich bewußt oder unbewußt an einer neuen Grundkonsensvorstellung orientiert. Enttäuschte Erwartungen sind die Folge. Wird die Entscheidung jedoch hingenommen, tritt die befriedende Wirkung trotzdem ein. Was geschieht aber, wenn gegen sie aufbegehrt wird? Es kommt dann zu einer Auseinandersetzung, einer Diskussion in den öffentlichen Medien und der Fachpresse. Politische Kräfte werden mobilisiert. Es wird versucht, Einfluß auf das Bundesverfassungsgericht auszuüben. Vielleicht kommt es sogar zu gegensteuernden Rechtsänderungen. Das Ganze spielt sich dabei nach relativ gleichbleibenden Mustern ab, auch wenn diese – wie in der Auseinandersetzung mit der Kategorie des Verfassungskonsenses bereits gezeigt – unscharf und entwicklungsoffen sind. Bereits dadurch, daß die Konfliktparteien diesen Mustern folgen, werden Enttäuschungen aufgefangen. Die Kritiker sind nicht zur Sprachlosigkeit verurteilt. Sie haben die Chance auf die weitere Entwicklung einzuwirken, vielleicht sogar die Veränderung rückgängig zu machen. Trotz des Verlustes einer geteilten Grundkonsensvorstellung behält das Aufbegehren innerhalb dieser Konfliktmuster einen Sinn. In der Form der Auseinandersetzung zeigt sich ein Stück Gemeinsamkeit. Die Konfliktmuster binden ein, zumal die Enttäuschten mit der Möglichkeit rechnen müssen, daß ihr Aufbegehren vergeblich ist und sie ihre Enttäuschung hinnehmen müssen.[78]

Darüber hinaus wirkt die institutionalisierte Praxis einer Verfassungsgerichtsbarkeit befriedend. Orientiert man sich auch bei Enttäuschung und Aufbegehren an dieser Praxis und rechnet man deshalb damit, daß auch die anderen sich an ihr ausrichten, so vermag diese Praxis zu integrieren. Dies schließt nicht den Wunsch nach Änderung, selbst nach Beseitigung dieser Praxis aus. Es genügt für die befriedende Wirkung, wenn die Praxis in ihrer jeweiligen Form solange hingenommen wird, bis sie sich verändert.[79]

78 Eine knappe und informative Einführung in Konfliktsoziologie, zur Bedeutung von Konflikten in der Gesellschaft und den Mechnismen der Konfliktbewältigung H.-J. Giegel, Gesellschaftstheorie und Konfliktsoziologie, in: ders. (Hrsg.), Konflikt in modernen Gesellschaften, Frankfurt a.M. 1998, S. 7 ff., und ausführlicher G. Nollmann, Konflikte in Interaktionen, Gruppen und Organisationen, Wiesbaden 1997.

79 Treffen diese Überlegungen zu, so ist die Scheidelinie zwischen Konflikten, die noch bewältigt werden können, und solchen, die den Verfassungskonsens und damit das Gelingen der

Vor diesem Hintergrund scheinen auch aus der Tatsache, daß die Enttäuschungen eine Grundkonsensvorstellung betreffen, keine zusätzlichen Schwierigkeiten für die Befriedungsfunktion zu erwachsen. Weder die institutionalisierte Praxis noch die vorhandenen Konfliktmuster sind unmittelbar mit den oben beschriebenen Grundkonsensvorstellungen verknüpft. Die unterschiedliche Grundausrichtung der einzelnen Bereichsdogmatiken führt darüber hinaus nicht nur dazu, daß das »Sich-nicht-mehr-wiederfinden-können« auf einzelne Bereiche beschränkt bleibt, sondern auch dazu, daß sich in ausreichendem Umfang Beispiele für ein gemeinsam mit dem Verfassungsgericht geteilten Grundkonsens finden.

Angesichts einer stabilen und festgefügten Praxis sehe ich deshalb keinen Grund, warum man sich um die Pluralität von Grundkonsensen Sorgen machen müßte. Die Beziehungen zwischen Bundesverfassungsgericht und seiner Umwelt funktionieren. Und letztlich spiegelt sich in den verschiedenen Ausrichtungen der Rechtsprechung nur der gesellschaftliche Zustand wieder.

Praxis ernsthaft in Frage stellen, nicht zwischen »teilbaren« und »unteilbaren« Konflikten (A. O. Hirschmann, Wieviel Gemeinsinn braucht die Gesellschaft? Leviatan 1994, S. 293, 302 f.) oder Konflikten, die aufs Ganze gehen (F.-X. Kaufmann, Normative Konflikte in Deutschland, Basiskonsens, Wertewandel und soziale Bewegungen, in: P. L. Berger (Hrsg.), Grenzen der Gesellschaft, Gütersloh 1997, S. 155 ff.), zu ziehen. Denn dann müßte die Praxis bereits bei jedem Konflikt, bei dem das BVerfG eine Grundkonsensvorstellung zugrunde legt, die nicht von der unterlegenen Partei geteilt wird, gefährdet werden. Und dem ist wohl nicht so.

V. Die europäische Einbindung

Christian Starck

Nationaler Grundkonsens und Verfassungsgerichte*

I. Verfassung und Grundkonsens

1. Die Begriffe des Themas

Der Ausdruck *nationaler* Grundkonsens bezeichnet den gesellschaftlichen Grundkonsens in den zum Vergleich herangezogenen europäischen Staaten. National verweist demnach nicht auf die nationale Frage und die damit evtl. zusammenhängenden sprachlichen und kulturellen (einschl. religiösen) Probleme. *National* versteht sich als Frage nach der besonderen Art des gesellschaftlichen Grundkonsenses in den verschiedenen Nationalstaaten.

Grundkonsens ist weniger als Konsens. Es geht nur um einen Konsens in grundlegenden Fragen. Anders kann man über das Thema im Hinblick auf demokratische Staaten nicht sprechen. Zur Demokratie gehören Pluralismus, Debatten und Mehrheitsentscheidungen, die nicht immer, eher sogar höchst selten, zum Konsens führen. Grundkonsens bedeutet also ein geringeres Maß an Einigkeit.[1] Im folgenden ist immer Grundkonsens gemeint, auch wenn der Einfachheit halber von Konsens die Rede ist.

Grundkonsens ist nicht stets etwas Vorhandenes, das es nur zu erhalten gilt. Im Hinblick auf neu auftauchende gesellschaftliche Probleme muß Grundkonsens oft erst gefunden und hergestellt werden, was eine Integrationsleistung voraussetzt. Staatsrechtliche Instrumente der Integration sind parlamentarische Debatten, Reden des Staatspräsidenten und der verantwortlichen Regierungsmitglieder, ganz besonders aber auch Entscheidungen der zuständigen Organe, vor allem der Gesetzgebung[2] und der Rechtsprechung. Solche

* Dieser Beitrag erscheint zugleich in der Festschrift für Alfred Söllner, 2000.

1 Anders *Ulrich R. Haltern*, Integration als Mythos. Zur Überforderung des Bundesverfassungsgerichts, JöR 45 (1997), S. 31, 86 f., der in einer pluralisierten Gesellschaft Integration durch Verfassung und Verfassungsgerichtsbarkeit nicht für möglich hält.

2 Zur Integrationsaufgabe der Gesetzgebung vgl. *Christian Starck*, Die Verfassungsauslegung, HbStR VII, 1992, § 164 Rdnr. 28.

Entscheidungen können in ihren Auswirkungen den Grundkonsens festigen; freilich kann das auch mißlingen.

Damit sind wir beim dritten Begriff des Themas. Untersucht werden soll die Bedeutung der *Verfassungsgerichte* für den Grundkonsens. Weil damit eine Verengung der Fragestellung auf ein Verfassungsorgan erfolgt, muß nochmals darauf hingewiesen werden, daß die Verfassungsgerichte nicht die einzigen Verfassungsorgane sind, denen eine konsenserhaltende oder gar konsensschaffende Funktion zukommt. Ferner ist schon jetzt zu betonen, daß die Verfassungsgerichte ihre konsensfördernde oder -sichernde Kraft aus der Verfassung gewinnen, die sie auf die ihnen vorgelegten Streitfragen anwenden. Obgleich wir mit den Verfassungsgerichten auf ein juristisches Gleis kommen, gilt es festzuhalten, daß es nicht nur um den Grundkonsens der Juristen geht, sondern die gesamte Bevölkerung einbezogen werden muß. Eine gewisse, die übrige Bevölkerung mitreißende Wirkung dürfte der Grundkonsens unter Juristen aber doch wohl haben, und zwar besonders im Hinblick auf die Konsensleistung der Verfassungsgerichte. Die Frage ist also, inwieweit erhalten und fördern die Entscheidungen der Verfassungsgerichte den gesellschaftlichen Grundkonsens.

Erhaltung und Stiftung von Grundkonsens durch ein Verfassungsgericht, d.h. seine integrierende Wirkung, setzen voraus, daß seine Entscheidungen im Großen und Ganzen akzeptiert werden. Das schließt Kritik – auch grundsätzliche und heftige – einzelner Entscheidungen nicht aus. Die kritische Auseinandersetzung mit verfassungsgerichtlichen Entscheidungen, wenn sie aus Juristenkreisen stammt, betrifft zumeist die Begründung der Entscheidung, also die Art und Weise der Verfassungsauslegung. Dieses Gespräch zwischen Wissenschaft und Verfassungsgericht sichert die Rationalität verfassungsgerichtlicher Entscheidungen und ist damit selbst eine Grundbedingung für die Fortdauer des Grundkonsenses.[3]

2. Der Vorrang der Verfassung

Man kann über Verfassungsgerichte nicht sprechen, ohne sich vorher Klarheit über den *Verfassungsbegriff* zu verschaffen. Spätestens seit dem Ende des 18. Jahrhunderts ist man sich zumindest theoretisch darüber im klaren, daß die Verfassung höheres Recht ist, das auch die Gesetzgebung bindet.[4] Das hat

3 Ähnlich *Fritz Ossenbühl*, in: Verfassungsgerichtsbarkeit und Gesetzgebung. Symposion aus Anlaß des 70. Geburtstages von Peter Lerche, 1998, S. 75, 96.

4 *Paul Bastid*, L'Idée de Constitution, 1985; *Christian Starck*, Der demokratische Verfassungsstaat, 1995, S. 33 ff.

Emmanuel de Sieyès 1795 in einem Gutachten für die Convention nationale so ausgedrückt:[5]

> »Eine Verfassung ist eine Einheit verpflichtender Gesetze oder sie ist nichts. Wenn sie eine Einheit von Gesetzen ist, so fragt man, wo ist der Wächter, wo ist die Richterschaft für diesen Kodex? Darauf muß man eine Antwort finden können. Ein Versäumnis auf diesem Gebiet wäre im bürgerlichen Leben ebenso unbegreiflich wie lächerlich, warum duldet ihr es im politischen Leben? Gesetze, um welche es sich auch immer handelt, schließen die Möglichkeit ihrer Mißachtung ein, weshalb das Bedürfnis besteht, ihre Einhaltung zu bewirken.

Deshalb forderte er die Einrichtung einer jury constitutionnaire, also eine Art Verfassungsgericht. Entsprechendes kann man im »Federalist« (Nr. 78) bei *Alexander Hamilton* (1788) lesen. Hamilton erklärt, was eine Verfassung ist, sie ist fundamental law. In die Praxis umgesetzt wurde die Auffassung vom Vorrang der Verfassung in den USA schon 1803, als der Supreme Court über die Kompetenzabgrenzung zwischen dem Bund und einem Staat auf der Grundlage von Verfassungsnormen zu entscheiden hatte.[6]

Die hier vorgenommene vergleichende Betrachtung setzt einheitliche Kategorien voraus, die an die verschiedenen Rechtsordnungen herangetragen werden, dies freilich nicht im Sinne einer vorgefaßten Meinung, sondern durchaus im Verfahren des trial and error, das die Veränderung oder Erweiterung von Kategorien ermöglicht.

Da dem modernen Verfassungsbegriff der Vorrang der Verfassung innewohnt, geht es also bei der Tätigkeit der Verfassungsgerichte um die Sicherung des Vorrangs der Verfassung. Wenn man sich die wesentlichen Inhalte der Verfassung vor Augen hält, so bezieht sich ihr Vorrang vor allem auf die Beachtung

- der (föderalen) Kompetenzordnung,
- der Regeln für die Entscheidungsverfahren,
- der Menschenrechte und
- bestimmter klar umrissener Gestaltungsaufgaben.

Diese Aufzählung zeigt, daß man zu kurz griffe, wenn man den Grundkonsens rein kompentenziell und prozedural verstehen wollte. Ebenso wie vor solch einer minimalistischen, rein prozeduralen Auffassung der Verfassung muß

5 Opinion sur les attributions et l'organisation du jury constitutionnaire proposée le 2 thermidor, prononcée à la Convention nationale le 18 du même mois, l'an III de la République (1795), imprimée par l'ordre de la Convention nationale, Paris, S. 3, 20 f.

6 Marbury v. Madison, 2 Law Ed. U.S. 60, 73 (1803).

davor gewarnt werden, zu allen politischen Streitfragen positive verfassungsrechtliche Antworten zu suchen und jede politische Handlung oder Unterlassung entweder als Erfüllung oder als Verletzung der Verfassung auszugeben.[7] Vielmehr soll sich die Politik im Rahmen der Verfassung halten. Die Verfassung wird parteipolitisch instrumentalisiert, wenn das Parteiprogramm zur Ausführung oder Verwirklichung der Verfassung erklärt wird.[8] Damit wird das Zusammenspiel zwischen politisch gestaltender Gesetzgebung und das Verfassungsrecht sichernder Verfassungsgerichtsbarkeit mißachtet. Dies ist eine ausgesprochen konsensgefährdende Denk- und Handlungsweise.

3. Die verschiedenen Konsensprobleme

Die folgenden vergleichenden Darlegungen sind so aufgebaut, daß zunächst die Wirksamkeit der Verfassungsgerichte der südeuropäischen Staaten Italien, Spanien und Portugal im Hinblick auf den Grundkonsens der jeweiligen nationalen Gesellschaft untersucht wird. Alle drei Länder haben zu verschiedenen Zeiten – Italien nach dem Zweiten Weltkrieg, Portugal und Spanien Anfang der 70er Jahre – autoritäre Regime abgeschüttelt, die dadurch gekennzeichnet waren, daß Gewaltenteilung und Menschenrechte nicht beachtet wurden. Der Neuanfang auf der Grundlage einer neuen Verfassung sollte durch die Einrichtung von Verfassungsgerichten gesichert werden. In Portugal und Spanien wurde dabei an die positiven Erfahrungen Italiens und Deutschlands angeknüpft. In einer durchaus vergleichbaren Situation befinden sich heute die Staaten des ehemaligen Sowjetblocks, die ihre neu gefundene Verfassungsstaatlichkeit zumeist ebenfalls durch Verfassungsgerichte zu sichern bestrebt sind.[9] Hier kann an die westeuropäischen Vorbilder angeknüpft werden, und dies geschieht auch. Ob sich die Verfassungsgerichte auf Dauer als Konsens- und Integrationsfaktoren bewähren werden, läßt sich noch nicht beurteilen.

Nach Behandlung der südeuropäischen Staaten wird ein Blick auf Österreich geworfen, dessen Verfassungsgerichtshof aus der Zwischenkriegszeit stammt

7 *Hans Vorländer*, Konsens und Verfassung, 1981, S. 28; *Starck* (Anm. 2), § 164 Rdnr. 14 ff.
8 *Vorländer* (Anm. 7), S. 104 f.
9 *Florin Vasilescu*, Le rôle des cours constitutionnelles en période de transition démocratique, in: Revue Européenne de droit public 10 (1998), S. 27 ff.; *Georg Paul Hefty*, Die Konflikte des Systemwechsels bereinigt. Das Wirken des ungarischen Verfassungsgerichts, FAZ v. 25.8.1998/Nr. 196, S. 6; *Nicole Krone*, Die Verfassungsgerichtsbarkeit der russischen Föderation. Eine juristische Institution im Spannungsfeld von Verfassungsauftrag und politischer Wirklichkeit, in: Osteuropa 48 (1998), S. 253, 266 f.; *Andrzej Zoll*, Polnische Verfassung und Verfassungsgerichtsbarkeit im Wandel (Schriftenreihe des Nieders. Landtages 28), 1997, S. 14 ff.

und somit in Europa die älteste besondere gerichtliche Institution zum Schutze der Verfassung ist. Interessante Aspekte werden sich dann aus der Sondersituation des französischen Conseil constitutionnel ergeben. Die belgische Cour d'Arbitrage, die hier nicht besonders behandelt wird, verdient gleichwohl kurz erwähnt zu werden, weil sie in ihrer bisherigen fünfzehnjährigen Tätigkeit das komplizierte föderalistische System Belgiens[10] durch eine ausgewogene Rechtsprechung stabilisiert hat und als integrierender Faktor konsensfördernd wirkt.[11] Nach einigen Bemerkungen zur Rolle eines Verfassungsgerichtsbarkeit ausübenden Supreme Court in Reformvorschlägen für das Vereinigte Königreich wird am Schluß das südafrikanische Verfassungsgericht behandelt, das den europäischen Verfassungsgerichten nachgebildet ist und das durch seine Aufgaben und Tätigkeit insbesondere bei der Verfassunggebung auf eindrucksvolle und neuartige Weise konsensfördernde Wirkung entfaltet hat.

II. Einzelne Verfassungsgerichte

1. Das durch die Verfassung von 1948 vorgesehene[12] und erst 1956 eingerichtete *italienische Verfassungsgericht* (Corte costituzionale) hat in den ersten Jahren seiner Existenz gegen den Widerstand der übrigen Gerichte die Anpassung des z. T. faschistisch geprägten vorkonstitutionellen Rechts an die Verfassung nachhaltig durchgesetzt, indem es die Verfassung entgegen der italienischen Tradition weitgehend als unmittelbar geltendes Recht ernst genommen hat. Dabei hatte das Verfassungsgericht auch gegen »Widerstände und skeptische Zurückhaltung« der etablierten Gewalten zu kämpfen.[13]

Die ersten 20 Jahre der Tätigkeit des italienischen Verfassungsgerichts sind unter dem Gesichtspunkt der Rechtsprechung zum Gleichheitssatz, zur lokalen und regionalen Selbstverwaltung, zu Freiheit und Grenzen privatwirtschaftlicher Betätigung und zum Verhältnis des Verfassungsgerichts zu den anderen Gerichten auf einem Kongreß von Verfassungsrechtlern in Parma

10 Vgl. die Darstellung von *Volker Schlette*, Das föderale System Belgiens, ZöR 54 (1999), S. 295 ff.

11 *André Alen*, Belgien: Ein zweigliedriger und zentrifugaler Föderalismus, ZaöRV 50 (1990), S. 501, 525 f.; *Francis Delpérée*, Droit constitutionnel: Belgique, in: Revue Européenne de droit public 8 (1996), S. 371, 380 f.

12 Art. 134 – 137 der Italienischen Verfassung.

13 So *Theo Ritterspach*, Probleme der italienischen Verfassungsgerichtsbarkeit, AöR 104 (1979), S. 137 f.; vgl. *Jörg Luther*, Die italienische Verfassungsgerichtsbarkeit, 1990, S. 156 f.; *Michael Dietrich*, Der italienische Verfassungsgerichtshof, 1995, S. 221 ff.

bilanziert worden.[14] In diese Bilanz war schon der Beginn einer neuen Etappe der Rechtsprechung eingeschlossen, die durch einen richterlichen Aktivismus gekennzeichnet ist. Dieser rief den Vorwurf hervor, daß sich das Verfassungsgericht zu einem nicht demokratisch kontrollierten Nebengesetzgeber aufspiele. *Leopoldo Elia*, damals gerade in das Verfassungsgericht berufen, sprach auf dem Kongreß[15] von dem Bemühen des Verfassungsgerichts »die Insel der vernünftigsten Meinung im Chaos oder in der Pluralität der Meinungen zu werden«; das Gericht bleibe im Rahmen des praktisch Erreichbaren und knüpfe an den überkommenen Bestand von Werten an, die in der Tiefe des kollektiven Bewußtseins wurzelten und zum großen Teil im Verfassungstext Ausdruck fänden. In dieser Formulierung verbindet *Elia* die Verfassungsprinzipien mit dem kollektiven Bewußtsein. Der Grundkonsens, den die Verfassung zum Ausdruck bringt, entstammt demnach dem kollektiven Bewußtsein. Besseres kann man sich kaum vorstellen. Vielleicht war das doch etwas zu idealisiert gesehen angesichts der zunächst bestehenden Zurückhaltung der Juristen gegenüber der neuen Verfassung. Aber vielleicht hat das Verfassungsgericht die bessere Seite des kollektiven Bewußtseins gestärkt und ihr damit zum Siege verholfen. Insoweit könnte man von einer edukatorischen Funktion der Verfassung und des Verfassungsgerichts sprechen.

Während das Verfassungsgericht die Grundrechte geschützt hat, was allgemein anerkannt wird,[16] ist des Gerichts kurzsichtiger Zentralismus in den Streitigkeiten zwischen Zentralstaat und Regionen häufig kritisiert worden.[17] Insgesamt betrachtet überwiegt nicht nur das Lob für das Gericht, sondern es genießt große Anerkennung als »Hüter und unangreifbarer Interpret der in der Verfassung festgelegten Grundprinzipien der staatlichen und gesellschaftlichen Ordnung«.[18] Es ist sogar beabsichtigt, die Kompetenzen des Verfassungsgerichts zu erweitern und die Verfassungsbeschwerde zuzulassen. Soweit ersichtlich, verfolgt das italienische Verfassungsgericht keine extravaganten Auslegungsmethoden, sondern interpretiert die einzelnen Verfassungsnormen aus ihrem systematischen Zusammenhang heraus fallbezogen und mit praktischer Vernunft.[19] Dabei wird dem Gesetzgeber Gestaltungsspielraum gelassen.[20]

14 Vgl. den Tagungsband *Nicola Occhiocupo* (Hrsg.), La Corte Costituzionale tra norma giuridica e realtà sociale. Bilancio di vent'anni di attivita, 1978.

15 In: *Occhiocupo* (Anm. 14), S. 168.

16 So zusammenfassend *Dietrich* (Anm. 13), S. 227.

17 Vgl. die Diskussion in *Occhiocupo* (Anm. 14), S. 171 – 273; *Gustavo Zagrebelsky*, La giustizia costituzionale, 2. Aufl. 1988, S. 337 ff.

18 *Ritterspach*, in: Starck/Weber (Hrsg.), Verfassungsgerichtsbarkeit in Westeuropa, Bd. I, 1986, S. 239.

19 *Zagrebelsky* (Anm. 17), S. 52 ff., 515 ff.

20 Zur discrezionalità der politischen Organe siehe *Zagrebelsky* (Anm. 17), S. 63.

2. Das *spanische Verfassungsgericht* (Tribunal constitucional) ist alsbald nach Inkrafttreten der neuen spanischen Verfassung 1980[21] errichtet worden und auch aktiv geworden. Nach dem Urteil seines ehemaligen Richters und zeitweiligen Vizepräsidenten *Francisco Rubio Llorente*[22] bewirkt das Verfassungsgericht aus der bloßen Tatsache seiner Existenz und erst recht durch die Art und Weise seiner Rechtsprechung einen tiefen Wandel in der Auffassung der Spanier vom politischen Kräftespiel. Der Gedanke, daß die Verfassung nicht eine Sammlung von bloß rhetorischen Äußerungen und Organisationsregeln sei, sondern Rechtsnormen enthalte, die die verschiedenen Staatsgewalten beschränkten, habe in erheblichem Maße dazu beigetragen, die politischen Einstellungen zu mäßigen. Das Gericht habe das Gleichgewicht zwischen den verschiedenen Ideologien, die in die Verfassung Eingang gefunden hätten, und zwischen Zentralismus und Selbstverwaltung aufrechterhalten und damit Autorität gewonnen.[23] Die Bürger erblickten im Gericht den letzten Garanten ihrer Rechte und den Hüter der von der Verfassung aufgezeigten Grenzen der Staatsgewalt. *Rubio Llorente* weist jedoch auf die sich schon abzeichnende Gefahr hin, daß die Entscheidungen des Verfassungsgerichts auf den politischen Prozeß vorwirkten und damit die Politik tendenziell verrechtlichten. Die parlamentarischen Auseinandersetzungen gingen in rechtliche Debatten über.

García de Enterría bezeichnet in einem mehrfach aufgelegten Werk über »die Verfassung als Norm und das Verfassungsgericht« dieses ausdrücklich als Bewahrer des Anfangskonsenses, der durch dessen Entscheidungen immer wieder erneuert werde. Das Gericht habe die Verfassung vor parteiischen Auslegungen und Instrumentalisierungen durch die politischen Kräfte bewahrt.[24] Das Verfassungsgericht bestimme letzten Endes die Auslegung, die evolutiv sein soll, indem der Text den wechselnden historischen Situationen angepaßt werde.[25] Damit wird auf den vom Text gelassenen Auslegungsspielraum und den Rahmencharakter der Verfassung Bezug genommen.

3. Dieser Wille zur Verfassung kommt auch in Schriften zur Bedeutung des *portugiesischen Verfassungsgerichts* (Tribunal Constitucional) zum Ausdruck.[26] Der politische Prozeß soll verfassungstreu ablaufen, indem die politische Willensbildung der Staatsorgane die von der Verfassung gezogenen

21 Art. 159 – 165 der Spanischen Verfassung.
22 In: Starck/Weber (Anm. 18), S. 273 f.
23 *Francisco Rubio Llorente*, La forma del poder, 1993, S. 434 f.
24 *Eduardo García de Enterría*, La Constitucion como norma y el Tribunal Constitucional, 2. Aufl. 1982, S. 207.
25 *García de Enterría* (Anm. 24), S. 141 f.; zur Auslegung auch *Rubio Llorente* (Anm. 23), S. 605 ff., 615 ff.
26 Vgl. Art. 223 – 226, 278 – 283 der Portugiesischen Verfassung.

Grenzen beachtet.[27] Der Präsident des portugiesischen Verfassungsgerichts *Cardosa da Costa* spricht aber nicht nur von der Gewährleistung und Konkretisierung der Grundrechte, sondern auch von ihrer »Weiterentwicklung«, was wohl hauptsächlich auf die in der Verfassung gewährten sozialen und kulturellen Grundrechte bezogen ist, die aber eher zurückhaltend interpretiert werden.[28] Bezüglich der Befugnisse der autonomen Regionen Azoren und Madeira ginge es um Klarstellung ihrer Zuständigkeiten. Das Gericht müsse in seinen Entscheidungen in einer negativen, d.h. grenzziehenden Weise den verfassungsmäßigen Ablauf des politischen Prozesses gewährleisten, dabei sei es als ein Hauptdarsteller an der Staatsleitung beteiligt. Freilich wird in vielen Beiträgen das Konfliktpotential zwischen der Verfassungsgerichtsbarkeit und der Legitimität der demokratischen Mehrheitsentscheidung beschrieben,[29] was immer wieder auf die Frage der Verfassungsinterpretation zurückführt. Ähnlich wie das spanische spielt auch das portugiesische Verfassungsgericht eine wichtige Rolle bei der Grenzziehung für den politischen Prozeß. Da die portugiesische Verfassung schon zweimal (1982 und 1989) wesentlich geändert worden ist, hatte das Gericht seine konsensstabilisierende Aufgabe auf einer sich ändernden Grundlage zu erfüllen. Das gelang durch die in Richtung der Änderungen laufende Aktivität des Gerichts.

4. Die bisher behandelten Verfassungsgerichte beruhen auf dem österreichischen Modell, das nach dem Ersten Weltkrieg unter starkem Einfluß Kelsens in Österreich eingeführt wurde und dem auch die deutsche Verfassungsgerichtsbarkeit verpflichtet ist. Kompetenzgerichtsbarkeit und abstrakte Normenkontrolle auf Antrag der Regierungen des Bundes bzw. der Länder sollten in Österreich Machtfragen in Rechtsfragen verwandeln, die von einem besonderen Verfassungsgericht entschieden werden.[30] Der durch die Bundesverfassung von 1920 eingerichtete *österreichische Verfassungsgerichtshof* beschränkte sich während der demokratischen Ära der 1. Republik (1920 – 1933) auf eine Gesetzesprüfung am Maßstab der Kompetenz- und Verfahrensvorschriften der Verfassung, weil er – im Banne Kelsens[31] stehend – in den Gesetzesvorbehalten der Grundrechte die Ermächtigung zu beliebiger Grundrechtseinschränkung sah, also – durchaus der damaligen Auffassung in

27 *Manuel J. M. Cardosa da Costa*, in: Starck/Weber (Anm.18), S. 305 ff.

28 Ausführlich zur Auslegung der in der Portug. Verfassung niedergelegten zahlreichen sozialen Grundrechte siehe *Eva M. K. Häußling*, Soziale Grundrechte in der portugiesischen Verfassung von 1976, 1997, passim, bes. S. 117 ff.

29 *J. C. Vieira de Andrade, F. Lucas Pires*, in: Legitimade e Legitimarção da Justiça Constitutional, Colóquio no 10. Aniversario do Tribunal Constitucional, Coimbra 1995, S. 75 ff., 85 ff., 167 ff.

30 *Christian Starck* (Anm. 4), S. 41 f.; *Heinz Schäffer*, Festschrift für Koja, 1998, S. 105.

31 *Hans Kelsen*, Österreichisches Staatsrecht, 1923, S. 59.

allen europäischen Ländern entsprechend – im Gesetzgeber den alleinigen und unkontrollierten Interpreten der Grundrechte anerkannte.

Nach dem Zweiten Weltkrieg änderte sich im Hinblick auf den Maßstabcharakter der Grundrechte zunächst nur wenig.[32] Bis etwa 1984 wurden Gesetze nur als grundrechtswidrig beurteilt, wenn sie den Wesensgehalt eines Grundrechts aushöhlten oder wenn sie in ihrer Wirkung einer Aufhebung des Grundrechts gleichkämen.[33] Erst die Anwendung des Verhältnismäßigkeitsprinzips bewirkte eine materielle Kontrolle der Gesetze am Maßstab der Grundrechte.[34] *Heinz Schäffer* führt zutreffend den Wandel der Rechtsprechung zurück auf den Gedankenaustausch der europäischen Verfassungsgerichte, insbesondere auf deutschen Einfluß, auf die allgemeine Grundrechtsdoktrin und auf die verstärkte Beschäftigung mit den materialen Gesetzesvorbehalten der Europäischen Menschenrechtskonvention,[35] die in Österreich den Rang eines Bundesverfassungsgesetzes hat.[36] Die neue Rechtsprechung zu den Grundrechten hat ein Spannungsverhältnis zwischen Verfassungsgerichtshof und Gesetzgebung geschaffen, das sich auch in anderen Verfassungsstaaten zeigt und eine allgemeine Konsequenz effektiven Grundrechtschutzes ist. Bei aller Kritik im einzelnen ist das Österreichische Verfassungsgericht als wichtiger Baustein der Gewaltenteilung anerkannt, das die rahmensetzende Funktion der Verfassung garantiert und es dabei verstanden hat, die verfassungsrechtliche Bedeutung der Grundrechte zu intensivieren.

5. Der *französische Verfassungsrat* (Conseil constitutionnel) ist 1958 durch die Verfassung der Fünften Republik eingerichtet worden,[37] um die Regierung vor dem Parlament zu schützen, insbesondere um Kompetenzüberschreitungen des Parlaments über die in Art. 34 der Verfassung aufgezählten Materien der Gesetzgebung hinaus auf das Gebiet der Verordnung bekämpfen zu können.[38] Der Verfassungsrat hat im Juli 1971 eine günstige Gelegenheit wahrgenommen und ein Gesetz am Maßstab eines Grundrechtsgesetzes aus dem Jahre 1901 über die Brücke der Präambeln der Verfassungen von 1958 und 1946 für verfassungswidrig erklärt. In der 1½ Druckseiten umfassenden Entscheidung wird die Versammlungsfreiheit als eines der grundlegenden

32 Dazu kritisch *Karl Korinek*, Die Verfassungsgerichtsbarkeit im Gefüge der Staatsfunktionen, VVDStRL 39 (1981), S. 7, 43 f. m. w. N.
33 Österr. VerfGH, Slg. 8991 (1981).
34 Österr. VerfGH, Slg. 12094 (1989).
35 *Schäffer* (Anm. 30), S. 121; *ders.*, Landesbericht, in: Starck (Hrsg.), Grundgesetz und deutsche Verfassungsrechtsprechung im Spiegel ausländischer Verfassungsentwicklung, 1990, S. 41, 63 ff.
36 *Theo Öhlinger*, Verfassungsrecht, 3. Aufl. 1997, S. 78.
37 Art. 56 – 63 der Französischen Verfassung.
38 Vgl. Art. 61 Abs. 2 Französ. Verfassung; dazu *Michel Fromont*, in: Starck/Weber (Anm.18), S. 313.

Prinzipien bezeichnet, die durch die Präambel der Verfassung von 1958 feierlich bestätigt worden seien und Verfassungsrang erlangt hätten.[39] Diese Entscheidung ist in Frankreich häufig kommentiert worden. *Jean Rivero* schreibt im Hinblick auf den Umstand, daß die Entscheidung am 16. Juli erlassen worden ist: »Depuis la prise de la Bastille, le peuple français aime faire ses révolutions au moi de juillet.[40] *François Luchaire* folgert aus der Entscheidung, daß die traditionelle französische Konzeption des Gesetzes durch die Verfassung von 1958 beseitigt worden sei.[41] Er zitiert die Entscheidung des Verfassungsrats vom 23. 8. 1985[42] in der in Abwandlung des Art. 6 der französischen Erklärung der Menschen- und Bürgerrechte vom parlamentarisch beschlossenen Gesetz gesagt wird, »qu'elle *n'*exprime la volonté générale *que dans le respect de la Constitution*«. Damit wird der Vorrang der Verfassung vor dem einfachen Gesetz auch für Frankreich festgelegt,[43] und der Verfassungsrat bekommt die Stellung eines Verfassungsgerichts, dessen Entscheidungen dadurch erheblich vermehrt wurden, daß seit 1974 auch eine Minderheit von Abgeordneten der Nationalversammlung und des Senats den Verfassungsrat zur präventiven Normenkontrolle veranlassen kann.[44]

In Frankreich ist die Legitimität des Verfassungsrats, wenn auch nur noch von einer Minderheit – zumeist Politologen – immer noch angefochten;[45] in ihm wird ein Widerspruch zum demokratischen Mehrheitsprinzip gesehen, insbesondere, weil die Kontrolle a priori ihrer Natur nach nur eine politische sein könne, und wegen der Methode der Ernennung der Mitglieder des Verfassungsrates je zu einem Drittel durch den Präsidenten der Republik und die Präsidenten der Nationalversammlung und des Senats (Art. 56 Abs. 1 der Verfassung).[46]

Unter den französischen Juristen wird die gleichzeitige Wandlung des Gesetzesbegriffs und des Verfassungsrates überwiegend positiv eingeschätzt. Ge-

39 Recueil des décisions du Conseil constitutionnel, 1971, S. 29: »2. Considérant qu'au nombre des principes fondamentaux reconnus par les lois de la République et solennellement par le Préambule de la Constitution, il y a lieu de ranger le principe de la liberté d'association, que ce principe est à la base des dispositions générales de la loi du 1er juillet 1901 relative au contrat d'association; . . .« Vgl. den Kommentar dazu in *Louis Favoreu/Loïc Philip*, Les grandes décisions du Conseil constitutionnel, 7. Aufl. 1993, S. 245 ff.

40 *Jean Rivero*, Le Conseil constitutionnel et les libertés, 2. Aufl. 1987, S. 182.

41 *François Luchaire*, La protection constitutionnelle des droits et des libertés, 1987, S. 76.

42 Recueil, S. 70, 76, considérant no. 27.

43 Zur Entwicklung vgl. *Volker Schlette*, Die Konzeption des Gesetzes im französischen Verfassungsrecht, JöR 33 (1984), S. 279 ff., insbes. S. 288 ff.

44 Neufassung des Art. 61 Abs. 2 der Französ. Verfassung.

45 Z.B. *Alain Werner*, Le Conseil constitutionnel et l'appropriation du pouvoir constituant, in: Pouvoirs 67 (1993), S. 117 ff.; *Jean Foyer*, Pour la suppression du Conseil constitutionnel, Revue administrative, Jg. 1998, S. 94 ff.

46 Vgl. die Zusammenstellung der Gründe bei *Pierre Bon*, La légitimité du Conseil constitutionnel français, in: Legitimade (Anm. 29), S. 139 – 146.

rade aus rechtsvergleichender Perspektive wird es als notwendig betrachtet, zum Schutz der Grundrechte einen Richter über dem Gesetz zu haben.[47] Hierin wird nicht zu Unrecht ein wesentlicher Schritt zur Modernisierung des französischen Verfassungssystems gesehen. *Mitterand*, der früher harte Worte gegen den Verfassungsrat und seine Mitglieder fand – »une institution dont il faut se défaire«, »ces veillards serviles et obéissants« – hat später als Präsident 1989 und 1993 sogar die Ausdehnung der Kompetenzen des Verfassungsrates vorgeschlagen.[48] Dazu ist es bisher nicht gekommen.

Die präventive Kontrolle der Gesetze durch den Verfassungsrat ist heute ein Teil der französischen Institutionen. Die richterliche Beschäftigung mit dem Gesetz fördert die Rationalität der Gesetzgebung, mäßigt die politischen Leidenschaften und sichert die Kontinuität der sozialen Beziehungen.[49]

6. Es gibt einen Verfassungsentwurf für das *Vereinigte Königreich,*[50] der einen Supreme Court vorsieht, der auch Verfassungsrechtsprechung ausüben und damit den Vorrang der Verfassung sicherstellen soll. Damit folgen die Autoren des Entwurfs einer zutreffenden Beobachtung von *John Gough* Fundamental Law in English Constitutional History, 1955, S. 2: »The fundamental law concept is generally associated with the principle of judicial review, by which a supreme court has the last word in cases where the validity of legislative enactments is challenged.«

Freilich verlangt dieses Konzept eine Beendigung der Souveränität des Parlaments, die jede verfassungsgerichtliche Kontrolle von Parlamentsgesetzen abweist. Das Parlament stände dann wie jedes andere Verfassungsorgan unter der Verfassung. Aus kontinentaler Sicht würde sich das Vereinigte Königreich der verfassungsstaatlichen Normallage anpassen und damit die Vernünftigkeit der geschriebenen Verfassung im klassischen Sinne anerkennen. Geschriebene Verfassungen sind ca. 100 Jahre nach dem in England erfolgreich bestandenen Kampf gegen den monarchischen Absolutismus in Kontinentaleuropa, beeinflußt von Nordamerika, allmählich und durchaus experimentierend eingeführt worden. Das im Kampf gegen den monarchischen Absolutismus für den Kontinent vorbildliche England würde sich heute die jüngere

47 *Favoreu/Philip* (Anm. 39), S. 640 f. (no. 12 f.).
48 Vgl. Le Monde nr. 13830 v. 16. u. 17. Juli 1989, S. 7; dazu *Bon* (Anm. 46), S. 152, wo sich auch die Zitate finden.
49 *Luchaire* (Anm. 41), S. 475 f.
50 The Constitution of the United Kingdom, Institute for Public Policy Research, London, 1991, siehe dazu *Christian Starck*, Eine Verfassung für das Vereinigte Königreich?, AöR 119 (1994), S. 627, 638 f., zum Supreme Court. Vgl. die Angaben zu Verfassungsplänen für das Vereinigte Königreich bei *Dawn Oliver*, The Government in the United Kingdom, 1991, S. 4 ff., 187 ff.

kontinentale Entwicklung des Verfassungsstaates zum Vorbild nehmen. Wenn sich in dieser Richtung im Vereinigten Königreich ein Konsens herausbilden sollte, wäre die verfassungsgerichtliche Zuständigkeit eines Supreme Court nur konsequent und dürfte bei vernünftiger Handhabung der Normenkontrolle bezüglich der neuen Verfassungslage konsenserhaltend und konsensstärkend wirken.

7. Ein leuchtendes Beispiel für die konsenserhaltende bzw. -schaffende Funktion von Verfassungsgerichten ist Südafrika. Der dortige Systemwechsel war paktiert, indem sich die Vertragspartner – die von den Weißen gebildete Regierung und die Vertreter der schwarzen Mehrheit – auf 34 Verfassungsprinzipien einigten. Diese Prinzipien sollten bei der Verfassunggebung beachtet werden. Um die Pflicht zur Beachtung nicht zu einem sanktionslosen Auftrag degenerieren zu lassen, wurde das auf Grund der provisorischen Verfassung vom 27. April 1994 eingerichtete *südafrikanische Verfassungsgericht* (Constitutional Court) damit beauftragt, den vom Parlament verabschiedeten Verfassungsentwurf auf seine Vereinbarkeit mit den vereinbarten Prinzipien zu überprüfen.[51] Die erste Überprüfung offenbarte zahlreiche Verstöße;[52] auf Grund einer Nachbesserung überprüfte das Verfassungsgericht erneut und konnte nun die Übereinstimmung der endgültigen Verfassung mit den Verfassungsprinzipien feststellen.[53]

Daß dieses durchaus ungewöhnliche Verfahren der Verfassunggebung durchgeführt werden und dabei ein erst frisch errichtetes Verfassungsgericht eine so entscheidende Rolle spielen konnte, zeigt ganz allgemein den hohen Stellenwert, den Verfassungsgerichte für die Integration der Bevölkerung auf der Basis von Verfassungsrecht haben.

III. Konsenserhaltung durch die Sicherung des Verfassungsrechts

Die hier zusammengetragenen Beobachtungen, die weitgehend auf literarischen Stellungnahmen beruhen, beantworten die im Thema steckende Frage positiv: Verfassungsgerichte vermögen gesellschaftlichen Grundkonsens zu erhalten, zu stützen, zu fördern und insoweit integrierend zu wirken.

51 *Levin Holle*, Das Verfassungsgericht der Republik Südafrika, 1997, S. 166 f.
52 Entsch. v. 6. Sept. 1996, Case CCT 23/96.
53 Entsch. v. 4. Dez. 1996, Case CCT 37/96.

Was der politische Prozeß an parlamentarischen und exekutiven Entscheidungen gebiert, kann in einem gerichtsförmigen Verfahren am Maßstab der Verfassung gemessen werden. Ein Gerichtsverfahren ist besonders geeignet, Mehrheitsentscheidungen politischen Charakters auf ihre Vereinbarkeit mit der Verfassung zu prüfen. Das versteht sich von selbst bezüglich der Kontrolle, ob Zuständigkeit und Verfahren, d.h. die demokratischen Spielregeln, eingehalten worden sind.[54] Sehr oft geht der Streit aber um die inhaltliche Verfassungsmäßigkeit der ordnungsgemäß zustande gekommenen politischen Entscheidungen. Wenn die Verfassung gerade auch in ihren materiell-rechtlichen Normen und Grundsätzen Grundkonsens zum Ausdruck bringt, so ist deren institutioneller Schutz durch ein Gericht für eben den Grundkonsens nützlich und stärkend,[55] wenn nicht sogar notwendig.

Elementare Voraussetzung für die konsenserhaltende Kraft der Verfassungsgerichte ist, daß sie sich nicht im politischen Tagesstreit verfangen, politisch schlichten wollen, daß sie sich also keine politische Funktion zusprechen und daß sie nicht die Optimierung von Verfassungsnormen verlangen. Damit geriete das Verfassungsgericht auf ein schlüpfriges Gelände, auf dem die Markierungen zwischen der Rechtsfunktion und der politischen Funktion verschwimmen. Verfassungen stellen insbesondere in ihren materiell-rechtlichen Anordnungen nur Rahmen für die politische Gestaltung der Gesellschaft dar.

Damit sind wir bei der Verfassungsinterpretation angelangt. Ausgangspunkte aller Interpretation sind die Auslegungscanones. Sie erlauben eine verläßliche und rationale Argumentation. Sie dienen der Eigenkontrolle des Richters und der Konsenserhaltung und sind Anleitungen zur nachvollziehbaren Begründung der Gerichtsentscheidungen.[56] Von großem Nutzen sind ferner die in Präjudizien auch fremdstaatlicher und internationaler Gerichte zum Ausdruck kommenden Auslegungserfahrungen. So gewinnt etwa das Verhältnismäßigkeitsprinzip fortschreitend eine entscheidende Rolle bei der Normenkontrolle am Maßstab der Grundrechte,[57] wie am Beispiel der Entwicklung der Rechtsprechung des italienischen und des österreichischen Verfassungsgerichts gezeigt werden konnte. Dasselbe zeigt sich aber auch in Frankreich.[58]

54 Vgl. *Alexander v. Brünneck*, Verfassungsgerichtsbarkeit in den westlichen Demokratien, 1992, S. 144.

55 Für Deutschland vgl. *Christian Starck*, Das Bundesverfassungsgericht im politischen Prozeß der Bundesrepublik, 1976, S. 30.

56 *Starck* (Anm. 4), S. 82; *Ossenbühl* (Anm. 3), S. 75, 96.

57 Zur Sicherung der individuellen Freiheit unter dem Gesichtspunkt der Konsenserhaltung vgl. *Ingwer Ebsen*, Das Bundesverfassungsgericht als Element gesellschaftlicher Selbstregulierung, 1985, S. 321 ff.

58 Entscheidungen des Conseil constitutionnel vom 19./20.1.1981 und vom 17.1.1989 (Strafrecht betreffend); dazu *Favoreu/Philip* (Anm. 39), S. 445, 457, 736 f.

Es ist die besondere, durch Argumente begründete inhaltliche Qualität einer Entscheidung, auf die es für den Verfassungskonsens ankommt.[59] Die hier behandelten Verfassungsgerichte und der französische Verfassungsrat entscheiden u.a. auf Antrag der parlamentarischen Opposition über die Verfassungsmäßigkeit von Gesetzen.[60] Durch die Begründung der Entscheidung muß stets deutlich werden, daß sich das Gericht auf die Durchsetzung des Verfassungsrechts beschränkt. Nur so entgeht es der Gefahr, in die politischen Machtkämpfe der Parteien, d.h. zwischen Parlamentsmehrheit und -minderheit, hineingezogen zu werden und seine konsensstabilisierende Kraft zu verlieren. Das hat *Alexander v. Brünneck* treffend so zusammengefaßt:[61] »Nur weil die Verfassungsgerichte sich inhaltlich an den im Grundsatz nicht umstrittenen Strukturprinzipien der westlichen Verfassungen orientieren, haben ihre Entscheidungen die sachliche Autorität, die notwendig ist, um den durch die Mehrheitsenscheidungen immer wieder gefährdeten Verfassungskonsens zu wahren. Nur die inhaltliche Konkretisierung der Prinzipien der Verfassungen ermöglicht es den Verfassungsgerichten, den Mehrheitsgruppen in den politischen Institutionen erfolgreich entgegenzutreten oder die Minderheitsgruppen mit ihrer Niederlage zu versöhnen.«

Auslegungsregeln und Präjudizien verflüchtigen sich in Konzepten wie der »offenen Gesellschaft der Verfassungsinterpreten«[62] oder der »Demokratisierung der Verfassungsinterpretation«.[63] Ein wesentliches Element der Demokratie, wenn nicht ihre Basis, ist die rechtliche Gleichheit. Wie soll sie unter den Bedingungen einer zerfließenden Verfassung garantiert sein? Gleichheit, die ja auch in der Dimension der Zeit einigermaßen sichergestellt sein muß, setzt Normativität und deren gleichmäßige Handhabung voraus. Das dürfte zu den Voraussetzungen des Grundkonsenses einer demokratischen Gesellschaft gehören. Soweit die Verfassung einem permanenten rechtsschöpferischen Verfassungswandel unterworfen ist, fehlt die Grundbedingung für die Sicherung der Rechtsgleichheit. Dabei ist noch zu bedenken, daß eine ständige Anpassung der Verfassung an Zeitströmungen regelmäßig nicht auf Mehrheitsmeinungen beruhen wird, sondern auf der Meinung derjenigen, die den Zeitgeist über die Massenmedien, besonders die suggestiv wirkenden, prägen.

59 *v. Brünneck* (Anm. 54), S. 147.

60 Vgl. *A. Weber*, in: Starck/Weber (Anm. 18), S. 67, 71 f.; *Luca Mezzetti*, Giustizia costituzionale e opposizione parlamentare. Modelli europei a confronto, 1992; *Klaus Stüwe*, Die Opposition im Bundestag und das Bundesverfassungsgericht, 1997, S. 285, 336, 342.

61 *v. Brünneck* (Anm. 54), S. 145.

62 So *Peter Häberle*, Die offene Gesellschaft der Verfassungsinterpreten, JZ 1975, S. 297 ff.

63 Näheres bei *Starck* (Anm. 2), § 164 Rdnr. 24 – 29, auch zu weiteren Aspekten.

Eine sozialwissenschaftliche Verfassungsinterpretation, wenn sie sich nicht auf die normgeleitete Erkundung der sozialen Verhältnisse beschränkt,[64] tauscht die Verfassung als Norm gegen Sozialphilosophie oder politisches Wollen aus. Die Konzeption der Verfassung als Rahmen läßt der Politik und damit auch der Sozialphilosophie der Mehrheit Spielraum, ohne diesen mit weder philosophisch noch juristisch akzeptablen Mitteln wirklichkeitswissenschaftlicher Verfassungsinterpretation erst öffnen zu müssen.

Eine sich in den klassischen Bahnen bewegende Verfassungsauslegung fördert die Rationalität staatlicher Akte. Die richterliche Begründung der Auslegung wirkt auch in die Zukunft, sie steckt den Handlungsrahmen der Politik ab und stellt das Mehrheitsprinzip für die politisch handelnden Organe nicht in Frage. Eine sich auf die Rechtsfunktion beschränkende Verfassungsgerichtsbarkeit wirkt vor allem durch ihre Vorausberechenbarkeit konsenserhaltend und integrierend.[65]

Die Rechtsfunktion des Verfassungsgerichts wird nicht verlassen, wenn ein Wandel der Rechtsprechung vollzogen wird. Dieser ist in der Begründung plausibel zu machen. Je weiter der Wandel in der Doktrin oder in der Verfassungsentwicklung der Nachbarstaaten vorbereitet ist, um so größer sind die Konsens- und Integrationschancen. Die behandelte Entscheidung des französischen Verfassungsrates über die Heranziehung älterer republikanischer Grundrechtsgesetze und letzten Endes der Erklärung der Menschen- und Bürgerrechte als Maßstab für die aktuelle Gesetzgebung war gewiß ein Bruch in der langen Traditionslinie des französischen politischen Denkens und der Verfassungspraxis, zugleich aber auch eine mutige Innovation. Diese hatte eine klare textliche Grundlage in der Präambel der Verfassung und ihrer Verweisungen, stand im Einklang mit der verfassungsstaatlichen Entwicklung der Nachbarstaaten Deutschland und Italien und wurde drei Jahre später vom verfassungsändernden Gesetzgeber durch die Erweiterung des Antragsrechts in Art. 61 Abs. 2 der Verfassung bestätigt. Ähnlich ist die Aktualisierung des Verhältnismäßigkeitsprinzip zu werten, die in Italien und Österreich Mitte der 80er Jahre stattfand, um materielle Grenzen der Gesetzgebung am Maßstab der Grundrechte feststellen zu können.

64 *Starck* (Anm. 4), S. 97 ff.
65 *Ossenbühl* (Anm. 3), S. 96.

Armin von Bogdandy

Europäisierung der nationalstaatlichen Verfassung: Erosion des gesellschaftlichen Grundkonsenses?

Mir ist von den Veranstaltern aufgegeben, über ein kompliziertes Thema zu berichten. Es ist die »fortschreitende Europäisierung der nationalstaatlichen Verfassung und einfachen Rechtsordnung«, und zwar in einem ganz bestimmten Blickwinkel, nämlich in »Perspektive auf kommende Fragestellungen, die sich aus einem Verlust des nationalen Selbstverständnisses und der darauf gründenden politischen Einheit für die Herstellung und Bewahrung eines gesellschaftlichen Grundkonsenses ergeben.« Die Fragestellung greift ein verbreitetes Unbehagen bei der europäischen Integration auf[1], welches in der Europäisierung eine Bedrohung des Fundaments gedeihlichen Zusammenlebens vermutet.

Da sich diese Tagung vordringlich mit der Rolle des Bundesverfassungsgerichts bei der Bildung, Wahrung und Nutzung eines gesellschaftlichen Grundkonsenses zur gerichtlichen Konfliktlösung befaßt, erörtere ich die mir gestellte Frage in diesem Lichte. Die Ausführungen im 1. Teil untersuchen die Einwirkungen des europäischen Rechts auf das nationale Verfassungsrecht und weisen den Umfang und die Tragweite der ausdrücklichen und impliziten Einflußnahme aus. Die Europäisierung führt in der Tat zu einer massiven Verdrängung und Überformung der nationalen Verfassung. Sollte die der Fragestellung zugrundeliegende Prämisse zutreffen, also ein in nationalen Verfassungsbestimmungen sich ausdrückender substantieller, in rechtlichen Streit-

1 Vgl. *H. H. Rupp,* Ausschaltung des Bundesverfassungsgerichts durch den Amsterdamer Vertrag?, Juristenzeitung 1998, 213 ff. (215, 216 f.).
Ein terminologischer Hinweis: Der Terminus *Integration* meint Verschiedenes, wenn er auf den gesellschaftlichen Zusammenhalt oder aber den Prozeß der europäischen Einigung angewandt wird. Zum ersten Bedeutungsgehalt vgl. v. a. die Beiträge von *F. Neidhardt, G. Frankenberg* und *H. Dreier* in diesem Band. Danach bezeichnet der Terminus in erster Linie die gesellschaftlichen und sozialpsychologischen Voraussetzungen, unter denen Dissens und Mehrheitsentscheidungen gegen die eigenen Interessen akzeptiert werden. Im europäischen Kontext meint *Integration* hingegen vor allem die Einrichtung von supranationalen Organen mit eigener Herrschaftsgewalt sowie die politisch gesteuerte Verwirklichung der Ziele der Union, *H.-P. Ipsen*, Europäisches Gemeinschaftsrecht, Tübingen 1972, S. 66 f. Um in diesem Beitrag, in dem es um gesellschaftliche Integration im Zeichen der europäischen Integration geht, Mißverständnisse zu vermeiden, wird fortan der Terminus *Integration* nur mit Blick auf den gesellschaftlich-sozialpsychologischen Tatbestand genutzt. Statt von europäischer *Integration* wird hingegen von europäischer *Einigung* gesprochen. Diese Begriffsbildung ist nicht im Sinne einer Staatswerdung der Union zu interpretieren, dazu ausf. *A. von Bogdandy*, Zur Gestalt der Europäischen Union nach Amsterdam. Supranationaler Föderalismus als Wirklichkeit und Idee einer neuen Herrschaftsform, Baden-Baden 1999.

verfahren operationalisierbarer Grundkonsens Voraussetzung gedeihlichen Zusammenlebens sein, so ist ein kritischer Zustand erreicht.
Der 2. Teil untersucht, ob auf europäischer Ebene ein funktionales Äquivalent nachwächst. Geforscht wird nach Ansätzen zu einem europäischen Grundkonsens ähnlicher Natur und gerichtlicher Bedeutung. Das Ergebnis wird negativ sein, denn die Europäische Union ist konstitutiv weit pluralistischer verfaßt. Vielmehr treten prozedurale Elemente in den Vordergrund. Die Rechtsprechung des EuGH zielt nicht darauf ab, einen substantiellen Wertekanon oder Grundkonsens zu entwickeln, zu verwalten und in streitförmigen Kontexten anzuwenden.
Spiegelt man diesen Befund in dem auf dieser Tagung ausgebreiteten Spektrum von Theorien gesellschaftlicher Integration, so läßt sich die europäische Situation positiv nur auf der Grundlage von Konzeptionen fassen, nach denen gesellschaftliche Integration in erster Linie aus der erfolgreichen Bewältigung von Konflikten resultiert[2]. Allein nach derartigen Konzeptionen erscheint eine dauerhafte gesellschaftliche Integration unter den Vorzeichen der europäischen Einigung möglich.

1. Formen und Umfang der Europäisierung

a) Heteronome Europäisierung

Von besonderem Interesse für die Fragestellung dieser Tagung ist Europäisierung als Fremdbestimmung. Die Gehalte des Rechts werden hier nicht im Vollzug nationaler Volkssouveränität aus dem vielgestaltigen nationalen Meinungsbildungsprozeß gewonnen und über die staatlichen Institutionen zu einer Form souveräner gesellschaftlicher Selbstbestimmung verdichtet, sondern sind vorfindliche Größen, mit denen sich die staatliche Rechtsgemeinschaft abzufinden hat. Eine derartige Überformung der Verfassung erscheint von besonderer Problematik, sollte sie den gesellschaftlichen Grundkonsens und die Fundamente des gesellschaftlichen Selbstverständnisses beinhalten. An dieser Problematik ändert auch nur wenig, daß nationale Organe bei der Ausarbeitung der Normen beteiligt sind und im Fall der Verträge für Abschluß und Änderung sogar eine nationale Ratifikation erforderlich ist. Selbst eine Zustimmung durch die nationalen Parlamente ist kein funktionales Äquivalent zu einer Entwicklung der Norm aus dem nationalen politischen Prozeß heraus, wie ein Blick auf das Verfahren der Regierungskonferenzen zeigt: Es fehlt insbesondere eine Öffentlichkeit, die sich konstruktiv und einflußnehmend mit dem Ergebnis auseinandersetzen kann[3].

2 Vgl. die Beiträge von *G. Frankenberg*, *H. Dreier* und *F. Hufen*.
3 Europäisches Parlament, Beschluß zum *de Vigo*- und *Tsatsos*-Bericht über den Vertrag von Amsterdam vom 5. Nov. 1997, Europäische Grundrechte Zeitschrift 1998, S. 70 (73 f.).

Welchen Umfang hat die europäische Fremdbestimmung der nationalen Verfassung angenommen? Es fehlt bislang eine Richtlinie zur Verfassungsangleichung, und angesichts der Art. 2 S. 2 und Art. 6 Abs. 3 EUV, Art. 5 EGV[4] ist es ausgeschlossen, daß eine umfassende Harmonisierung erfolgt. Gleichwohl gibt es zahlreiche Einflußnahmen, zu deren Erfassung eine Trennung zweckdienlich ist zwischen den Einflüssen, die zu expliziten Änderungen im Text der Verfassungen geführt haben und solchen, die zu Überformungen führen, die sich im Verfassungstext nicht niederschlagen.

Unionsrechtlich veranlaßte Änderungen im Text der Verfassungen sind selten. Es finden sich in erstaunlich wenigen Verfassungen spezielle Bestimmungen, die europarechtlich vorgegebene Gehalte transportieren: das Grundgesetz mit Art. 28 Abs. 1 S. 3, Art. 88 S. 2, die französische Verfassung mit Art. 88-2 und Art. 88-3[5], die irische Verfassung mit Art. 29 Abs. 4 Nr. 3 UAbs. 5 und die portugiesische Verfassung mit Art. 15 Abs. 5 sind die Ausnahme zu der Regel, nach der die Europäische Union in den nationalen Verfassungen nicht existiert. Nach dem Text der staatlichen Verfassungen zu urteilen ist diese Form der Einflußnahme auf wenige Punkte beschränkt, die in zwei Fällen gleichwohl von großer Bedeutung für das gesellschaftliche Selbstverständnis und damit den – wie auch immer zu bestimmenden – Grundkonsens sind: das Kommunalwahlrecht für Ausländer[6] und die Währungsverfassung.

Dieser erste Eindruck allenfalls punktueller Einflußnahme trügt, der Einfluß geht weit darüber hinaus[7]. Als wichtigster Aspekt dieser Form der Europäisierung ist zu vermelden, daß die staatlichen Verfassungen zu fragmentarischen (partiellen) Ordnungen geworden sind. Sie regeln nicht mehr die Ausübung

4 Zitiert nach der konsolidierten Fassung des Vertrags von Amsterdam.

5 Hier macht der Amsterdamer Vertrag eine neuerliche Verfassungsergänzung notwendig, Conseil constitutionnel vom 31.12.1997, No 97-394 DC, deutsche Übersetzung in: Europäische Grundrechte Zeitschrift 1998, 27 ff.

6 Näher *E. Klein*, Gedanken zur Europäisierung des deutschen Verfassungsrechts, in: J. Burmeister, Hg., FS für Stern, München 1997, S. 1310 f.

7 Vgl. aus der Fülle der Schriften zum Folgenden nur *P. Badura*, Bewahrung und Veränderung demokratischer und föderativer Verfassungsprinzipien der in Europa verbundenen Staaten, Zeitschrift für Schweizer Recht 109 (1990), S. 115 ff.; *M. Commichau*, Nationales Verfassungsrecht und europäische Gemeinschaftsverfassung, 2. Aufl., Baden-Baden 1998; *M. Herdegen*, Die Belastbarkeit des Verfassungsgefüges auf dem Weg zur Europäischen Union, Europäische Grundrechte Zeitschrift 1992, S. 589 ff.; *H. P. Ipsen*, Europäische Verfassung – Nationale Verfassung, Europarecht 1987, S. 195 ff., *J. H. Kaiser*, Bewahrung und Veränderung demokratischer und rechtsstaatlicher Verfassungsstruktur in den internationalen Gemeinschaften, Veröffentlichungen der Vereinigung der Deutschen Staatsrechtslehrer 23 (1966), S. 1 ff.; *H. Steinberger, E. Klein, D. Thürer*, Der Verfassungsstaat als Glied einer europäischen Gemeinschaft, Veröffentlichungen der Vereinigung der Deutschen Staatsrechtslehrer 50 (1991), S. 10 ff., 57 ff., 99 ff.; *F. Ossenbühl*, Maastricht und das Grundgesetz, Deutsches Verwaltungsblatt 1993, S. 629 ff.; *I. Pernice*, Maastricht, Staat und Demokratie, Die Verwaltung 26 (1993), S. 449 ff.; *D. Scheuing*, Deutsches Verfassungsrecht und europäische Integration, Europarecht Beiheft 1/1997, S. 7 ff.; *R. Scholz*, Grundgesetz und europäische Einigung, Neue Juristische Wochenschrift 1992, S. 2593 ff.

sämtlicher Hoheitsgewalt gegenüber dem Bürger, sondern nur noch denjenigen Teil, der nicht unionsrechtlich determiniert ist[8]. Es sei dahingestellt, wie der Prozeß dieser Europäisierung dogmatisch (und politisch) genau gefaßt werden sollte; bekanntlich bestehen unterschiedliche Auffassungen[9]. Unzweifelhaft aber ist, daß – mit der eventuellen Ausnahme von Fällen erheblicher Divergenz zwischen deutschen grundrechtlichen und europäischen Normen – die europäischen Normen unabhängig von den nationalen Verfassungsnormen die Rechtslage gestalten. Die Europäisierung der nationalen Verfassungen ist in erster Linie in dem Umstand zu suchen, daß sie ihren Totalitätsanspruch zugunsten der unionsrechtlichen Regelung aufgegeben haben.

Es gilt so in Deutschland *zweierlei Verfassungsrecht.* Je nach dem Regelungshintergrund der in einem Streitfall maßgebenden Norm sind entweder die Grundgesetzbestimmungen einschlägig, oder aber solche Bestimmungen, die eine europäische Grundlage haben. Diese Fragmentierung verschärft, daß es keinen Grundsatz der Verfassungshomogenität gibt[10]. Eine von deutschen Staatsorganen betriebene Erstreckung der deutschen Grundrechtsgehalte auf die Gesamtheit der Union wäre angesichts der Vielfalt divergierender Auffassung ein Grundrechtsimperialismus, der wegen der konstitutionell polizentrischen Grundstruktur der Union aussichtslos wäre. Ist aber seinerseits der Vorrang des Unionsrechts und die einhergehende Fragmentierung ein unnützer europäischer Imperialismus? Ein kleines Beispiel zeigt das Gegenteil. Das europäische Patentübereinkommen trat über lange Zeit nicht in Kraft, weil ein Konflikt mit der irischen Verfassung bestand. Es bedurfte einer Verfassungskorrektur, die nun in Art. 29 Abs. 4 UAbs. 3 a.E. der irischen Verfassung reichlich deplaziert wirkt. Bedenkt man die Regelungstiefe, welche das Grundgesetz dank der verfassungsgerichtlichen Rechtsprechung erhalten hat, so ist offensichtlich, daß die Vorrangregel auch bezüglich der deutschen Verfassung ein unentbehrliches Institut für die Funktionstüchtigkeit der unionalen Rechtsordnung ist.

8 Näher *A. v. Bogdandy*, Skizzen einer Theorie der Gemeinschaftsverfassung, in: T. v. Danwitz/M. Heintzen u.a., Hg., Auf dem Wege zu einer Europäischen Staatlichkeit, Bonn 1993, S. 9, 27 f. Zum Totalitätsanspruch *W. van Gerven*, Toward a coherent constitutional system within the European Union, Zentrum für Europäisches Wirtschaftsrecht, Band 55 (1994), S. 12.

9 Zur Streitlage *G. Hirsch*, Kompetenzverteilung zwischen EuGH und nationaler Gerichtsbarkeit, Neue Zeitschrift für Verwaltungsrecht 1998, S. 907 ff.; *J. Isensee*, Vorrang des Europarechts und deutsche Verfassungsvorbehalte – offener Dissens, FS Stern, 1997, S. 1239 ff.; *A. Schmitt Glaeser*, Grundgesetz und Europarecht als Elemente Europäischen Verfassungsrechts, Berlin 1996; *J. H. Weiler/U. Haltern*, Response: The Autonomy of the Community Legal Order, Harvard International Law Journal 37 (1996), S. 411 ff.

10 Dies ergab die Auseinandersetzung um den Wehrbeitrag, vgl. die dreibändige Dokumentation in: Veröffentlichungen des Instituts für Staatslehre und Politik e.V. in Mainz, Der Kampf um den Wehrbeitrag, München 1952, 1953, 1958. Auch Art. 23 Abs. 1 GG begründet kein Homogenitätserfordernis, vgl. BVerfGE 89, S. 155 (174 f., 182).

Eine neue Qualität der Einflußnahme findet sich im Amsterdamer Vertrag, da die Union nunmehr mit einem Anspruch kollektiver Ordnung auftritt. Bis Amsterdam fehlten Bestimmungen, die den gesamten Verbund aus Union *und* Mitgliedstaaten überwölbten und den Mitgliedstaaten für alle Tätigkeitsbereiche Vorgaben machten[11]. Besonders offensichtlich ist dies bei den zu den Gemeinschaftsverträgen entwickelten Grundrechten: Diese gewährleisten nur Schutz gegenüber Organhandeln der Union und gegenüber Gemeinschaftsakte implementierenden nationalen Akten[12]. Andere nationale Akte liegen außerhalb ihres Anwendungsbereichs. Es handelte sich hierbei keineswegs um ein Versehen: Die amerikanische Verfassungsgeschichte zeigt, daß der Ausbau der Machtstellung des Bundes gegenüber den Staaten zu einem erheblichen Teil auf der Durchsetzung der Menschenrechte durch den Bund beruhte[13].

Diese Situation modifiziert der Amsterdamer Vertrag. Der EU-Vertrag legt in Zukunft in Art. 6 Abs. 1 ausdrückliche Voraussetzungen struktureller Kompatibilität fest. Art. 6 Abs. 1 EUV formuliert in Verbindung mit Art. 7 Abs. 1 EUV *einheitliche* Standards demokratischer Rechtsstaatlichkeit für *alle* Hoheitsträger im europäischen Verbund[14]. Doch nicht nur das: Art. 7 EUV überträgt der Union zudem Sanktionsgewalt gegenüber einem Mitgliedstaat, der die Grundsätze des Art. 6 Abs. 1 EUV schwerwiegend und anhaltend verletzt. Der Vertrag läßt die Union erstarken zum *Garanten liberal-demokratischer Verfaßtheit* und damit des normativen Grundbestands der europäischen Moderne. Die Union soll, wenngleich ohne die Einräumung subjektiver Rechtspositionen, in letzter Instanz, wenn alle staatlichen Mechanismen der Sicherung versagen, die Wahrung der Essentialia des Verfassungsverbundes und damit auch der betroffenen nationalen Rechtsordnung garantieren. Sie wird zur *Organisation kollektiver Ordnung,* die Mitgliedstaaten sehen in ihr eine Stabilisierung der eigenen Verfaßtheit.

Es ist offen, welche Dynamik diese Bestimmung entfalten wird. Sicherlich ist es unwahrscheinlich, daß der schwerfällig angelegte Sanktionsmechanismus

11 *H. Kutscher*, Thesen zu den Methoden der Auslegung des Gemeinschaftsrechts aus der Sicht eines Richters, in: EuGH, Begegnung von Justiz und Hochschule am 27. und 28. Sept. 1976, Luxemburg 1976, S. I-8; *V. Götz*, Auf dem Weg zur Rechtseinheit in Europa?, Juristenzeitschrift 1994, S. 265 ff.

12 EuGH, Rs. C-290/89, ERT, Slg. 1991, S. I 2925 (2964, Rdnr. 42); *T. Jürgensen/I. Schlünder*, EG-Grundrechtsschutz gegenüber Maßnahmen der Mitgliedstaaten, Archiv des öffentlichen Rechts 121 (1996), S. 200 ff.; *J. H. Weiler/Lockhart*, Taking Rights Seriously Seriously, Common Market Law Review 32 (1995), S. 51 ff., 579 ff. Die Forderung einer Ausdehnung erhebt etwa *R. Gosalbo Bono,* Reflexiones en torno al futuro de la proteccion de los derechos humanos en el marco del Derecho comunitario y del derecho de la Union: insuficiencias y soluciones, Revista de Derecho Comunitario Europeo 1 (1997), S. 29.

13 *W. Brugger*, Grundrechte und Verfassungsgerichtsbarkeit in den Vereinigten Staaten von Amerika, Tübingen 1987, S. 47.

14 Zu den Anforderungen *A. Verhoeven*, How Democratic Need European Union Members Be? Some Thoughts After Amsterdam, European Law Review 23 (1998), S. 217 ff.

je zur Anwendung kommt. Auch mag man an der Effektivität des Instruments zweifeln, denn die Sanktionen sind schwach ausgeprägt: Es erlaubt weder ein Embargo noch gar einen Bundeszwang (vgl. Art. 37 GG). Jedoch legitimiert und fordert diese Bestimmung die Entfaltung einer einschlägigen Tätigkeit der Union. So wird die Kommission, legitimiert durch ihr Initiativrecht, Stellen einrichten, welche regelmäßig prüfen, ob und wie die Mitgliedstaaten die Grundsätze der Freiheit, der Demokratie, der Menschenrechte und Grundfreiheiten sowie der Rechtsstaatlichkeit wahren. Diese Stellen werden, das ist übliche Strategie der Kommission, Kontakte zu den interessierten gesellschaftlichen Gruppen aufbauen, etwa *amnesty international* oder *Human Rights Watch*, und in Zusammenarbeit mit ihnen, etwa über Berichte und Stellungnahmen, Einfluß nehmen. Kurz: ihr ist die Kompetenz zur Entwicklung einer Menschenrechtspolitik gegeben, welche durch weitere Kompetenzen ergänzt wird, so mit dem neuen Art. 13 EGV (Antidiskriminierungspolitik).

Viel wird vom Geschick dieser Stellen abhängen, in welchem Umfang die Union hierüber moralische Autorität im Verfassungsverbund aufbauen kann. Von entscheidender Bedeutung ist die Politik gegenüber den Beitrittskandidaten[15]. Wenn die Union ihnen gegenüber mit substantiellen und qualifizierten Forderungen auftritt, man denke an die Forderungen gegenüber Estland beim Umgang mit der russischen Bevölkerung, dann wird dies mit ziemlicher Wahrscheinlichkeit auch Gegenstand einer unionalen Minderheitenpolitik gegenüber den (Alt-)Mitgliedstaaten werden. Entsprechend dem Gelingen dieser Politik kann – sollte die Prämisse der Fragestellung zutreffen – der nationale Grundkonsens kontinuierlicher Beobachtung und einem ständigen Rechtfertigungsdruck ausgesetzt sein. Es steht aber zugleich nicht zu erwarten, daß der durch die Art. 6 f. EUV geforderte Mindestschutz eine solche Regelungstiefe erreicht, daß er in Streitverfahren eine ähnliche Steuerungsfunktion übernehmen kann wie dies bei den deutschen Grundrechten der Fall ist. Er dürfte die Routinen funktionstüchtiger rechtsstaatlicher Demokratien allenfalls punktuell erfassen.

An dieser Stelle ist noch eine weitere Europäisierung zu nennen: die Einbindung durch die EMRK. Es ist inzwischen zu konkreten Konfliktfällen gekommen. Besonders eindrücklich ist das unterschiedliche Verständnis von Meinungs- und Versammlungsfreiheit[16] sowie die offensichtliche Divergenz zwischen dem EGMR und dem BVerwG über den Umfang des Schutzes aus Art. 3 EMRK[17]. Es ist insbesondere mit Blick auf letzteren Fall offensichtlich, daß

15 Zu der bisherigen Diskussion detailliert *P. Richter*, Die Erweiterung der Europäischen Union, Baden-Baden 1997, S. 62 ff.

16 EGMR Urteil v. 26.9.1995, Vogt, Europäische Grundrechte Zeitschrift 1995, S. 590.

17 Ausweisung pflegebedürftiger Aidskranker, einerseits EGMR, Urteil vom 2. 5.1997, D/Vereinigtes Königreich, Neue Zeitschrift für Verwaltungsrecht 1998, S. 161 f.; andererseits die Entscheidung des BVerwG vom 27. 4. 1998, Neue Zeitschrift für Verwaltungsrecht 1998, S. 973 f.

eine europäische Gerichtsbarkeit sich auf dünnem Eis bewegt, wenn sie versucht, über ein elementares Sicherheitsnetz hinaus »progressive« Menschenrechtspolitik zu betreiben[18].

b) Autonome Europäisierung

Die Europäisierung der nationalen Verfassungen hat eine zweite Dimension: es ist der autonome Prozeß der Einstellung auf den neuen Herrschaftsträger. So sehen einige Verfassungen eine Einbeziehung der gesetzgebenden Körperschaften in den gubernativen Willensbildungsprozeß betreffend deren Mitwirkung in den europäischen Organen vor, die nach allgemeinem Verfassungsrecht nicht gefordert wäre. Art. 23 Abs. 2 bis 6 GG stellt ein ausführliches, wenn auch nicht besonders geglücktes – nach einer Meinung sogar verfassungswidriges[19] – Beispiel für Regelungen dar, welche dem Machtzuwachs der Gubernative, insbesondere des Regierungschefs, begegnen sollen[20]. Rechtswissenschaftlich interessant ist auch die Modifizierung des Gesetzesvorbehaltes, insbesondere in den Mitgliedstaaten mit einem tendenziell strikten Verständnis des Gesetzesvorbehaltes, also Deutschland und Italien. Legt man die überkommene Dogmatik bei der Umsetzung von Richtlinien zugrunde, so müßte das Parlament zahlreiche Richtlinien in Gesetze umsetzen, obwohl es keinen oder nur einen geringen Gestaltungsspielraum gibt. In autonomer Anpassung an seine supranationale Einbindung erließ der deutsche Gesetzgeber mit der Billigung des Bundesverfassungsgerichts eine Reihe von Verordnungsermächtigungen zur Durchführung von Gemeinschaftsrecht, die nach den allgemeinen Anforderungen des Art. 80 Abs. 1 S. 2 GG außerhalb des Bereichs europäischer Vorgaben niemals zulässig wären[21]. Italien hat auf der Grundlage der Gesetze 183/1987 und 86/1989 ein eigenes Rechtsregime geschaffen[22].

Doch genug, denn es hat sich die erste Hypothese der Aufgabenstellung erhärtet. Es gibt zahlreiche Entwicklungslinien, die dazu führen, daß die deutsche Grundordnung nur noch als Fragment gilt und in den verbliebenen Gehalten europarechtlich eingebunden ist. Sollten die Prämissen dieser Fragestellung

18 Dazu näher *J. H. Weiler*, European Citizenship and Human Rights, in: J. A. Winter u.a., Hg., Reforming the Treaty on European Union, Den Haag 1996, S. 80.

19 *U. di Fabio*, Der neue Art. 23 des Grundgesetzes, Der Staat 1993, S. 191 ff. (206 f., 210).

20 Vgl. nur *R. Breuer*, Die Sackgasse des neuen Europaartikels (Art. 23 GG), Neue Zeitschrift für Verwaltungsrecht 1994, S. 417 ff.; *U. Everling*, Überlegungen zur Struktur der Europäischen Union und zum neuen Europa-Artikel des Grundgesetzes, Deutsches Verwaltungsblatt 1993, S. 936 ff.; *R. Morawitz*, Die Zusammenarbeit von Bund und Ländern bei Vorhaben der Europäischen Union, Bonn 1994; *I. Pernice*, Europäische Union: Gefahr oder Chance für den Föderalismus, Deutsches Verwaltungsblatt 1993, S. 909 ff.; *K-P. Sommermann*, Staatsziel »Europäische Union«, Die öffentliche Verwaltung 1994, S. 596 ff.

21 Vgl. nur § 48a BImSchG oder § 38a LMBG; zur Zulässigkeit BVerfGE 45, S. 142 (165 f.).

22 Ausf. *M. Morisi*, L'attuazione delle direttive Ce in Italia, Mailand 1992, S. 41 ff.

zutreffen, daß dies zu einem Verlust des nationalen Selbstverständnisses und der darauf gründenden politischen Einheit führt, so ist Herstellung und Bewahrung eines gesellschaftlichen Grundkonsenses in der Republik in Frage gestellt. Welche Perspektiven ergeben sich daraus?

2. Wertekonsens und politische Integration im integrierten Europa

Um die gewünschten Perspektiven zu entwickeln, muß im zweiten Schritt die Grundlage des die staatliche Verfassung modifizierenden europäischen Rechts untersucht werden. Schließlich fürchtet niemand um Hessen wegen seiner Gliedstaatlichkeit in der Bundesrepublik. Es könnte sich auf der europäischen Ebene ein europäisches Substitut bilden, also ein entsprechender substantieller Grundkonsens. Es gab und gibt beachtliche Versuche, die europäische Einigung als die Institutionalisierung einer europäischen, teilweise spezifisch abendländisch-christlichen Wertegemeinschaft zu begreifen, die im europäischen Recht ihren Ausdruck findet[23], ja mehr noch, die Europäer auf dieser Grundlage in den Kategorien einer Nation zu deuten[24]. Die nähere Analyse ergibt jedoch, daß dort kaum etwas entsteht, das nach Form und Gehalt dem angenommenen deutschen Wertekonsens entspricht. Es gibt zumindest kaum Gehalte, die von Gerichten zur Streitentscheidung operationalisiert werden könnten.

a) Liberale Marktwirtschaft als Grundkonsens?

Die europäischen Gründungsverträge weisen keinen Grundrechtskatalog auf, der einen grundrechtsvermittelten Grundkonsens im Recht der Union tragen könnte. Wohl aber finden sich Bestimmungen, die auf eine freiheitliche Wettbewerbsverfassung hindeuten, insbesondere die Waren-, Dienstleistungs-, Niederlassungs- und Kapitalverkehrsfreiheit, die Arbeitnehmerfreizügigkeit

23 *H. Steinberger*, Aspekte der Rechtsprechung des Bundesverfassungsgerichts zum Verhältnis zwischen Europäischem Gemeinschaftsrecht und deutschem Recht, in: K. Hailbronner, G. Ress, T. Stein, Hg., FS Doehring, Berlin 1989, S. 951ff. (968): »In der Rechtskultur schlagen sich heutzutage wohl am deutlichsten die Wertvorstellungen nieder, die in den wertpluralen, offenen Gesellschaftssystemen des freien Europa noch gemeinsam sind. Ohne einen Mindestbestand an solchen gemeinsamen Wertvorstellungen kann keine freie politische Gemeinschaft bestehen, auch nicht die Europäische Gemeinschaft«.

24 Vgl. *K. Bahlmann*, Abschied vom Gerichtshof der Europäischen Gemeinschaften, Europarecht 1988, S. 347 mit Verweis auf *J. Ortega y Gasset* (1929): »Machten wir heute eine Bilanz unseres geistigen Besitzes . . ., so würde sich herausstellen, daß das meiste davon nicht unserem jeweiligen Vaterland, sondern dem gemeinsamen europäischen Fundus entstammt. In uns allen überwiegt der Europäer bei weitem den Deutschen, Spanier, Franzosen . . .; vier Fünftel unserer inneren Habe sind europäisches Gemeingut«.

sowie die Wettbewerbsvorschriften[25]: Tritt an die Stelle des auf der Menschenwürde aufbauenden deutschen Grundkonsenses ein Grundkonsens, der das Individuum auf den *homo oeconomicus* verkürzt und politische Integration über das Gesellschaftsmodell eines benevolenten Hedonismus leistet? Wird ein Grundkonsens postuliert, der letztlich dem Interesse der kapitalistischen Elite in die Hände spielt[26]?

Ohne Zweifel fehlt den europäischen Gründungsverträgen eine Art. 1 GG entsprechende Norm. Von ähnlicher Funktion sind allenfalls Art. 2 EUV und Art. 2 EGV, deren Wirtschaftsorientierung unübersehbar ist, die seit dem Maastrichter und dem Amsterdamer Vertrag jedoch durch andere Verfassungsziele ergänzt und damit relativiert wird. Fraglos entfalten die Freiheiten und Wettbewerbsbestimmungen, inbesondere dank der einschlägigen Rechtsprechung des EuGH, liberalisierende Tendenz[27]. Bei genauer Analyse erscheint diese Rechtsprechung jedoch nicht darauf ausgerichtet, einen tendenziell neoliberalen Wertekonsens herbeizureden, der als Grundlage der politischen Integration in der Europäischen Union dienen könnte. Dies ergibt sich rechtlich aus einer außergewöhnlichen, bislang kaum gewürdigten Komponente dieser Rechtsprechung. Der EuGH wendet die primärrechtliche Freiheit nur »in Ermangelung einer gemeinschaftlichen Regelung« an[28]. Bei allen Unterschieden im Detail ist es allgemeine Meinung, daß als erstes stets die »lex specialis« zu prüfen ist. Da diese »lex specialis« aber nur ein Akt des Sekundärrechts sein kann, gibt es eine Art »Politikvorbehalt« für die Anwendung der Freiheiten. Zwar sind auch die Unionsorgane von den Freiheiten nicht gänzlich freigestellt, da ihnen der EuGH so etwas wie eine institutionelle Garantie des freiheitlichen Binnenmarktes entnimmt. Diese institutionelle Garantie unterbindet jedoch nur flagrante Verstöße, zumeist eine Diskriminierung von

25 Vgl. dazu einerseits *E.-J. Mestmäcker*, On the Legitimacy of European Law, Rabels Zeitschrift 1994, S. 615 ff. (632 f.); andererseits *F. Scharpf*, vgl. *ders*. Economic Integration, Democracy and the Welfare State, Journal of European Public Policy 4 (1997), S. 18 ff.; *ders*., Introduction. The Problem Solving Capacity of Multi-Level Governance, Journal of European Public Policy 4 (1997), S. 520 ff.

26 *J. Galtung*, Kapitalistische Großmacht Europa oder die Gemeinschaft der Konzerne?, Reinbek 1973.

27 *W. Mussler*, Die Wirtschaftsverfassung der europäischen Gemeinschaft im Wandel, Baden-Baden 1998, insb. S. 91 ff.; *M. Zuleeg*, in: Groeben/Thiesing/Ehlermann, Kommentar zum EU-/EG-Vertrag, Bd. 1, Baden-Baden, 5. Aufl. 1997, Art. 1 EGV, Rdnr. 47.

28 EuGH, Rs. 120/78, Cassis de Dijon, Slg. 1979, S. 649 (662, Rdnr. 8); weiter, Rs.C-51/94, Sauce hollandaise, Slg. 1995, S. I 3599 (3627 f., Rdnr. 29); Rs. C-470/93, Mars, Slg. 1995, S. I 1923 (1940, Rdnr. 12); diese Formel findet sich zwar nicht mehr in allen neueren Urteilen, etwa EuGH, Rs. C-412/93, Leclerc, Slg. 1995, S. 209 (216, Rdnr. 18 ff.), was aber darauf zurückzuführen ist, daß sie vollständig etabliert ist, wie die einschlägige Lehrbuchliteratur zeigt, vgl. nur *W. Hummer/B. Simma/C. Vedder/F. Emmert*, Europarecht in Fällen, 2. Aufl., Baden-Baden 1994, S. 508; *R. Streinz*, Europarecht, 3. Aufl., Heidelberg 1996, Rdnr. 692.

Markteilnehmern[29]; ihre Regelungsdichte ist wesentlich geringer als etwa diejenige von Art. 12 Abs. 1, 14 Abs. 1 GG[30].

Der EuGH übt nur eine recht beschränkte Kontrolle zur Sicherung einer freiheitlichen Marktwirtschaft gegenüber den Unionsorganen aus[31]. Es geht dem Gericht kaum darum, einen Grundkonsens herzuleiten und sich aus der Annahme eines entsprechenden Konsenses zu legitimieren. Seine Rechtsprechung steht vielmehr in dem Bestreben, ein vertraglich vorgegebenes Ziel, nämlich den Gemeinsamen Markt als die weiterhin bedeutendste Aufgabe der europäischen Einigung (Art. 2 EUV, Art. 2 EGV), angesichts vertragswidriger politischer Untätigkeit (Art. 7 EGV a. F.) zu verwirklichen. Die Trennung der Rahmenregeln des Binnenmarktes von Grundrechten kommt weiter darin zum Ausdruck, daß der EuGH in seiner Rechtsprechung zu den Grundrechten nicht auf die Freiheiten rekurriert. Die Freiheiten des Binnenmarktes und die Wettbewerbsvorschriften stehen nicht auf einer Stufe mit den Gewährleistungen, die nach üblicher Auffassung einen Wertkonsens ausdrücken, sondern sind instrumentelle, unter Politikvorbehalt stehende Normen. Selbst die nunmehr ausdrückliche Verpflichtung auf den »Grundsatz einer offenen Marktwirtschaft mit freiem Wettbewerb« (Art. 4 Abs 1, 98 EGV) hat in der Rechtsprechung keine Funktion erlangt, einen operationalisierbaren ökonomischen Grundkonsens zu präsumieren. Um so dringlicher ist die Frage nach grundrechtlichen Gewährleistungen, die einen grundrechtsvermittelten Grundkonsens begründen könnten.

b) Lehren des fehlenden Grundrechtskatalogs

Es fanden sich bereits in den ursprünglichen Verträgen Hinweise auf primärrechtliche *Grundrechtsgehalte*[32]. Zu nennen sind in erster Linie die Diskriminierungsverbote: Art. 12 Abs. 1 EGV und die entsprechenden Gehalte der Freiheiten bergen das Verbot der Diskriminierung aufgrund der Staatsangehörigkeit, das ein »Leitmotiv« des Vertrags ist. Die weitgehende Überwindung des Fremdenstatus von Angehörigen anderer EWG-Mitgliedstaaten, so früher, bzw. heute, nach Einführung von Art. 17 EGV, von EU-Bürgern aus anderen Mitgliedstaaten, ist Ziel und Mittel der europäischen Einigung zu-

29 Vgl. EuGH, Rs. 80 und 81/77, Ramel, Slg. 1978, S. 927 (947, Rdnr. 37); EuGH, Rs. C-47/90, Etablissements Delhaize frères, Slg. 1992, S. I-3669 ff. (3684, 3711); dazu *P. Oliver*, Free Movement of Goods, 3. Aufl. 1996, §§ 4.08 ff.; *A. v. Bogdandy*, Europäischer Protektionismus im Medienbereich, Europäische Zeitschrift für Wirtschaftsrecht 1992, S. 9 ff. (14).

30 Zur Regelungsdichte vgl. nur den Umfang der Kommentierung von *R. Scholz*, und *H.-J. Papier*, in: T. Maunz/G. Dürig/R. Herzog, Grundgesetzkommentar, Stand: Juni 1998, Art. 12 (mehr als 200 S.) bzw. Art. 14 GG (mehr als 300 S.).

31 *W. van Gerven*, The Role and Structure of the European Judiciary Now and in the Future, in: J. A. Winter u.a., Hg., Reforming the Treaty, a.a.O. (Fn. 19), S. 221 (222 m.w.N.).

32 So die treffende Bezeichnung von *I. Pernice*, Grundrechtsgehalte im Europäischen Gemeinschaftsrecht, Baden-Baden 1979.

gleich[33]. Art. 141 EGV birgt das Verbot der Lohndiskriminierung zwischen Mann und Frau. Im weiteren gibt es inzwischen die Gewährleistungen der Unionsbürgerschaft[34]. Dies sind jedoch allein Ansätze und Fragmente: einen substantiellen Grundrechtskatalog findet man nicht.

Aus den Gründen des Fehlens von Grundrechten lassen sich trefflich die Probleme eines substantiellen europäischen Grundkonsenses aufzeigen. In historischer Perspektive stellt sich die Frage, wie es möglich war, daß in den fünfziger Jahren, als eine große Sensibilität für Menschenrechte herrschte (1947 Erlaß der italienischen Verfassung mit ausgeprägtem Grundrechtsteil, 1948 Erklärung der Menschenrechte durch die Generalversammlung der Vereinten Nationen, 1949 Erlaß des Grundgesetzes, 1950 Abschluß der EMRK), die Gründungsverträge ohne jeden Hinweis auf Menschenrechte auskommen konnten. Man kann dies noch verstehen beim EGKS-Vertrag, bedenkt man den Stand der Menschenrechte 1951, die wirtschaftlichen und sozialen Belangen wenig Bedeutung beimaßen: So erkannte die EMRK zunächst keinen Eigentumsschutz an. Da der EGKS-Vertrag in erster Linie Großunternehmen betraf, schien ein Grundrechtsschutz kaum einschlägig. Der EWG-Vertrag fand schon eine andere Situation vor, da inzwischen ökonomische Grundrechte wohl entwickelt waren. Das Zusatzprotokoll vom 20.3.1952 hatte den Eigentumsschutz in die EMRK eingeführt, und das Bundesverfassungsgericht verfolgte eine liberalisierende Rechtsprechung[35].

Deshalb ist das Schweigen des EWG-Vertrags von 1957 erklärungsbedürftig. Das Fehlen läßt sich nicht daraus erklären, daß die Mitgliedstaaten eine Kontrolle ihrer nationalen Rechtsetzung durch den EuGH fürchteten, da die entsprechende Entwicklung des Art. 177 EGV, welche zu einer impliziten Prüfung nationalen Rechts führte, wohl 1957 außerhalb ihres Gesichtskreises lag[36]. Es darf vermutet werden, daß damals bereits der Grund mitverantwortlich war, der bis heute wirkt: Die Aufstellung eines Grundrechtskatalogs ist eine schwierige Aufgabe, muß doch ein solches Dokument die grundlegenden Werte festschreiben und die entsprechende Hoheitsgewalt entsprechend qualifizieren.

Selbst das politisch eindrücklichste Dokument des europäischen Föderalismus, der Verfassungsentwurf des Europäischen Parlaments aus dem Jahre

33 Schlußanträge von GA *Jacobs* vom 30.6.1993, in EuGH, verb. Rs. C-92/92 und C-362/92, Phil Collins, Slg. 1993, S. I 5145 (5175 ff., Rdnr. 9 ff.); *E. Grabitz*, Europäisches Bürgerrecht zwischen Marktbürgerschaft und Staatsbürgerschaft, Köln 1970, S. 21 ff.

34 Kritisch *J. H. Weiler*, European Citizenship and Human Rights, a.a.O. (Fn. 19), S. 57, 65.

35 BVerfGE 4, 7 (15); 7, 377 (413 ff.).

36 Vgl. die Argumentation der niederländischen Regierung im Fall Van Gend & Loos, EuGH, Rs. 26/62, Slg. 1963, S. 1 (19 ff.) oder auch die Kommentierung des Art. 177 EWGV von 1960, in der das Problem der Vereinbarkeit von Gemeinschaftsrecht und nationalem Gesetzesrecht nicht thematisiert wird, vgl. die Kommentierung des Art. 177 von *E. Wohlfahrt* in: ders., U. Everling, H. J. Glaesner, R. Sprung, Die Europäische Wirtschaftsgemeinschaft, Berlin 1960.

1984, war hierzu nicht in der Lage; er weist dies als die erste Aufgabe dem neu gewählten Parlament unter der neuen Verfassung zu[37]. Erst 1989 hat das Parlament einen Vorschlag für einen Grundrechtskatalog gemacht, der sich dadurch auszeichnete, daß er im wesentlichen die Rechtsprechung des EuGH kodifizierte[38]. Dies mag ein Hinweis sein, daß es unter Juristen, einer Gruppe vereint durch eine im Prinzip überall ähnliche Sozialisation, erheblich leichter ist, einen »Grundkonsens« festzustellen als auf der vielfältigeren politischen Ebene. Kann dies ein Indiz sein, daß es sich auch beim deutschen Grundkonsens, wie er aus der Rechtsprechung des BVerfG zu entnehmen ist, in erster Linie um ein innerjuristisches Phänomen handelt, ein spezifisches Produkt des Rechtssystems, mit dem es sich Autonomie sowohl gegenüber dem Verfassungstext wie gegenüber der Politik verschafft? Dafür mag sprechen, daß kein Organ der Rechtspflege sich bemüht, einen behaupteten gesellschaftlichen Grundkonsens empirisch zu erheben, sondern stets auf die Kraft juristischer (systemkonformer) Argumente setzte.

c) Prätorische Entwicklung eines grundrechtsgestützten Grundkonsenses

Damit kommen diese Überlegungen zur Kernfrage dieser Tagung: In welchem Umfang kann und muß vielleicht ein Gericht die Aufgabe übernehmen, einen Grundkonsens zu finden, zu verwalten und zu entwickeln? Die Entwicklung der einschlägigen Rechtsprechung des EuGH ist ausschlußreich[39]. Nachdem er anfänglich von Grundrechten nichts wissen wollte[40], findet sich 1969 im Urteil Stauder eine positive Hinwendung[41]. Welche Gründe mögen ihn bewogen haben? Üblich ist der Hinweis auf den sanften Druck des deutschen und italienischen Verfassungsgerichts, zumal just zu jenem Zeitpunkt die kritische »Internationale Handelsgesellschaft« auf ihrem Weg zum BVerfG war[42]. Dies mag wichtig gewesen sein, doch heute genügen monokausale Erklärungen nicht mehr. So verfolgte der EuGH seit den Entscheidungen *Van Gend & Loos* (1963) und *Costa/ENEL* (1964) eine Konstitutionali-

37 Draft Treaty Establishing the European Union, Beschluß vom 14. Feb. 1984, ABl. C 77/33, Art. 4 Abs. 3.

38 Erklärung des Europäischen Parlaments über die Grundrechte und Grundfreiheiten vom 12. April 1989, ABl. 1989, C 120/52; dazu *B. Beutler*, Die Erklärung des Europäischen Parlaments über die Grundrechte und Grundfreiheiten vom 12. April 1989, Europäische Grundrechte Zeitschrift 1989, S. 185 ff.

39 Zum Folgenden grundlegend *J. H. Weiler*, The Constitution of Europe, Oxford 1999, S. 102 ff. Umfassende Darstellungen der Rechtslage bei *A. Cassese/A. Clapham/J. H. Weiler*, Hg., Human Rights and the European Community, 3 Bde., Baden-Baden 1991; *H.-W. Rengeling*, Grundrechtsschutz in der Europäischen Gemeinschaft, München 1993.

40 Vgl. *M. Zuleeg*, Das Gemeinschaftsrecht im innerstaatlichen Recht, Köln 1969, S. 162 ff.

41 EuGH, Rs. 29/69, Stauder, Slg. 1969, S. 419 (429).

42 BVerfGE 37, 271 ff.; später bekannt als »Solange I«.

sierung der EWG[43]. Eine solche Konstitutionalisierung ist ohne Grundrechte schwer vorstellbar, zumal das Erfordernis nach den beiden UN-Menschenrechtspakten deutlich geschärft war. Vielleicht kamen selbst auf dem friedlichen Kirchberg im ruhigen Luxemburg die Wellen an, die in Paris, Berlin und Frankfurt durch die allgemeine Legitimationskrise politischer Herrschaft ausgelöst worden waren. Auch war just dies die Zeit, in der die EWG von der Vollziehung eines normativ sehr genau vorgegebenen Programms – dem Programm der Verwirklichung der Zollunion und des Aufbaus der ersten Marktorganisationen für landwirtschaftliche Produkte – zu einer Organisation wurde, die weiter ausgreifende und durch die Ziele des EG-Vertrags sehr viel weniger deutlich bezeichnete Aufgaben übernahm, was die Frage rechtlicher Maßstäbe zulässigen Handelns deutlicher werden lies. Kurz: vielfache Entwicklungen drängten den EuGH in diese Richtung.

Stauder blieb ein nebulöses Urteil, da Grundlage, Umfang und Form des zu leistenden Grundrechtsschutzes offenblieben. Wie so oft ließ der EuGH sich Zeit, bevor er präziser wurde; nur die autonomiewahrende Feststellung, daß es allein auf das Gemeinschaftsrecht ankommen kann, folgte in dem Urteil »Internationale Handelsgesellschaft« auf dem Fuße[44]. Zum großen, die Eckpunkte klärenden Urteil kam es erst im Jahre 1979 in der Rechtssache *Hauer*. Hier klagte eine deutsche Winzerin gegen ein EG-rechtlich begründetes Verbot, Weinreben anzubauen[45]. Das Verbot diente der Bekämpfung der europäischen Überproduktion. Besser als jede theoretische Überlegung zeigt eine Textinterpretation der einschlägigen Passagen die Problematik eines gesamteuropäischen Wertekonsenses.

Auf die Zweifel des VG Neustadt an der Grundrechtskonformität der europäischen Maßnahme antwortet der EuGH in Rdnr. 14 auf wenig subtile Weise, indem er zunächst den Vorrang des Gemeinschaftsrecht auch vor nationalem Verfassungsrecht mit massiven Worten festhält und mit einem katastrophischen Szenarium begründet: die Anwendung nationaler Grundrechte sprenge die Einheit der europäischen Rechtsordnung und damit den Gemeinsamen Markt und als Folge den Zusammenhalt der Gemeinschaft. Ohne Zweifel, es geht ums Ganze. Auf eventuelle Erfordernisse gesellschaftlicher Integration, wie sie der Fragestellung dieser Tagung entsprechen, nimmt der EuGH offensichtlich keine Rücksicht. Erst der Vorrang des Gemeinschaftsrechts und die europäische Einigung, dann die Menschenrechte, so ist der Gedankengang aufgebaut (Rdnr. 15 ff.). Das Verhältnis der Ausführungen in Rdnr. 14 zu den

43 *E. Stein*, Lawyers, Judges, and the Making of a Transnational Constitution, American Journal of International Law 75 (1981), S. 1 ff.

44 EuGH, Rs. 11/70, Internationale Handelsgesellschaft, Slg. 1970, S. 1125 (1135, Rdnr. 3).

45 EuGH, Rs. 44/79, Liselotte Hauer, Slg. 1979, S. 3727; eine neueste Übersicht über die Rechtsprechung zu den Grundrechten bietet *J.-F. Akandji-Kombé*, Jurisprudence communautaire récente en matière de droits fondamentaux, Cahiers de droit européen 1998, S. 353 ff.

folgenden ist aus einem weiteren Gesichtspunkt bemerkenswert: Während es nach Rdnr. 14 auf die nationalen Verfassungen überhaupt nicht ankommt, so tauchen sie in Rdnr. 15 wieder auf, allerdings in abgeschwächter Form.

Erst Rdnr. 15 erarbeitet die Grundlage eines Grundrechts, das gegen eine EG-Maßnahme schützen kann. Der EuGH nennt im ersten Satz zunächst die »gemeinsamen Überlieferungen«, von denen er »auszugehen« habe. Dies macht die Autonomie des Vorgehens deutlich, denn »ausgehen« läßt Raum für autonome Entwicklungen. Die Maßgeblichkeit wird allein in der zweiten Satzhälfte etwas eingeschränkt, als daß eine Maßnahme, so kann die Stelle gelesen werden, die nach *allen* Verfassungen im staatlichen Recht unzulässig wäre, auch in der Gemeinschaft keinen Bestand haben kann. Insofern ist ein Minimalstandard umschrieben, dessen streitentscheidende Relevanz angesichts der Unterschiedlichkeit der mitgliedstaatlichen Gewährleistungen minimal sein dürfte.

Es fragt sich, warum der EuGH an dieser Stelle nicht eine progressive Linie vertritt. Dies erscheint gerade angesichts der problematischen demokratischen Legitimation der Gemeinschaft naheliegend: eine grundrechtsfreundliche Rechtsprechung könnte das Defizit zumindest ansatzweise zu kompensieren versuchen[46]. Die Standarderklärung wäre, der EuGH habe als sogenannter »Motor der europäischen Einigung« die wichtige Agrarpolitik, die erste wirklich gemeinsame Politik der Gemeinschaft, »halten« wollen[47]. Dies mag sein, verkennt jedoch das rechtlich Interessante: das Problem des »höchsten Standards«. Die Festlegung auf einen »höchsten Standard« könnte zunächst die kritische Folge haben, daß ein Mitgliedstaat durch weitreichende Schutznormen in der Gemeinschaft den Standard diktieren könnte, was mit dem Grundsatz der Hegemonievermeidung in der Gemeinschaft kollidieren würde. Schwerwiegender noch ist das Argument, daß es ist vielen Fällen kaum möglich sein wird, mit hinreichendem Anspruch auf Objektivität einen »höchsten Standard« festzustellen. Der Schutz, den ein Grundrecht nach seiner Konkretisierung auf den Einzelfall bietet, stellt in vielen Fällen den Ausgleich zwischen konkurrierenden Grundrechten dar[48]: Man denke nur an Eigentumseingriffe zur Luftreinhaltung, an das Verhältnis von Streik und Aussperrung, an die Selbstbestimmung der Mutter und das Lebensrecht des Kindes[49]. Der

46 So der Vorschlag in des GA *Roemer*, in: Rs. 5/71, Schöppenstedt, Slg. 1971, S. 975 (990) betreffend die Haftung für Legislativakte.

47 Kritisch v. a. *H. Rasmussen*, On Law and Policy in the European Court of Justice, Dordrecht 1986, S. 42 ff.; *H.-H. Rupp*, a.a.O. (Fn. 1), S. 213 ff.; *T. Stein*, Bananen-Split?, Europäische Zeitschrift für Wirtschaftsrecht 1998, S. 261.

48 Hierzu ausführlich der Beitrag von *H. Rossen-Stadtfeld* in diesem Band.

49 *J. H. Weiler*, Fundamental Rights and Fundamental Boundaries: On Standards and Values in the Protection of Human Rights, in: N. Neuwahl/A. Rosas, Hg., The European Union and Human Rights, Den Haag 1995, S. 51 ff.; parallel die Problematik bei Art. 215 Abs. 2 EGV; dazu ausführlich *W. van Gerven*, Non-contractual liability of Member States, Community

EuGH weist in Rdnr. 14 deutlich auf dieses Dilemma hin, in Rdnr. 15 tritt es maskiert auf. Es wird die Überlegungen weiter begleiten.
Im dritten Satz der Rdnr. 15 sucht er eine Legitimation für die prätorische Entwicklung von Grundrechten, führt sie doch zu einer massiven Transformation der Gestalt eines Hoheitsträgers, weil er über einen qualifizierten Grundrechtsschutz in der Lage ist, eigene Legitimität aufzubauen. Diese Kompetenzfrage wird wenig gesehen, weil sie in zusätzlichen Kompetenzschranken der politischen Organe mündet und es sich um eine allgemein begrüßte Entwicklung handelt. Der EuGH sieht jedoch die Problematik und stützt sich, angesichts fehlender Grundlage in den Texten, auf den politischen Konsens aller Gemeinschaftsorgane; er soll diese Rechtsfortbildung tragen. Die allgemeinen Rechtsgrundsätze, angeführt im ersten Satz, bilden eine allzu schwache Grundlage.
Der Gedankengang geht weiter in Rdnr. 19, in dem der EuGH sich auf eine wenig professionelle Weise mit der EMRK auseinandersetzt und sie vom Tisch fegt[50]. Daß er sie für wenig wichtig hält, ergibt sich bereits aus S. 2 der Rdnr. 15, sind doch den internationalen Verträgen bloße »Hinweise« zu entnehmen. Klar ist, daß der EuGH die Gemeinschaft näher einer staatlichen Verfassung denn einem internationalen Menschenrechtsregime sieht. Viel differenzierter ist in Rdnr. 20 die Auseinandersetzung mit den nationalen Verfassungen. Die Auswahl der zitierten Verfassungen ist dabei keineswegs so zufällig, wie es auf den ersten Blick erscheint. Es handelt sich um diejenigen Verfassungen, deren Auslegung einem Verfassungsgericht überantwortet ist. Der EuGH sucht – mit anderen Worten – das Gespräch mit diesen Verfassungsgerichten. Sie, weniger die politischen Organe und erst recht nicht Frau Liselotte Hauer, sind die wichtigsten Gesprächspartner des EUGH[51].
Eine schulmäßige Bearbeitung hätte an dieser Stelle den Schutzbereich des europäischen Eigentumsrechts festgelegt. Aus der Perspektive der mir vorgegebenen Fragestellung erwartet man also eine Umschreibung des Grundkonsenses. Doch just dies vermeidet der EuGH. In einem genialen Schachzug

Institutions and Individuals for breaches of Community law with a view to a Common law for Europe, Maastricht Journal of European and Comparative Law 1 (1994), S. 6 ff.; *A. v. Bogdandy*, in: E. Grabitz/M. Hilf, Hg., Kommentar zur Europäischen Union, Stand 1998, Art. 215, Rdnr. 29.

50 Hintergrund mag der Kommissionsvorschlag von 1978 gewesen sein, der auf einen Beitritt der Gemeinschaften zur EMRK abzielt, was der EuGH – mehr aus institutionellen denn aus inhaltlichen Gründen – nicht wollte. In der weiteren Rechtsprechung greift eine positivere Rezeption Platz, vgl. nur EuGH, Rs. 46/87 und 227/88, Höchst, Slg. 1989, S. 2859 Rdnr. 14; Urteil vom 17.12.1998, Rs. C-185/95P, Baustahlgewebe GmBH/Kommission, Rdnr. 29 (noch nicht in der amtlichen Sammlung); dazu *G. Gaja*, The Protection of Human Rights under the Maastricht Treaty, in: D. Curtin u.a., Hg., Institutional Dynamics of European Integration, FS für H. Schermers, Bd. 2, Dordrecht 1994, S. 549, 557.

51 Ausführlich *J. H. Weiler*, Journey to an Unknown Destination: A Retrospective and Prospective of the European Court of Justice in the Area of Political Integration, Journal of Common Market Studies 1993, S. 417 ff.

verzichtet er darauf, Inhalt und Umfang des Eigentumsrechts in den verschiedenen Rechtsordnungen allgemein zu umschreiben. Wie bei allen Grundrechten ist auch hier das Konfliktpotential erheblich, wie sich im Falle des Eigentums sogar aus dem Text des Vertrages ausdrücklich ergibt (Art. 295 EGV). Der EuGH argumentiert statt dessen in Rdnr. 20 und Rdnr. 21 ganz konkret, indem er feststellt, daß es *Beschränkungen* wie die von der Gemeinschaft angeordneten in allen Mitgliedstaaten gibt und man *schon deshalb* von ihrer Rechtmäßigkeit ausgehen kann. Es kommt zu keiner allgemeinen Erörterung des Eigentums.

An dieser Stelle hätte der EuGH die Prüfung beenden können. Gleichwohl fährt er fort mit überaus wichtigen Ausführungen für das Thema dieser Tagung. Er baut nun vor für die Situation, in der die Traditionen nicht übereinstimmen; er macht sich den Weg frei, auch im Konflikt mit einer nationalen Auslegung einer Verfassung zu entscheiden. Der EuGH will nicht die Frage offen lassen, wie zu entscheiden ist, wenn eine nationale Verfassung dieses Ergebnis national nicht zulassen würde. In Rdnr. 23 legt er einen spezifischen gemeinschaftlichen Rahmen der Prüfung fest und behauptet für sich die alleinige Kompetenz der Feststellung, ob eine Maßnahme Grundrechte verletzt oder nicht. Angesichts des hohen Konfliktpotentials dieser Frage befleissigt sich das früher so lakonische Gericht hier einer inhaltlichen Begründung. Zunächst macht der EuGH klar, daß er institutionell besser in der Lage ist als ein nationales Gericht das Gemeinschaftsinteresse festzustellen, das sich notwendig vom dem nationalen unterscheidet. Entsprechend prüft er in einer ungewöhnlich ausführlichen Weise das Für und Wider der Maßnahmen in den folgenden Randnummern (Rdnr. 24-29). Er zeigt, daß die in die Abwägung einzustellenden Interessen andere sind als die Interessen, die ein nationales Gericht berücksichtigen kann: das Bundesverfassungsgericht darf in seiner Abwägung nicht die Interessen der Weinbauern auf Sizilien (oder im Bananenfall: der Bananenbauern auf den Kanarischen Inseln) einstellen, da sie das Grundgesetz nicht schützt; der EuGH aber muß es tun. Dem nationalen Gericht ist es rechtlich versagt, die ganze Interessenabwägung nachzuvollziehen, es kann konstitutiv einer Gemeinschaftsmaßnahme nicht gerecht werden. Eine Versicherung ganz eigener Art findet sich implizit im letzten Punkt, in der ausführlichen Verhältnismäßigkeitsprüfung. Der EuGH zeigt, daß der Kern des gemeinsamen Erbes weniger inhaltlich denn methodisch ist; der EuGH macht den nationalen Gerichten klar, daß er ihre Methode der Rationalitätskontrolle benutzt[52].

52 Hierzu ausführlich *F. Hufen* in diesem Band.

d) Mögliche Konsensgehalte des europäischen Primärrechts

Als Ergebnis läßt sich festhalten, daß eine gerichtliche Herleitung und Nutzung eines substantiellen Grundkonsenses auf der europäischen Ebene noch schwieriger ist als auf der nationalen. Dies bedeutet nicht, daß es im Recht der Union gar keine Gehalte gäbe, die auf verbreitete Zustimmung hoffen dürften. Die Ziele, deren Verwirklichung Aufgabe der Union ist, nämlich die Sicherung von Frieden und Wohlstand in Freiheit im Rahmen eines engen institutionellen Verbunds der Europäer[53], dürften sich breiter Zustimmung, bei aller Skepsis an den Prozessen in der Union, sicher sein. Ebenso dürfte eine breite Übereinstimmung bestehen hinsichtlich elementarer Menschenrechtsgehalte[54]. Auch erscheint inzwischen der Erlass eines Grundrechtskatalogs für die EU ebenso wünschenswert wie machbar[55]. Diese Konsensgehalte machen aber der politischen Steuerung weit weniger dichte, im Streitkontext operationalisierbare Vorgaben als dies nach dem Grundgesetz der Fall ist. Die Union ist eine politische Gemeinschaft, die sich nur wenig auf einen materiellen Grundkonsens verlassen kann[56]. Um so wichtiger sind die Verfahren, in denen eine zuträgliche Lösung der Konflikte erarbeitet werden kann. Entsprechend hoch ist die Aufmerksamkeit des EuGH auf die Einhaltung von Verfahrensregeln[57].

3. Fazit

Die Ausführungen ergeben, daß, sollte es einen in der Rechtsprechung des Bundesverfassungsgerichts zum Ausdruck kommenden, integrierenden substantiellen nationalen Grundkonsens geben, dieser Konsens in seiner gesellschaftlichen Gestaltungsmächtigkeit durch die Europäisierung an Bedeutung erheblich einbüßt. Diese Einbuße wird nicht durch einen europäischen Grundkonsens kompensiert. Die Union setzt, so ist der Praxis des Unionsrechts zu entnehmen, nur auf einer sehr abstrakten Ebene einen Grundkonsens im Sinne einer weitgehenden Übereinstimmung ihrer Bürger voraus. Er betrifft die

53 Eingehend *P.-C. Müller-Graff*, Einheit und Kohärenz der Vertragsziele von EG und EU, in: A. v. Bogdandy/C.-D. Ehlermann, Hg., Konsolidierung und Kohärenz des Primärrechts nach Amsterdam, Europarecht Beiheft 2/1998, S. 67 ff.

54 *N. Luhmann*, Das Recht der Gesellschaft, Frankfurt a. M. 1995, S. 578 f. m.w.N.

55 Dazu zuletzt Europäische Kommission, Bericht der Expertengruppe »Grundrechte«, Die Grundrechte in der EU verbürgen, Luxemburg 1999.

56 Ebenso *U. Everling*, Bindung und Rahmen: Recht und Integration, in: W. Weidenfeld, Hg., Die Identität Europas, München 1985, S. 152 (157, 162 f.).

57 EuGH, Rs. 68/86, Hormone, Slg. 1988, S. 855 (900 ff.); zuletzt EuGH, Urteil v. 29. 9. 1998, Rs. C-191/95, Kommission/Deutschland, Europäische Zeitschrift für Wirtschaftsrecht 1998, S. 758. Dem entspricht auch die Ausrichtung der verwaltungsrechtlichen Rechtsetzung der Union.

Funktion der Union, zur Schaffung von Wohlstand und Frieden durch eigene Maßnahmen beizutragen, einen übergreifenden institutionellen Rahmen für das gedeihliche Zusammenleben bereitzustellen und nunmehr – als kollektive Ordnung – massiven Verstößen gegen die Menschenrechte oder die demokratische Verfaßtheit durch die Mitgliedstaaten zu begegnen. Es läßt sich aber kein europäischer Grundkonsens auffinden, der es einer Gerichtsbarkeit erlaubte, in ähnlich detaillierter Weise wie das Bundesverfassungsgericht das gesellschaftliche Miteinander zu prägen.

Für die von den Veranstaltern erbetene Perspektive bedeutet dies, daß die Europäisierung der Verfassung einen Verlust an substantieller Einheit bedeutet. Bedroht diese Entwicklung das gesellschaftliche Miteinander in der Bundesrepublik? Die Antwort ergibt sich aus den anderen Beiträgen dieses Bandes. Sie fällt, wie zu erwarten, je nach Standpunkt unterschiedlich aus. Eine gesellschaftliche Integration im Zuge der europäischen Einigung ist allein aussichtsreich, wenn die von *Günter Frankenberg*, aber auch *Horst Dreier* und *Friedhelm Hufen* vorgestellten Integrationskonzeptionen tragfähig sind.

Es sei betont, daß die geringe Substantialität des europäischen Grundkonsenses für den deutschen Grundkonsens, oder präziser gesagt: die entsprechende Aufgabe und Tätigkeit des Bundesverfassungsgerichts, eine erhebliche *aufgabenschonende* Bedeutung hat. Es ist gerade angesichts seiner geringen Aussagendichte möglich, eigenständige nationale Konzeptionen mit ihrem spezifischen integrationsfördernden Potential in weitem Umfang beizubehalten.[58] Ein substantieller europäischer Grundkonsens hätte dies, wie die Erfahrung unter dem Grundgesetz mit Blick auf die Länderverfassungen lehrt, sehr viel schwerer gemacht[59]. Hierin zeigt sich, daß die europäische Einigung eben nicht auf eine Staatswerdung abzielt, sondern eine sehr viel stärker pluralistische Entwicklungslinie verfolgt[60].

Gleichwohl muß die Fortschreibung des deutschen Grundkonsenses, worin immer er im einzelnen bestehen mag, den übergreifenden Rahmen reflektie-

58 In diesem Sinne G. C. Rodríguez Iglesias, Gedanken zum Entstehen einer Europäischen Rechtsordnung, Neue Juristische Wochenschrift 1999, S. 1, 9.

59 Vgl. *K. Hesse*, Der unitarische Bundesstaat, in: P. Häberle/A. Hollerbach, Hg., Ausgewählte Schriften, Heidelberg 1984, S. 116 (130).

60 *J. H. Weiler*, The State »über alles«. Demos, Telos and the German Maastricht Decision, in: O. Due, Hg., FS Everling, Baden-Baden 1995, S. 1651, 1662, 1687; *ders.*, The Reformation of European Constitutionalism, in: K. F. Kreuzer u. a., Hg., Die Europäisierung der mitgliedstaatlichen Rechtsordnungen in der EU, Baden-Baden 1992, S. 9 ff., 24; *ders.*, Europe after Maastricht, Harvard Jean Monnet Working Papers, N. 12/1995, S. 14; weiter *E. Denninger*, Menschenrechte und Staatsaufgaben – ein »europäisches« Thema, Juristenzeitschrift 1996, S. 585 (586); *M. Jachtenfuchs*, Die Europäische Union – ein Gebilde sui generis?, in: K. D. Wolf, Hg., Projekt Europa im Übergang?, Baden-Baden 1997, S. 15 ff.; *M. Zuleeg*, What Holds a Nation Together? American Journal of Comparative Law XLV (1997), S. 505 ff.; sowie *M. Anderson*, *O. Angelucci*, *J. Clam*, *S. Dellavalle*, *V. Haupt*, *J. de Rider*, *G. Schlink* und *E. Tortarolo,* in: A. v. Bogdandy, Hg., Die Europäische Option, Baden-Baden 1993.

ren. Das hiermit angesprochene Problem ist dasselbe, wie es sich mit Blick auf die staatliche demokratische Verfaßtheit und die nationale Identität stellt. In dem Umfang, in dem es möglich erscheint, eine lebendige Demokratie in mehrfach gestuften Gemeinwesen und multiple soziale Identitäten zu haben[61], sollte es auch möglich sein, in nur partiell identischen »Konsensen« zurecht zu kommen, solange nur funktionstüchtige Kollisionsnormen Konflikte überzeugend lösen.

61 *O. Angelucci*, Sozialpsychologische Aspekte europäischer Identitätsbildung, Staatswissenschaften und Staatspraxis 1998 (i. E.); *G. Breakwell/E. Lyons*, Hg., Changing European Identities, Oxford 1996; vgl. auch *J. H. Weiler*, Human Rights, a.a.O. (Fn. 19), S. 74.

Verzeichnis der Autoren

Prof. Dr. Alexander Blankenagel
Humboldt-Universität zu Berlin
Juristische Fakultät
Unter den Linden 6
D-10099 Berlin

Prof. Dr. Armin von Bogdandy
Universität Frankfurt am Main
Institut für Öffentliches Recht
Senckenberganlage 31-33
D-60054 Frankfurt am Main

Dr. Christian Bumke
Humboldt-Universität zu Berlin
Juristische Fakultät
Unter den Linden 6
D-10099 Berlin

Prof. Dr. Ingwer Ebsen
Universität Frankfurt am Main
Fachbereich Rechtswissenschaft
Senckenberganlage 31-33
D-60054 Frankfurt am Main

Prof. Dr. Dr. Günter Frankenberg
Universität Frankfurt am Main
Institut für Öffentliches Recht
Senckenberganlage 31-33
D-60054 Frankfurt am Main

Prof. Dr. Friedhelm Hufen
Universität Mainz
Fachbereich Rechts- und Wirtschaftswissenschaften
Saarstraße 21
D-55099 Mainz

Prof. Dr. Friedhelm Neidhardt
Präsident des Wissenschaftszentrums Berlin für Sozialforschung
Reichpietschufer 50
D-10785 Berlin

Privatdozent Dr. Helge Rossen-Stadtfeld
Universität Bielefeld
Fakultät für Rechtswissenschaften
Universitätsstraße 25
D-33615 Bielefeld

Prof. Dr. Helmuth Schulze-Fielitz
Universität Würzburg
Institut für Öffentliches Recht, Umweltrecht und Verwaltungswissenschaften
Domerschulstraße 16
D-97070 Würzburg

Prof. Dr. Christian Starck
Universität Göttingen
Juristisches Seminar
Platz der Göttinger Sieben 6
D-37073 Göttingen